# 中德（沈阳）高端装备制造产业园环境可持续发展研究

方晓明　王承宾　编著

吉林大学出版社

·长春·

图书在版编目（CIP）数据

中德（沈阳）高端装备制造产业园环境可持续发展研究 / 方晓明，王承宾编著 . ——长春：吉林大学出版社，2020.11
ISBN 978-7-5692-7658-9

Ⅰ.①中… Ⅱ.①方… ②王… Ⅲ.①装备制造业－工业园区－生态环境－可持续性发展－研究－中国 Ⅳ.① F424.1

中国版本图书馆 CIP 数据核字（2020）第 220442 号

| 书　　　名 | ：中德（沈阳）高端装备制造产业园环境可持续发展研究 |
|---|---|

ZHONG-DE（SHENYANG）GAODUAN ZHUANGBEI ZHIZAO CHANYEYUAN HUANJING KECHIXU FAZHAN YANJIU

作　　　者：方晓明　王承宾　编著
策划编辑：朱　进
责任编辑：朱　进
责任校对：张文涛
装帧设计：王　强
出版发行：吉林大学出版社
社　　　址：长春市人民大街 4059 号
邮政编码：130021
发行电话：0431-89580028/29/21
网　　　址：http://www.jlup.com.cn
电子邮箱：jdcbs@jlu.edu.cn
印　　　刷：天津雅泽印刷有限公司
开　　　本：787mm×1092mm　1/16
印　　　张：23.5
字　　　数：360 千字
版　　　次：2021 年 3 月第 1 版
印　　　次：2021 年 3 月第 1 次
书　　　号：ISBN 978-7-5692-7658-9
定　　　价：95.00 元

版权所有　翻印必究

# 《中德（沈阳）高端装备制造产业园环境可持续发展研究》编委会

主　任：方晓明　王承宾

参　编：徐景阳　时德禹　袁宝成　王　敏　王　蕊
　　　　郭　凯　张　楠　李　姝　许　翼　王允妹
　　　　王　帆　荆　勇　刘　博　苏　燕　张　昊
　　　　刘　丽　关晓初　温　静
　　　　陈　晨　王　琳　邵　冰

# 前 言

2014年8月8日，国务院出台了《关于近期支持东北振兴若干重大政策举措的意见》，其中第27条明确提出"扩大面向发达国家的合作，建立中德两国政府间老工业基地振兴交流机制，推动中德两国在沈阳共建高端装备制造业园区"。以此为契机，沈阳市与德国之间的合作上升为由两国政府推动的国家战略。2014年10月10日，中德两国政府联合发布了《中德合作行动纲要》，在政治、安全政策、经济、金融和各产业投资合作等方面达成110项共识，明确了在工业4.0、城镇化、国际交流合作、可持续发展领域合作重要准则与方案。

中德（沈阳）高端装备制造产业园在此背景下孕育而生，2015年12月23日，国务院同意建设方案并正式开始规划建设。总体目标是牢固树立创新、协调、绿色、开放、共享的发展理念，着力创新装备制造业发展模式，创新园区开发建设管理模式，创新对外开放合作模式，加强"中国制造2025"与德国"工业4.0"战略的高效对接，实现优势互补，将中德园打造成为国际化、智能化、绿色化的高端装备制造业园区，带动沈阳经济区加快发展，促进辽宁省经济社会发展乃至东北地区老工业基地全面振兴。

经过2015—2019年的建设，中德（沈阳）高端装备制造产业园取得了明显成效，随着新时期中德产业融合发展目标的提升，中德（沈阳）高端装备制造产业园建设目标调整为：现代智城、创新名城、国际友城、生态绿城、品质新城。为实现该目标，沈阳市政府组织编制了《中德（沈阳）高端装备制造产业园总体规划（2018—2035年）》并启动中德（沈阳）高端装备制造产业园总体规划（2018—2035年）环境影响评价工作。

本书是在中德（沈阳）高端装备制造产业园总体规划（2018—2035年）环境影响评价工作的各项成果基础上整理完成的，提炼了规划战略分析、区域发展存在的环境问题、规划发展环境影响、区域资源环境承载力评估、循环经济与生态工业创建、区域发展可持续性综合论证等内容。作为新时期中德面向更高目标合作的典型示范区案例研究，本书旨在抛砖引玉，吸引更多的同行专家参与，共同推进我国国际产业合作园区的生态文明建设水平。

本书的第1章由方晓明完成，第2章由方晓明、王承宾、郭凯、徐景阳、温静完成，第3章由时德禹、袁宝成、王敏、张楠、刘博、王蕊、张昊、李姝完成，第4章由方晓明完成，第5章由李姝、王敏、张楠、许翼、王允妹、王帆、荆勇、邵冰、张昊完成，第6章由方晓明、王蕊、陈晨、王帆、王允妹、刘丽完成，第7章由刘博、苏燕、张昊、刘丽、关晓初、邵冰完成，第8章由方晓明、温静、陈晨、王琳完成，第9章由李姝、温静、陈晨、王琳完成，第10章由温静、陈晨、王琳完成，第11章由方晓明完成。

成果报告和本书在编写过程中得到了生态环境部、生态环境部环境工程评估中心、辽宁省生态环境厅、沈阳市生态环境局的指导，得到了中德（沈阳）高端装备制造产业园管理委员会、沈阳经济技术开发区管理委员会等有关部门的指导、支持与帮助，在此谨致谢意。

由于时间仓促，加之笔者水平有限，错误与不妥之处在所难免，敬请读者批评指正。

编　者

2020年2月于沈阳

# 目 录

1 引言 ········································································· 1
　1.1 项目背景 ································································ 1
　　1.1.1 近年来国际制造业发展战略重塑 ······················· 1
　　1.1.2 德国"工业4.0"战略 ··········································· 1
　　1.1.3 我国新型工业化战略 ········································· 1
　　1.1.4 中国制造2025 ·················································· 2
　　1.1.5 东北老工业基地创变核心 ·································· 2
　1.2 任务由来 ································································ 3
　1.3 主要研究内容及实施方案 ········································ 4
　　1.3.1 研究内容 ························································· 4
　　1.3.2 技术路线 ························································· 4
　　1.3.3 研究重点 ························································· 4
　1.4 关键技术与适用方法 ··············································· 6
　　1.4.1 系统分析方法 ·················································· 6
　　1.4.2 遥感调查与生态解译方法 ·································· 6
　　1.4.3 情景规划方法 ·················································· 6
　　1.4.4 模糊综合评价方法 ··········································· 7

## 2 规划概述及分析 ································································· 8

### 2.1 规划概述 ································································· 8
#### 2.1.1 规划范围 ································································· 8
#### 2.1.2 规划期限与人口规模 ································································· 8
#### 2.1.3 规划目标 ································································· 8
#### 2.1.4 总体规划定位 ································································· 9
#### 2.1.5 产业布局规划 ································································· 9
#### 2.1.6 空间结构 ································································· 11
#### 2.1.7 公共服务设施布局 ································································· 13
#### 2.1.8 综合交通规划 ································································· 13
#### 2.1.9 绿地水系规划 ································································· 14
#### 2.1.10 市政基础设施规划 ································································· 15
#### 2.1.11 环卫工程规划 ································································· 16

### 2.2 规划协调性分析 ································································· 16
#### 2.2.1 与上位规划和政策的协调性分析 ································································· 16
#### 2.2.2 内部协调性分析 ································································· 17
#### 2.2.3 规划环境基础设施外部依托协调性分析 ································································· 18
#### 2.2.4 规划与邻近区域规划的相容性分析 ································································· 18

### 2.3 不确定性分析 ································································· 19
#### 2.3.1 本次规划的不确定性因素分析 ································································· 19
#### 2.3.2 不确定性的对策措施 ································································· 19

### 2.4 规划区域资源环境压力分析 ································································· 21
#### 2.4.1 预测思路和模型系统 ································································· 21
#### 2.4.2 经济发展水平分析 ································································· 24
#### 2.4.3 资源压力预测 ································································· 30
#### 2.4.4 污染排放压力预测 ································································· 38

## 3 区域历史开发环境影响回顾性评价 ·················· 57
### 3.1 资源赋存与利用现状 ································· 57
#### 3.1.1 土地利用现状 ··································· 57
#### 3.1.2 村屯征收现状 ··································· 58
#### 3.1.3 水资源 ········································· 59
#### 3.1.4 能源消耗 ······································· 61
### 3.2 区域规划开发回顾评价 ······························· 62
#### 3.2.1 中德园企业现状调查与回顾 ······················· 62
#### 3.2.2 环保基础设施建设与运行现状 ····················· 70
#### 3.2.3 区域环境风险回顾评价 ··························· 74
#### 3.2.4 环境管理体系建设情况 ··························· 74
### 3.3 区域环境质量回顾与现状评价 ························· 76
#### 3.3.1 区域环境变化趋势回顾 ··························· 76
#### 3.3.2 区域生态环境现状调查与评价 ····················· 83
### 3.4 区域发展存在的资源制约因素及主要环境问题 ··········· 89

## 4 环境影响识别与评价指标体系构建 ····················· 91
### 4.1 规划环境影响识别 ··································· 91
#### 4.1.1 规划的环境影响及性质 ··························· 91
#### 4.1.2 规划环境影响重点识别 ··························· 93
### 4.2 规划环境影响评价指标体系 ··························· 95

## 5 规划环境影响分析 ··································· 97
### 5.1 大气环境影响预测与评价 ····························· 97
#### 5.1.1 气象资料来源 ··································· 97
#### 5.1.2 评价区气象特征 ································· 97
#### 5.1.3 预测内容 ······································· 99

5.1.4　预测模式与参数选择 …………………………………… 104
　　5.1.5　预测方法及二次转化率 ………………………………… 130
　　5.1.6　预测结果 ………………………………………………… 132
5.2　地表水环境影响预测与评价 …………………………………… 136
　　5.2.1　细河水文特征 ……………………………………………… 136
　　5.2.2　细河现状污染源 …………………………………………… 138
　　5.2.3　预测情景及预测内容 ……………………………………… 141
　　5.2.4　预测模型及参数选取 ……………………………………… 142
　　5.2.5　预测结果 …………………………………………………… 148
　　5.2.6　预测小结 …………………………………………………… 151
5.3　地下水环境影响预测与评价 …………………………………… 151
　　5.3.1　地质与水文地质条件 ……………………………………… 151
　　5.3.2　规划区域及周边地下水资源开发利用情况 ……………… 159
　　5.3.3　包气带防污性能评价 ……………………………………… 164
　　5.3.4　地下水易污性评价 ………………………………………… 165
　　5.3.5　地下水位现状调查 ………………………………………… 169
　　5.3.6　地下水环境影响预测评价 ………………………………… 174
5.4　固体废物环境影响预测与评价 ………………………………… 191
　　5.4.1　固体废物的特征和分类 …………………………………… 191
　　5.4.2　固体废物成分和产生量的预测 …………………………… 194
　　5.4.3　固体废物环境影响分析 …………………………………… 195
　　5.4.4　固体废物的处理/处置方式 ………………………………… 196
5.5　声环境影响分析 ………………………………………………… 197
　　5.5.1　交通噪声影响分析 ………………………………………… 197
　　5.5.2　工业企业噪声影响分析 …………………………………… 209
　　5.5.3　社会噪声影响分析 ………………………………………… 209
5.6　生态影响预测与评价 …………………………………………… 210
　　5.6.1　规划实施对动植物的影响 ………………………………… 210

5.6.2 规划实施的景观格局影响分析 ················································· 211

# 6 区域环境承载力分析 ················································· 215
## 6.1 能源承载力分析 ················································· 215
　　6.1.1 沈阳市能源供应 ················································· 215
　　6.1.2 中德园能源需求与能源结构调整 ················································· 216
## 6.2 水资源承载力分析 ················································· 218
　　6.2.1 沈阳市水资源概况 ················································· 218
　　6.2.2 沈阳市用水量 ················································· 218
　　6.2.3 沈阳市水资源开发利用与保护"十三五"规划 ················································· 219
　　6.2.4 沈阳经济技术开发区水源 ················································· 220
　　6.2.5 中德园用水量及平衡分析 ················································· 221
## 6.3 土地资源承载力分析 ················································· 222
　　6.3.1 土地利用的可行性分析 ················································· 222
　　6.3.2 评价区域生态适宜性分析 ················································· 222
## 6.4 水环境容量分析与总量控制 ················································· 226
　　6.4.1 水环境容量分析 ················································· 226
　　6.4.2 区域污水处理厂提标及中水回用计划 ················································· 226
　　6.4.3 沈阳市细河（经济技术开发区段）达标方案 ················································· 227
## 6.5 大气环境容量分析与总量控制 ················································· 234
　　6.5.1 大气理想环境容量 ················································· 234
　　6.5.2 区域环境空气质量中长期改善计划 ················································· 237
## 6.6 生态承载力分析 ················································· 239
　　6.6.1 承载指数评价指标体系 ················································· 241
　　6.6.2 指标量化方法 ················································· 242
　　6.6.3 生态承载力计算与评价 ················································· 250

## 7 循环经济和生态工业分析 …… 254
### 7.1 生态工业现状分析 …… 254
#### 7.1.1 入区企业清洁生产现状与要求 …… 254
#### 7.1.2 生态工业发展现状 …… 254
### 7.2 循环经济建设建议 …… 257
#### 7.2.1 循环经济完善措施 …… 257
#### 7.2.2 循环经济建设建议 …… 258

## 8 规划方案综合论证 …… 261
### 8.1 规划选址区位合理性分析 …… 261
### 8.2 开发规模的资源环境合理性论证 …… 263
#### 8.2.1 区域人口规模的合理性分析 …… 263
#### 8.2.2 建设用地规模合理性 …… 263
#### 8.2.3 主要用地类型规模合理性 …… 263
#### 8.2.4 区域发展规模资源环境合理性综合论证 …… 265
### 8.3 开发布局的环境合理性论证 …… 269
#### 8.3.1 总体用地布局的环境合理性 …… 269
#### 8.3.2 服务类用地布局的环境合理性 …… 270
#### 8.3.3 交通布局环境合理性分析 …… 270
#### 8.3.4 生态环境建设合理性分析 …… 270
#### 8.3.5 敏感区用地布局环境合理性分析 …… 271
#### 8.3.6 用地布局与生态适宜性相容性分析 …… 271
#### 8.3.7 主要环境基础设施与其他用地的相容性分析 …… 272
### 8.4 环保基础设施设置合理性 …… 273
#### 8.4.1 给水工程设置环境合理性分析 …… 273
#### 8.4.2 排水工程设置环境合理性分析 …… 274
#### 8.4.3 热源设置环境合理性分析 …… 276

## 8.5 规划方案的资源环境可行性 ········ 276
### 8.5.1 区域能源利用环境可行性 ········ 276
### 8.5.2 水资源利用环境可行性 ········ 276
## 8.6 规划指标情况及可达性分析 ········ 277
### 8.6.1 各发展情景指标 ········ 277
### 8.6.2 规划目标可达性分析 ········ 281
## 8.7 基于环境资源约束的区域可持续发展评价 ········ 284
### 8.7.1 评价方法 ········ 284
### 8.7.2 评价结果与方案选择 ········ 286
## 8.8 现有产业退出与居住功能实施管控措施 ········ 287
### 8.8.1 不符合规划产业退出计划 ········ 287
### 8.8.2 居住功能片区更新管控措施 ········ 288

# 9 规划环境可持续发展对策 ········ 289
## 9.1 总体环境影响减缓措施 ········ 289
### 9.1.1 区域发展资源环境保护原则 ········ 289
### 9.1.2 区域用地管控优化建议 ········ 290
### 9.1.3 区域总体布局优化建议 ········ 290
### 9.1.4 产业优化及区域更新发展建议 ········ 290
### 9.1.5 环境基础设施调整优化建议 ········ 291
### 9.1.6 低碳园区构建 ········ 291
### 9.1.7 开展生态文明建设规划 ········ 293
## 9.2 细河流域管控措施和区域大气减排计划 ········ 294
### 9.2.1 细河流域管控措施 ········ 294
### 9.2.2 中水回用途径与实施 ········ 300
### 9.2.3 区域大气环境质量中长期改善方案主要措施 ········ 304
### 9.2.4 区域污染物减排途径 ········ 305

## 9.3 大气环境保护措施 ······ 310
### 9.3.1 区域大气污染管控基本要求 ······ 310
### 9.3.2 区域能源清洁化替代与引导 ······ 311
### 9.3.3 深化大气污染治理，实施多污染物协同控制 ······ 313
### 9.3.4 重点行业挥发性有机物治理 ······ 315
### 9.3.5 特征污染物防护 ······ 318
### 9.3.6 全面加强联防联控的能力建设 ······ 319

## 9.4 区域水污染防治 ······ 319
### 9.4.1 提高工业污染防治水平 ······ 319
### 9.4.2 重金属废水管控要求 ······ 320
### 9.4.3 积极推进环境综合整治与细河水生态建设 ······ 321
### 9.4.4 系统提升城镇污水处理水平 ······ 322
### 9.4.5 提升风险防范水平 ······ 325
### 9.4.6 地下水防护要求 ······ 326

## 9.5 缓解生态环境影响的建议 ······ 330
### 9.5.1 对景观规划的建议 ······ 330
### 9.5.2 对绿地规划的建议 ······ 330
### 9.5.3 对文物保护的建议 ······ 331

## 9.6 声环境保护措施 ······ 331
### 9.6.1 加大重点领域噪声污染防治力度 ······ 331
### 9.6.2 强化监管支撑能力建设 ······ 332
### 9.6.3 加强法律的宣传和教育 ······ 333

## 9.7 固废污染防治措施 ······ 333
### 9.7.1 固体废物收集系统 ······ 333
### 9.7.2 工业固废的管理与处置 ······ 334
### 9.7.3 生活垃圾与建筑垃圾的管理与处置 ······ 334
### 9.7.4 污水处理厂污泥 ······ 335

9.8 土壤污染管控措施与要求 …………………………………… 335
  9.8.1 土壤污染管控措施 ………………………………………… 335
  9.8.2 土壤污染管控要求 ………………………………………… 336
  9.8.3 园区邻近基本农田区域的开发管控要求 ………………… 337

10 规划区域"空间管制、总量管控和环境准入"要求 ………… 338
  10.1 生态空间管制清单 …………………………………………… 338
  10.2 环境质量底线清单 …………………………………………… 339
  10.3 资源利用上限清单 …………………………………………… 344
  10.4 产业准入负面清单 …………………………………………… 345
    10.4.1 基于环境优化入区企业环境准入指标负面清单 … 346
    10.4.2 规划产业环境准入负面清单 …………………………… 346

11 中德（沈阳）高端装备产业园环境可持续发展研究结论 …… 352

参考文献 ……………………………………………………………… 354

# 1 引言

## 1.1 项目背景

### 1.1.1 近年来国际制造业发展战略重塑

近年来,随着新一轮技术革命来袭,放眼全球,美国提出"再工业化"战略,德国提出"工业4.0"战略,法国出台了"新工业法国"战略,日韩新等亚洲经济体提出新型工业化战略。与此同时,我国也开始了新型工业化的历史进程,全球制造业领域正在经历新一轮的"大国崛起"。新一轮科技革命和产业变革与我国加快转变经济发展方式形成历史性交汇,国际产业分工格局正在又一次重塑。

### 1.1.2 德国"工业4.0"战略

工业4.0(Industry 4.0)是德国政府《高技术战略2020》确定的十大未来项目之一,是通过信息网络与物理生产系统的融合来改变当前的工业生产与服务模式,使德国成为先进智能制造技术的创造者和供应者,旨在支持工业领域新一代革命性技术的研发与创新。

### 1.1.3 我国新型工业化战略

新型工业化就是坚持以信息化带动工业化,以工业化促进信息化,走出一条科技含量高、经济效益好、资源消耗低、环境污染少、人力资源优势得到充分发挥的新型工业化路子。

新型工业化道路这个概念最早是在2002年11月中共十六大提出的。它是特指中国特色的工业化道路。党的十八大进一步提出推进新型工业化、信息化、城镇化、农业现代化同步发展，逐步增强战略性新兴产业和服务业的支撑作用，着力推动传统产业向中高端迈进，通过发挥市场机制作用，更多依靠产业化创新来培育和形成新增长点。

### 1.1.4 中国制造2025

2015年5月19日，被视为中国版"工业4.0"的中国制造业10年行动纲领——《中国制造2025》正式发布。《中国制造2025》提出，坚持"创新驱动、质量为先、绿色发展、结构优化、人才为本"的基本方针，坚持"市场主导、政府引导、立足当前、着眼长远、整体推进、重点突破、自主发展、开放合作"的基本原则，通过"三步走"实现制造强国的战略目标：第一步，到2025年迈入制造强国行列；第二步，到2035年我国制造业整体达到世界制造强国阵营中等水平；第三步，到新中国成立一百年时，我制造业大国地位更加巩固，综合实力进入世界制造强国前列。具体涵盖九大任务、十大重点发展领域和五项重点工程。

其中，九大任务包括提高国家制造业创新能力；推进信息化与工业化深度融合；强化工业基础能力；加强质量品牌建设；全面推行绿色制造；大力推动重点领域突破发展；深入推进制造业结构调整；积极发展服务型制造和生产性服务业；提高制造业国际化发展水平。

十大重点发展领域是在国家发展战略性新兴产业的基础上结合世界制造业发展趋势进一步完善，包括新一代信息技术产业、高档数控机床和机器人、航空航天装备、海洋工程装备及高技术船舶、先进轨道交通装备、节能与新能源汽车、电力装备、农机装备、新材料、生物医药及高性能医疗器械。

五项重点工程包括国家制造业创新中心建设、智能制造、工业强基、绿色制造、高端装备创新，并被定为工业化信息化深度融合的主攻方向。

### 1.1.5 东北老工业基地创变核心

在我国实施新型工业化战略、东北老工业基地二次振兴战略和"中国制造 2025"战略的大环境下,沈阳市作为区域性中心城市和积淀深厚的重工业城市,有良好的基础和潜力成为全球知识型、创新型生产服务业和装备制造业的集聚地之一,引领区域产业转型和服务创新。

在国家经济社会发展步入"新常态"的大格局下,沈阳市正在加快转型升级的步伐,进入了换挡加速的新型工业化攻坚阶段。在这一过程中,铁西区的发展已经成为"沈阳建设国家中心城市、角逐世界装备制造产业基地、打造生态宜居之都"的重要载体,是推动东北老工业基地创新发展、转型发展、实现全面振兴的核心动力。由此,铁西不仅要成为国家装备制造业基地的重要载体,还要成为在制造业领域参与国际竞争与合作的重要载体。必须在新一轮产业转移及代表未来产业发展方向的领域走在国内、国际制造业的前沿。适时孕育而生的中德(沈阳)高端装备制造产业园(简称"中德园")将为铁西成为"产业经济根据地、转型创新领航区"的角色定位带来全新的契机,其发展战略的实施也将为我国制造业转型升级、创新发展带来重大机遇。

## 1.2 任务由来

中德(沈阳)高端装备制造产业园的总体建设目标是牢固树立创新、协调、绿色、开放、共享的发展理念,着力创新装备制造业发展模式,创新园区开发建设管理模式,创新对外开放合作模式,加强"中国制造 2025"与德国"工业 4.0"战略的高效对接,实现优势互补,将中德园打造成为国际化、智能化、绿色化的高端装备制造业园区,带动沈阳经济区加快发展,促进辽宁省经济社会发展乃至东北地区老工业基地全面振兴。

经过 2015—2019 年的建设,中德(沈阳)高端装备制造产业园取得了明显成效,随着新时期中德产业融合发展目标的提升,中德(沈阳)高端装备制造产业园的建设目标调整为:现代智城、创新名城、国际友城、生态绿城、品质新城。为实现该目标,沈阳市政府组织编制了《中德(沈阳)高端装备制造产业园总体规划(2018—2035 年)》并启动中德(沈阳)高端装备制造产业园总体规划（2018—2035年）环境影响评价工作。

环境影响评价工作旨在充分评估产业规划区域的资源承载力条件，分析规划产生的资源环境需求，通过一系列调整措施和生态环境建设，促进区域环境可持续发展，适应新时期美丽中国建设。

## 1.3 主要研究内容及实施方案

### 1.3.1 研究内容

通过对中德（沈阳）高端装备制造产业园总体规划的经济环境系统进行预测，结合区域发展历史环境影响回顾，在资源环境承载力约束下，合理确定区域产业方向和开发规模，提出区域环境可持续发展的综合治理对策、措施，归纳总结区域发展的"空间管制、总量管控和环境准入"要求，为中德（沈阳）高端装备制造产业园环境可持续发展提供借鉴。

### 1.3.2 技术路线

研究的开始是基于辽宁省、沈阳市以及铁西区在区域经济开发环境管理实践中进行的大量探索性工作，前期技术工作脉络基本是基于规划类的环境影响评价工作技术程序，研究工作以中德（沈阳）高端装备制造产业园环境可持续发展的探讨研究为主，在前期工作的基础上对产业发展、生态环境保护和环境综合治理进行了深度挖掘，并进行了验证分析。

### 1.3.3 研究重点

#### 1.3.3.1 区域开发回顾

分析中德园近几年环境保护措施的落实情况，对规划区历史环境与现状进行比对分析，分析生态环境质量变化趋势，分析开发活动的环境影响，总结中德园开发建设取得的阶段成效以及存在的主要资源环境问题，对中德园的环境管理提出相应整改、优化建议，为规划区环境的可持续发展提供借鉴。

#### 1.3.3.2 规划方案分析

分析规划目标、定位、产业结构、布局、环境保护措施与国家、省环境保护与污染防治政策与规划、生态文明战略、城市总体规划、土地利用规划等的符合性,重点分析中德园与辽宁省、沈阳市等相关上位规划以及相关政策的协调性。根据规划依托的资源环境条件可能发生的变化以及规划实施过程的多变性,分析规划实施的不确定性,设置基准、规划和优化三种不同情景对区域发展路径进行推演,分析不同情景在不同规划年限的环境影响特征。

#### 1.3.3.3 规划实施的环境影响

系统分析规划实施对可能受影响的资源、环境要素的影响类型和途径,针对环境影响识别确定的评价重点和评价指标体系,结合不确定性分析设置的不同发展情景,预测不同发展情景下规划实施对周边环境要素、生态系统等的影响程度及范围,根据不同规划时段可供规划实施利用的资源量、环境容量等,综合分析区域资源环境对规划实施的支撑能力,提出区域环境影响减缓对策。

#### 1.3.3.4 规划方案环境合理性分析

从评价区生态敏感区分布与保护要求、区域资源环境承载力、功能组团布局与发展方向、规划实施可能产生的环境影响,分析规划区选址、发展规模的合理性,分析内部各功能组团之间以及与外部敏感区之间的环境协调性,提出优化发展时序、控制发展规模、布局调整等建议,提出区域环境综合整治对策、措施,促进环境可持续发展。

#### 1.3.3.5 "三线一单"的制定

依据《关于规划环境影响评价加强空间管制、总量管控和环境准入的指导意见(试行)》(环办环评〔2016〕14号)和《关于以改善环境质量为核心加强环境影响评价管理的通知》(环环评〔2016〕150号),结合区域现存的资源环境问题以及规划环境影响预测结果,提出"空间管制、总量管控和环境准入"等建议,实现环境的可持续发展。

## 1.4 关键技术与适用方法

### 1.4.1 系统分析方法

将规划研究区域看作一个完整的大系统,并将其分拆为经济社会和资源环境两个子系统,通过设定系统变量,结合不同情景对区域发展的演变进行系统分析,研究规划区域环境可持续发展的优选路径。

### 1.4.2 遥感调查与生态解译方法

基于评价范围及区域生态安全格局划分内容的需要,本研究将遥感方法分别用于中等、微观尺度,及跨越不同时期的调查,进行验证分析。以中等尺度的区域性生态调查为主,尝试利用遥感数据解译判读区域生态格局并进行生态景观判断,并结合区域土地利用演变,采用GIS方法分析空间格局、尺度、景观镶嵌动态、景观异质性等。

### 1.4.3 情景规划方法

未来的不确定性是规划时遇到的普遍问题。市场经济中的规划认为未来是不确定的,有关未来的唯一确定因素就是可以肯定未来是不确定的。因此,规划的一个主要任务就是发觉、评估和解决不确定性。本书通过情景规划的方法,首先在区域发展的宏观经济差异基础上开发情景,然后识别所处环境中影响决策成功或失败的关键因素,接着罗列出宏观环境中影响关键因素的驱动力量,并根据重要性和不确定性对关键因素和驱动力量进行排序,从而识别出三个最为重要并且最为不确定的因素和趋势构建三种不同的情景,在接下来的工作中对情景进行细节充实和推演,按照推演结果结合区域资源环境承载水平进行未来发展战略目标设定和综合对策的决策实施,从而确保规划实施能达到战略规划目标。

### 1.4.4 模糊综合评价方法

采用改进层次分析法的模糊综合评价模型 (AHP_FCE) 对规划区域环境资源优势度进行综合评价。评价方法根据所研究评价系统的实际情况，从代表性、系统性和适用性等角度，建立模糊综合评价的评价指标体系，由各评价指标的样本数据建立单评价指标的相对隶属度的模糊评价矩阵。模糊综合评价的最终目的就是在论域 $m$ 个方案之间做相对优劣的比较，从中选择最优的方案，这种优选与论域以外的方案无关，根据这一优化的相对性可以确定各评价指标值的相对隶属度和论域中相对优等方案与相对次等方案，据此可进行科学决策。

# 2 规划概述及分析

## 2.1 规划概述

### 2.1.1 规划范围

中德园位于沈阳市西部,规划包含国家批复的 48km² 和西部 7km² 拓展区,四至范围为东至沈阳市铁西区中央大街,西至浑河二十八街,南至浑河,北至沈辽路及开发十九号路,总面积 55km²。

### 2.1.2 规划期限与人口规模

规划期限:总体规划期限为 2018—2035 年。近期到 2020 年,中期到 2025 年,远期到 2035 年,远景到 2050 年。

规划人口规模:预测规划期末常住人口将达到 25 万人,吸纳就业人口约 10 万~15 万人,其中近期规划人口 15 万人。

### 2.1.3 规划目标

到 2035 年,中德园将建成集研发、设计、生产、服务于一体的国际级制造业集聚区,引进一批知名装备制造企业、德国及欧洲其他国家的中小企业特别是行业领军企业,在创新驱动、绿色发展、人才培养、园区管理等方面达到国际一流水平。最终将中德园打造成为:现代智城、创新名城、国际友城、生态绿城、品质新城。

根据近远期不同的规划期限,将规划目标具体分为四个阶段:

近期目标(至2020年):中德国际科技创新合作基地初具规模,汽车与智能制造产业簇群初步形成,开启中德协同发展、互利共赢的新局面。

中期目标(至2025年):建设具有国际竞争力的装备制造基地取得重大进展,中德国际科技创新合作基地基本形成,汽车与智能制造产业簇群达到国内先进水平,中德合作交流迈入新台阶。

远期目标(至2035年):初步建成具有国际竞争力的装备制造基地,成为国际级高端制造业集聚区,在装备制造、科技创新与产业化领域抢占全球制高点,构建起产业发展新格局,塑造工业基地新形象。

远景目标(至2050年):全面建成具有更高水平的国际一流装备制造业基地,成为具有全球影响力的中德合作基地及可持续发展的典范,建成生态环境良好、经济文化发达、社会和谐稳定的世界级产城融合示范区。

### 2.1.4　总体规划定位

东北振兴转型发展新引擎、中德国际战略合作试验区、开放型经济新体制探索区、国际先进智能装备制造示范区、创新驱动和绿色集约发展引领区。

### 2.1.5　产业布局规划

#### 2.1.5.1　产业门类选择

本次规划立足本土基础,聚焦德国优势,改造传统产业,打造新兴产业。中德园的产业门类主要为智能制造、高端装备、汽车制造、工业服务和战略新兴产业。

(1)智能制造产业

发展定位:集研发、生产、展示为一体的智能制造产业集聚区。涵盖智能装备(机器人、数控机床),工业互联网(机器视觉、传感器),工业软件(ERP/MES),3D打印以及将上述结合的自动化系统及生产线集成产业簇群。

功能布局:依托库卡机器人及未来瑞士机器人等项目,结合东部战略新兴组团与南部高端装备制造组团,形成以智能机器与机械装备制造等产业为主体的现代智能制造园区,并承担园区内智能化生产性服务职能。

(2) 高端装备产业

发展定位：以低碳化、集群化、智能化为核心特征的高端装备产业集聚区。包括新能源利用、装备制造业和新材料等新兴制造产业；节能环保、微电子、云计算等新兴信息产业；生物生命科学、航空等新兴科技产业；还包括相关生活配套。

功能布局：依托装备制造集聚基础现状，发展为以轨道交通装备、数控装备、新能源与节能装备、通用装备、特种装备等为产品的高端装备制造园区。

(3) 汽车制造产业

发展定位：围绕先进装备智能制造中心，打造全球领先的汽车产业集群。生产各种汽车主机及部分零配件或进行装配的工业簇群。

功能布局：围绕现有宝马工厂等汽车产业优势基础，圈层式布局以汽车整车与零部件生产制造、新能源汽车、汽车零部件生产、汽车电子与装饰等配套产业为主的汽车产业集聚区。

(4) 工业服务产业

发展目标：构建公共技术、行业技术、企业技术创新平台，打造中德科技国际合作基地核心区。包括专业技术服务、信息和中介服务、金融保险服务、贸易相关服务与法律服务等生产性服务簇群。

功能布局：围绕中德公园，毗邻汽车制造簇群与高端装备簇群，形成以科技研发、工业设计、技术咨询、数据服务、工业金融等 2.5 产业为主的科技生产服务集聚区。

(5) 战略新兴产业

围绕沈阳工业大学形成科研孵化基地，逐步融合科技资源要素，改造升级节能环保、信息技术、新材料等新兴产业及其配套功能。

### 2.1.5.2 产业空间布局

四环以西形成全产业链条，依托宝马厂区形成汽车制造、高端装备、智能制造、战略新兴及工业服务五大产业集聚区；四环以东依托沈阳工业大学建立国际合作科创基地，并引导中小企业转型升级发展。

### 2.1.6 空间结构

#### 2.1.6.1 总体空间结构

结合滨水带状城市的基本形态特征和既有的产业布局,构建"带状组团、轴向引导、生态隔离、簇群发展"的总体空间结构。

"带状组团":即在带状城市格局的基础上以主要交通干道、生态廊道等要素为分界形成带状发展组团。

"轴向引导":即沿京沈高速、开发大道、沈辽路、大堤路及浑河、细河东西向发展轴带,引导形成带状城市的空间结构格局。

"生态隔离":即以京沈高速、沈辽路等交通走廊,浑河、细河、灌渠等生态走廊构建铁西区域的生态基底。

"簇群发展":各功能组团在主导功能、交通组织、用地指标等方面都有相对独立特征,提倡分散发展,避免空间蔓延的态势。

#### 2.1.6.2 功能分区

以细河与规划中的地铁三号线为纽带,形成"一中心、一基地、五个产业组团和多个服务组团"。

一中心、一基地——国际化服务中心,中德国际合作创新基地。充分利用一河两岸、沈阳工业大学的核心带动作用,构建以科技创新为驱动力的基本空间构架。

五个产业功能组团——打造高端装备、汽车制造、智能制造、战略新兴产业及工业服务组团。建构衔接工业4.0的现代化产业体系。

多个服务组团——包括片区总部服务组团、浑河沿线国际社区组团及沈辽路沿线两个生活配套组团。

#### 2.1.6.3 用地布局

四环内优化功能结构:从对接工业4.0发展理念出发,考虑中小型工业企业转型发展、一河两岸建设两方面因素,四环内以生态生活功能为主,兼顾科技研发、国际合作功能。四环外形成产业簇群:围绕宝马厂区,大力发展智能制造、绿色新兴产业,形成多个专业化功能集聚组团。中德园及拓展区用地指标见表2.1-1。

表 2.1-1　中德园及拓展区用地指标表

| 序号 | 用地代码 | 用地性质 | | 占地面积 /hm² | 占建设用地比例 /% |
|---|---|---|---|---|---|
| 1 | R | 居住用地 | | 594.2 | 12.2 |
| 2 | A | 公共管理与公共服务设施用地 | | 323.2 | 6.7 |
| | | A1 | 行政办公用地 | 2.2 | |
| | | A2 | 文化设施用地 | 25.3 | |
| | | A3 | 教育科研用地 | 260.5 | |
| | | | A31 高等院校用地 | 194.7 | |
| | | | A32 中小学用地 | 65.8 | |
| | | A4 | 体育用地 | 18.6 | |
| | | A5 | 医疗卫生用地 | 14.3 | |
| | | A6 | 社会福利用地 | 2.3 | |
| 3 | B | 商业服务业设施用地 | | 147.5 | 3.0 |
| | | B1 | 商业用地 | 107.8 | |
| | | B2 | 商务用地 | 36.5 | |
| | | B4 | 公用设施营业网点用地 | 3.2 | |
| 4 | M | 工业用地 | | 1 776.2 | 36.6 |
| 5 | S | 道路与交通设施用地 | | 708.4 | 14.6 |
| | | S1 | 城市道路用地 | 648.9 | |
| | | S3 | 交通枢纽用地 | 9.4 | |
| | | S4 | 交通场站用地 | 50.1 | |
| 6 | U | 公用设施用地 | | 66.9 | 1.4 |
| | | U1 | 供应设施用地 | 18.3 | |
| | | U2 | 环境设施用地 | 43.2 | |
| | | U3 | 安全设施用地 | 5.4 | |

续表

| 序号 | 用地代码 | | 用地性质 | 占地面积 /hm² | 占建设用地比例 /% |
|---|---|---|---|---|---|
| 7 | G | | 绿地与广场用地 | 1 036.9 | 21.4 |
| | | G1 | 公园绿地 | 490.4 | |
| | | G2 | 防护绿地 | 407.5 | |
| | | G4 | 水面用地 | 139.0 | |
| 8 | F | | 商业居住混合用地 | 199.8 | 4.1 |
| 合计 | | H11 | 城市建设用地 | 4 853.1 | 100.0 |
| 非建设用地 | | | 区域绿地（滩地） | 646.9 | |
| 合计 | | | | 5 500 | |

### 2.1.7 公共服务设施布局

重点依托轨道交通站点和细河水系，发展各级公共服务设施，搭建各类公共服务平台，承担区域性职能分工，形成合理分布、重点突出、均衡服务的公共设施体系，主要集中在中德公园片区中心、西部副中心沈阳和工业大学片区中心三个区域。

### 2.1.8 综合交通规划

#### 2.1.8.1 道路网系统规划

（1）对外道路系统

规划构建"两横两纵"快速路网，与全市高快速路系统衔接，实现 10min 进入高快速系统的目标。在快速路基础上，打通开发二十二号路、开发二十五号路，强化与母城的交通联系；打通中央大街、浑河十五街，强化与永安新城、浑河新城交通联系。

（2）内部道路系统

规划形成"四横八纵"路网骨架，满足带状城市出行需求，横向道路强化与主城联系，纵向道路支撑产业空间布局。通过打通断头路，改善微循环，开展精细化道路设计,塑造畅达、安全、绿色、智慧的道路空间。

#### 2.1.8.2 交通枢纽体系规划

扩容改造宝马专用线,与全市铁路系统相衔接,实现中德园与沈阳综合货场、吴家屯站等主要货运站的便捷联系。充分利用西部出海铁路,强化中德园与盘锦港、营口港的交通联系。加快实施多式联运工程,实现铁路与公路、航空基础设施网络的无缝衔接。

#### 2.1.8.3 公共交通系统规划

以枢纽为锚固点统筹城际铁路、地铁、常规公交,打造多网合一的公共交通系统。

城际铁路:规划沈辽城际铁路,辐射沈阳经济区。

轨道交通:规划地铁三号线、十四号线,强化与母城及周边区域的联系。

常规公交:强化与轨道交通一体化换乘,填补服务盲区,提高公交服务水平。新增公交线路4条、延伸既有线路5条,强化与地铁一号线接驳换乘;新增公交快线1条,为地铁三号线培育客流。

交通枢纽:预留2处综合交通枢纽、4处P+R换乘枢纽,强化枢纽用地综合开发,引导园区发展。

#### 2.1.8.4 充电基础设施体系规划

充电桩建设以配建为主,新建住宅配建停车场需100%建设或预留安装条件;商业、办公、医院等公建项目配套停车场预留安装比例不低于15%。结合加油站、公交场站、停车场、宝马工厂等场所,规划选址充电站5座、换电站3座。

### 2.1.9 绿地水系规划

围绕宝马工厂,打造9大主题公园。以创建北国风光宜居城市为目标,构建"东西水脉贯穿+南北绿楔隔离+活力节点镶嵌"的生态格局。形成区域廊道、地区公园、附属绿地三级绿化体系,以及生态用地与建设用地相互契合的分散组团式空间结构。人均公园绿地面积达到19.6m$^2$,人均绿地与广场面积达到41.5m$^2$。

### 2.1.10 市政基础设施规划

共规划33座基础设施为园区提供服务,包括给水厂4座,污水厂2座,220kV变电所4座,66kV变电所7座,热电厂2座,热源厂2座,储配站1座,消防站8座,电信局3座;规划形成综合管廊45km。

#### 2.1.10.1 给水系统规划

2035年周边市政水厂供水能力达29万t/d,园区需水量达13.4万t/d,全采用大伙房地表水供给。近期优先替换沈阳胜科水务有限公司一、二、三水厂水源,实现大伙房水库、地下水、再生水多种水源联合供水。

扩建沈阳水务集团九水厂,新建规划水厂,形成4座给水厂,供水总能力达到29万t/d;构建环状供水管网,提高供水安全性和稳定性;在中德国际社区试点推行直饮水系统,打造高品质供水示范区。

#### 2.1.10.2 污水系统规划

2035年园区污水负荷约9万t/d,保留西部一期污水厂(15万t/d),扩建西部二期污水厂(现状25万t/d、规划45万t/d),总处理规模达60万t/d,满足园区内、外污水处理需求。扩建二十二号路泵站,新建宝马专用污水泵站,保证区域污水顺利排放;完善污水管网系统,实现污水全收集、全处理;推进再生水利用,结合大型公园配建加水站4座。

#### 2.1.10.3 雨水系统规划

宝马厂区按照百年一遇标准建设配套排水设施;逐步提高市政雨水系统标准,区域管道及设施设计重现期达到3年一遇;规划形成雨水泵站12座,其中扩建区域雨水泵站4座,新建宝马区域泵站1座,新建宝马专用泵站3座。

#### 2.1.10.4 电力系统规划

2035年周边220kV变电站总供电能力达1 980MV·A,园区用电负荷为590MW(宝马铁西新厂用电负荷为100MW)。新建220kV产业变电站,与现有220kV宁官、东胜、高花变构成"环状网络",为园区供电。

#### 2.1.10.5 供热系统规划

2035年园区内及周边热源供应能力达2 456MW,园区采暖热负荷为1 778MW。由国电、亨通热电厂及沈西、三江、中能热源厂承担,构建热电厂为主、热源厂调峰的供热格局。

#### 2.1.10.6 燃气系统规划

2035年大青储配站储气能力为175万 $m^3$,园区用气量7.9万 $m^3/d$,建设大青储配站至青台子门站之间的高压联络线,提高气源保障能力;建设次高压调压站1座,规划形成3座,构建次高压输气、中压配气管网系统。

#### 2.1.10.7 通信系统规划

2035年,通信负荷为20万门。扩建张士电信局,新建2座电信局,总容量为25万门,满足用户通信需求。依托综合管廊,构建2横5纵的干线光纤网络。

#### 2.1.10.8 综合管廊规划

满足宝马厂区配套要求,结合高压线入地,搭建"梯子状"管廊系统,构建市政供给干线骨架;规划形成综合管廊9条,总长度45km。

### 2.1.11 环卫工程规划

普及垃圾分类收集,实现垃圾无害化处理。在建筑地块内增设垃圾分类收集设施,可回收垃圾循环利用,不可回收垃圾运送至垃圾压缩站。规划区域垃圾压缩站7个,集中输送至西部垃圾焚烧发电项目。

## 2.2 规划协调性分析

### 2.2.1 与上位规划和政策的协调性分析

本书从国家级、省级、市区级三个层面进行规划方案与上位规划的符合性分析和与相关规划的协调性分析,从分析结果来看,中德园位于辽中南地区中沈阳市区西部,为《全国主体功能区规划》和《辽宁省主体功能区规划》中国家层面的优化开发区域,规划方案与国家、省、市各级的经济发展规划,各级大气、水、土壤污染防治行动计划(或方案),《沈阳市城市总体规划(2011—2020年)》《沈阳市土地利用总体规划(2006—2020年)》《北方地区冬季清洁取暖规划(2017—2021年)》《沈阳市热电发展总体规划(2017—2020年)》等基本符合,规划所产生的固体废物由沈阳再生资源产业园综合中心安全处置,生活垃圾可由沈阳西部生活垃圾焚烧发电厂进行无害化处置。

但由于中德园所属区域的开发建设也将产生一系列生态环境影响,被《辽宁省生态功能区划》划为罗马数字Ⅱ 1-2 沈阳市工业污染与城郊农业面源污染防治生态功能区,因此在发展过程中需重点发展循环经济,推广清洁生产,建立节能、高效、低污染产业体系,形成循环经济示范区,统筹规划,开源节流,继续加大城区污染治理力度,全面改善地表水质。根据区域的资源环境特征和生态功能区划定位,本书建议对中德园总体规划内的市政基础设施中的供热、排水和污水处理厂出水水质目标进行优化,合理确定各阶段环境保护目标并完善环境保护控制措施,确保总体规划有效实施,生态环境总体改善。

此外拓展区 2.75km$^2$ 工业用地目前不在《沈阳市城市总体规划(2011—2020年)》建设用地边界内,其中 2.73km$^2$ 目前占用了《沈阳市土地利用总体规划(2006—2020年)》中的基本农田,在城市建设用地边界和基本农田未调整以前,如上区域不进行建设活动,确保不占用基本农田。

### 2.2.2 内部协调性分析

规划方案中的区域居住用地指标和区域平均人口密度与规划区域面积基本协调。中德园建设用地规划远期有 2.73km$^2$ 基本农田尚未调整,需对土地利用规划进行调整后才能进行开发。

规划以细河与规划地铁三号线为纽带,形成"一中心、一基地、五个产业组团和多个服务组团",可实现工业用地与居住用地有效隔离,既减少相互之间的影响,又促进相互之间的联系,还能促进城市综合体的形成。

规划主要将工业用地布置在东南侧,在北侧、西侧主要布置生产及公共服务中心,隔细河配套相应生活组团,同时结合与城市建成区影响距离由西南自东北依次布局较低环境影响组团,布局较为合理。但在汽车集中区用地的北侧,细河北岸和沈辽路之间,规划设置了居住区,该居住区在夏季将处于汽车集中区的下风向,汽车集中区产生的大气污染将不可避免对其造成影响,从大气预测结果看,该区域也是受大气影响较大区域,因此,建议近期已有的大潘街道生活区不再扩张,维持现状,其他居住用地按照发展留白空间进行预留，不进行建设；远期考虑将化学工业园范围缩减、改造及向循环产业转型升级，待解除环境影响隐患后再逐步利用发展留白空间；同时在考虑现有企业与居住布局的基础上，以细河为天然分隔绿带，增加两侧带状绿化空间，有效隔离居住用地和工业用地。

规划区域污水排放依托西部污水处理厂一期和二期集中处理，其中西部污水处理厂一期工程周边地块为工业用地，二期扩建工程位于规划区外，周边为绿地及工业用地，选址合理，为加强环境管控，建议以沈阳西部污水处理厂一期和西侧的现有电镀企业为界，将外围200m范围设置为环境防护区。

### 2.2.3 规划环境基础设施外部依托协调性分析

规划区域成立之前已经进行了规划建设，其中《沈阳市城市总体规划（2011—2020年）》在中德园成立前就已经对区域环境基础设施进行了统一考虑，并由各专项规划或分区规划予以落实，中德园规划中的多项环境基础设施与区域共用，中德园供热规划、给水规划和排水规划依托《沈阳市城市总体规划（2011—2020年）》统一解决的协调性较好。

### 2.2.4 规划与邻近区域规划的相容性分析

紧邻中德园北侧四环路以西区域目前规划为工业用地，紧邻中德园目前分布的企业分别是沈阳东北蓄电池有限公司、沈阳铸锻工业有限公司和沈阳东利钛业有限公司。紧邻区域主要规划工业用地和商业用地，用地之间相容性较好。

## 2.3 不确定性分析

### 2.3.1 本次规划的不确定性因素分析

#### 2.3.1.1 规划污染源强存在不确定性

目前规划区域已有部分项目建设意向，但多数项目仍需要根据区域发展实际情况开展建设，本次规划对区域发展目标、功能定位、发展规模等均明确进行估算，但与实际发展情况仍会存在一定偏差，故本次评价对于区域规划期间内污染物排放具有一定不确定性。

#### 2.3.1.2 规划措施和建议存在不确定性

由于在实施过程中具有很多的不确定性，规划本身也是逐步调整和完善的。同时由于市场的需求可变因素很多，政策在制定过程中也在调整。而本次环评在预测时，是按照规划能够正常实施的情况下预测的，其结果必然在今后也要根据情景进行调整，所以在规划调整建议和减缓对策措施的提出上很难具体化，只提出宏观对策措施。

### 2.3.2 不确定性的对策措施

针对规划和环评中提出的不确定性，主要采取了以下对策措施：

#### 2.3.2.1 规划因素的综合考虑与分析

本次规划环评综合考虑了各种因素，对生态、景观、交通、基础设施、产业发展、政策、发展模式、发展规模、实施机制进行了分析，并按"多规合一"思路将各规划涉及的要素进行归纳整理，制定"三线一单"对规划目标进行强化，从而减少规划的不确定性。

#### 2.3.2.2 "自上而下"与"自下而上"相结合的方法控制规划发展

在策略方法上，本次规划环评采取"自上而下"与"自下而上"相结合的方法。规划环评充分考虑经济、社会、生态环境因素，"自上而下"地对区域背景、功能空间层次、政策机制等各个方面进行分析论证，强调对其中不确定性问题的分析研究。剥离确定性和不确定性问题，分别采取不同的对策方法，通过各个发展策略的综合叠加，得出近期不能或不宜建设的区域，并进行控制引导。

#### 2.3.2.3 "时限规划"和"规模规划"相结合

中德园未来发展的可变性相对较小，但也有可能因为重大政策性调整而在短期内吸引大量建设资金。因此，传统的以时段推导人口规模并与规划期限相对应的方法将可能使现在看似理想的规划最终失效。本次规划环评根据中德园发展的阶段性特点，按"前细后粗"的原则，将中德园的发展过程划分成两大规模形态模式的不同阶段，总体分为两个阶段，第一阶段按规划时限2025年控制，先期对可预见的重点产业进行高效集中开发，促进资源能源高效利用；第二阶段则按总体发展规模控制，主要以发展目标进行产业分析和资源环境承载力分析，从而提出发展的环境管控要求，以此来减少不确定因素的影响，使中德园的发展不容易脱离整体框架结构的控制。

#### 2.3.2.4 "刚性+柔性"的弹性控制方法

规划环评利用"刚性+柔性"的控制方法，根据不确定性的不同程度分别对各个层面加以不同弹性程度的规划控制。对相对确定和稳定的因素进行刚性控制，如对外交通、主体道路网络、生态基础环境、近期急需建设项目的规模及位置等进行强制性控制，明确提出保护或预留控制要求。同时，通过设置指导性的支路（允许具体实施时进行改动）、提高地块兼容性（如鼓励建设商住混合区、设置弹性发展单元、改造旧村和统筹安排返回用地、集中设置公共服务设施等）及其他一些柔性方法提高规划的弹性，以更好地应对市场的变化及社会的快速发展。

#### 2.3.2.5 规划区域的情景设定

本次环评通过收集中德园现有发展特征，对区域发展情景进行假定，同步演进多个规划情景，并对规划情景产生的资源能源消耗、污染物排放特征进行整体核算，通过不同情景的对比分析，提取基于资源环境承载力的发展约束条件，用于反馈规划本身，确保规划发展的资源环境在可承载范围内。

#### 2.3.2.6 规划污染分析预测的可靠性

评价按照区域发展规模进行污染源强预测，为尽量降低预测过程中不确定性对区域环境质量的影响，选取系数尽量参照所在区域发展规划以及行业系数,以减低其不确定性。规划实施过程中,结合规划发展要求及各要素制定环境影响减缓对策,区域污染物排放量将得到有效控制,从而减缓区域发展对环境的不利影响。

#### 2.3.2.7 规划环评的跟踪评价设定

评价建议定期开展跟踪评价,对规划实施过程中存在的不确定性及时进行分析及评估,及时对规划方案进行更新完善,最后通过对环境影响评价效果的评价,调整和完善规划方案及各项措施。另外,跟踪评价需预测评价规划区是否产生新的环境问题,并提出更全面的补救措施。

## 2.4 规划区域资源环境压力分析

### 2.4.1 预测思路和模型系统

#### 2.4.1.1 总体思路

社会经济发展与资源环境之间存在互动关系。一方面,社会经济发展是资源利用和环境污染的首要影响因素,生产过程、消费过程中对生产资料和生活资料的需求是资源利用的根本原因。在现有技术条件下,资源利用是不充分的,导致非生产和生活目的的废物产生和排放,是环境污染的根本原因。另一方面,资源环境对社会经济发展也具有制约作用,资源瓶颈、环境污染反过来也会限制经济的进一步增长和社会福利的进一步提高。基于社会经济发展与资源环境之间的关系,以社会经济发展水平的规划和预测为基础,对经济发展和环境污染压力进行预测。

首先,对社会经济发展进行预测。建立社会经济发展预测模型,主要包括人口和城市化水平预测、规划各行业增加值的预测等内容。主要目的是与环境污染预测模型对接,研究人口增加及城市化、行业增加值对资源环境产生的压力及影响。

其次,对资源环境问题进行预测。建立资源环境问题预测模型,主要包括水资源需求预测模型、能源消费预测模型、水污染物产生量预测模型和大气污染物产生量预测模型,通过经济预测模型输入的行业增加值、人口增加及城市率等指标,预测能源环境问题,包括能源消耗和需求的预测,大气污染物产生量、废水产生量、水污染物产生量、固体废物产生量等指标的预测。

最后,与环境污染减排目标结合,预测这些主要污染物的削减量和排放量,提出污染物减排目标、资源环境承载力以及实现最优减排目标的社会经济发展政策建议。

### 2.4.1.2 预测模型系统

本次规划模型系统设置三种情景,分别从功能定位、发展目标、资源利用等方面进行对比,详见表2.4-1。

表 2.4-1 各预测情景内容

| 情景名称 | 产业发展 | 城市化水平 | 水资源压力预测 | 能源压力预测 | 污染物排放压力 |
|---|---|---|---|---|---|
| 基准情景 | 以现有高端工业和低端制造并存的经济增长为主,第二产业继续以较快速度增长,第三产业也以较快速度保持增长,但产业结构与目前水平基本不变 | 2035年全域实现城市化,规划人口总量将达到25万人 | 2025年工业增加值新鲜水耗弹性系数为0.55,2035年设定为0.50;2025年中水回用率30%,2035年中水回用率30% | 基准情景工业增加值综合能耗弹性系数设定为0.8 | 工业部分依据污染物排放系数和各行业单位工业增加值、主要产品规模等,推算2025年和2035年的基础排放量,其中挥发性有机物考虑水性和高固体份涂料的提高;2025年水污染物排放在加大中水回用的基础上,按污水处理厂出水 |
| 规划情景 | 低端制造加快淘汰,规划产业长足发展,配套发展第三产业 | | 2025年工业增加值新鲜水耗弹性系数为0.55,2035年设定为0.50;2025年中水回用率35%,2035年中水回用率35% | 规划情景考虑生态工业园建设指标要求设定为0.6,可再生能源使用比例2025年设定为10%,2035年设定为15% | |

续表

| 情景名称 | 产业发展 | 城市化水平 | 水资源压力预测 | 能源压力预测 | 污染物排放压力 |
|---|---|---|---|---|---|
| 优化情景 | 高端装备制造和现代服务业并行发展，产业高度优化，通过增加生产性服务业、流通服务业和其他服务业的建设和引进，积极承接国际服务业转移，大幅加快第三产业的发展 | | 2025年工业增加值新鲜水耗弹性系数为0.55，2035年设定为0.50；2025年中水回用率45%，2035年中水回用率45% | 规划情景考虑生态工业园建设指标要求设定为0.6，可再生能源使用比例2025年设定为16%，2035年设定为20% | 达到V类水质计算；2035年水污染物在进一步加大中水回用的基础上，按污水处理厂出水达到IV类水质计算；集中热源2021年底实现超低排放 |

预测的总体思路如图2.4-1所示。

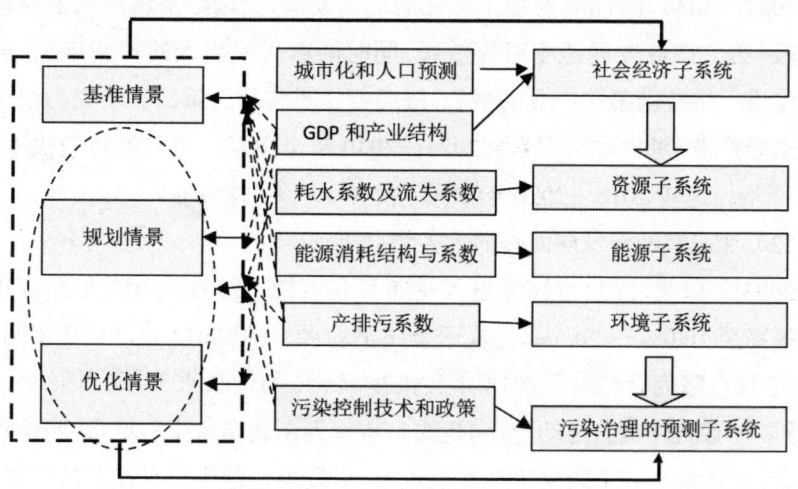

图2.4-1 中德园社会经济与资源环境压力预测总体思路

### 2.4.2 经济发展水平分析

#### 2.4.2.1 中德园经济社会发展的基本判断

受国家政策引导和资源禀赋的约束影响,我国各地区经济发展具有很强的同步性和相关性,要预测2025年乃至2035年中德园经济社会发展趋势,首先要对该阶段全国经济走势做出判断,在此基础上,结合沈阳市和中德园经济的实际情况和特征,对中德园经济的进行定位和预测。

(1) 全国经济社会发展的基本预测

2010—2020年,全国经济仍处于工业化和城市化"双加速"的发展阶段。以住房、汽车为主的居民消费结构升级带动产业结构优化升级,工业化快速发展带动城市化快速推进。经济总量不断增长,工业尤其是重工业占国内生产总值的比重不断提高,能源原材料工业占工业比重在2010—2015年左右达到高峰,高加工度制造业比重不断上升,到2020年全国基本实现工业化。同时,城市化以年均0.9个百分点较快速度推进,2020年城市化率达到65%左右。考虑政策因素,2010—2020年全国经济仍保持较快增长,GDP平均增速约在6%～7%左右。

2021—2030年,随着前期工业化的加速发展,全国经济将进入工业化中期阶段,第二产业发展速度明显放缓。同时随着居民收入的不断增加,居民消费将进一步拉动第三产业的增长,服务业比重将超过第二产业成为中国第一大主导产业。考虑政策因素,2021—2030年全国经济仍将维持较快增长,GDP平均增速较2010—2020年期间下降1%～1.5%左右。

(2) 沈阳市经济发展面临的优劣势分析

2003年以来,沈阳市经济进入快速扩张周期,2003—2013年经济年均增速提高至10.0%～20.5%,远高于全国平均水平;但2014年以后逐步回落,2017年甚至降为负增长,2018年又恢复到5%的增长水平。在未来5～15年,受多种有利因素的推动,特别是沈阳市作为东北国家中心城市,经济将逐步复苏,总体将略高于国家平均发展水平,但发展过程中也存在制约因素,特别是环境资源因素制约。

①沈阳市经济后发优势和特定阶段决定了经济仍将保持较快增长

受历史原因的影响,沈阳市经济经历了国企改革和结构调整的艰难时期,"九五"和"十五"时期经济增速明显放慢,工业比重不断降低,工业化进程较为缓慢,经济发展属于后发城市。进入21世纪以后,经济增速持续加快,工业化进入中期发展阶段,但与发达城市相比,仍有较大发展空间。未来10年,受后发经济优势和特定阶段的影响经济增长潜力较大,随着能源原材料基础工业的供给能力不断增强、工业内部结构日趋优化,资金技术集约型的新型重化工工业焕发出新的增长活力,将带领工业化步入后期阶段,也将推动经济增长迈上新台阶。以先进装备制造业、计算机通信设备和航天航空等为核心的高加工度制造业比重将不断上升,在工业化和重化工业快速增长推动下,整体经济增速将高于全国平均水平。

②东北地区再振兴政策有利于沈阳经济较快发展

2014—2018年,受全国经济结构调整的总体影响,沈阳市经济增速有所放慢,未来10年,随着国家新一轮东北振兴政策的出台,对经济发展的促进效果将进一步显现;国家提升装备制造业和大力发展新兴战略产业的产业政策将引导沈阳市产业结构优化升级和产业实力增强,将促进沈阳市逐步建立科技含量高、经济效益好、资源消耗低、环境污染少、人力资源优势得到充分发挥的新型工业化发展模式,对经济发展起到示范和龙头带动作用。

③以汽车和住房为主的消费结构升级将带动经济的持续增长

与发达城市相比,沈阳市私人汽车拥有率较低,居民住房条件仍有较大改善空间,未来10年,随着现代服务业的快速发展以及国家收入分配制度的改革和完善,沈阳市居民收入水平将呈现较快增长,居民消费结构升级将向更广泛的领域延伸,汽车和住房消费将继续保持较快增长,由于汽车和房地产行业上下游延伸产业较多,是经济发展的支柱产业,它们的发展将带动相关产业和整体经济的快速增长。从住房需求看,虽然目前房价较高,但沈阳市中低收入阶层的住房需求远未达到满足,随着政府住房体制改革的不断推进、收入分配政策不断完善、基本住房保障制度逐步建立,住房消费潜在需求将不断转化为现实购买力。从汽车消费看,轿车进入家庭的步伐将进一步加快,汽车消费大众化是消费结构升级的必然趋势。根据我国汽车消费需求结构的变化趋势,未来以经济型小汽车为主导的汽车消费时代将逐渐走向城镇工薪家庭,而新能源汽车也将推动汽车消费的持续增长和更新换代。

④资源环境约束影响经济发展

沈阳市辖区内没有大型矿产资源,因此无法走开发资源之路。土地资源有限,在开发和利用时,也属稀缺资源。在水资源上,沈阳市属于缺水地区。随着近年来人口增多,人多地少、人多水少的问题更加突出。

⑤全球经济发展回落影响经济发展

到2020年前后,我国经济增长由于受到结构调整力度加大、资源环境约束增加、劳动力成本上升、自主创新能力较弱等因素的影响,经济增速将低于"十三五"时期,沈阳市经济增长不可能独善其身,增速减缓不可避免。但受多种支撑因素的影响,沈阳市经济增长回落幅度将小于全国。

(3)中德园经济发展面临的形势分析

①产业基础雄厚,吸引力较强

中德园目前已形成以汽车制造、通用设备、金属及非金属材料、专用设备、电器机械及器材制造等为主导的产业体系。尤其是在宝马工厂的引领下,汽车制造相关产业集聚速度加快,形成了西部宝马汽车产业集群和东部制造业中小企业产业集聚的产业空间结构。中德园业已形成的雄厚产业实力、高素质的产业工人基础、优惠的发展政策等产业集群效应使得中德园成为国际企业在中国投资设厂的理想之地。

②区域产业体系完整形成的集聚效应

铁西区是中德园发展的母体与直接腹地,目前铁西区已形成装备制造产业、现代建筑产业、医药化工产业、汽车及零部件四大主要产业功能区。铁西区的经济总量、固投在沈阳市乃至辽宁省处于绝对领先地位,并形成了集聚效应,对企业已经形成强大的吸引力。

③现代服务业将促进区域经济进一步提升

铁西区服务业发展取得明显成效,2010年获批首批"国家服务业综合改革试点区"。2018年完成服务业增加值116亿元、贸易额达283亿元。其中生产性服务业快速发展,中外运、普洛斯等物流园区投入使用,"金谷""峰汇"大企业总部基地项目启动实施,庞大汽车文化广场、荣信财富广场、嘉泰工业装备博览城等重大项目如期推进,现代服务业已经取得重大进展,为区域经济发展提供强有力的支撑。

④城市化率快速提高将拓展经济增长的空间

城镇化与工业化是相伴而生、共同发展的,工业化必然带来城镇化水平的提高。未来随着中德园的建成,建设用地规模将不断扩大,居住和产业人口也将显著增加,要求城市基础设施的投资和建设不断加大,促进经济和投资增长;在城市化建设过程中,将吸引更多的第二、第三产业就业人员,有助于原有城市人口增加工资和扩大消费,而新增城市人口的消费方式和消费水平改变也将创造大量的消费需求。根据测算,城镇化每提高一个百分点,可以带动消费增长1.6个百分点。城市化率的提高对经济增长的拉动作用较大。

#### 2.4.2.2 经济总量和产业结构预测

中德园成立于2015年,区域内基本不存在农业生产活动,目前处于前期建设阶段,尽管由于国际经济形势总体放缓,近3年的经济增速仍保持2位数的速度。2018年规模以上工业总产值完成750.7亿元,同比增长11.7%;全口径税收完成99.4亿元,同比增长15.3%;固定资产投资完成50.5亿元,同比增长27.6%。预计未来5~15年,以宝马汽车为龙头,企业投资将进一步加大,高端装备制造产业集聚入驻,在可预期的2019—2025年之间,中德园工业和现代服务业将持续高速增长。此外,由于区域资源环境承载力较低,规划期内中德园必须倡导绿色发展理念,实施绿色发展战略,构筑绿色经济模式,以推动经济的可持续增长。考虑到各种因素,我们将规划期内中德园经济增长预测分为基准情景、规划情景和优化情景等三种情景进行预测,在不同的增长模式下,GDP增长速度存在差异,不同产业的增长速度、比重以及对经济增长的贡献率差别明显。

(1) 基准情景:以现有高端工业和低端制造并存的经济增长为主

在基准情景下,土地将全面得到开发,受到工业用地开发格局的影响,西部以宝马工厂为主形成了高端制造区域;东部受困于土地更新,固定资产投资相对较低,发展相对较慢,但第二产业整体继续以较快速度增长,产业结构较之目前水平基本不变,在这种增长格局下,中德园经济可以实现较快增长。

(2) 规划情景:低端制造加快淘汰,规划产业长足发展

规划情景通过快速更新低端装备制造结构、优化工业增长结构,使第二产业的增长质量进一步提高;通过区域现代服务业的引导壮大以及城市化率的提高和人口规模的逐步扩大,区域产业人口逐步提高收入和扩大消费,加

快和促进了第三产业的发展。在此情景下,中德园经济取得快速增长。

(3)优化情景:高端装备制造和现代服务业并行发展,产业高度优化

从长期发展看,规划区域只要经济布局合理、产业调整引导有效,完全可以在保持经济增速不变的条件下,通过产业结构内部优化和互补增长,实现地区经济的快速增长。为此,相对于规划设定的稳妥推进方案,评价设定了更为积极的优化情景。优化情景通过更新低端装备制造结构、优化工业增长结构,大力发展现代服务业和高新技术产业;围绕区域产业发展,通过增加生产性服务业、流通服务业和其他服务业的建设和引进,积极承接国际服务业转移趋势,大幅加快现代服务业的发展。在此情景下,经济增速进一步提高,产业结构调整幅度较大,现代服务业的比重持续提高。

不同情景下 GDP 和产业比重预测见表 2.4-2 和图 2.4-2。

**表 2.4-2　不同情景下 GDP 和产业比重预测**

| 情景 | 区间 | GDP 增长 | | 三次产业比重 / % | | |
| --- | --- | --- | --- | --- | --- | --- |
| | | GDP 期末值 / 亿元 | GDP 年均增长 / % | 一产 | 二产 | 三产 |
| 基准情景 | 中期(2019—2025) | 378.5 | 11.3 | 0.0 | 87.3 | 12.7 |
| | 远期(2026—2035) | 817.2 | 8.0 | 0.0 | 87.3 | 12.7 |
| 规划情景 | 中期(2019—2025) | 433.2 | 13.8 | 0.0 | 83.4 | 16.6 |
| | 远期(2026—2035) | 1 078.8 | 9.6 | 0.0 | 79.3 | 20.7 |
| 优化情景 | 中期(2019—2025) | 434.7 | 13.9 | 0.0 | 79.5 | 20.5 |
| | 远期(2026—2035) | 1 106.6 | 9.8 | 0.0 | 67.4 | 32.6 |

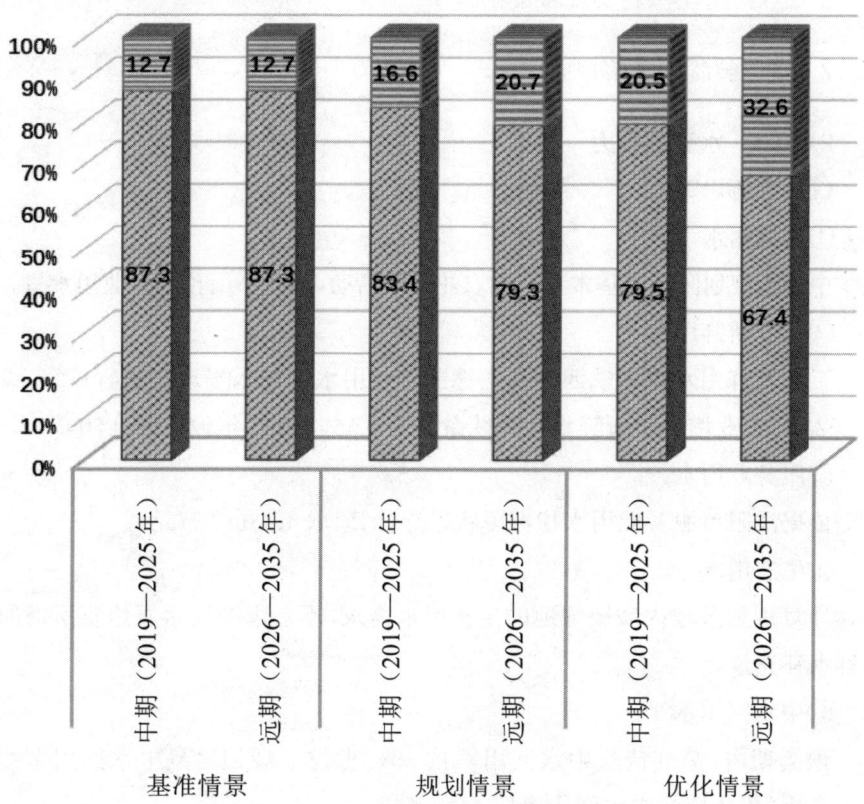

图 2.4-2 不同情景下产业比重

优化情景是一种比较理想的增长模式,但实现这一模式不是短期内可以达到的,必须通过实现中德园土地资源的有效优化,确保产业得到持续有效更新,大力发展现代服务业、新兴战略产业和高技术产业,经过长期艰苦的努力才能实现。在保持经济增速不降低的情况,通过大力发展低耗能、低排放的高端装备制造业和现代服务业,实现经济绿色化。

#### 2.4.2.3 人口和城市化水平

(1) 中德园人口规模

根据中德园总体规划,规划区域将在全域实现城市化,并逐步吸引外来人口入驻。2025年,人口将达到15万人;2035年,规划人口总量将达到25万人。

（2）城市化率提高速度明显加快。

至2035年，全域将实现城市化。

### 2.4.3 资源压力预测

#### 2.4.3.1 水资源压力

（1）预测思路

①农业用水

中德园规划区域现基本不存在农业开发活动，因此不用预测农业用水量。

②工业新鲜用水

工业新鲜用水根据铁西区和中德园工业用水消耗水平现状进行计算，设定2025年工业增加值新鲜水耗弹性系数为0.55，2035年设定为0.50。

③服务业用水

依据沈阳市服务业用水指标现状进行计算，取$1.35m^3$/万元。

④生态用水

计算规划区域内城镇绿地的生态用水需求，不考虑细河水质修复所需的新鲜水补充量。

⑤中水回用水平

预测期内，基准情景中水回用率按30%考虑；规划情景中水回用率按35%考虑；优化情景中水回用率按45%考虑。

⑥生活用水

居民生活用水量按《辽宁省行业用水定额》（DB21/T 1237—2015）取$0.15m^3$/（人·d），COD产生浓度按300mg/L、氨氮按18mg/L计算。

（2）不同情景新鲜水资源消耗预测

按既定预测原则，中德园新鲜水资源需求见表2.4-3和图2.4-3～2.4-5。

表 2.4-3  中德园新鲜水用量预测

| 情景 | 指标 | 单位 | 2025年 | 2035年 |
|---|---|---|---|---|
| 基准情景 | 农业 | 万 t | 0 | 0 |
| | 工业 | 万 t | 176 | 260 |
| | 服务业 | 万 t | 45 | 98 |
| | 生态 | 万 t | 248 | 146 |
| | 生活 | 万 t | 821 | 1369 |
| | 合计 | 万 t | 1 291 | 1 873 |
| 规划情景 | 农业 | 万 t | 0 | 0 |
| | 工业 | 万 t | 187 | 290 |
| | 服务业 | 万 t | 63 | 196 |
| | 生态 | 万 t | 207 | 78 |
| | 生活 | 万 t | 821 | 1 369 |
| | 合计 | 万 t | 1 279 | 1 933 |
| 优化情景 | 农业 | 万 t | 0 | 0 |
| | 工业 | 万 t | 175 | 209 |
| | 服务业 | 万 t | 66 | 268 |
| | 生态 | 万 t | 125 | 0 |
| | 生活 | 万 t | 821 | 1 369 |
| | 合计 | 万 t | 1 188 | 1 845 |

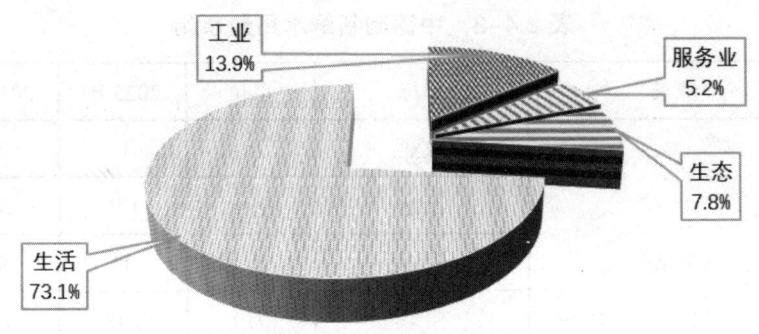

图 2.4-3　2035 年基准情景中德园新鲜水用水结构

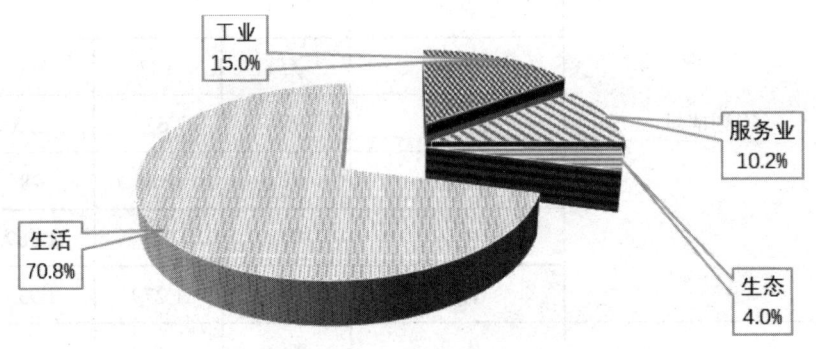

图 2.4-4　2035 年规划情景中德园新鲜水用水结构

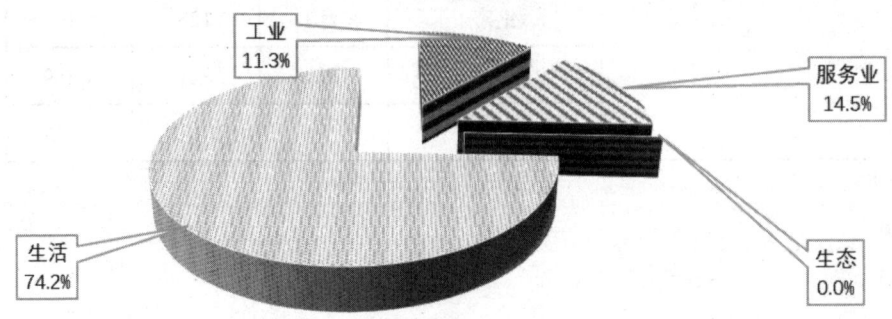

图 2.4-5　2035 年优化情景中德园新鲜水用水结构

根据新鲜水用水量的预测结果,2035 年中德园三个预测情景的总体用水量差别较大,优化情景新鲜水用水量最小。从用水比例看,生活用水占区域用水比例最大,工业和服务业用水量基本相当。

(3)工业用水压力预测

2030 年,根据预测思路设定的工业用水系数变化趋势以及基准情景下经济总量的增加趋势,中德园工业用水总量将不断攀升,新鲜水用水量也将不断地增加,2035 年将达到 260 万 m³/a。

在规划情景下,中水得到较大规模回用,但由于产业规模的不断扩大,中德园工业用水总量仍不断攀升,2035 年新鲜水用水量为 290 万 m³/a。

而在优化情景下,随着中水得到较大规模回用,产业结构进一步优化,新鲜水用量将不断地下降,2035 年的工业新鲜水用水量可将降低到 209 万 m³/a,工业用水预测见表 2.4-4 和图 2.4-6。

表 2.4-4　各发展情景下中德园工业用水预测

| 情景 | 指标 | 单位 | 2025 年 | 2035 年 |
| --- | --- | --- | --- | --- |
| 基准情景 | 工业用水总量 | 万 t | 1 757 | 2 601 |
| | 新鲜用水量 | 万 t | 176 | 260 |
| | 中水回用量 | 万 t | 266 | 453 |
| | 重复用水量 | 万 t | 1 582 | 2 341 |
| 规划情景 | 工业用水总量 | 万 t | 1 868 | 2 902 |
| | 新鲜用水量 | 万 t | 187 | 290 |
| | 中水回用量 | 万 t | 321 | 585 |
| | 重复用水量 | 万 t | 1 682 | 2 611 |
| 优化情景 | 工业用水总量 | 万 t | 1 812 | 2 682 |
| | 新鲜用水量 | 万 t | 175 | 209 |
| | 中水回用量 | 万 t | 430 | 835 |
| | 重复用水量 | 万 t | 1 637 | 2 473 |

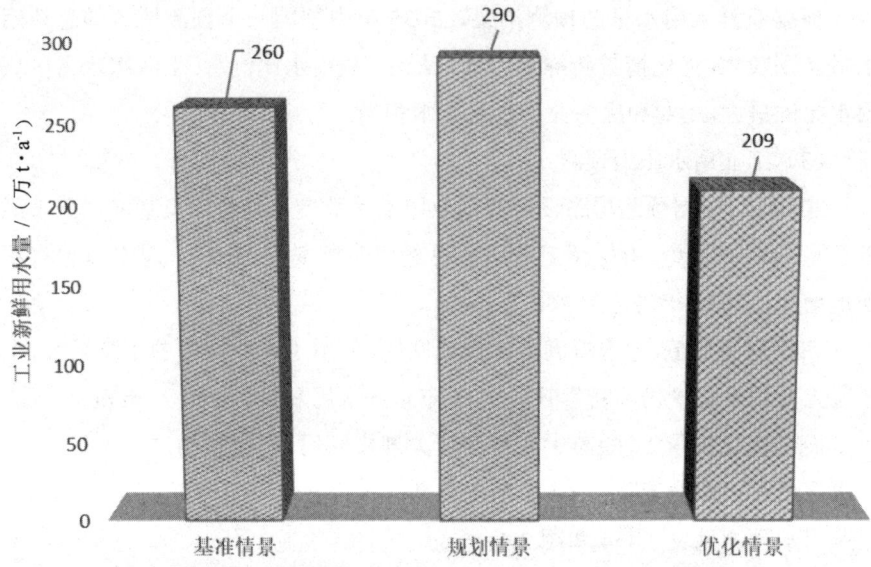

图 2.4-6　各发展情景下 2035 年工业新鲜水用量

（4）单位 GDP 水耗预测

通过区域用水预测，各发展情景下单位 GDP 新鲜水耗指标见表 2.4-5 和图 2.4-7。

表 2.4-5　各发展情景下单位 GDP 新鲜水耗指标 /（m³·万元⁻¹）

| 发展情景 | 2025 年 | 2035 年 |
|---|---|---|
| 基准情景 | 3.41 | 2.29 |
| 规划情景 | 2.95 | 1.79 |
| 优化情景 | 2.73 | 1.67 |

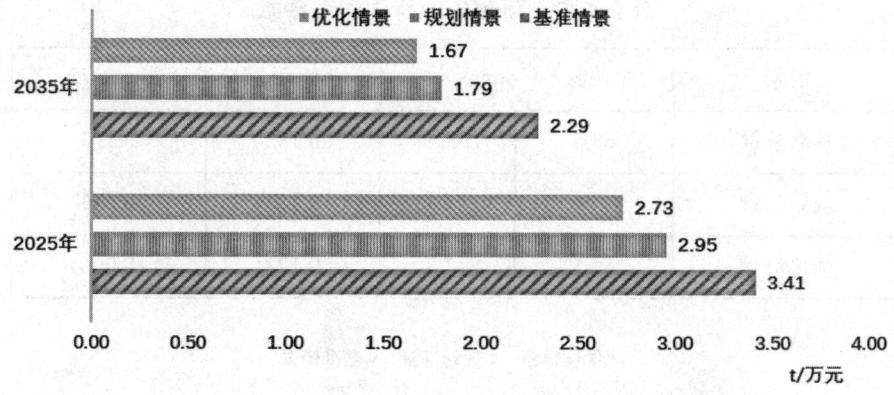

图 2.4-7　各发展情景下单位 GDP 新鲜水耗指标

从预测结果可知，2035 年基准情景单位 GDP 新鲜水耗将达到 2.29m³/万元，规划情景为 1.73m³/万元，而优化情景为 1.57m³/万元，相对于单位 GDP 新鲜水耗现状下降明显。

2.4.3.2　能源压力

（1）预测思路

①工业综合能耗预测

预测工业综合能耗时基准情景工业增加值综合能耗弹性系数设定为 0.8，规划情景考虑生态工业园建设指标要求，设定为 0.6，优化情景则在生态工业园建设要求上进一步加严，设定为 0.5。

②建筑能耗

建筑能耗按照沈阳市供热总体规划目标进行测算。

基准情景可再生能源使用比例 2025 年和 2035 均设定为 0%；规划情景可再生能源使用比例 2025 年设定为 10%，2035 年设定为 15%；优化情景的可再生能源使用比例 2025 年设定为 16%，2035 年设定为 20%。

③节能减排政策压力

预测时考虑节能减排的政策要求。

（2）能源需求

根据预测思路，结合各发展情景预测，2025 年和 2035 年中德园能源需求见表 2.4-6 和图 2.4-8。

表 2.4-6  预测年中德园能源需求

| 情景 | 能耗量/(万 tce·a⁻¹) | | 单位 GDP 综合能耗/(tce·万元⁻¹) | |
|---|---|---|---|---|
| 基准情景 | 68.5 | 95.5 | 0.181 | 0.117 |
| 规划情景 | 59.6 | 81.4 | 0.138 | 0.075 |
| 优化情景 | 55.5 | 72.8 | 0.128 | 0.066 |

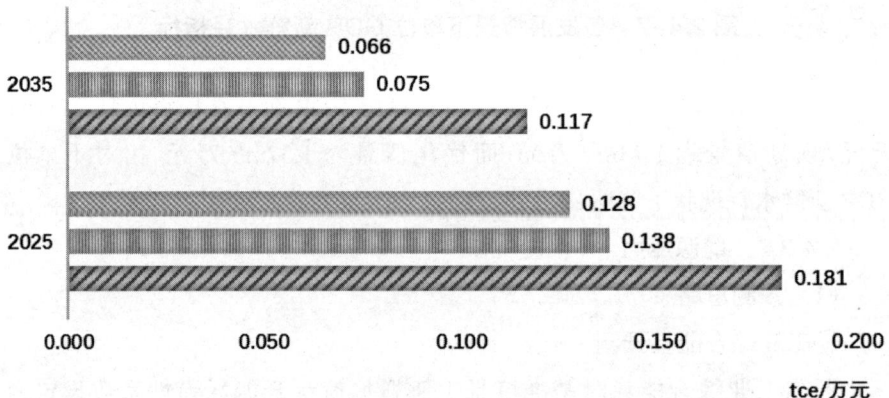

图 2.4-8  不同发展情景中德园能源利用效率

从预测结果可知,在生态工业园创建基础上,2035 年基准情景能源消耗将达到 95.5 万 tce,规划情景为 81.4 万 tce,而优化情景为 72.8 万 tce。

在生态工业园创建基础上,2035 年基准情景单位 GDP 能耗将达到 0.117tce/万元,规划情景为 0.075tce/万元,而优化情景为 0.066tce/万元。

(3) 能源结构

结合各发展情景预测,2025 和 2035 年中德园能源结构见表 2.4-7 和图 2.4-9。

表 2.4-7　预测年中德园能源结构 /%

| 情景 | 能源类型 | 2025 年 | 2035 年 |
| --- | --- | --- | --- |
| 基准情景 | 可再生能源 | 0.0 | 0.0 |
| | 清洁能源 | 53.5 | 61.6 |
| | 煤炭及其他 | 46.5 | 38.4 |
| 规划情景 | 可再生能源 | 10.0 | 15.0 |
| | 清洁能源 | 51.4 | 55.9 |
| | 煤炭及其他 | 38.6 | 29.1 |
| 优化情景 | 可再生能源 | 16.0 | 20.0 |
| | 清洁能源 | 47.8 | 51.2 |
| | 煤炭及其他 | 36.2 | 28.8 |

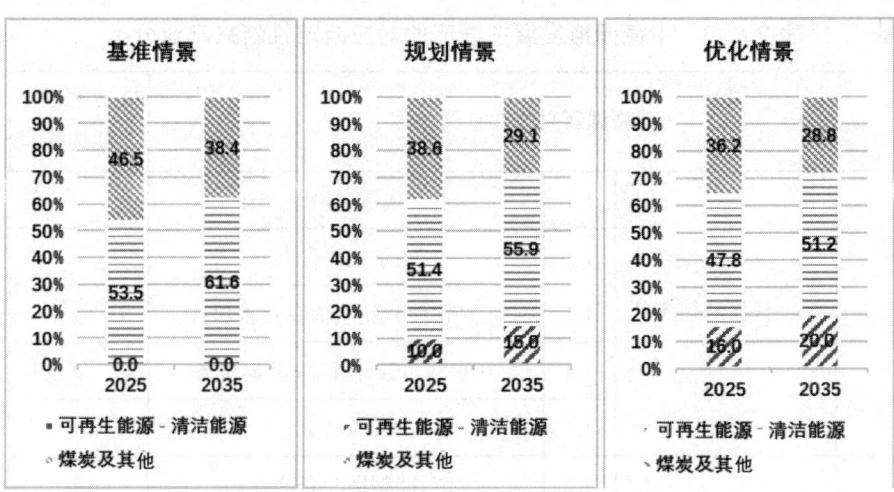

图 2.4-9　不同发展情景中德园能源结构

从预测结果可知，在生态工业园创建基础上，为满足节能减排要求，区域除应提高可再生能源比例外，还应尽量压缩高污染能源的使用比例。

### 2.4.4 污染排放压力预测

#### 2.4.4.1 规划主导产业及用地类型污染因子识别

根据《国务院关于加快培育和发展战略性新兴产业的决定》(国发〔2010〕32号)的要求和国家发展改革委发布的《战略性新兴产业重点产品和服务指导目录》2016版,国家统计局发布了《战略性新兴产业分类(2018)》,分类规定的战略性新兴产业是以重大技术突破和重大发展需求为基础,对经济社会全局和长远发展具有重大引领带动作用,知识技术密集、物质资源消耗少、成长潜力大、综合效益好的产业。战略性新兴产业包括新一代信息技术产业、高端装备制造产业、新材料产业、生物产业、新能源汽车产业、新能源产业、节能环保产业、数字创意产业、相关服务业等9大领域。

根据中德园的产业布局,对比《战略性新兴产业分类(2018)》,将中德园拟发展的主导产业进行筛选,详见表2.4-8。

**表2.4-8 中德园拟发展主导产业对应战略性新兴产业分类**

| 战略性新兴产业分类名称 | | | 区域产业发展选择 |
|---|---|---|---|
| 1 | 新一代信息技术产业 | 1.1 下一代信息网络产业 | √ |
| | | 1.2 电子核心产业 | √ |
| | | 1.3 新兴软件和新型信息技术服务 | √ |
| | | 1.4 互联网与云计算、大数据服务 | √ |
| | | 1.5 人工智能 | √ |
| 2 | 高端装备制造产业 | 2.1 智能制造装备产业 | √ |
| | | 2.2 航空装备产业 | — |
| | | 2.3 卫星及应用产业 | — |
| | | 2.4 轨道交通装备产业 | √ |
| | | 2.5 海洋工程装备产业 | — |

续表

| | 战略性新兴产业分类名称 | | | 区域产业发展选择 |
|---|---|---|---|---|
| 3 | 新材料产业 | 3.1 | 先进钢铁材料 | √ |
| | | 3.2 | 先进有色金属材料 | √ |
| | | 3.3 | 先进石化化工新材料 | — |
| | | 3.4 | 先进无机非金属材料 | √ |
| | | 3.5 | 高性能纤维及制品和复合材料 | √ |
| | | 3.6 | 前沿新材料 | √ |
| | | 3.7 | 新材料相关服务 | √ |
| 4 | 生物产业 | 4.1 | 生物医药产业 | √ |
| | | 4.2 | 生物医学工程产业 | √ |
| | | 4.3 | 生物农业及相关产业 | — |
| | | 4.4 | 生物质能产业 | |
| | | 4.5 | 其他生物业 | |
| 5 | 新能源汽车产业 | 5.1 | 新能源汽车整车制造 | √ |
| | | 5.2 | 新能源汽车装置、配件制造 | √ |
| | | 5.3 | 新能源汽车相关设施制造 | √ |
| | | 5.4 | 新能源汽车相关服务 | √ |
| 6 | 新能源产业 | 6.1 | 核电产业 | — |
| | | 6.2 | 风能产业 | |
| | | 6.3 | 太阳能产业 | |
| | | 6.4 | 生物质能及其他新能源产业 | — |
| | | 6.5 | 智能电网产业 | √ |

续表

| 战略性新兴产业分类名称 | | | 区域产业发展选择 |
|---|---|---|---|
| 7 | 节能环保产业 | 7.1 高效节能产业 | √ |
| | | 7.2 先进环保产业 | √ |
| | | 7.3 资源循环利用产业 | √ |
| 8 | 数字创意产业 | 8.1 数字创意技术设备制造 | √ |
| | | 8.2 数字文化创意活动 | √ |
| | | 8.3 设计服务 | √ |
| | | 8.4 数字创意与融合服务 | √ |
| 9 | 相关服务业 | 9.1 新技术与创新创业服务 | √ |
| | | 9.2 其他相关服务 | √ |

根据拟发展主导产业对应的战略性新兴产业分类,中德园主导产业主要污染因子识别见表2.4-9。

**表2.4-9　中德园主导产业主要污染因子识别**

| 类别 | 污染因子 | 新一代信息技术产业 | 高端装备制造产业 | 新材料产业 | 生物产业 | 新能源汽车产业 | 新能源产业 | 节能环保产业 | 数字创意产业 | 相关服务业 |
|---|---|---|---|---|---|---|---|---|---|---|
| 废气 | 烟(粉)尘 | √ | √ | √ | √ | √ | √ | √ | — | — |
| | $SO_2$ | — | √ | √ | √ | √ | √ | √ | — | — |
| | $NO_x$ | | | | | | | | | |
| | VOCs | √ | √ | √ | — | √ | √ | √ | √ | — |

续表

| 类别 | | 污染因子 | 新一代信息技术产业 | 高端装备制造产业 | 新材料产业 | 生物产业 | 新能源汽车产业 | 新能源产业 | 节能环保产业 | 数字创意产业 | 相关服务业 |
|---|---|---|---|---|---|---|---|---|---|---|---|
| 废水 | 第一类 | 总镉 | — | — | — | — | — | — | — | — | — |
| | | 总铬 | — | √ | — | — | √ | — | √ | — | — |
| | | 六价铬 | — | √ | — | — | √ | — | √ | — | — |
| | | 总镍 | — | √ | — | — | √ | — | √ | — | — |
| | 第二类 | pH值 | √ | √ | √ | √ | √ | √ | √ | √ | √ |
| | | 色度 | √ | √ | √ | √ | √ | √ | √ | √ | √ |
| | | 悬浮物 | √ | √ | √ | √ | √ | √ | √ | √ | √ |
| | | 五日生化需氧量 | √ | √ | √ | √ | √ | √ | √ | √ | √ |
| | | 化学需氧量 | √ | √ | √ | √ | √ | √ | √ | √ | √ |
| | | 氨氮（以N计） | √ | √ | √ | √ | √ | √ | √ | √ | √ |
| | | 石油类 | — | √ | √ | √ | √ | — | — | — | — |
| | | 总铜 | — | √ | — | — | — | — | √ | — | — |
| | | 总锌 | — | √ | — | — | — | — | √ | — | — |
| | | 氰化物 | — | √ | — | — | √ | — | — | — | — |

居住及公建设施、基础设施主要污染因子识别见表2.4-10。

表 2.4–10　居住及基础设施主要污染因子识别

| 类别 | | 污染因子 | 居住及基础设施 | |
|---|---|---|---|---|
| | | | 居住及公建设施 | 基础设施 |
| 大气 | | 烟尘 | — | √ |
| | | SO$_2$ | — | √ |
| | | NO$_x$ | — | √ |
| | | VOCs | — | — |
| 废水 | 第二类 | pH 值 | √ | √ |
| | | 色度 | √ | √ |
| | | 悬浮物 | √ | √ |
| | | 五日生化需氧量 | √ | √ |
| | | 化学需氧量 | √ | √ |
| | | 氨氮 | √ | √ |

#### 2.4.4.2　规划污染物排放预测

本次评价预测时分别对工业污染物排放、三产和居民生活废水污染排放、能源基础设施和能源居民消费大气污染排放、交通污染排放进行了预测。

（1）工业污染物排放预测方案

在评价设定的各个模式基础上，依据污染物排放系数和各行业单位工业增加值、主要产品规模等，特别是参考中德园污染物排放水平现状推算 2025 年和 2035 年的基础排放量，计算过程中按国家、辽宁省、沈阳市对各污染物的减排要求进行修正，同时参考减排指标要求以及区域中长期环境空气质量和水环境质量达标要求进行修正。

对于现有工业企业（含基础设施）中涉及大气污染物排放的，根据中德园管委会的退出计划和近期产业用地更新范围，2025 年大气污染物排放家数由 57 家降为 38 家，远期继续大幅度更新，仅余 21 家与产业发展方向一致的企业；所有保留的企业均按优化情景设定目标和国家规定的环保要求进行原辅材料和污染防治技术政策要求进行更新。工业企业废水排放则依据产业用水量按不同规划情景的排污系数进行预测。

工业污染物排放见表 2.4-11。

表 2.4-11　不同发展情景下规划区域工业污染物排放预测

| 情景 | 类别 | 指标 | 2025 年 | | | 2035 年 | | |
| --- | --- | --- | --- | --- | --- | --- | --- | --- |
| | | | 产生量 | 回用/削减量 | 排放量 | 产生量 | 回用/削减量 | 排放量 |
| 基准情景 | 废水 | 废水排放量 /万 t | 140.6 | 42.2 | 98.4 | 208.1 | 62.4 | 145.7 |
| | | 化学需氧量 /t | 421.8 | 372.5 | 49.2 | 624.3 | 587.9 | 36.4 |
| | | 氨氮 /t | 25.3 | 20.4 | 4.9 | 37.5 | 33.8 | 3.6 |
| | | 石油类 /t | 18.3 | 17.3 | 1.0 | 27.1 | 26.2 | 0.9 |
| | | 总铬 /kg | 492.0 | 423.2 | 68.9 | 728.3 | 655.5 | 72.8 |
| | | 总镍 /kg | 42.2 | 32.3 | 9.8 | 62.4 | 55.1 | 7.3 |
| | | 总铜 /kg | 281.2 | 232.0 | 49.2 | 416.2 | 387.1 | 29.1 |
| | | 总锌 /kg | 702.9 | 683.2 | 19.7 | 1 040.5 | 1 025.9 | 14.6 |
| | | 总氰化物 /kg | 281.2 | 182.8 | 98.4 | 416.2 | 343.4 | 72.8 |
| | 废气 | 二氧化硫 /t | 7.3 | 0.0 | 7.3 | 15.7 | 0.0 | 15.7 |
| | | 氮氧化物 /t | 33.9 | 0.0 | 33.9 | 73.2 | 0.0 | 73.2 |
| | | 烟（粉）尘 /t | 330.6 | 263.7 | 67.0 | 364.9 | 298.8 | 66.0 |
| | | VOCs/t | 1 322.5 | 1 190.2 | 132.2 | 1 070.7 | 963.6 | 107.1 |
| | 固废 | 一般工业固废 /t | 10 739.2 | 10 739.2 | 0.0 | 23 185.1 | 23 185.1 | 0.0 |
| | | 危险废物 /t | 5 840.2 | 5 840.2 | 0.0 | 12 608.6 | 12 608.6 | 0.0 |
| | | 生活垃圾 /t | 0.0 | 0.0 | 0.0 | 0.0 | 0.0 | 0.0 |
| | | 污泥 /t | 4 217.5 | 4 217.5 | 0.0 | 6 243.0 | 6 243.0 | 0.0 |

续表

| 情景 | 类别 | 指标 | 2025 年 | | | 2035 年 | | |
|---|---|---|---|---|---|---|---|---|
| | | | 产生量 | 回用/削减量 | 排放量 | 产生量 | 回用/削减量 | 排放量 |
| 规划情景 | 废水 | 废水排放量/万 t | 149.5 | 52.3 | 97.2 | 232.1 | 81.2 | 150.9 |
| | | 化学需氧量/t | 448.4 | 399.8 | 48.6 | 696.4 | 658.6 | 37.7 |
| | | 氨氮/t | 26.9 | 22.0 | 4.9 | 41.8 | 38.0 | 3.8 |
| | | 石油类/t | 19.4 | 18.5 | 1.0 | 30.2 | 29.3 | 0.9 |
| | | 总铬/kg | 523.1 | 455.1 | 68.0 | 812.4 | 737.0 | 75.4 |
| | | 总镍/kg | 44.8 | 35.1 | 9.7 | 69.6 | 62.1 | 7.5 |
| | | 总铜/kg | 298.9 | 250.4 | 48.6 | 464.2 | 434.1 | 30.2 |
| | | 总锌/kg | 747.3 | 727.9 | 19.4 | 1 160.6 | 1 145.5 | 15.1 |
| | | 总氰化物/kg | 298.9 | 201.8 | 97.2 | 464.2 | 388.8 | 75.4 |
| | 废气 | 二氧化硫/t | 7.9 | 0.0 | 7.9 | 18.8 | 0.0 | 18.8 |
| | | 氮氧化物/t | 37.1 | 0.0 | 37.1 | 87.7 | 0.0 | 87.7 |
| | | 烟（粉）尘/t | 361.2 | 288.1 | 73.1 | 437.1 | 358.0 | 79.1 |
| | | VOCs/t | 1 444.8 | 1 300.3 | 144.5 | 1 282.7 | 1 154.4 | 128.3 |
| | 固废 | 一般工业固废/t | 11 732.9 | 11 732.9 | 0.0 | 27 776.0 | 27 776.0 | 0.0 |
| | | 危险废物/t | 6 380.6 | 6 380.6 | 0.0 | 15 105.2 | 15 105.2 | 0.0 |
| | | 生活垃圾/t | 0.0 | 0.0 | 0.0 | 0.0 | 0.0 | 0.0 |
| | | 污泥/t | 4 484.1 | 4 484.1 | 0.0 | 6 963.6 | 0.0 | 0.0 |
| 优化情景 | 废水 | 废水排放量/万 t | 140.0 | 63.0 | 77.0 | 167.2 | 75.3 | 92.0 |
| | | 化学需氧量/t | 420.0 | 381.5 | 38.5 | 501.7 | 478.7 | 23.0 |
| | | 氨氮/t | 25.2 | 21.4 | 3.9 | 30.1 | 27.8 | 2.3 |
| | | 石油类/t | 18.2 | 17.4 | 0.8 | 21.7 | 21.2 | 0.6 |

续表

| 情景 | 类别 | 指标 | 2025年 | | | 2035年 | | |
|---|---|---|---|---|---|---|---|---|
| | | | 产生量 | 回用/削减量 | 排放量 | 产生量 | 回用/削减量 | 排放量 |
| 优化情景 | | 总铬/kg | 490.0 | 436.1 | 53.9 | 585.3 | 539.4 | 46.0 |
| | | 总镍/kg | 42.0 | 34.3 | 7.7 | 50.2 | 45.6 | 4.6 |
| | | 总铜/kg | 280.0 | 241.5 | 38.5 | 334.5 | 316.1 | 18.4 |
| | | 总锌/kg | 700.0 | 684.6 | 15.4 | 836.2 | 827.0 | 9.2 |
| | | 总氰化物/kg | 280.0 | 203.0 | 77.0 | 334.5 | 288.5 | 46.0 |
| | 废气 | 二氧化硫/t | 7.6 | 0.0 | 7.6 | 16.4 | 0.0 | 16.4 |
| | | 氮氧化物/t | 35.5 | 0.0 | 35.5 | 76.6 | 0.0 | 76.6 |
| | | 烟(粉)尘/t | 345.6 | 275.6 | 70.0 | 381.5 | 312.6 | 69.0 |
| | | VOCs/t | 1 382.6 | 1 244.3 | 138.3 | 1 119.3 | 1 007.4 | 111.9 |
| | 固废 | 一般工业固废/t | 11 227.2 | 11 227.2 | 0.0 | 24 238.8 | 24 238.8 | 0.0 |
| | | 危险废物/t | 6 105.6 | 6 105.6 | 0.0 | 13 181.6 | 13 181.6 | 0.0 |
| | | 生活垃圾/t | 0.0 | 0.0 | 0.0 | 0.0 | 0.0 | 0.0 |
| | | 污泥/t | 4 200.0 | 4 200.0 | 0.0 | 5 017.2 | 5 017.2 | 0.0 |

(2) 服务业、生活污染物排放预测方案

依据不同规划情境下的用水量取0.85的废水排放系数进行预测。废水污染物产生量和排放量分别按排入污水处理厂和排入地表水体指标计算。

由于区域经济和人口均呈增长趋势，总用水量较现状也将增加，总体污染物产生量将逐步扩大，2025年水污染物排放在加大中水回用的基础上，按污水处理厂出水达到Ⅴ类水质计算；2035年水污染物在进一步加大中水回用的基础上，按污水处理厂出水达到Ⅳ类水质计算，详细结果见表2.4-12。

表2.4-12　不同发展情景下规划区域服务业和生活污染物排放预测

| 情景 | 类别 | 指标 | 2025年 | | | 2035年 | | |
|---|---|---|---|---|---|---|---|---|
| | | | 产生量 | 回用/削减量 | 排放量 | 产生量 | 回用/削减量 | 排放量 |
| 基准情景 | 生活+三产 | 废水排放量/万t | 753 | 226 | 527 | 1282 | 61 | 1 222 |
| | | 化学需氧量/t | 2 259 | 1 996 | 264 | 3 846 | 3 541 | 305 |
| | | 氨氮/t | 136 | 109 | 26 | 231 | 200 | 31 |
| 规划情景 | 生活+三产 | 废水排放量/万t | 781 | 273 | 507 | 1 420 | 497 | 923 |
| | | 化学需氧量/t | 2 342 | 2 088 | 254 | 4 260 | 4 029 | 231 |
| | | 氨氮/t | 141 | 115 | 25 | 256 | 233 | 23 |
| 优化情景 | 生活+三产 | 废水排放量/万t | 800 | 360 | 440 | 1 577 | 710 | 867 |
| | | 化学需氧量/t | 2 401 | 2 181 | 220 | 4 731 | 4 514 | 217 |
| | | 氨氮/t | 144 | 122 | 22 | 284 | 262 | 22 |

（3）能源基础设施和能源居民消费预测方案

依据不同情景预测的煤炭需求和天然气消耗量,采用污染物排放系数推算,其中燃煤污染物排放按照2021年底前完成超低排放改造预测(即烟尘10mg/m$^3$、二氧化硫35 mg/m$^3$、氮氧化物50mg/m$^3$),同时根据规划调整建议及中德园的采纳情况,远期三江热源厂不再运行,由沈西热电厂提供热源,具体预测结果见表2.4-13。

**表 2.4-13 不同发展情景下规划区域能源基础设施和能源居民消费大气污染排放预测**

| 情景 | 类别 | 指标 | 2025 年 | | | 2035 年 | | |
|---|---|---|---|---|---|---|---|---|
| | | | 产生量 | 回用/削减量 | 排放量 | 产生量 | 回用/削减量 | 排放量 |
| 基准情景 | 天然气 | 二氧化硫 /t | 0 | 0 | 0 | 0 | 0 | 0 |
| | | 氮氧化物 /t | 8 | 0 | 8 | 13 | 0 | 13 |
| | | 烟尘 /t | 0 | 0 | 0 | 0 | 0 | 0 |
| | 煤炭 | 二氧化硫 /t | 7 562 | 7 450 | 111 | 6 220 | 6 092 | 128 |
| | | 氮氧化物 /t | 1 812 | 1 657 | 156 | 1 491 | 1 311 | 179 |
| | | 烟尘 /t | 4 956 | 4 934 | 22 | 88 422 | 88 397 | 26 |
| | 合计 | 二氧化硫 /t | 7 562 | 7 450 | 111 | 6 220 | 6 092 | 128 |
| | | 氮氧化物 /t | 1 820 | 1 657 | 164 | 1 504 | 1 311 | 193 |
| | | 烟尘 /t | 4 956 | 4 934 | 22 | 88 422 | 88 397 | 26 |
| 规划情景 | 天然气 | 二氧化硫 /t | 0 | 0 | 0 | 0 | 0 | 0 |
| | | 氮氧化物 /t | 8 | 0 | 8 | 13 | 0 | 13 |
| | | 烟尘 /t | 0 | 0 | 0 | 0 | 0 | 0 |
| | 煤炭 | 二氧化硫 /t | 6 084 | 5 995 | 90 | 6 617 | 6 520 | 97 |
| | | 氮氧化物 /t | 1 458 | 1 333 | 125 | 1 586 | 1 450 | 136 |
| | | 烟尘 /t | 3 988 | 3 970 | 18 | 94 071 | 94 052 | 19 |
| | 合计 | 二氧化硫 /t | 6 084 | 5 995 | 90 | 6 618 | 6 520 | 98 |
| | | 氮氧化物 /t | 1 466 | 1 333 | 133 | 1 599 | 1 450 | 149 |
| | | 烟尘 /t | 3 988 | 3 970 | 18 | 94 071 | 94 052 | 20 |
| 优化情景 | 天然气 | 二氧化硫 /t | 0 | 0 | 0 | 0 | 0 | 0 |
| | | 氮氧化物 /t | 8 | 0 | 8 | 13 | 0 | 13 |
| | | 烟尘 /t | 0 | 0 | 0 | 0 | 0 | 0 |

续表

| 情景 | 类别 | 指标 | 2025年 | | | 2035年 | | |
|---|---|---|---|---|---|---|---|---|
| | | | 产生量 | 回用/削减量 | 排放量 | 产生量 | 回用/削减量 | 排放量 |
| 优化情景 | 煤炭 | 二氧化硫/t | 6 084 | 5 995 | 90 | 6 617 | 6 520 | 97 |
| | | 氮氧化物/t | 1 458 | 1 333 | 125 | 1 586 | 1 450 | 136 |
| | | 烟尘/t | 3 988 | 3 970 | 18 | 94 071 | 94 052 | 19 |
| | 合计 | 二氧化硫/t | 6 084 | 5 995 | 90 | 6 618 | 6 520 | 98 |
| | | 氮氧化物/t | 1 466 | 1 333 | 133 | 1 599 | 1 450 | 149 |
| | | 烟尘/t | 3 988 | 3 970 | 18 | 94 071 | 94 052 | 20 |

（4）交通源排放预测

机动车废气污染物主要来自燃料系统挥发和排气管的排放,而大部分碳氢化合物和几乎全部的氮氧化物及一氧化碳都来源于排气管。一氧化碳是燃料在发动机内不完全燃烧的产物,主要取决于空燃比和各种汽缸燃料分配的均匀性。氮氧化物由过量空气中的氧气和氮气在高温高压的气缸内产生。碳氢化合物产生于汽缸壁面淬冷效应和混合气不完全燃烧。机动车尾气排放量与车流量、车速、不同车型耗油量及排放系数有一定的关系。根据国内外有关资料统计表明,汽车排放污染物与汽车行驶速度有密切关系。本书采用《公路建设项目环境影响评价规范（试行）》（JTJ 005—1996）推荐的行驶车辆排放气态污染物源强计算公式进行估算,计算公式如下:

$$Q_J = \sum_{i=1}^{3} QA_i E_{ij} / 3600$$

式中:$Q_J$——行驶汽车在一定车速下排放的$J$种污染物源强,mg/(m·s);

$A_i$——$i$种车型的小时交通量,辆/h;

$B$——$NO_x$排放量换算成$NO_2$排放量的校正系数,取0.8;

$E_{ij}$——汽车专用公路运行工况下$i$型车$j$种污染物在预测年的单车排放因子,mg/(辆·m)。

机动车 2007 年 7 月 1 日前执行《轻型汽车污染物排放限值及测量方法（Ⅰ）》（GB 18352.1—2001）、《轻型汽车污染物排放限值及测量方法（Ⅱ）》（GB 18352.2—2001）、《车用压燃式发动机排气污染物排放限值及测量方法》（GB 17691—2001）、《车用点燃式发动机及车用点燃式发动机汽车排气污染物排放限值及测量方法》（GB 14762—2002）。2007 年 7 月 1 日起实施《轻型汽车污染物排放限值及测量方法（中国Ⅲ、Ⅳ阶段）》（GB 18352.3—2005）。根据《关于实施第五阶段机动车排放标准的公告》（环境保护部与工业和信息化部的 2016 年第 4 号公告），从 2016 年 4 月 1 日起，北京市、天津市、上海市、河北省、辽宁省、江苏省、浙江省、福建省、山东省、广东省和海南省的所有进口、销售和注册登记的轻型汽油车（乘用车）、轻型柴油客车和重型柴油车均需满足国五排放标准。随后从 2017 年 1 月 1 日起，全国所有制造、进口、销售和注册登记的轻型汽油车和重型柴油车将全部执行国五排放。执行《轻型汽车污染物排放限值及测量方法（中国第五阶段）》（GB 18352.5—2013）和《车用压燃式、气体燃料点燃式发动机与汽车排气污染物排放限值及测量方法（中国Ⅲ、Ⅳ、Ⅴ阶段）》（GB 17691—2005）中第五阶段排放标准。《重型柴油车污染物排放限值及测量方法》（GB 17691—2018）于 2019 年 7 月 1 日实施，《轻型汽车污染物排放限值及测量方法》（GB 18352.6—2016）于 2020 年 7 月 1 日实施。根据《辽宁省大气污染防治行动计划实施方案》，沈阳市大力推广清洁能源汽车。新增和更新的城市公交车、环卫车辆全部使用清洁能源汽车，出租车全部采用双燃料。

本次评价汽车尾气污染源源强计算考虑到各时期排放标准的变化，对中期（2025 年）采用国五标准，20% 车辆为清洁能源汽车；远期（2035 年）采用国六标准，40% 为清洁能源汽车。根据已开展环评的道路交通量推算 2025 年交通量，2035 年按 2025 年 2 倍交通量考虑，源强测算结果见表 2.4-14。

表 2.4-14 汽车尾气排放源强测算结果

| 规划目标年 | 道路名称 | 长度 /m | 单位排放系数 / (mg·s⁻¹·m⁻¹) | | 排放量 / (t·a⁻¹) | |
|---|---|---|---|---|---|---|
| | | | NMHC | NO$_2$ | NMHC | NO$_2$ |
| 2025 年 | 大堤路 | 14 300 | 0.017 6 | 0.012 3 | 7.938 | 5.546 |
| | 宝马大街 | 4 400 | 0.018 1 | 0.012 7 | 2.514 | 1.757 |
| | 沈辽路 | 13 500 | 0.020 8 | 0.014 5 | 8.858 | 6.189 |
| | 四环路 | 4 700 | 0.018 3 | 0.012 8 | 2.708 | 1.892 |
| | 开发二十二号路 | 14 600 | 0.013 3 | 0.009 3 | 6.121 | 4.277 |
| | 开发二十五号路 | 11 000 | 0.018 3 | 0.012 8 | 4.611 | 3.222 |
| | 浑河十五街 | 3 400 | 0.018 3 | 0.012 8 | 1.425 | 0.996 |
| | 浑河二十一街 | 3 700 | 0.018 3 | 0.012 8 | 1.551 | 1.084 |
| | 浑河二十三街 | 3 570 | 0.018 3 | 0.012 8 | 1.497 | 1.046 |
| | 浑河二十六街 | 4 100 | 0.018 3 | 0.012 8 | 1.719 | 1.201 |
| | 浑河二十七街 | 3 700 | 0.018 3 | 0.012 8 | 1.551 | 1.084 |
| | 合计 | | | | 40.493 | 28.294 |
| 2035 年 | 大堤路 | 14 300 | 0.006 8 | 0.005 4 | 3.054 | 2.437 |
| | 宝马大街 | 4 400 | 0.007 0 | 0.005 6 | 0.967 | 0.772 |
| | 沈辽路 | 13 500 | 0.008 0 | 0.006 4 | 3.408 | 2.719 |
| | 四环路 | 4 700 | 0.007 0 | 0.005 6 | 1.042 | 0.831 |
| | 开发二十二号路 | 14 600 | 0.005 1 | 0.004 1 | 2.355 | 1.879 |
| | 开发二十五号路 | 11 000 | 0.007 0 | 0.005 6 | 1.774 | 1.416 |
| | 浑河十五街 | 3 400 | 0.007 0 | 0.005 6 | 0.548 | 0.438 |
| | 浑河二十一街 | 3 700 | 0.007 0 | 0.005 6 | 0.597 | 0.476 |
| | 浑河二十三街 | 3 570 | 0.007 0 | 0.005 6 | 0.576 | 0.459 |
| | 浑河二十六街 | 4 100 | 0.007 0 | 0.005 6 | 0.661 | 0.528 |
| | 浑河二十七街 | 3 700 | 0.007 0 | 0.005 6 | 0.597 | 0.476 |
| | 合计 | | | | 15.581 | 12.431 |

（5）污染物排放预测

在工业减排基础上，考虑区域总量绝对减排要求，结合服务业、生活污染排放预测以及规划区域道路出行和新能源车出行比例，规划区域在不同情景模式下的污染物排放预测见表2.4-15，各方案水污染物排放见图2.4-10，大气污染物排放见图2.4-11。

表2.4-15　不同发展情景下规划区域污染物排放预测

| 情景 | 类别 | 指标 | 2025年 | | | 2035年 | | |
|---|---|---|---|---|---|---|---|---|
| | | | 产生量 | 回用/削减量 | 排放量 | 产生量 | 回用/削减量 | 排放量 |
| 基准情景 | 废水 | 废水排放量/万t | 893.6 | 268.1 | 625.5 | 1 490.2 | 123.0 | 1 367.3 |
| | | 化学需氧量/t | 2 680.9 | 2 368.1 | 312.8 | 4 470.7 | 4 128.9 | 341.8 |
| | | 氨氮/t | 160.9 | 129.6 | 31.3 | 268.2 | 234.1 | 34.2 |
| | | 石油类/t | 18.3 | 17.3 | 1.0 | 27.1 | 26.2 | 0.9 |
| | | 总铬/kg | 492.0 | 423.2 | 68.9 | 728.3 | 655.5 | 72.8 |
| | | 总镍/kg | 42.2 | 32.3 | 9.8 | 62.4 | 55.1 | 7.3 |
| | | 总铜/kg | 281.2 | 232.0 | 49.2 | 416.2 | 387.1 | 29.1 |
| | | 总锌/kg | 702.9 | 683.2 | 19.7 | 1 040.5 | 1 025.9 | 14.6 |
| | | 总氰化物/kg | 281.2 | 182.8 | 98.4 | 416.2 | 343.4 | 72.8 |
| | 废气 | 二氧化硫/t | 7 569.0 | 7 450.3 | 118.7 | 6 236.0 | 6 091.9 | 144.1 |
| | | 氮氧化物/t | 1 882.5 | 1 656.6 | 225.9 | 1 589.6 | 1 311.4 | 278.2 |
| | | 烟（粉）尘/t | 5 287.1 | 5 197.9 | 89.2 | 88 787.2 | 88 695.5 | 91.7 |
| | | VOCs/t | 1 363.0 | 1 190.2 | 172.7 | 1 086.2 | 963.6 | 119.5 |
| | 固废 | 一般工业固废/t | 99 804.1 | 99 804.1 | 0.0 | 125 752.8 | 125 752.6 | 0.0 |
| | | 危险废物/t | 5 840.2 | 5 840.2 | 0.0 | 12 608.6 | 12 608.6 | 0.0 |
| | | 生活垃圾/t | 33 945.0 | 33 945.0 | 0.0 | 56 575.0 | 56 575.0 | 0.0 |
| | | 污泥/t | 26 808.7 | 26 808.7 | 0.0 | 44 706.7 | 44 706.7 | 0.0 |

续表

| 情景 | 类别 | 指标 | 2025 年 | | | 2035 年 | | |
|---|---|---|---|---|---|---|---|---|
| | | | 产生量 | 回用/削减量 | 排放量 | 产生量 | 回用/削减量 | 排放量 |
| 规划情景 | 废水 | 废水排放量/万 t | 930.2 | 325.6 | 604.6 | 1 652.2 | 578.3 | 1 073.9 |
| | | 化学需氧量/t | 2 790.5 | 2 488.2 | 302.3 | 4 956.6 | 4 688.1 | 268.5 |
| | | 氨氮/t | 167.4 | 137.2 | 30.2 | 297.4 | 270.5 | 26.8 |
| | | 石油类/t | 19.4 | 18.5 | 1.0 | 30.2 | 29.3 | 0.9 |
| | | 总铬/kg | 523.1 | 455.1 | 68.0 | 812.4 | 737.0 | 75.4 |
| | | 总镍/kg | 44.8 | 35.1 | 9.7 | 69.6 | 62.1 | 7.5 |
| | | 总铜/kg | 298.9 | 250.4 | 48.6 | 464.2 | 434.1 | 30.2 |
| | | 总锌/kg | 747.3 | 727.9 | 19.4 | 1 160.6 | 1 145.5 | 15.1 |
| | | 总氰化物/kg | 298.9 | 201.8 | 97.2 | 464.2 | 388.8 | 75.4 |
| | 废气 | 二氧化硫/t | 6 092.4 | 5 994.8 | 97.6 | 6 636.4 | 6 520.1 | 116.4 |
| | | 氮氧化物/t | 1 531.6 | 1 333.0 | 198.6 | 1 699.4 | 1 449.8 | 249.6 |
| | | 烟（粉）尘/t | 4 349.4 | 4 258.3 | 91.1 | 94 508.4 | 94 409.8 | 98.6 |
| | | VOCs/t | 1 485.3 | 1 300.3 | 185.0 | 1 298.2 | 1 154.4 | 143.8 |
| | 固废 | 一般工业固废/t | 83 397.7 | 83 397.7 | 0.0 | 105 720.5 | 105 720.5 | 0.0 |
| | | 危险废物/t | 6 380.6 | 6 380.6 | 0.0 | 15 105.2 | 15 105.2 | 0.0 |
| | | 生活垃圾/t | 33 945.0 | 33 945.0 | 0.0 | 56 575.0 | 56 575.0 | 0.0 |
| | | 污泥/t | 27 904.8 | 27 904.8 | 0.0 | 49 565.6 | 42 602.0 | 0.0 |
| 优化情景 | 废水 | 废水排放量/万 t | 940.3 | 423.1 | 517.2 | 1 744.2 | 784.9 | 959.3 |
| | | 化学需氧量/t | 2 820.9 | 2 562.3 | 258.6 | 5 232.7 | 4 992.8 | 239.8 |
| | | 氨氮/t | 169.3 | 143.4 | 25.9 | 314.0 | 290.0 | 24.0 |
| | | 石油类/t | 18.2 | 17.4 | 0.8 | 21.7 | 21.2 | 0.6 |

续表

| 情景 | 类别 | 指标 | 2025 年 | | | 2035 年 | | |
|---|---|---|---|---|---|---|---|---|
| | | | 产生量 | 回用/削减量 | 排放量 | 产生量 | 回用/削减量 | 排放量 |
| 优化情景 | | 总铬/kg | 490.0 | 436.1 | 53.9 | 585.3 | 539.4 | 46.0 |
| | | 总镍/kg | 42.0 | 34.3 | 7.7 | 50.2 | 45.6 | 4.6 |
| | | 总铜/kg | 280.0 | 241.5 | 38.5 | 334.5 | 316.1 | 18.4 |
| | | 总锌/kg | 700.0 | 684.6 | 15.4 | 836.2 | 827.0 | 9.2 |
| | | 总氰化物/kg | 280.0 | 203.0 | 77.0 | 334.5 | 288.5 | 46.0 |
| | 废气 | 二氧化硫/t | 5 686.4 | 5 595.1 | 91.3 | 4 999.1 | 4 909.2 | 89.9 |
| | | 氮氧化物/t | 1 432.7 | 1 244.1 | 188.6 | 1 296.3 | 1 091.6 | 204.7 |
| | | 烟（粉）尘/t | 4 067.9 | 3 981.2 | 86.7 | 71 211.6 | 71 127.8 | 83.7 |
| | | VOCs/t | 1 423.1 | 1 244.3 | 178.7 | 1 134.9 | 1 007.4 | 127.5 |
| | 固废 | 一般工业固废/t | 78 114.4 | 78 114.4 | 0.0 | 97 598.3 | 97 598.3 | 0.0 |
| | | 危险废物/t | 6 105.6 | 6 105.6 | 0.0 | 13 181.6 | 13 181.6 | 0.0 |
| | | 生活垃圾/t | 33 945.0 | 33 945.0 | 0.0 | 56 575.0 | 56 575.0 | 0.0 |
| | | 污泥/t | 28 208.5 | 28 208.5 | 0.0 | 52 326.6 | 52 326.6 | 0.0 |

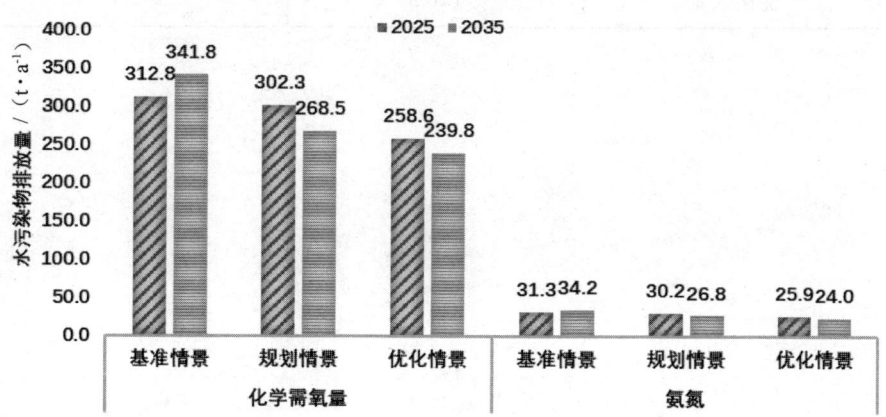

图 2.4-10 各方案水污染物排放

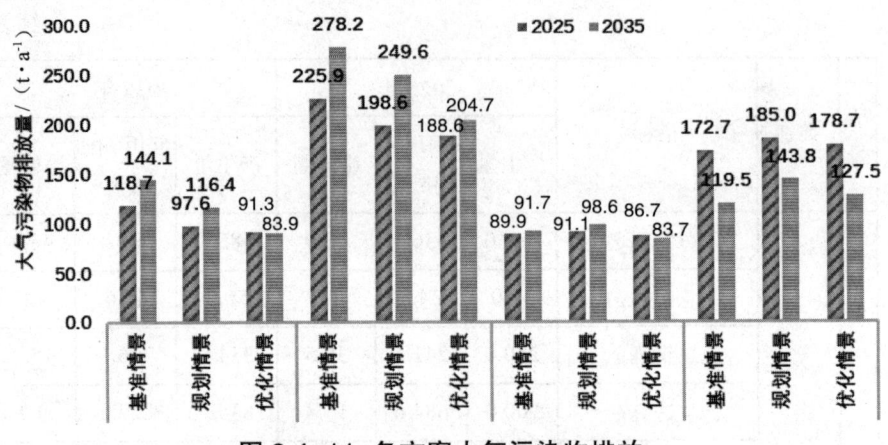

图 2.4-11 各方案大气污染物排放

#### 2.4.4.3 规划区域温室气体排放预测

（1）温室气体排放量预测

不同发展情景下，中德园温室气体排放见表 2.4-16 和图 2.4-12。

表 2.4-16 各情景下温室气体（$CO_2$）排放量/（万 $t \cdot a^{-1}$）

| 情景 | 2025 年 | 2035 年 |
| --- | --- | --- |
| 基准情景 | 152.5 | 188.9 |
| 规划情景 | 128.9 | 151.4 |
| 优化情景 | 120.3 | 142.5 |

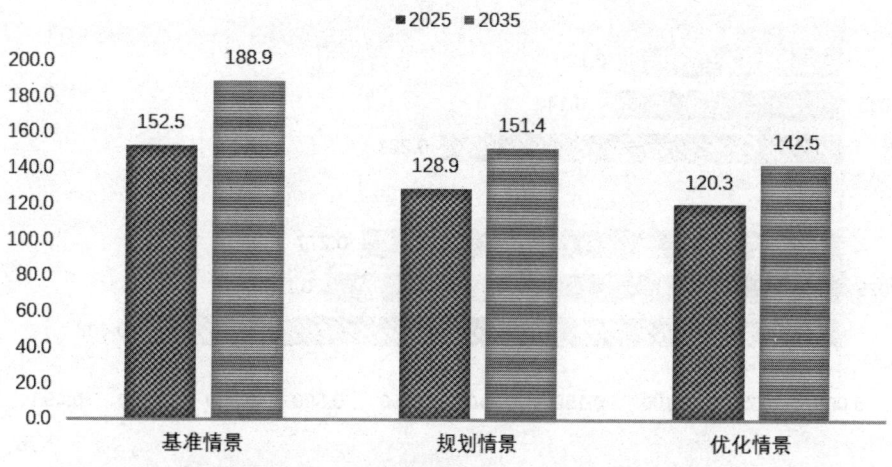

图 2.4-12  各方案温室气体（$CO_2$）排放量

(2) 单位 GDP 温室气体排放量

不同发展情景下，中德园单位 GDP 温室气体排放水平见表 2.4-17 和图 2.4-13。

表 2.4-17  各情景下单位 GDP 温室气体排放水平 /(t·万元$^{-1}$)

| 情景 | 2025 年 | 2035 年 |
| --- | --- | --- |
| 基准情景 | 0.403 | 0.231 |
| 规划情景 | 0.297 | 0.140 |
| 优化情景 | 0.277 | 0.129 |

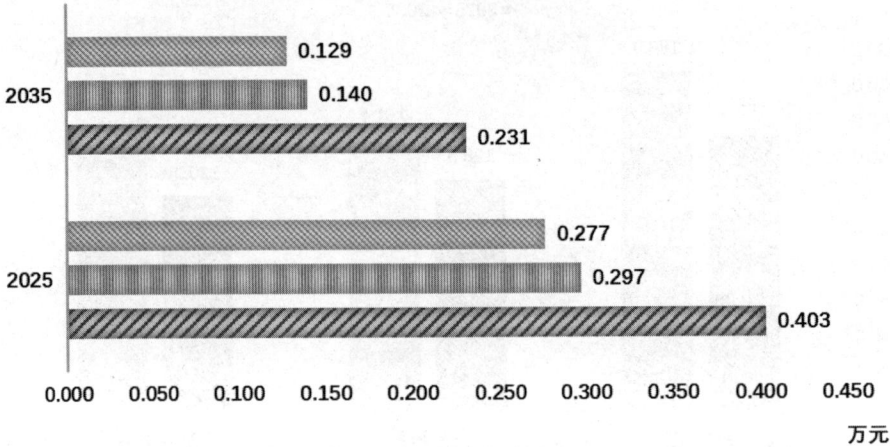

图 2.4-13 各情景下单位 GDP 温室气体（$CO_2$）排放水平

# 3 区域历史开发环境影响回顾性评价

## 3.1 资源赋存与利用现状

### 3.1.1 土地利用现状

中德园现有城乡建设用地 2 344.6hm$^2$，主要集中在四环以内和宝马工厂周边地区，其中工业用地为 1 249.0hm$^2$，占比约 53.3%，主要集中在四环和沈辽路沿线，主要分布于东部和宝马工厂周边，现已围绕宝马工厂形成了汽车产业集群，沿细河和 22 号路形成了以现代建筑、机械制造为主的中小企业产业带；居住用地为 267.0hm$^2$，占比约 11.4%，主要分布在沈辽路沿线和沈阳工业大学周边；商业服务设施用地为 30.0hm$^2$，占比约 1.3%，主要分布于沈辽路沿线，主要为汽车 4S 店，该区域内生活服务设施用地严重不足；公共服务设施用地为 135.0hm$^2$，占比约 5.8%，主要包括行政办公用地、教育科研用地和医疗卫生用地等；此外，中德园内还有农用地 3 155.4hm$^2$。

目前中德园仅围绕沈阳工业大学形成了功能相对完整的生活簇群，围绕宝马整车工厂形成了圈层式的产业簇群。中德园内居住与相关公共服务设施配套不足，用地比例失衡，公共服务设施严重不足，制约着产业转型与升级。规划区域土地利用现状见表 3.1-1。

表 3.1-1 规划区域土地利用现状平衡表

| 用地分类 | | 面积 /hm² | 占比 /% |
|---|---|---|---|
| 城乡建设用地 | 居住用地 | 267.0 | 11.4 |
| | 工业用地 | 1 249.0 | 53.3 |
| | 公共服务设施用地 | 135.0 | 5.8 |
| | 商业服务设施用地 | 30.0 | 1.3 |
| | 绿地水系 | 242.6 | 10.3 |
| | 道路交通用地 | 148.0 | 6.2 |
| | 市政用地 | 25.0 | 1.1 |
| | 村庄用地 | 248.0 | 10.6 |
| | 小计 | 2 344.6 | 100 |
| 农用地 | | 3 155.4 | — |
| 合计 | | 5 500.0 | — |

根据区域社会经济统计总量，按照建设用地进行对比，目前中德园总体地均产出 64 亿元 /km²，其中宝马工厂地均产出为 204 亿元 /km²，除宝马以外的地均产出为 15 亿元 /km²。可见，中德园内企业已形成以汽车制造、通用设备、金属及非金属材料、专用设备、电器机械及器材制造等为主导的产业体系，在宝马工厂的引领下，汽车制造相关产业集聚速度加快，形成了西部宝马汽车产业集群和东部制造业中小企业产业集聚的产业空间结构。

### 3.1.2 村屯征收现状

总体规划范围内涉及翟家、大潘、大青及彰驿潘 4 个街道、共 16 个村屯。其中，集中于宝马工厂周边的壕上村、东胜村等屯已经拆迁，其余村屯中赵家村、河北村、小挨金村、土台子村等正在拆迁之中。中德园涉及村屯征收情况现状见表 3.1-2。

表 3.1-2　中德园涉及村屯征收情况现状

| 序号 | 村庄名称 | 人口/人 | 是否征收 |
|---|---|---|---|
| 1 | 大潘村 | 4 888 | 拟征收 |
| 2 | 小潘村 | 5 670 | 拟征收 |
| 3 | 赵家村 | 20 | 征收中 |
| 4 | 小祝村 | 5 | 征收中 |
| 5 | 侯家村 | 21 | 征收中 |
| 6 | 河北村 | 5 | 征收中 |
| 7 | 大祝村 | 152 | 征收中 |
| 8 | 马贝村 | 276 | 征收中 |
| 9 | 大挨金村 | 198 | 征收中 |
| 10 | 小挨金村 | 769 | 征收中 |
| 11 | 下地村 | 234 | 征收中 |
| 12 | 翟家村 | 1 292 | 征收中 |
| 13 | 土台子村 | 666 | 征收中 |
| 14 | 大于村 | 1 064 | 征收中 |
| 15 | 壕上村 | 0 | 已征收 |
| 16 | 东胜村 | 0 | 已征收 |

### 3.1.3　水资源

#### 3.1.3.1　供水水源现状

为中德园提供水源的有3座水厂，分别为沈阳胜科水务有限公司二水厂、沈阳胜科水务有限公司三水厂和沈阳水务集团九水厂，其中沈阳水务集团九水厂位于规划范围内，沈阳胜科水务有限公司二水厂和沈阳胜科水务有限公司三水厂位于规划区范围外。给水设施建设规模现状统计见表3.1-3。

表 3.1-3  给水设施建设规模现状统计表 / ( 万 m·d$^{-1}$ )

| 名称 | 设计规模 |
|---|---|
| 沈阳水务集团九水厂 | 9.0 |
| 沈阳胜科水务有限公司二水厂 | 0.88 |
| 沈阳胜科水务有限公司三水厂 | 1.0 |
| 合计 | 10.88 |
| 侯家村 | 21 |

沈阳胜科水务有限公司二水厂于 2006 年建成,服务区域为开发区中法生态园和中德园部分企业,设计日开采取水量 0.88 万 t,目前实际日平均取水量约为 0.8 万 t,现用水源井 4 眼,净水厂采用管道方式供水,设置净水池,处理工艺为生物除锰铁—锰沙—加氯消毒。

沈阳胜科水务有限公司三水厂于 2006 年建成,服务区域为开发区铸锻园和中德园部分企业,设计日开采取水量 1.0 万 t,目前实际日平均取水量约为 1.0 万 t,现用水源井 4 眼,净水厂采用管道方式供水,设置净水池,处理工艺为生物除锰铁 - 锰沙 - 加氯消毒。

沈阳水务集团九水厂翟家水源,分布在浑河南岸河滩地上,为工业用水。九水厂设计供水能力 9 万 m$^3$/d,其中 4.5 万 m$^3$/d 供给开发区(含中德园部分企业),另外 4.5 万 m$^3$/d 供给铁西区老城区。

#### 3.1.3.2 中德园水资源利用评价

中德园于 2015 年 12 月经国务院批复确定成立,同意了中德(沈阳)高端装备制造产业园建设方案。2016 年为中德园的初步发展阶段,本次环评主要综合中德园成立以来统计部门统计的规上企业水资源及能源消耗情况,以及第二次全国污染源普查的相关数据,对中德园内的用水情况进行了统计。中德园内工业新鲜水用量情况见表 3.1-4,中德园企业单位 GDP 工业用水量情况见表 3.1-5。

### 3 区域历史开发环境影响回顾性评价

表 3.1-4　2016—2018 年中德园内新鲜水用量情况

| 年份 | 生活新鲜用水量/万 t | 工业新鲜用水量/万 t | 农业用水量/万 t | 生态用水量/万 t | 总用水量/万 t | GDP/亿元 | 单位 GDP 水耗/(t·万元$^{-1}$) |
|---|---|---|---|---|---|---|---|
| 2016 | 323.76 | 115.1 | 394.49 | 53.39 | 886.74 | — | |
| 2017 | 339.95 | 140.5 | 335.32 | 57.66 | 873.43 | | |
| 2018 | 377.34 | 156.6 | 301.78 | 63.43 | 899.15 | 207.73 | 4.328 |

表 3.1-5　2016—2018 年中德园企业单位产值工业用水量情况

| 年份 | 企业总新鲜水用量/万 t | 总产值/亿元 | 单位总产值水耗/(t·万元$^{-1}$) | 工业增加值/亿元 | 单位工业增加值水耗/(t·万元$^{-1}$) |
|---|---|---|---|---|---|
| 2016 | 115.1 | 413.3 | 0.375 | 103.33 | 1.114 |
| 2017 | 140.5 | 662.6 | 0.272 | 165.65 | 0.848 |
| 2018 | 156.6 | 779.7 | 0.246 | 194.93 | 0.803 |

由以上分析可知,近年来中德园区域内企业的生产总值不断增长,尤其 2017 年增速较快,虽然企业的总水量逐年增加,但由于园区内主导产业为汽车整车和高端装备制造,无重化工等耗水较多企业,尤其宝马铁西工厂属于汽车整车生产企业,耗水量较低。2018 年总产值高达 643.4 亿元,占规划区内规上企业总产值的 85.8%,因此园区单位产值水耗较低。

#### 3.1.4　能源消耗

中德园的燃煤企业主要为集中供热企业,且近三年来煤炭使用占比分别为 19.3%、17.8% 和 16.6%,呈逐年下降趋势。中德园内现有企业中能源利用还主要以电力为主,近三年占比分别达到 60.1%、59.6% 和 59.0%,这也与中德园园区内主导产业为汽车整车和高端装备制造关系十分密切。其他能源,如天然气、汽油、柴油等能源,总体变化不大,基本稳定。中德园规上企业 2016 年至 2018 年能源结构变化情况见表 3.1-6。

表 3.1-6　2016—2018 年中德园规上企业能耗利用情况

| 年份 | 原煤<br>/万 t | 天然气<br>/万 m³ | 汽油<br>/t | 柴油<br>/t | 电力<br>/万 kW·h | 热力<br>/GJ | 综合能源<br>/tce |
|---|---|---|---|---|---|---|---|
| 2016 | 19 308 | 871.0 | 313.488 | 70.133 | 34 931.6712 | 75 102.16 | 70 871.10 |
| 2017 | 22 194 | 1 215.7 | 447.84 | 100.19 | 43 125.52 | 91 588 | 82 026.74 |
| 2018 | 21 664 | 1 343.6 | 406.7 | 677.9 | 44 667.97 | 92 191.67 | 85 111.49 |

中德园成立以来，区域内综合能耗呈增长态势，随着地区生产总值的逐年增长，区域能源消耗量总体呈增加趋势，区域能耗的增长幅度略低于工业总产值的增长趋势，因此区域单位总产值能耗总体呈平缓下降趋势。中德园2016 年至 2018 年能耗情况见表 3.1-7。

表 3.1-7　2016—2018 年中德园能耗情况

| 年份 | 工业能耗<br>/tce | 总产值<br>/亿元 | 单位总产值能耗<br>/(tce·万元$^{-1}$) | 工业增加值<br>/亿元 | 单位工业增加值能耗/(tce·万元$^{-1}$) |
|---|---|---|---|---|---|
| 2016 | 70 871.10 | 413.3 | 0.017 | 103.33 | 0.069 |
| 2017 | 82 026.74 | 662.6 | 0.012 | 165.65 | 0.050 |
| 2018 | 85 111.49 | 779.7 | 0.011 | 194.93 | 0.044 |

## 3.2　区域规划开发回顾评价

### 3.2.1　中德园企业现状调查与回顾

#### 3.2.1.1　中德园现有企业基本情况

中德园现有企业主要涉及汽车制造、通用设备制造、专用设备制造、仪器仪表制造和金属及非金属材料制备加工等。工业企业主要分布于东部区域和宝马工厂周边，现已围绕宝马形成汽车产业集群，沿细河和开发二十二号路形成了以中南、兆寰为主的现代建筑产业带和以三新实业、东亿机械等为主的机械制造业中小企业产业带。

本次环评主要根据第二次全国污染源普查的数据、统计部门统计的规上企业污染物排放数据，以及环境统计数据等资料，统计中德园内2016—2018年的工业源污染物排放数据。

根据现有调查资料，中德园目前现有企事业单位共计585家，其中规上企业49家。由于近年经济下行压力较大，多数企业目前都处于停产状态，有114家企业存在污染物排放。

#### 3.2.1.2 区域工业源污染物排放回顾评价

中德园2016—2018年工业源污染物排放情况见表3.2-1。

**表3.2-1 中德园内2016—2018年工业源污染物排放情况 / ($t \cdot a^{-1}$)**

| 污染物种类 | 2016年 | 2017年 | 2018年 |
| --- | --- | --- | --- |
| 废水量 | 615 448.8 | 900 589.1 | 1 068 042 |
| COD | 49.235 2 | 72.001 3 | 50.390 5 |
| 氨氮 | 12.740 8 | 18.478 6 | 5.843 6 |
| 总氮 | 12.704 | 18.633 9 | 6.888 2 |
| 总磷 | 0 | 0 | 0.405 2 |
| 石油类 | 0 | 13.802 2 | 17.291 4 |
| 氰化物 | 0 | 0.135 8 | 0.149 4 |
| 总铬 | 0.006 12 | 0.025 9 | 0.052 1 |
| 总镍 | 0.006 12 | 0.025 9 | 0.060 4 |
| 总锌 | — | — | 0.573 0 |
| 总铜 | — | — | 0.342 1 |
| $SO_2$ | 145.002 | 48.417 2 | 34.083 7 |
| $NO_x$ | 50.32 | 67.342 6 | 70.097 1 |

续表

| 污染物种类 | 2016年 | 2017年 | 2018年 |
|---|---|---|---|
| 有机废气 | 277.34 | 315.691 9 | 363.004 |
| 烟（粉）尘 | 523.677 | 312.147 2 | 558.328 |
| 一般工业固体废物 | 30 450.78 | 82 569.30 | 12.161 5 |
| 危险废物 | 3 221.53 | 6 359.63 | 5 481.41 |

#### 3.2.1.3 区域生活源污染物排放回顾评价

（1）废气污染物

规划区域内目前存在的大气污染源主要为居民生活燃烧散煤，根据区域内村屯户数，可计算规划范围内大气污染物排放量。规划区域内大气污染物排放情况见表3.2-2。

表 3.2-2 规划区村屯燃煤量及污染物排放情况 / ($t \cdot a^{-1}$)

| 序号 | 社区（或村委会） | 总户数 / 人 | 燃煤量 | $SO_2$ | $NO_x$ | 烟尘 |
|---|---|---|---|---|---|---|
| 1 | 大潘村 | 4 888 | 2 444 | 22.00 | 7.18 | 91.65 |
| 2 | 小潘村 | 5 670 | 2 835 | 25.52 | 8.33 | 106.32 |
| 3 | 赵家村 | 20 | 10 | 0.09 | 0.03 | 0.37 |
| 4 | 小祝三堡村 | 5 | 2.5 | 0.02 | 0.01 | 0.09 |
| 5 | 侯家村 | 21 | 10.5 | 0.09 | 0.03 | 0.39 |
| 6 | 河北村 | 5 | 2.5 | 0.02 | 0.01 | 0.09 |
| 7 | 大祝村 | 152 | 76 | 0.69 | 0.22 | 2.85 |
| 8 | 马贝村 | 276 | 138 | 1.24 | 0.41 | 5.17 |
| 9 | 大挨金村 | 198 | 99 | 0.89 | 0.30 | 3.71 |
| 10 | 小挨金村 | 769 | 384.5 | 3.46 | 1.13 | 14.42 |
| 11 | 下地村 | 234 | 117 | 1.06 | 0.34 | 4.39 |

续表

| 序号 | 社区（或村委会） | 总户数/人 | 燃煤量 | $SO_2$ | $NO_x$ | 烟尘 |
|---|---|---|---|---|---|---|
| 12 | 翟家村 | 1 292 | 646 | 5.81 | 1.90 | 24.23 |
| 13 | 土台子村 | 666 | 333 | 3.00 | 0.98 | 12.49 |
| 14 | 大于村 | 1 064 | 532 | 4.78 | 1.57 | 19.96 |
|  | 合计 | 15 260 | 7 630 | 68.65 | 22.43 | 286.13 |

注：含硫量按0.6%计，灰分按30%计，根据《工业污染源产排污系数手册》，$SO_2$排放系数为9kg/t煤，$NO_x$排放系数按2.94kg/t煤，烟尘排放系数按37.5kg/t煤计算，冬季按每户燃烧1.5t煤计算。

（2）废水污染物

规划区内的水污染源是由居民生活产生的，规划区内居民生活水污染物排放情况见表3.2-3。

表3.2-3 规划区内居民生活水污染物排放情况

| 序号 | 主要村落 | 总人口/人 | 废水排放量/(万$t \cdot a^{-1}$) | $COD_{cr}/(t \cdot a^{-1})$ | $NH_3-N/(t \cdot a^{-1})$ |
|---|---|---|---|---|---|
| 1 | 大潘村 | 4 888 | 25.87 | 114.18 | 16.52 |
| 2 | 小潘村 | 5 670 | 30.01 | 132.45 | 19.16 |
| 3 | 赵家村 | 20 | 0.11 | 0.47 | 0.07 |
| 4 | 小祝三堡村 | 5 | 0.03 | 0.12 | 0.02 |
| 5 | 侯家村 | 21 | 0.11 | 0.49 | 0.07 |
| 6 | 河北村 | 5 | 0.03 | 0.12 | 0.02 |
| 7 | 大祝村 | 152 | 0.80 | 3.55 | 0.51 |
| 8 | 马贝村 | 276 | 1.46 | 6.45 | 0.93 |
| 9 | 大挨金村 | 198 | 1.05 | 4.63 | 0.67 |
| 10 | 小挨金村 | 769 | 4.08 | 17.98 | 2.60 |

续表

| 序号 | 主要村落 | 总人口/人 | 废水排放量/(万 t·a$^{-1}$) | COD$_{cr}$/(t·a$^{-1}$) | NH$_3$-N/(t·a$^{-1}$) |
|---|---|---|---|---|---|
| 11 | 下地村 | 234 | 1.24 | 5.47 | 0.79 |
| 12 | 翟家村 | 1 292 | 6.83 | 30.19 | 4.36 |
| 13 | 土台子村 | 666 | 3.52 | 15.56 | 2.25 |
| 14 | 大于村 | 1 064 | 5.63 | 24.86 | 3.60 |
| 16 | 其他住宅居民 | 49 740 | 263.24 | 1 161.93 | 168.11 |
|  | 合计 | 65 000 | 344.00 | 1 518.42 | 219.69 |

注：根据《生活源产排污系数及使用说明》核算，沈阳市废水排放量145L/（人·d），COD产生量64g/（人·d），氨氮产生量9.26g/（人·d）。

（3）生活垃圾

中德园生活垃圾主要运往沈阳市大辛生活垃圾填埋场和沈阳市老虎冲生活垃圾填埋场进行填埋。根据《第一次全国污染源普查城镇生活源产排污系数手册》，沈阳市属于一区二类，生活垃圾产生系数取0.62kg/（人·d），据此计算中德园每年产生生活垃圾1.47万t。

#### 3.2.1.4 道路移动源废气

中德园内现有的主要交通干道包括大堤路、宝马大街、沈辽路、四环路、开发二十二号路和浑河二十六街，这些路段也是中德园内主要道路移动源的分布，中德园内的道路移动源废气源统计情况见表3.2-4。

表3.2-4 中德园内的道路移动源废气源统计情况

| 道路名称 | 长度/m | 单位排放系数/(mg·g$^{-1}$·m$^{-1}$) | | 排放量/(t·a$^{-1}$) | |
|---|---|---|---|---|---|
|  |  | NMHC | NO$_2$ | NMHC | NO$_2$ |
| 大堤路 | 6 000 | 0.152 7 | 0.102 3 | 28.9 | 19.4 |
| 宝马大街 | 2 800 | 0.157 3 | 0.105 4 | 13.9 | 9.3 |
| 沈辽路 | 13 500 | 0.180 6 | 0.121 0 | 76.9 | 51.5 |

续表

| 道路名称 | 长度/m | 单位排放系数/(mg·g$^{-1}$·m$^{-1}$) | | 排放量/(t·a$^{-1}$) | |
|---|---|---|---|---|---|
| | | NMHC | NO$_2$ | NMHC | NO$_2$ |
| 四环路 | 4 700 | 0.158 6 | 0.106 2 | 23.5 | 15.7 |
| 开发二十二号路 | 1 1600 | 0.115 2 | 0.077 2 | 42.1 | 28.2 |
| 浑河二十六街 | 3 500 | 0.115 2 | 0.077 2 | 12.7 | 8.5 |
| 合计 | 42 100 | — | — | 198.0 | 132.7 |

#### 3.2.1.5 规划区域内污染物排放汇总

中德园规划区域内污染物排放现状汇总见表3.2-5。

表 3.2-5 规划区内污染物排放现状情况

| 序号 | 污染物名称 | 单位 | 生活源 | 工业源 | 移动源 | 合计 |
|---|---|---|---|---|---|---|
| 大气 | SO$_2$ | t/a | 68.65 | 34.083 | — | 102.733 |
| | NO$_x$ | t/a | 22.43 | 70.097 | 132.7 | 225.227 |
| | 烟（粉）尘 | t/a | 286.13 | 558.328 | — | 844.458 |
| | 有机废气 | t/a | — | 363.004 | 198.0 | 561.004 |
| 废水 | 排放量 | 万t/a | 344.0 | 106.804 2 | — | 450.804 |
| | COD | t/a | 1 518.42 | 50.390 5 | | 1 568.811 |
| | NH$_3$-N | t/a | 219.69 | 5.843 6 | | 225.534 |
| | 总氮 | t/a | — | 6.888 2 | | 6.888 |
| | 总磷 | t/a | — | 0.405 2 | | 0.405 |
| | 石油类 | t/a | — | 17.291 4 | | 17.291 |
| | 氰化物 | t/a | — | 0.149 4 | | 0.149 |
| | 总铬 | t/a | — | 0.052 1 | | 0.052 |
| | 总镍 | t/a | — | 0.060 4 | | 0.060 |

续表

| 序号 | 污染物名称 | 单位 | 生活源 | 工业源 | 移动源 | 合计 |
|---|---|---|---|---|---|---|
| 废水 | 总锌 | t/a | — | 0.573 0 | — | 0.573 |
| | 总铜 | t/a | — | 0.342 1 | — | 0.342 |
| 固废 | 一般固废 | 万 t/a | — | 12.126 | | 12.126 |
| | 危险废物 | | — | 0.548 | | 0.548 |
| | 生活垃圾 | | 1.47 | — | | 1.470 |

#### 3.2.1.6 区域"散乱污"企业整治

根据《2019 年沈阳市"散乱污"企业专项整治工作方案》《2019 年铁西区（开发区）"散乱污"工业企业综合治理工作方案》，中德园共排查出 286 家"散乱污"企业，家具业 203 家，占 71%。主要集中在大潘村、小潘村，现已整治完成 209 家，包括搬迁 186 家，整改提升 26 家，剩余 74 家正在整治中。按照要求，2020 年完成全区整治工作。

剩余 74 家企业均有营业执照，均在第二次污染源普查范围内，土地性质多为养殖用地，仅有 7 家办理了环境影响评价手续。74 家企业中木质家具制造（C2110）63 家、金属家具制造（C2130）1 家、塑料家具制造（C2140）2 家、其他家具制造（C2190）7 家、木门窗制造（C2032）1 家。

对上述没有完成整治的企业，按照"三个一批"标准整治，即关停取缔一批、停业整顿一批、整改提升一批，对辖区内企业持续加大整治力度。

（1）由自然资源局对 74 家企业进行土地性质确认，对地类是否符合企业生产加工要求进行核实，该项工作于 2020 年 4 月完成。

（2）对于符合整改提升条件的企业，在 2020 年 7 月由生态环境局与所属街道督促企业完成整改。

（3）对于不符合整改提升的企业，先实行停业整顿，对于不具备整改提升条件、整改无望的企业列入关停取缔类，采取综合执法措施予以取缔，于 2020 年 10 月完成。

### 3.2.1.7　中德园工业企业存在的环境问题

(1) 区域"散乱污"企业较多

中德园共排查出 286 家"散乱污"企业,家具业 203 家,占 71%。主要集中在大潘村、小潘村,现已整治完成 209 家,包括搬迁 186 家,整改提升 26 家,剩余 74 家均有营业执照,已经纳入第二次污染源普查。按照要求,2020 年需完成中德园"散乱污"企业整治工作。

(2) 建材生产制造行业产生了明显环境影响

现有污染企业中,共有 12 家属于建材行业,排放粉尘 409.733t/a,占所有企业排放比例达到 73.4%,其中沈阳瑞达混凝土有限公司排放量最大,为 209t/a,其次为沈阳贝尔德混凝土有限公司, 91.464t/a,再次为中南建设(沈阳)建筑产业有限公司, 42.567t/a;粉尘排放已经对周围产生较为明显的环境影响,区域粉尘污染相对较大。此外,沈阳奥佳防水材料厂和沈阳佳佳防水卷材厂由于生产过程中挥发性有机物污染控制不到位,恶臭对周围产生了明显影响,导致出现了多次信访投诉,由于治理设施不完全,被环境监察要求整改,至今处于停业整顿状态。

(3) 个别涉重金属企业直排地表水体未实现在线监控

现有污染企业中,共有 4 家涉及重金属排放企业,分别为沈阳电镀有限责任公司、沈阳华泰昌隆表面技术有限公司、沈阳曙光金属表面处理有限公司和辽宁欧日精密五金仪表有限公司,其中沈阳电镀有限责任公司和沈阳曙光金属表面处理有限公司为专业电镀企业。4 家涉重企业中沈阳曙光金属表面处理有限公司和辽宁欧日精密五金仪表有限公司已经实现了在线监控,能实现稳定达标排放;沈阳电镀有限责任公司和沈阳华泰昌隆表面技术有限公司尚未按规定安装所有在线监控设施。

(4) 部分小型企业水污染未受严格管控

对比中德园排水管网分布图,中德园规下企业排水主要汇入沈阳西部污水处理厂一期工程和沈阳西部污水处理厂二期工程。经统计,现有中德园范围内中德园排水管网不在管网覆盖范围内的企业共 30 家,其中符合中德园规划的企业 14 家,不符合规划计划搬迁的企业 16 家;西部规划拓展区范围内有 22 家,符合中德园规划的企业 6 家,不符合规划计划搬迁的企业共 16 家。

### 3.2.2 环保基础设施建设与运行现状

#### 3.2.2.1 排水设施

（1）污水处理厂

中德园排水主要排入已建的两座污水处理厂，即沈阳西部污水处理厂一期工程（设计规模 15 万 t/d）和沈阳西部污水处理厂二期工程（设计规模 25 万 t/d），其中沈阳西部污水处理厂一期工程位于中德园内，沈阳西部污水处理厂二期工程位于中德园外。

①沈阳西部污水处理厂一期工程

沈阳西部污水处理厂一期工程位于沈阳市经济技术开发区浑河西二十一街 23 号，设计规模 15 万 t/d，占地面积 17.3hm$^2$，汇水面积 142km$^2$，主要处理沈阳经济技术开发区和于洪南里的工业废水和生活污水。

该污水处理厂已于 2006 年 6 月投入试运行，2015 年进行提标改造工程，出水水质能够达到《城镇污水处理厂污染物排放标准》（GB 18918—2002）中规定的一级 A 标准要求。提标改造工程于 2019 年 1 月 1 日稳定达标运行，2019 年 4 月 12 日通过水质验收，出水标准满足《城镇污水处理厂污染物排放标准》（GB 18918—2002）一级 A 标准，出水排入细河。沈阳西部污水处理厂一期工程出水水质情况见表 3.2-6。

表 3.2-6 沈阳西部污水处理厂一期工程进出水水质情况 /（mg·m$^{-3}$）

| | 项目 | COD | BOD | 氨氮 | SS | TN | TP | 处理量 |
|---|---|---|---|---|---|---|---|---|
| 2016 | 进水 | 266.5 | 114.8 | 33.1 | 188.8 | 38.4 | 6.0 | 11.19 万 t/d |
| | 出水 | 46.3 | 12.1 | 13.9 | 10.9 | 21.5 | 2.0 | |
| | 去除率/% | 82.6 | 89.5 | 58.0 | 94.2 | 44.0 | 66.7 | |
| 2017 | 进水 | 233.1 | 95 | 27.3 | 133.3 | 32.5 | 4.5 | 11.19 万 t/d |
| | 出水 | 44.8 | 11.5 | 14.7 | 11.0 | 23.2 | 1.5 | |
| | 去除率/% | 80.8 | 87.9 | 46.2 | 91.7 | 28.6 | 66.9 | |

续表

| 项目 | | COD | BOD | 氨氮 | SS | TN | TP | 处理量 |
|---|---|---|---|---|---|---|---|---|
| 2018 | 进水 | 209.7 | 85.1 | 26.4 | 124.4 | 31.6 | 3.2 | 12.20 万 t/d |
| | 出水 | 41.1 | 10.6 | 16.6 | 9.7 | 21.8 | 1.1 | |
| | 去除率/% | 80.4 | 87.5 | 37.1 | 92.2 | 31.0 | 65.6 | |
| 2019(1—6月) | 进水 | 203.9 | 80.3 | 27.3 | 161.1 | 35.4 | 3.5 | 13.61 万 t/d |
| | 出水 | 25.0 | 2.1 | 2.9 | 5.6 | 11.4 | 0.2 | |
| | 去除率/% | 87.7 | 97.4 | 89.4 | 96.5 | 67.8 | 94.3 | |
| 二级标准 | | 100 | 30 | 25(30) | 30 | — | 3 | — |
| 一级 A 标准 | | 50 | 10 | 5(8) | 10 | 15 | 0.5 | |
| 地表水Ⅴ类标准 | | 40 | 10 | 2 | | 2 | 0.4 | |
| 地表水Ⅳ类标准 | | 30 | 6 | 1.5 | | 1.5 | 0.3 | |

由以上分析可知,沈阳西部污水处理厂一期工程在实施提标前,出水部分指标已可达到或接近《城镇污水处理厂污染物排放标准》(GB 18918—2002)一级 A 标准,但氨氮、TN、TP 指标仍较高。主要是由于原有处理工艺采用的常规活性污泥法对氮、磷的去除率是有一定限度的,同时处理设施老化也是影响处理效率的主要因素。实施提标改造后,通过增加生化池及原有生化池结构改造、更换新型悬浮填料、增设高效澄清池和 V 型滤池、调整化学除磷加药点及加药量等一系列措施,沈阳西部污水处理厂一期工程出水可稳定达到一级 A 标准。

②沈阳西部污水处理厂二期工程

沈阳西部污水处理厂二期工程位于沈阳市经济技术开发区沈西九东路 58 号,设计规模 25 万 t/d,占地 24.74hm$^2$,主要处理于洪区和铁西区的部分生活污水及宝马工厂、东北制药等企业的工业污水。

沈阳西部污水处理厂二期工程于 2013 年 11 月开工,2014 年底工程主体已基本完工,2017 年 9 月 30 日开始进入调试运行阶段,2018 年 6 月 30 日正式达标运行,2018 年 10 月 16 日完成在线设备验收,2018 年 10 月 23

日完成环保验收。

根据进水来源不同,沈阳西部污水处理厂二期工程预处理工艺分为两条主线:其中,7万t/d东药废水的预处理采用曝气沉砂+臭氧氧化+水解酸化工艺;另18万t/d市政污水预处理采用曝气沉砂+水解酸化工艺,两种废水分别经过预处理后混合,混合后的污水二级处理工艺采用改良$A^2/O$和二沉池,深度处理采用高效沉淀池+臭氧氧化+纤维束过滤工艺;污泥处理采用机械浓缩脱水+外运工艺;除臭采用生物除臭工艺。设计出水达到国家标准《城镇污水处理厂污染物排放标准》(GB 18918—2002)规定的一级A标准,出水排入细河。沈阳西部污水处理厂二期工程出水水质情况见表3.2-7。

表3.2-7 沈阳西部污水处理厂二期工程进出水水质情况/(mg·m$^{-3}$)

| | 项目 | COD | BOD | 氨氮 | SS | TN | TP | 处理量 |
|---|---|---|---|---|---|---|---|---|
| 2018 | 市政进水 | 249.54 | 65.74 | 43.05 | 59.78 | 50.84 | 2.63 | 11.19万t/d |
| | 东药进水 | 124.16 | 26.93 | 8.2 | 36.09 | 14.69 | 1.51 | |
| | 进水平均 | 186.85 | 46.33 | 25.62 | 47.93 | 32.76 | 2.07 | |
| | 出水 | 27.09 | 5.94 | 1.72 | 6.46 | 9.02 | 0.15 | |
| | 去除率/% | 85.50 | 87.18 | 93.29 | 86.53 | 72.48 | 92.74 | |
| 2019 (1—6月) | 市政进水 | 383.3 | 90.83 | 45.5 | 101.8 | 59.17 | 6.7 | 11.19万t/d |
| | 东药进水 | 789 | 162.5 | 38.5 | 49 | 69.17 | 6.22 | |
| | 进水平均 | 586.2 | 126.7 | 42 | 75.4 | 64.17 | 6.46 | |
| | 出水 | 28.83 | 5.72 | 1.50 | 4 | 9.63 | 0.16 | |
| | 去除率/% | 95.08 | 95.48 | 96.43 | 94.69 | 84.99 | 97.52 | |
| | 一级A标准 | 50 | 10 | 5(8) | 10 | 15 | 0.5 | |
| | 地表V类 | 40 | 10 | 2.0 | — | 2.0 | 0.4 | — |
| | 地表IV类 | 30 | 6 | 1.5 | — | 1.5 | 0.3 | — |

通过以上数据可知,沈阳西部污水处理厂二期工程目前除 TN 外,其余指标全部达到地表水Ⅳ类,但沈阳西部污水处理厂二期工程出水未采取中水回用,水资源未得到进一步有效利用。

(2) 排水管网

规划区域大部分已实现了分流制,但仍存在雨污混流的问题。规划区域内现有排水泵站 12 座,其中宝马工厂专用泵站 2 座,其余为雨水泵站,该区域内排水管网覆盖率为 65%。目前,规划区现有区域雨水泵站规模较小,雨水排放能力不足。

此外,截至 2018 年底,新开发的小区均已实现废水管网收集,但规划区域内的农村地区均未布设排水管网,生活污水直接排入地表水体,村屯人口占中德园总常住人口 23.7%,因此,生活污水纳管率也基本相当,约为 23.7%。

目前,中德园内多数企业的污水排入沈阳西部污水处理厂一期工程,宝马工厂等少数企业污水排入沈阳西部污水处理厂二期工程。

### 3.2.2.2 中水回用系统

沈阳西部污水处理厂一期工程厂内已建设一座 3 万 t/d 的中水回用系统(包括一座 2 000$m^3$ 水池和一座泵房),主要回用于沈西热电厂,输水线路:沈阳西部污水处理厂一期工程—规划路—开发二十三号路—浑河二十街—沈西热电厂中水调节池,管线全线总长 5.9km,输水管道采用 DN800 聚乙烯涂覆钢管,壁厚 8mm。输送泵站主要设备:提升泵四台,流量为 769$m^3$/h,扬程为 22m,额定功率 75kW,三用一备。潜水排污泵二台,额定功率 1.5kW,一用一备。其余 12 万 t/d 回用于细河 U 谷景观补水。

### 3.2.2.3 集中供热设施

目前,中德园内共有两个集中供热热源,分别为沈阳中能热力有限公司和沈阳三江热力有限公司,其中沈阳中能热力有限公司位于沈阳经济技术开发区开发二十二号路 308 号,沈阳三江热力有限公司位于中沈阳市经济开发区开发二十三号路 74 号。此外,本区域还依托中德园外的热源供热,宝马工厂和部分企业由国电沈西热电厂提供热源;中德园东部部分地区由沈西热源厂提供热源。目前,规划范围内供热管线主要分布于沈辽路、二十二号路等,供热管线覆盖面积约为 16.9$km^2$,覆盖率为 35.3%。

#### 3.2.2.4 固体废物处理处置系统

（1）一般工业固废处置情况

中德园一般工业固废主要为西部污水处理厂污泥、汽车工业一般固废和供热企业产生的粉煤灰、炉渣等。2018年，中德园一般工业固废总产量为12.126万t；污泥经预处理后，全部做无害化处置，其余一般工业固废基本实现综合利用。

（2）危废处置情况

2016、2017、2018年的危险废物产量分别为3 221.53t、6 359.63t和5 481.41t，主要为废有机溶剂（HW06）、废腐蚀液和废洗涤液等（HW17）、废弃包装物（HW49）及喷漆过程中产生的废物（HW12）等危险废物，全部由有资质单位进行处置。

（3）生活垃圾处理情况

根据《第一次全国污染源普查城镇生活源产排污系数手册》，沈阳市属于一区二类，生活垃圾产生系数取0.62kg/（人·d）。目前中德园共有居民约6.5万人，据此计算中德园每年产生生活垃圾1.47万t。中德园生活垃圾运往沈阳市大辛生活垃圾填埋场和沈阳市老虎冲生活垃圾填埋场进行填埋。

### 3.2.3 区域环境风险回顾评价

依据《企业突发环境事件风险评估指南（试行）》（环办〔2014〕34号）、《企业突发环境事件风险分级方法》（HJ 941—2018），筛选出园区环境风险源企业共15家。对园区企业环境风险等级进行计算，得到园区内不存在重大环境风险等级企业，但有较大环境风险等级企业5个，分别为沈阳市曙光金属表面处理有限公司、华晨宝马汽车有限公司发动机工厂、华晨宝马铁西工厂、沈阳市铁西区鼎泰混凝土外加剂厂（目前处于停产状态）和沈阳华泰昌隆表面技术有限公司，其余10家企业为一般环境风险等级。

### 3.2.4 环境管理体系建设情况

#### 3.2.4.1 环境管理体系建设

中德园自2015年成立以来十分重视环境问题，沈阳市生态环境局经济技术开发区分局对中德园内企业的污染物排放、污染控制措施运行、环境影响评价制度的执行等方面进行有效的监督和管理,制定了完善的、规范的环境管理制度,并构建了以沈阳市生态环境局经济技术开发区分局为核心、各部门分工负责的环境管理体系。

沈阳市生态环境局经济技术开发区分局设有环境管理机构,实行污染集中控制制度、建设项目环境影响评价制度、建设项目"三同时"制度、排污许可证制度、排污收费制度、环境综合整治定量考核制度,实行排污口规范化整治,实行环保目标责任制,开展环境保护宣传教育和环境信息公开化。

以创新环境监管体制机制为切入点,以"整合管理资源、提升监管效能、改善环境质量、保障环境安全"为目标,按照"属地管理、分级负责、无缝对接、全面覆盖、责任到人"的原则,以中德园管委会为一级责任主体,落实相关部门环境监管职责,建立以各相关职能部门为监管主体的环境监管体系。

### 3.2.4.2 环境风险应急体系建设

中德园设有环境风险控制应急响应中心,中心设置环境风险事故应急指挥部,全权负责区内环境风险事故的应急处置工作。目前已经建立了有效的应急联动机制,环境风险事故发生时可及时获得医疗卫生、安监、消防、公安等部门的援助,同时重点风险企业也建立了应急响应分中心,协助区内应急响应中心处置各类环境风险事故。此外,还建立了完善的通信系统,保证事故处理的及时性。

中德园针对所存在的各种环境风险源,在制定完善的风险管理制度和建立有效的安全防范体系的基础上,制定了中德园突发环境事件应急处理预案,以保证在一旦发生环境事故的情况下,确保各项应急工作快速、高效、有序启动,减缓事故蔓延的范围,最大限度地降低环境风险事故造成的损失。区内已建环境风险企业均按照国家要求编制了环境应急预案,落实了清污分流,风险企业建设了事故池,在储罐区、重点生产装置区设置了围堰和地沟。

统计资料显示,中德园自成立以来未发生突发环境事,未发生事故爆炸、毒物泄漏及其他重大污染事故。目前存在的环境风险问题主要为风险监控体系需进一步完善,尚未建设数字化的环境风险监控预警系统平台。

## 3.3 区域环境质量回顾与现状评价

### 3.3.1 区域环境变化趋势回顾

#### 3.3.1.1 区域大气环境质量变化趋势

（1）区域大气环境质量达标情况

沈阳市2018年环境质量数据：

$SO_2$ 年均浓度为 $26\mu g/m^3$，占标率 43.3%；

$NO_2$ 年均浓度为 $40\mu g/m^3$，占标率 100.0%；

PM10 年均浓度为 $72\mu g/m^3$，占标率 102.9%；

PM2.5 年均浓度为 $41\mu g/m^3$，占标率 117.1%；

CO 日均值第 95 百分位数浓度为 $1.8mg/m^3$，占标率为 45.0%；

$O_3$ 日 8h 最大平均第 90 百分位数浓度为 $163\mu g/m^3$，占标率为 101.9%。

根据《环境空气质量评价技术规范（试行）》（HJ 663—2013）判定，沈阳市 2018 年环境空气质量不达标。

（2）区域大气环境质量变化趋势

本次评价主要收集 2014—2018 年环境质量报告书中数据，经分析该规划区域环境空气质量变化情况见表 3.3-1 和图 3.3-1。

表 3.3-1 2014—2018 规划区域环境空气质量变化情况 / ( $mg·m^{-3}$ )

| 监测项目 | $SO_2$ | $NO_2$ | PM10 | PM2.5 |
|---|---|---|---|---|
| 2014 年 | 0.090 | 0.057 | 0.149 | 0.086 |
| 2015 年 | 0.060 | 0.051 | 0.124 | 0.075 |
| 2016 年 | 0.042 | 0.051 | 0.096 | 0.051 |
| 2017 年 | 0.035 | 0.051 | 0.094 | 0.046 |

续表

| 监测项目 | SO₂ | NO₂ | PM10 | PM2.5 |
|---|---|---|---|---|
| 2018年 | 0.021 | 0.036 | 0.083 | 0.045 |
| 年平均限值≤ | 0.06 | 0.04 | 0.07 | 0.035 |

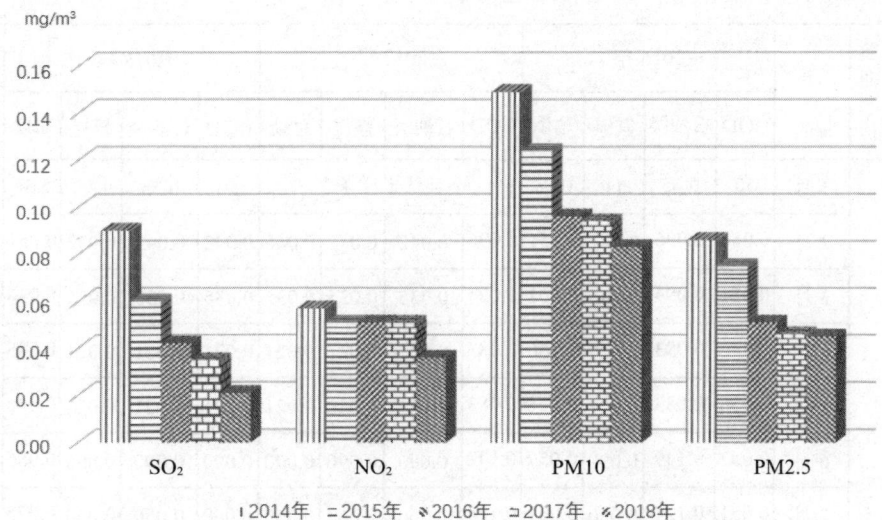

图 3.3-1　2014—2018 规划区域环境空气质量变化情况

从以上数据可知，该区域在 2014—2018 年间，随着沈阳市拆除 10t 以下燃煤锅炉，实施煤改电，除尘、脱硫设施升级改造工程，对落后产能的淘汰，加大区域环境污染源治理力度，以及部分企业被关闭、停产等，空气质量得到不断改善。

#### 3.3.1.2　地表水环境质量变化趋势

(1) 2016—2018 年细河开发区段水环境质量变化情况

收集 2016—2018 年沈阳市环境保护局经济技术开发区分局环境质量报告书中细河土台子桥断面、彰驿桥断面、兀拉桥断面和土西桥断面的监测数据见表 3.3-2。

(2) 2016—2018 年细河开发区段水质变化趋势及原因分析

2016—2018 年，细河在开发区沿程设置的土台子桥、彰驿桥、兀拉桥和土西桥4个断面主要污染物考核指标为化学需氧量和氨氮,连续三年均劣于Ⅴ类水质标准,属劣Ⅴ类。

2016—2018年细河开发区段沿程断面主要污染物年均监测浓度变化状况见图3.3-2、3.3-3。

表 3.3-2  2016-2018年细河开发区段各断面监测数据/(mg·L$^{-1}$)

| 断面名称 | 监测月份 | 2016年 | | | | 2017年 | | | | 2018年 | | | |
|---|---|---|---|---|---|---|---|---|---|---|---|---|---|
| | | COD | 石油类 | 氨氮 | 总磷 | COD | 石油类 | 氨氮 | 总磷 | COD | 石油类 | 氨氮 | 总磷 |
| 土台子桥 | 1月 | 50 | 0.55 | 11 | 0.68 | 不具备采样条件 | | | | 50 | 0.35 | 17.3 | 5.36 |
| | 2月 | 0.051 | 0.096 | 0.042 | 0.051 | 0.096 | 0.042 | 0.042 | 0.042 | 0.042 | 0.042 | 0.042 | 0.051 |
| | 3月 | 0.051 | 0.094 | 0.035 | 0.051 | 0.094 | 0.035 | 0.035 | 0.035 | 0.035 | 0.035 | 0.035 | 0.046 |
| | 4月 | 0.036 | 0.083 | 0.021 | 0.036 | 0.083 | 0.021 | 0.021 | 0.021 | 0.021 | 0.021 | 0.021 | 0.045 |
| | 5月 | 0.036 | 0.083 | 0.021 | 0.036 | 0.083 | 0.021 | 0.021 | 0.021 | 0.021 | 0.021 | 0.021 | 0.045 |
| | 6月 | 0.057 | 0.149 | 0.090 | 0.057 | 0.149 | 0.090 | 0.090 | 0.090 | 0.090 | 0.090 | 0.090 | 0.086 |
| | 7月 | 0.051 | 0.124 | 0.060 | 0.051 | 0.124 | 0.060 | 0.060 | 0.060 | 0.060 | 0.060 | 0.060 | 0.075 |
| | 8月 | 0.051 | 0.096 | 0.042 | 0.051 | 0.096 | 0.042 | 0.042 | 0.042 | 0.042 | 0.042 | 0.042 | 0.051 |
| | 9月 | 71 | 0.58 | 13.9 | 0.85 | 黑臭水体整治上游截流 | | | | 42 | <0.04 | 3.54 | 1.05 |
| | 10月 | 60 | 0.71 | 15.9 | 0.81 | 黑臭水体整治上游截流 | | | | 10 | 0.06 | 11.7 | 0.560 |
| | 11月 | 153 | 0.96 | 23.9 | 1.72 | 31 | 0.38 | 14.8 | 1.33 | 53 | 0.15 | 11.8 | 0.240 |
| | 12月 | 40 | 0.67 | 8.96 | 0.66 | 33 | 0.55 | 11 | 2.15 | 23 | 0.05 | 14.1 | 0.5 |
| | 年均值 | 70 | 0.68 | 14 | 0.97 | 34 | 0.98 | 10 | 1.78 | 40 | 0.15 | 10.6 | 1.68 |
| | 超标倍数 | 0.75 | — | 6 | 1.43 | — | — | 4 | 3.45 | 0 | — | 4.3 | 3.2 |
| 彰驿桥 | 1月 | 54 | 0.51 | 10.6 | 0.71 | 不具备采样条件 | | | | 40 | 0.37 | 17.6 | 1.80 |
| | 2月 | 47 | 0.55 | 8.54 | 0.58 | 111 | 1.61 | 29.4 | 2.51 | 74 | 0.43 | 7.75 | 2.18 |
| | 3月 | 55 | 0.61 | 12.4 | 0.64 | 115 | 1.16 | 15.4 | 1.21 | 28 | 0.13 | 12.2 | 1.73 |
| | 4月 | 44 | 0.23 | 13.8 | 0.71 | 145 | 1.32 | 12.4 | 2.11 | 51 | 0.09 | 15.3 | 1.74 |

续表

| 断面名称 | 监测月份 | 2016年 | | | | 2017年 | | | | 2018年 | | | |
|---|---|---|---|---|---|---|---|---|---|---|---|---|---|
| | | COD | 石油类 | 氨氮 | 总磷 | COD | 石油类 | 氨氮 | 总磷 | COD | 石油类 | 氨氮 | 总磷 |
| | 5月 | 98 | 0.49 | 17.6 | 2.52 | 14 | 0.49 | 12.3 | 1.73 | 50 | 0.08 | 19.0 | 1.87 |
| | 6月 | 69 | 0.43 | 15 | 1.19 | 29 | 0.82 | 9.62 | 1.79 | 56 | 0.06 | 13.5 | 1.46 |
| | 7月 | 62 | 0.46 | 11.4 | 0.71 | 63 | 0.59 | 16.1 | 1.42 | 56 | <0.04 | 12.5 | 0.675 |
| | 8月 | 69 | 0.34 | 12 | 0.66 | 50 | 0.62 | 9.23 | 1.33 | 26 | 0.04 | 12.3 | 0.300 |
| | 9月 | 62 | 0.49 | 11.4 | 0.61 | 黑臭水体整治上游截流 | | | | 53 | <0.04 | 13.0 | 0.672 |
| | 10月 | 58 | 0.44 | 13.1 | 0.72 | 黑臭水体整治上游截流 | | | | 24 | 0.05 | 12 | 0.260 |
| | 11月 | 164 | 0.83 | 25.4 | 1.55 | 51 | 0.56 | 10.8 | 1.38 | 34 | 0.19 | 13.3 | 0.190 |
| | 12月 | 50 | 0.52 | 7.82 | 0.74 | 48 | 0.32 | 6.58 | 2.08 | 37 | 0.17 | 15.3 | 0.550 |
| | 年均值 | 69 | 0.49 | 13.3 | 0.95 | 70 | 0.83 | 13.5 | 1.73 | 44 | 0.16 | 13.6 | 1.12 |
| | 超标倍数 | 0.725 | — | 5.65 | 1.38 | 0.75 | — | 5.75 | 3.33 | 0.1 | — | 5.8 | 1.8 |
| 兀拉桥 | 1月 | 48 | 0.48 | 11.3 | 0.61 | 不具备采样条件 | | | | 42 | 0.54 | 16.5 | 1.67 |
| | 2月 | 42 | 0.59 | 9.32 | 0.54 | 148 | 1.69 | 33.4 | 2.93 | 51 | 0.61 | 13.2 | 2.35 |
| | 3月 | 48 | 0.54 | 11.6 | 0.55 | 42 | 0.43 | 7.18 | 2.53 | 28 | 0.06 | 12.1 | 1.77 |
| | 4月 | 69 | 0.35 | 15.1 | 0.55 | 45 | 0.94 | 11.4 | 2.14 | 72 | 0.12 | 16.5 | 1.82 |
| | 5月 | 47 | 0.37 | 6.27 | 0.56 | 21 | 0.06 | 13.3 | 1.67 | 47 | 0.10 | 19.5 | 2.15 |
| | 6月 | 81 | 0.31 | 17.4 | 1.96 | 23 | 0.57 | 7.76 | 1.69 | 125 | 0.17 | 34.3 | 1.29 |
| | 7月 | 51 | 0.38 | 6.84 | 0.53 | 31 | 0.5 | 11.8 | 0.98 | 50 | <0.04 | 11.7 | 0.665 |
| | 8月 | 45 | 0.29 | 5.77 | 0.44 | 42 | 0.3 | 12.5 | 2.44 | 28 | 0.10 | 11.9 | 0.310 |
| | 9月 | 58 | 0.37 | 5.06 | 0.57 | 黑臭水体整治上游截流 | | | | 50 | 0.06 | 11.9 | 0.662 |
| | 10月 | 51 | 0.33 | 6.58 | 0.39 | 黑臭水体整治上游截流 | | | | 27 | 0.11 | 11.4 | 0.300 |
| | 11月 | 174 | 1.45 | 28.6 | 2.34 | 59 | 0.43 | 9.71 | 1.81 | 34 | 0.22 | 13.6 | 0.270 |
| | 12月 | 53 | 0.46 | 8.03 | 0.78 | 29 | 0.36 | 6.75 | 2.06 | 33 | 0.10 | 16.8 | 0.510 |

续表

| 断面名称 | 监测月份 | 2016年 | | | | 2017年 | | | | 2018年 | | | |
|---|---|---|---|---|---|---|---|---|---|---|---|---|---|
| | | COD | 石油类 | 氨氮 | 总磷 | COD | 石油类 | 氨氮 | 总磷 | COD | 石油类 | 氨氮 | 总磷 |
| 兀拉桥 | 年均值 | 64 | 0.49 | 11 | 0.82 | 49 | 0.59 | 12.6 | 2.03 | 49 | 0.20 | 15.8 | 1.15 |
| | 超标倍数 | 0.6 | — | 4.5 | 1.05 | 0.23 | — | 5.30 | 4.08 | 0.23 | — | 6.9 | 1.88 |
| 土西桥 | 1月 | 44 | 0.55 | 10.2 | 0.64 | 不具备采样条件 | | | | 46 | 0.43 | 14.1 | 1.75 |
| | 2月 | 45 | 0.6 | 8.06 | 0.61 | 49 | 1.37 | 13.4 | 5.89 | 45 | 0.35 | 14.1 | 1.64 |
| | 3月 | 53 | 0.56 | 11.4 | 0.49 | 58 | 0.35 | 7.73 | 1.71 | 34 | 0.14 | 11.9 | 1.75 |
| | 4月 | 66 | 0.48 | 12.4 | 0.64 | 49 | 0.91 | 11.8 | 2.27 | 54 | 0.06 | 17.2 | 1.38 |
| | 5月 | 72 | 0.44 | 9.81 | 0.24 | 14 | 0.39 | 9.52 | 1.51 | 40 | 0.14 | 17.5 | 1.98 |
| | 6月 | 37 | 0.35 | 15.3 | 1.77 | 27 | 0.59 | 7.31 | 1.68 | 74 | 0.05 | 27.4 | 0.860 |
| | 7月 | 46 | 0.43 | 5.92 | 0.4 | 36 | 0.64 | 7.61 | 0.58 | 45 | 0.07 | 13.6 | 0.648 |
| | 8月 | 41 | 0.25 | 6.06 | 0.34 | 48 | 0.278 | 13.5 | 1.56 | 24 | 0.06 | 2.91 | 0.290 |
| | 9月 | 47 | 0.38 | 6.67 | 0.48 | 黑臭水体整治上游截流 | | | | 46 | 0.10 | 13.9 | 0.642 |
| | 10月 | 52 | 0.38 | 7.63 | 0.41 | 黑臭水体整治上游截流 | | | | 25 | 0.09 | 2.84 | 0.280 |
| | 11月 | 171 | 0.78 | 28.2 | 1.83 | 111 | 0.2 | 5.72 | 1.84 | 35 | 0.19 | 12.1 | 0.230 |
| | 12月 | 38 | 0.39 | 7.32 | 0.64 | 33 | 0.37 | 6.12 | 2.1 | 19 | 0.05 | 16.5 | 0.460 |
| | 年均值 | 59 | 0.47 | 10.7 | 0.71 | 47 | 0.57 | 9.19 | 2.13 | 41 | 0.14 | 13.7 | 0.99 |
| | 超标倍数 | 0.48 | — | 4.35 | 0.78 | 0.18 | — | 3.60 | 4.33 | 0.03 | — | 5.85 | 1.48 |
| 断面超标率（%） | | 0.04 | 0.07 | 0.06 | 0.04 | 0.07 | 0.06 | 0.06 | 0.06 | 0.06 | 0.06 | 0.06 | 0.035 |
| 《地表水环境质量标准》（GB3838—2002）V类 | | 0.04 | 0.07 | 0.06 | 0.04 | 0.07 | 0.06 | 0.06 | 0.06 | 0.06 | 0.06 | 0.06 | 0.035 |

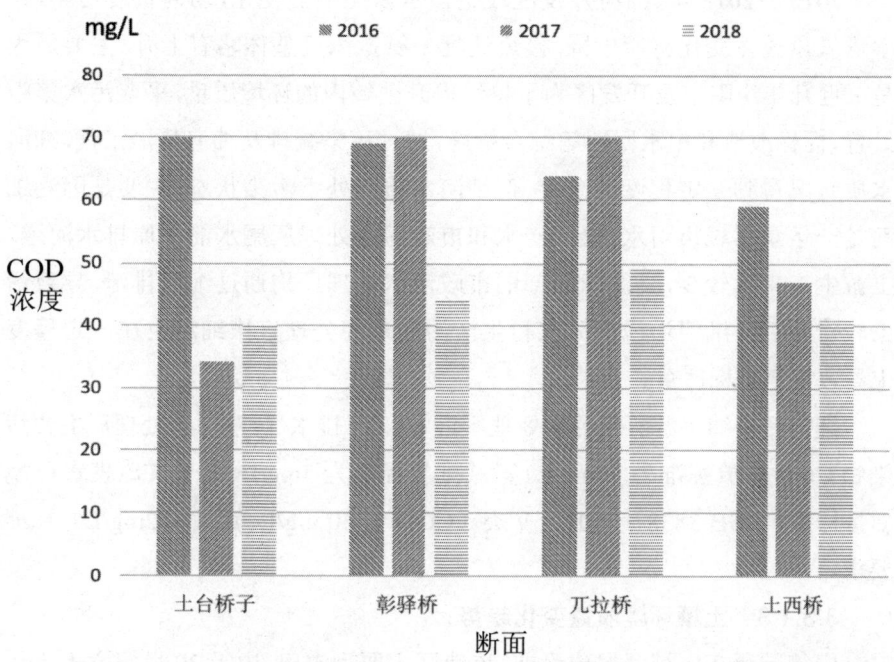

图 3.3-2 细河开发区段 2016—2018 年各断面 COD 变化曲线图

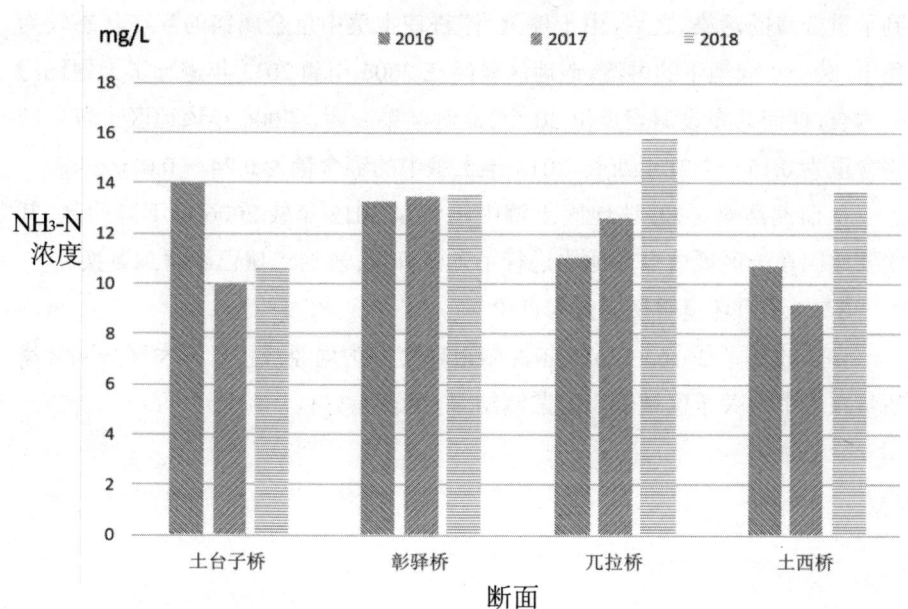

图 3.3-3 细河开发区段 2016—2018 年各断面 $NH_3-N$ 变化曲线图

2016—2018年，细河开发区段整体水质无明显变化，均为重度污染，化学需氧量整体变化有所下降，接近达标；氨氮浓度整体略有上升。主要原因是：近几年沈阳市及开发区为了持续提升区域内的环境质量，采取污水集中处置、提标改造和中水回用等综合措施，通过污染减排及细河整治工程，细河水质状况得到一定程度的改善。但细河水质仍处于污染状态，主要是因为细河是一条承泻城市雨水、农田涝水和市政污水处理厂尾水的平原排水河道，上游生态来水较少，且沈阳西部的市政污水处理厂均通过细河排泄，导致污染较重，此外，细河沿线部分农村生活污水未经处理直排细河也在一定程度上导致氨氮超标严重。

细河日接纳上游两座污水处理厂近60万t排水，两座污水处理厂主要污染物COD排放标准为50mg/L、氨氮排放标准为5mg/L，大于《地表水环境质量标准》（GB 3838—2002）Ⅴ类（COD≤40 mg/L、氨氮≤2mg/L）标准要求。

#### 3.3.1.3 土壤环境质量变化趋势

中德园所在区域开发建设前，该地区主要为农田，由于20世纪六七十年代曾经采取了污灌，每年有大量的镉等重金属输入该地区，致使该地区土壤受到了重金属的污染。之后，由于停灌、停耕使土壤中重金属镉的存在状态较为稳定，减少了向地下的淋溶。该地区曾经在2006年和2013年进行了土壤镉污染调查，期间共布设调查点位30个。监测结果表明，2006年该地区土壤中的镉含量为0.15～2.71mg/kg，2013年土壤中的镉含量为0.24～0.08mg/kg。

从监测结果可知，该地区土壤中镉含量2013年较2006年下降明显，其主要原因在于区域内多数地块进行了工业开发，表层土壤已经得到置换。

#### 3.3.1.4 声环境质量调查与评价

评价收集了2016—2018年沈阳市环境保护局经济技术开发区分局环境质量报告书中关于区域噪声的监测结果，见表3.3-3。

表 3.3-3　2016—2018 年区域噪声环境监测结果

| 年份 | 网格数 | 均值 /dB (A) |
| --- | --- | --- |
| 2016 | 53 | 54.5 |
| 2017 | 53 | 54.3 |
| 2018 | 53 | 54.3 |

从该区域声环境的监测结果可知,该区域内噪声变化不大,且均可以达到标准要求,区域环境声环境质量处于良好水平。

### 3.3.2　区域生态环境现状调查与评价

#### 3.3.2.1　区域生态环境功能与保护要求

将评价范围与辽宁省生态功能区划图进行叠加分析,得到评价范围所在的生态功能分区为Ⅱ1-2 沈阳市工业污染与城郊农业面源污染防治生态功能区,该功能区概况如下:

本区位于辽宁中部,浑河沿岸,包括沈阳市区全部和绝大部分郊区,面积为 2 588km²。

主要水系:浑河。主要地貌:平原、城区。

气候暖温,半湿润,年均气温 7~8℃,年均降水 700mm 左右,无霜期 160d 左右。

社会经济概况:是辽宁和东北地区的经济中心,地理位置重要,交通、信息、科技等基础条件优越。人口密集,市场繁荣,经济发达。历史上是全国重工业基地,现在仍是制造业的中心区域。历史遗留的包袱很重,改造和振兴老工业基地的任务十分艰巨。

主要生态环境问题:城区布局不合理,环境结构失调,建设和改造任务重。水资源短缺,地下水位下降,漏斗不断扩大。工业污染治理使城市环境有很大改善,但"三废"排放量仍居高不下。市区和郊区无序开发和占用土地的势头没有得到遏制,城乡接合部的环境较差。农业面源污染和规模养殖对环境的影响很大。

主要生态服务功能:城市污染防治、郊区面源污染防治。

保护措施与发展方向:创建环保模范城市和生态城市,打造生态型大都市。做好城市规划布局,科学确定旧城区改造和新城区建设模式。发展循环经济,推广清洁生产,建立节能、高效、低污染产业体系。继续加大城区污染治理力度。郊区农业要大力发展生态农业,降低化学品使用强度,整治规模化畜禽养殖场环境。统筹规划,开源节流,解决城市能源和水资源短缺问题。

#### 3.3.2.2 水土流失与土壤侵蚀现状

规划所在区域为平原地区,地势低平,位于辽宁省水土流失的重点监督区,应当监督区域水土流失现状,防止水土流失面积扩大。

通过现状调查及与辽宁省土壤侵蚀分级图进行叠加,评价范围内土壤侵蚀介于平原沉积区和极微度侵蚀区,土壤侵蚀较轻。

#### 3.3.2.3 植被现状调查与评价

(1) 植被区系及主要植被类型

中德园位于沈阳市西郊,属于辽河水系的浑河、蒲河冲积平原,其植被区系为辽河平原一年一熟农业植被和草甸区。该区开发较早,农耕历史很长,绝大部分土地已被开垦,自然植被只有零星分布。该区是辽宁省主要粮食产地,历史上以高粱、玉米为主,自浑蒲灌渠建成后,水稻种植面积不断扩大,目前粮食作物以玉米、水稻为主。

该区主要植被类型有人工杨树林、人工刺槐林、人工柳树林、狗尾草群落、藜群落、东方蓼群落、狼把草群落、芦苇群落和种植群落。

① 人工杨树林

人工杨树林主要分布在浑河两岸滩地和道路两侧。浑蒲灌渠的护渠林也主要是由杨树构成。人工杨树林大约在30～40年前由人工栽植,有小青杨、小叶杨和其他杂交杨,郁闭度0.7,树高15～20m,胸径15～25cm。林下无灌木层。草本层总盖度40%～60%,主要种类有狗尾草、早熟禾、硬质早熟禾、黄花蒿、小飞蓬、伏地菜和藜等。

② 人工刺槐林

人工刺槐林主要分布在道路及浑河两侧滩地。刺槐为建群种,混生少数榆树。郁闭度0.7,刺槐高14～18m,胸径16～19cm。榆树高16～20m,胸径15～25cm,无灌木层,草本层盖度40%～60%,主要种类有龙芽草、黄花蒿、狗尾草、硬质早熟禾、糙隐子草和米口袋等。

③人工柳树林

柳树林主要分布于浑河滩地上,郁闭度0.7,树高12~14m,胸径12~17cm。林下无灌木层,草本层总盖度40%~60%。

④狗尾草群落

狗尾草群落主要分布在荒草甸和旱田弃耕地,总盖度40%~60%。狗尾草高7~8cm。混生种主要有黄花蒿、马唐、草向荆、苦菜、铁苋菜和翻白委陵菜等。

⑤藜群落

藜群落主要分布在旱田、菜田弃耕地,总盖度80%~90%。藜高10~12cm。混生种主要有苦菜、苋菜、葎草、马唐、刺儿菜、洋铁酸模和小飞蓬等。

⑥东方蓼群落

东方蓼群落主要分布在季节性积水的坑塘、养鱼塘和低洼潮湿地带,总盖度50%~70%。东方蓼高90~110cm,伴生种主要有桃叶蓼、鬼针草、狼把草、野稗、普通蓼和鸭趾草。

⑦狼把草群落

狼把草群落主要分布在水田弃耕地上,总盖度30%~40%。狼把草高70~90cm。混生种主要有桃叶蓼、鬼针草、野稗、苋、地瓜苗、苣荬菜和小飞蓬等。

⑧芦苇群落

芦苇群落主要分布在浑蒲灌渠、常年积水或季节性积水的坑塘,总盖度60%~70%。芦苇高170~210cm。伴生种主要有菰、水葱、菖蒲、香蒲、宽叶香蒲、泽泻和狭叶慈姑。

⑨种植群落

种植群落包括旱田、水田和菜田。旱田主要种植玉米,水田种植水稻,菜田种植的蔬菜主要有白菜、甘蓝、芹菜、韭菜、黄瓜、茄子、番茄、胡萝卜、马铃薯和洋葱等,近年又种植了草莓等。

(2) 植被的生态功能

在中德园的野生植物中,虽然有一些种类具有一定的经济用途,但均未构成一定产量,所以,不具备开发价值。在调查中未发现国家级和省级保护植物。园区现有植被除具备农村生态系统植被的一般生态功能之外,其主要功能具体表现为护堤、护路、为野生动物提供栖息场所和提供农副产品。

①护堤、护路

浑河、细河、道路两侧均已栽植杨树作为护堤林,长势很好。在评级范围内道路两侧栽有杨、旱柳、火炬树作为护路林,充分发挥了护堤、护路功能。

②为野生动物提供栖息场所

评价范围内人工林、护堤林、护岸林为野生动物提供了多种多样的栖息场所,使一些小型野生动物,尤其是鸟类,可以在这里停留、栖息和繁衍,保持着相对稳定的生态平衡。

③生产农副产品

种植群落是评价范围的主要植被类型,所以,生产农副产品是规划区域开发前的主要功能。

### 3.3.2.4 动物现状调查与评价

（1）动物类型

中德园人类开发历史较早,现有居民点密集,交通通畅,人类活动频繁,大型野生动物早已绝迹。根据近年来有关部门的调查结果,鱼类有鲫鱼、鲤鱼、鲢鱼、鲶鱼和泥鳅等。两栖类主要有蟾蜍、花背蟾蜍和青蛙等。爬行类主要有斑虎游蛇和白条锦蛇等。

鸟类种类很多,包括留鸟、候鸟和旅鸟,共23种,可分为6个生态群落:

①水域沼泽鸟类群

栖息于坑塘、水田和灌渠,有紫背苇鳽和平原鹨。

②农田旷野鸟类群

栖息于农田旷野,是中德园种类最多的鸟类群,有普通鵟、雀鹰、红隼、小沙百灵、云雀、喜鹊、田鹨和铁爪鹀等。

③森林鸟类群

栖息于各种人工林内,有游隼、领角鸮、北椋鸟、大嘴乌鸦、红肋兰尾鸲和北红鸲等。

④灌丛鸟类群

栖息于灌丛,有蚁鴷、棕眉山岩鹨和朱顶雀。

⑤沙丘草甸鸟类群

栖息于沙丘草甸,有树鹨和白眉姬鹟。

⑥居民点鸟类群

栖息于居民点中,有树麻雀。

哺乳类有黄鼬、褐家鼠、东北兔、黑线姬鼠和东方田鼠等。

在上述各种动物中,普通鵟、雀鹰、红隼、领角鸮和树麻雀为国家二级保护动物,小沙百灵和黄鼬为省级重点保护动物,除鱼类以外,上述的两栖类、爬行类和鸟类中的各种类均为辽宁省有益和有重要经济、科研价值的野生动物。

(2) 动物类群的生态功能

中德园的野生动物种类虽然不多,但这些动物对维系该地区生态平衡均发挥着重要作用。其中两栖类的蟾蜍、花背蟾蜍和青蛙,鸟类的灰椋鸟、灰喜鹊、铁爪鹀、树鹨和树麻雀等均以农害为食;爬行类的虎斑游蛇、枕纹锦蛇,鸟类的红隼、领角鸮和哺乳类的黄鼬等又是农田害鼠的天敌。这些动物对农林害虫的大发生和害鼠的猖獗都具有重要的抑制作用。各种野生动物长期生存在这一地区,已成为该地区生态系统食物链中不可缺少的组成环节,对该地区生态系统的能量流动和物质循环发挥着重要作用。

#### 3.3.2.5 生物多样性分析

生物多样性可分为三个主要层次,即基因、物种和生态系统,这里仅从物种和生态系统两个层次,对中德园的生物多样性进行分析。

(1) 物种多样性分析

农田植被是中德园的主要植被类型,作物种类贫乏。水田只种植水稻,旱田以玉米为主,菜田种植的蔬菜种类稍多,但种植面积很少。正在种植的农田,由于施用除草剂等进行化学除草,田间杂草种类也很少。弃耕的旱田基本上形成狗尾草群落和藜群落,狗尾草和藜分别形成优势种,其他植物不超过20种。弃耕的水田主要形成狼把草群落,群落植物种类不超过15种。农田中的脊椎动物主要是啮齿类和栖息于农田旷野中的鸟类,不会超10种。可见,在农田植被中,物种丰富度较低。

森林植被主要为细河U谷和浑河西峡谷的生态防护林地。块状林以杨树和刺槐为优势种,混生有少量榆树,无其他乔木种类,无灌木层。草本层种类也较贫乏,不超过25种。浑蒲灌渠和乡级以上公路的护堤林和护路林包括杂交杨和旱柳,无其他乔木种类,地表草本层种类也很贫乏。块状林内分布的脊椎动物主要是啮齿类、爬行类和鸟类,种类也不多。所以,在森林植被中,物种丰富度也不高。

分布在坑塘、鱼塘和灌渠的东方蓼群落和芦苇群落,植物种类稍多,包括挺水种类和喜湿种类,有禾本科、莎草科、香蒲科、黑三棱科、泽泻科、蓼科、菊科、唇形科和旋花科等30余种。脊椎动物主要是两栖类和啮齿类,种类不多。

从以上几种主要植被类型的分布区域分析,可以看出,中德园的物种多样性是不够丰富的。

(2) 生态系统多样性

生态系统多样性存在于生态系统之间和生态系统之内。通常可从这两个角度对生态系统多样性进行分析。

中德园原有生态系统主要为农村生态系统,包括农田生态系统、森林生态系统和水域生态系统,其面积占60%。由人工林组成的森林生态系统和由灌渠、坑塘、养殖水面组成的水域生态系统,面积均很小,二者之和占中德园的面积不足10%。由人工林组成的森林生态系统面积虽然不大,但其对周围农田生态系统也具有良好的保护作用,在人工林内栖息的啮齿类、爬行类和鸟类对农田害虫、害鼠的大发生也具有良好的抑制作用。

中德园三类生态系统的组成和结构均比较简单,由于农业生态系统受人类的强烈干预,其稳定性也低于自然生态系统。

### 3.3.2.6 景观生态结构

评价范围地形属于辽河平原,属于典型的平原农田景观类型。区域内生态类型大致可分为以下几类:耕地景观、林地景观、草地景观、水域景观、建设用地景观。耕地景观、建设用地景观这两个生态单元分布区域较大。系统的稳定性和抗干扰能力受这两种景观类型控制。评价范围内自然生态系统的完整性仅存在于浑河两岸,但是受人类活动的干扰已经比较严重。

### 3.3.2.7 景观格局历史回顾及影响分析

根据评价范围内1992年、2012年、2019年三个时期遥感图像进行解译获取三个时期的景观格局数据,然后对评价范围内的景观格局及其动态进行评价。在1992年评价范围内景观类型以耕地景观类型为主,占79.45%,建设用地景观占9.51%,其他景观类型所占比例均较小,生态系统的生态功能属于农业生态系统类型起主导作用,系统的稳定性和抗干扰能力受耕地景观控制,规划区内自然生态系统的完整性已经受人类活动的干预。随着经济发展,评价范围景观格局发生快速变化，2012年，耕地景观依然是评价范围的主要景观类型，占总面积的47.99%，下降较多，但是建设用地景观迅速增加，占30.48%。到2019年，景观格局发生继续发生快速变化，其中耕地面积下降到27.85%，建设用地景观增加到44.43%，但是林地（含公园绿地）景观面积增加到14.01%，景观格局朝着人类活动逐渐增强的方向快速变化。

## 3.4 区域发展存在的资源制约因素及主要环境问题

（1）细河水质不能满足水体功能要求，区域再生水回用率较低。细河是浑河的一级支流，也是一条承泻城市雨水、农田涝水和市政污水处理厂尾水的平原排水河道。2014—2018年，细河开发区段整体水质无明显变化，均为重度污染，化学需氧量整体有所下降，接近达标；氨氮浓度略有上升。虽然，近年细河的水质得到了一定程度的改善，但其水质目前尚不能满足Ⅴ类标准要求，而且随着中德园规划的实施，将进一步加大细河全河段达标的压力。同时，根据住房和城乡建设部、国家发展和改革委员会发布《国家节水型城市考核标准》（建成〔2018〕25号），要求缺水城市，再生水利用率≥20%。目前中德园内再生水回用率还较低，一方面是水资源没有得到有效的利用，另一方也加重了细河的水质污染。

（2）区域大气污染较重，污染减排压力巨大。中德园所属区域为沈阳市主要工业企业发展的集聚区，污染物排放强度总体较大；2016年到2018年，沈阳工业大学点位各项污染物浓度呈下降趋势，环境空气质量不断改善，但PM2.5仍超标28.6%，区域大气污染仍然较重。为确保区域大气环境质量持续改善，区域在实现经济增长的同时，还需要采取有效减排手段，使空气质量逐步改善。

（3）局部区域工业用地产出较低，产业结构有待进一步优化转型。规划区域产业结构有待进一步优化，工业所占比例仍然较大，在一定程度上仍表现为典型的投资拉动经济，宝马工厂地均产出为204亿元/km²，除宝马工厂以外的地均产出为15亿元/km²，与中德园的总体产业定位不符，应实施"零地战略",对现有工业用地进行有效盘活,更新相关产业,逐步有序退出不符合规划方向的产业,引进符合中德园规划的企业,持续优化产业结构。

(4)公共设施服务不全导致污染扩大,配套设施有待持续完善。由于区域商业服务、居住等配套设施的不完善,区域产业工人流动形成潮汐流,再加上区域对外和内部交通设施系统连通性较差,公共出行系统尚未系统建立,区域人流、物流组织不畅,从而导致不必要的污染排放;此外,区域给水、排水、中水和供热管网覆盖程度不高,系统不完善,导致部分企业自行开采地下水并设置排污口向细河排水,村屯生活污水没得到有效收集和处理,中水利用率较低,集中供热水平不高;区域公共服务设施和环境基础设施有待进一步提高。

(5)人类活动加剧区域生态破坏,生物多样性减少导致生态价值降低。规划区域内的地带性自然植被特征明显改变或消失,导致生物多样性减少,物种退化,一些偶见种已经消失。其原因是受环境变化与人类活动双重因素影响,一方面是区域经济发展,人为活动干扰强烈,使原生植被遭到破坏;另一方面是受气候等条件限制,大部分植被群落结构原本相对简单,多样性程度低;当前生态系统已经成为以城镇生态系统为主导的生态系统类型。

(6)农村环境保护工作滞后,环境污染尚未得到控制。规划区域内城乡环保不平衡、不协调问题仍较突出。农村地区冬季采暖仍以散烧煤为主,全部低空直排,对冬季大气质量影响非常突出;生活污水缺少收集处理设施,没有经过任何处理直接外排;生活垃圾未能得到全部收集,固体废物堆存导致的二次污染非常突出。

(7)环境管理人员缺口较大,环境管理有待进一步加强。中德园环境管理由沈阳市生态环境局经济技术开发区分局负责,但开发区分局人员十分有限,目前仅能从事一般日常管理,对于环境监察显得力不从心,区域尚未建立系统性监测网络,无法及时和准确掌握区域内环境质量的变化特征;此外,中德园环境信息公开十分有限,目前仅能查到部分污染防治行动计划和部分建设项目环评受理审批情况,其他环境相关信息均未能获悉,尚未建立完善的公众参与环保决策机制。

# 4 环境影响识别与评价指标体系构建

## 4.1 规划环境影响识别

### 4.1.1 规划的环境影响及性质

根据中德园规划发展规模、产业发展方向、用地布局、基础设施建设等，结合所在区域的环境特点、环境质量现状，在充分分析区域内现有环境问题的基础上，识别各产业规划方案实施后可能对自然环境质量、生态环境、资源能源和社会经济等方面的影响，见表4.1-1。

#### 4.1.1.1 环境质量方面

规划各功能组团将通过不同的途径向大气、水体、土壤等环境排放多种污染物，使其受到不同程度的污染，使环境质量发生变化。

#### 4.1.1.2 生态环境方面

陆域生态：规划产业的发展占用大量土地，占用土地的原有自然植被变为工业用地，动物消失或迁移，原有生态系统的格局随之改变。

水生生态：生产废水和生活污水排放将导致局部水环境质量下降，对细河水环境造成一定不利影响。

#### 4.1.1.3 环境风险

化学危险品的使用和涉重类项目可能发生火灾、爆炸、化学物质泄漏事故，导致大气、水和土壤环境污染风险，并可能发生连锁性后果。

#### 4.1.1.4 资源能源消耗

土地资源：各工业、房地产项目的建设将占用部分土地，甚至与生态空间产生竞争。

水资源：生产和生活规模的持续发展需消耗大量水资源，工业、生活污水的排放也将降低区域水质功能，间接减少了可用水资源的量。

能源：规划各类产业的发展将消耗大量煤炭、天然气、电等能源。

#### 4.1.1.5 社会经济

经济规模：规划方案的实施将使区域国民经济总量发生显著变化。

交通：轨道交通、公路、公交系统等交通基础设施的建设，将加强地区间的联系，缩短节点间的通达时间。

城市化水平：产业的发展、城镇的建设都将提高城市的工业化水平，农民转变为居民，提升城市化水平。

人居环境：工业、服务业的"三废"排放会影响人居环境，但城市建设的推进对提升人居环境又是有利的。

表 4.1-1 中德园规划方案环境影响识别矩阵

| 规划方案 | | 环境质量 | | | | | 生态环境 | | 环境风险 | 资源能源 | | | | 社会经济 | | |
|---|---|---|---|---|---|---|---|---|---|---|---|---|---|---|---|---|
| | | 水环境 | 大气环境 | 土壤环境 | 声环境 | 固体废物 | 陆域生态 | 水生生态 | | 土地资源 | 水资源 | 旅游资源 | 能源 | 经济结构 | 交通运输 | 人居环境 |
| 规划规模 | 城市化率提高 | -L3 | -L2 | -L2 | -L1 | -L2 | -L3 | | -L1 | -L3 | -L2 | -L1 | -L2 | +L3 | +L3 | +L3 |
| | 人口增加 | -L3 | -L2 | -L2 | -L1 | -L3 | | | -L1 | -L3 | -L2 | -L1 | -L3 | +L3 | +L3 | +L3 |
| 产业发展（拟发展主导产业对应战略性新兴产业分类） | 新一代信息技术产业 | -L3 | -L3 | -S2 | -L2 | -L3 | -S2 | | -L3 | -L2 | -L3 | -L1 | -L3 | +L3 | +L3 | -L1 |
| | 高端装备制造产业 | -L3 | -L3 | -S2 | -L2 | -L3 | -S2 | | -L3 | -L2 | -L3 | -L1 | -L3 | +L3 | +L3 | -L2 |
| | 新材料产业 | -L3 | -L2 | -S2 | -L2 | -L3 | -S2 | | -L3 | -L2 | -L3 | -L1 | -L3 | +L3 | +L3 | -L2 |
| | 生物产业 | -L3 | -L1 | -S2 | -L1 | -L2 | -S2 | | -L2 | -L2 | -L2 | -L1 | -L3 | +L3 | +L3 | -L2 |
| | 新能源汽车产业 | -L3 | -L2 | -S2 | -L2 | -L3 | -S2 | | -L3 | -L2 | -L3 | -L1 | -L3 | +L3 | +L3 | -L2 |
| | 新能源产业 | -L3 | -L2 | -S2 | -L2 | -L3 | -S2 | | -L3 | -L2 | -L3 | -L1 | -L3 | +L3 | +L3 | -L2 |
| | 节能环保产业 | -L3 | -L2 | -S2 | -L2 | -L3 | -S2 | | -L3 | -L2 | -L3 | -L1 | -L3 | +L3 | +L3 | -L2 |
| | 数字创意产业 | -L1 | -L1 | | | -L1 | -L1 | | -L1 | -L1 | -L1 | -L1 | -L1 | +L3 | +L3 | +L3 |
| | 相关服务业 | -L1 | -L1 | | | -L1 | -L1 | | -L1 | -L1 | -L1 | -L1 | -L1 | +L3 | +L3 | +L3 |
| | 基础设施及其他 | -L3 | -L2 | -L2 | -L2 | -L2 | -S2 | | -L2 | -L3 | -L2 | -L1 | -L2 | +L3 | +L3 | -L2 |

续表

| 规划方案 | | 环境质量 | | | | | 生态环境 | | 环境风险 | 资源能源 | | | | 社会经济 | | |
|---|---|---|---|---|---|---|---|---|---|---|---|---|---|---|---|---|
| | | 水环境 | 大气环境 | 土壤环境 | 声环境 | 固体废物 | 陆域生态 | 水生生态 | | 土地资源 | 水资源 | 旅游资源 | 能源 | 经济结构 | 交通运输 | 人居环境 |
| 用地布局 | 三产结构比例 | -L2 | +L2 | +L2 | +L2 | -L1 | -L2 | -L1 | -L2 | -L3 | -L2 | -L1 | -L2 | +L3 | +L3 | +L3 |
| | 空间结构布局 | -L2 | -L2 | -L1 | -L1 | -L2 | -L2 | -L1 | -L2 | -L3 | -L2 | -L1 | -L2 | +L3 | +L3 | +L3 |
| | 工业用地布局 | -L1 | +L1 | | | | | | | | | | | +L3 | +L3 | +L3 |
| | 居住用地布局 | -L2 | -L2 | 0 | -L1 | -L2 | | | | -L3 | -L2 | -L1 | -L2 | +L3 | +L3 | +L3 |
| 生态建设 | 生态建设 | +L2 | +L3 | +L3 | +L2 | | +L3 | +L3 | | | | | | +L2 | +L2 | +L2 |
| | 城市绿化 | +L3 | +L3 | +L3 | +L2 | | +L3 | | | | | | | +L2 | +L2 | +L2 |
| | 环境保护 | +L3 | +L3 | +L3 | +L2 | +L2 | +L2 | +L3 | +L3 | +L3 | +L1 | | | +L3 | +L3 | +L3 |
| 资源节约 | 节约、集约利用土地 | | | | | +L3 | | | +L3 | +L3 | | | | | | 0.08 |
| | 节约能源 | +L2 | +L3 | +L2 | | | +L2 | +L2 | | | | | +L3 | +L3 | +L3 | +L3 |
| | 循环经济 | +L3 | +L3 | +L2 | | | | | | | | | +L3 | +L3 | +L3 | +L3 |
| 基础设施 | 综合交通体系 | -S1 | -L2 | -S1 | -L2 | | -L2 | | | | | +L2 | +L2 | +L2 | | +L2 |
| | 市政公用设施 | +L3 | +L1 | | | +L3 | +L3 | | | -L1 | +L2 | +L2 | | +L3 | +L3 | +L3 |
| | 水系疏浚整理 | +L3 | | | | | +L3 | +L3 | | | +L1 | +L1 | | | | |

注：表中"+"表示有利影响，"-"表示不利影响，"S"表示短期影响，"L"表示长期影响，"3"表示重大影响，"2"表示中等影响，"1"表示轻微影响。

## 4.1.2 规划环境影响重点识别

### 4.1.2.1 土地资源

规划方案对土地资源的影响主要有：①城镇化发展的影响，主要是城市建成区扩大和人口增加需要增大土地资源的供给；②产业组团、交通以及其他公用设施建设用地扩大增加了土地资源压力；③生态环境建设有利于改善土地资源的质量。

### 4.1.2.2 能源资源

规划方案对能源资源的影响主要有：①城镇化发展将加大能源需求；②

产业结构调整将使能源消费量发生变化。

#### 4.1.2.3 水资源

规划方案对水资源的影响主要表现在：①城镇化发展尤其是城镇人口的增长导致城镇水资源供给压力增大；②产业结构变化尤其是耗水产业规模变化直接影响水资源的消耗水平；③基础设施建设尤其是污水处理厂建设将改善提高水资源的供给能力以及配置和利用效率。

#### 4.1.2.4 水环境

影响水环境的规划方案主要有：①城市人口增长增加了生活污水排放；②产业布局变化引起区域污染排放增大。

#### 4.1.2.5 大气环境

影响大气环境的规划方案主要有：①城市化进程加快、产业发展（主要是工业规模的扩大）将导致大气污染负荷增加；②产业布局会对大气环境质量产生影响；③交通运输业的扩大会加重大气环境压力。

#### 4.1.2.6 固体废物

影响固体废物的规划方案主要有：①人口增长会增加固体废物的排放量；②产业发展规模的扩大也会增加固体废物的排放；③市政基础设施即垃圾收运体系的健全有助于减少固体废物的环境影响。

#### 4.1.2.7 生态系统

影响生态系统的规划方案主要有：①城镇化发展会对区域生态系统产生影响；②产业布局会对周边生态系统产生一定影响；③第一产业发展会对生态系统产生较为显著的影响；④生态建设方案会对生态系统产生有利的影响。

## 4.2 规划环境影响评价指标体系

对现状的监测结果表明中德园的产业发展、区域开发建设对当地大气、水环境环境质量已经造成一定影响。在本次规划期间，中德园将迎来经济发展和城市建设又一个重要发展时期，工业化、城市化水平将进一步提升，这个阶段也往往是资源、环境保护压力进一步加剧的过程，历史环境欠账和新生环境压力共存，发展与环境的矛盾更易激化。根据规划环境影响识别结果，从资源环境效益、环境质量、社会环境、经济效益等方面确立本次规划环境影响评价指标体系（见表 4.2-1），各类指标须与国家级生态工业园、国家及地方生态文明建设与环境保护、流域治理等要求相衔接。

表 4.2-1 规划环境影响评价指标体系

| 环境主题 | 环境目标 | | 评价指标 | 单位 |
|---|---|---|---|---|
| 资源环境效益 | 资源 | 资源能源利用 | 可再生能源利用率 | % |
| | | | 万元增加值能耗 | tce/万元 |
| | | | 万元工业增加值能耗 | tce/万元 |
| | | | 万元增加值新鲜水耗 | m³/万元 |
| | | | 万元工业增加值新鲜水耗 | m³/万元 |
| | | 回收与综合利用 | 再生水利用率 | % |
| | | | 工业用水重复利用率 | % |
| | | | 雨水收集利用 | % |
| | 污染控制与生态建设 | 避免或减轻区域开发活动产生的各种污染影响 | 大气污染指标 | 废气达标排放率 | % |
| | | | | 集中供热率 | % |
| | | | | 单位 GDP 氮氧化物排放量 | kg/万元 |
| | | | | 单位 GDP 碳排放量 | kg/万元 |

续表

| 环境主题 | | 环境目标 | 评价指标 | | 单位 |
|---|---|---|---|---|---|
| 资源环境效益 | 污染控制与生态建设 | 避免或减轻区域开发活动产生的各种污染影响 | 水污染指标 | 工业废水达标排放率 | % |
| | | | | 城市污水处理率 | % |
| | | | | 万元增加值废水排放量 | t/万元 |
| | | | | 单位 GDP COD 排放量 | kg/万元 |
| | | | | 单位 GDP 氨氮排放量 | kg/万元 |
| | | | 固体废物处置指标 | 生活垃圾分类投放率 | % |
| | | | | 城市粪渣和城市污泥无害化处理率 | % |
| | | | | 建筑垃圾综合利用率 | % |
| | | | | 工业危险废物和医疗垃圾安全处理率 | % |
| | | | | 工业固体废物处置利用率 | % |
| | | | 环境管理 | 环境影响评价率 | % |
| | | | | 重点企业清洁生产审核实施率 | % |
| | | 为区域居住、办公提供宜居环境 | 生态环境影响指标 | 生态用地比例 | % |
| | | | | 绿化覆盖率 | % |
| 环境质量 | | 环境空气 | | 环境空气质量良好率 | % |
| | | 声环境 | | 声环境功能区达标情况 | % |
| | | 水环境 | | 细河达到水环境功能区划要求 | — |
| | | | | 集中式饮用水源水质达标率 | % |
| 社会环境 | | 促进区域经济、社会可持续发展 | 社会发展指标 | 低碳出行比例 | % |
| | | | | 就业强度 | 人/hm² |
| | | | | 新增绿色建筑比例 | % |
| 经济效益 | | 通过环境优化,促进区域土地增值 | 社会经济指标 | 高新技术企业增加值占工业总产值比重 | % |
| | | | | 工业经济密度 | 万元/hm² |
| | | | | 区域 GDP 产出 | 亿元 |

# 5 规划环境影响分析

## 5.1 大气环境影响预测与评价

### 5.1.1 气象资料来源

污染物在大气中的扩散和输送主要受气象条件的制约,其中直接影响大气污染物输送扩散的气象要素是空气的流动特征:风和湍流,而温度层结又在很大程度上制约着风场和湍流结构。气象要素中与大气污染物输送扩散关系最密切的是风向、风速、温度梯度和湍流强度,风向决定了污染物输送方向。风速表征大气污染物的输送速率,风速梯度与湍流脉动密切相关,温度梯度是表征大气稳定度的重要参数。因此,了解项目所在地区的风场、温度场等污染气象特征,对评价本区域排放的污染物对周围地区大气环境的影响至关重要。

地面常规气象资料调查收集的是沈阳市观象台长期调查资料和2018年逐时地面常规气象资料。

### 5.1.2 评价区气象特征

#### 5.1.2.1 长期调查资料整理分析

沈阳地处中纬度,属于温带大陆性季风气候区,主要气候特点为四季分明,春季干旱升温快,夏季炎热多雨,秋季凉爽降温迅速,冬季寒冷漫长。该地区年平均温度为8.1℃,1月份平均温度最低,为-11.6℃,7月份平均温度最高，为 24.6℃。年降水量 714mm，多集中在 7、8 两月，并以 7 月份的平均降水量为最大（186.4mm）。采暖期各月平均降水量逐渐减少并以 1 月份为最少（6.9mm）。该地区年平均气压为 1 011.3hPa，7 月份平均气压最低（999.0hPa），1 月份平均气压最高（1 021.3hPa）。年平均相对湿度 63.9%，4 月份最小 52.2%，8 月份为最大 78.5%。该地区年平均风速为 3.2m/s，8 月份平均风速最低（2.5m/s），4 月份平均风速最高（4.2m/s）。该地区全年最多风向为 SSW，其频率为 13%。沈阳市气象站多年气象要素统计见表 5.1-1。

表 5.1-1　沈阳市气象站多年气象要素统计结果

| 月份 | 1 | 2 | 3 | 4 | 5 | 6 | 7 | 8 | 9 | 10 | 11 | 12 | 年 |
|---|---|---|---|---|---|---|---|---|---|---|---|---|---|
| 年均气温 /℃ | -11.6 | -7.5 | 0.7 | 9.9 | 17.1 | 21.8 | 24.6 | 23.6 | 17.4 | 9.6 | 0 | -8 | 8.1 |
| 年均最高气温 /℃ | -5.3 | -1.3 | 6.4 | 16.2 | 23.3 | 27.2 | 29.2 | 28.4 | 23.7 | 15.9 | 5.5 | -2.3 | 13.9 |
| 年均最低气温 /℃ | -16.9 | -12.9 | -4.4 | 3.8 | 11 | 16.6 | 20.5 | 19.3 | 12 | 4.2 | -4.6 | -12.8 | 3 |
| 年均气压 /hPa | 1 021.3 | 1 019.8 | 1 015.2 | 1 008.9 | 1 004.2 | 1 000.6 | 999 | 1 002.5 | 1 008.7 | 1 014.9 | 1 019 | 1 021.1 | 1 011.3 |
| 年均湿度 /% | 62 | 56.7 | 53 | 52.2 | 55.1 | 67.5 | 78.1 | 78.5 | 71.4 | 66.2 | 63.2 | 62.5 | 63.9 |
| 降水量 /mm | 6.9 | 7.1 | 16.1 | 37.6 | 53.6 | 91 | 186.4 | 169.4 | 77 | 40.5 | 18.7 | 9.6 | 714 |
| 蒸发量 /mm | 25.8 | 41.7 | 93.5 | 188.6 | 252.1 | 217.7 | 182.7 | 162.8 | 140.5 | 104.9 | 54.4 | 30.4 | 1495 |
| 日照时数 /h | 164.1 | 182.4 | 225.8 | 236.4 | 260.6 | 240.8 | 211.9 | 220.8 | 234.2 | 212.2 | 164.6 | 150.4 | 2 504.2 |
| 平均风速 /(m·s$^{-1}$) | 2.8 | 3.1 | 3.6 | 4.2 | 3.9 | 3.2 | 2.8 | 2.5 | 2.7 | 3 | 3.2 | 2.8 | 3.2 |
| 最多风向 | ENE | NNE | SSW | SSW | SSW | SSW | SSW | SSW | SSW | SSW | NNE | SSW | SSW |
| 最多风向频率 /% | 14 | 10 | 12 | 15 | 18 | 19 | 19 | 14 | 11 | 11 | 12 | 11 | 13 |

### 5.1.2.2 评价区2018年气象特征

（1）地面风场分析

表5.1-2所示为利用沈阳市气象站2018年资料统计得出的年及各月各季风频。图5.1-1给出了利用沈阳市气象站2018年资料绘出的年及各月各季风玫瑰图。

由表5.1-2和图5.1-1可见，该地区春季最多风向为SW，其频率为15.62%，次多风向为SSW，其频率为12.05%，静风频率为7.65%。该地区夏季最多风向为SSW，其频率为17.44%，次多风向为S，其频率为15.13%，静风频率为9.01%。该地区秋季最多风向为NE，其频率为11.90%，次多风向为SSW，其频率为9.66%，静风频率为17.58%。该地区冬季最多风向为NE，其频率为9.31%，次多风向为N，其频率为7.96%，静风频率为13.33%。该地区全年最多风向为SSW，其频率为11.36%，次多风向为SW，其频率为10.57%，静风频率为11.87%。

表5.1-3给出了沈阳市气象站的年及各月各风向平均风速统计结果。该地区冬季平均风速最小，为2.48m/s，春季平均风速最大，为3.96m/s，全年平均风速为3.06m/s。

（2）地面风速演变规律

表5.1-4和图5.1-2所示为2018年沈阳市气象站全年和四季小时平均风速日变化的统计结果。

由表5.1-4和图5.1-2可见，沈阳市气象站的年、季小时平均风速日变化趋势基本相同，都呈单峰型。全年小时平均风速从早晨8时起随着太阳高度角的增大而逐渐增大，午后14时平均风速达到最大，为4.36m/s，随后小时平均风速逐渐下降，至凌晨时最低。四季当中，春季的小时平均风速大于其他季节。

### 5.1.3 预测内容

（1）2018年$SO_2$、$NO_2$、$PM10$、VOC和$PM2.5$的年均浓度；

（2）2020年$SO_2$、$NO_2$、$PM10$、VOC和$PM2.5$的年均浓度；

（3）2030年$SO_2$、$NO_2$、$PM10$、VOC和$PM2.5$的年均浓度；

（4）预测关心点位各种污染物的浓度变化。

表 5.1-2　规划区域 2018 年及各月各季风频 /%

| 月份 | N | NNE | NE | ENE | E | ESE | SE | SSE | S | SSW | SW | WSW | W | WNW | NW | NNW | 平均 |
|---|---|---|---|---|---|---|---|---|---|---|---|---|---|---|---|---|---|
| 1 | 6.05 | 6.18 | 10.75 | 7.12 | 3.9 | 3.36 | 4.44 | 2.96 | 4.03 | 4.03 | 6.05 | 4.17 | 4.44 | 5.38 | 6.45 | 5.78 | 14.92 |
| 2 | 8.78 | 7.59 | 10.42 | 7.14 | 2.08 | 1.93 | 3.27 | 1.79 | 1.34 | 4.91 | 6.25 | 4.61 | 6.55 | 5.8 | 5.06 | 9.82 | 12.65 |
| 3 | 12.5 | 16.4 | 7.26 | 3.63 | 1.61 | 1.61 | 3.36 | 5.51 | 6.18 | 11.16 | 11.29 | 3.9 | 1.34 | 1.08 | 1.34 | 2.28 | 9.54 |
| 4 | 10.97 | 9.86 | 2.92 | 1.81 | 0.69 | 1.11 | 1.81 | 4.17 | 8.75 | 11.11 | 18.19 | 5.69 | 4.58 | 4.72 | 3.06 | 6.11 | 4.44 |
| 5 | 9.54 | 8.47 | 2.69 | 4.17 | 1.48 | 1.34 | 2.28 | 4.57 | 7.39 | 13.84 | 17.47 | 8.6 | 2.96 | 1.48 | 1.48 | 3.36 | 8.87 |
| 6 | 0.97 | 1.25 | 1.81 | 1.53 | 2.22 | 2.22 | 4.03 | 7.5 | 16.94 | 24.44 | 22.22 | 3.19 | 1.11 | 1.25 | 1.25 | 1.67 | 6.39 |
| 7 | 4.7 | 3.76 | 2.02 | 3.49 | 2.69 | 2.69 | 2.96 | 10.35 | 23.12 | 21.1 | 6.85 | 2.28 | 1.21 | 0.54 | 0.94 | 2.02 | 9.27 |
| 8 | 14.78 | 13.58 | 9.95 | 6.99 | 3.63 | 2.82 | 2.42 | 2.96 | 5.38 | 6.99 | 6.18 | 3.49 | 3.09 | 1.34 | 1.08 | 4.03 | 11.29 |
| 9 | 2.5 | 2.64 | 12.08 | 7.5 | 2.36 | 3.61 | 3.33 | 4.44 | 7.22 | 12.22 | 10.14 | 3.89 | 6.67 | 3.33 | 1.25 | 1.53 | 15.28 |
| 10 | 5.11 | 3.36 | 9.95 | 3.36 | 2.69 | 2.02 | 2.15 | 3.23 | 4.3 | 9.41 | 9.68 | 6.18 | 4.97 | 3.76 | 3.76 | 4.7 | 21.37 |
| 11 | 12.5 | 5 | 13.75 | 5.97 | 2.5 | 3.06 | 3.19 | 3.33 | 5.14 | 7.36 | 7.08 | 2.64 | 2.08 | 1.53 | 2.36 | 6.53 | 15.97 |
| 12 | 9.14 | 5.11 | 6.85 | 4.44 | 2.96 | 3.09 | 3.63 | 5.11 | 6.99 | 9.41 | 5.51 | 3.63 | 3.36 | 6.45 | 6.05 | 5.91 | 12.37 |
| 春季 | 11.01 | 11.59 | 4.3 | 3.22 | 1.27 | 1.36 | 2.49 | 4.76 | 7.43 | 12.05 | 15.62 | 6.07 | 2.94 | 2.4 | 1.95 | 3.89 | 7.65 |
| 夏季 | 6.88 | 6.25 | 4.62 | 4.03 | 2.85 | 2.58 | 3.12 | 6.93 | 15.13 | 17.44 | 11.64 | 2.99 | 1.81 | 1.04 | 1.09 | 2.58 | 9.01 |
| 秋季 | 6.68 | 3.66 | 11.9 | 5.59 | 2.52 | 2.88 | 2.88 | 3.66 | 5.54 | 9.66 | 8.97 | 4.26 | 4.58 | 2.88 | 2.47 | 4.26 | 17.58 |
| 冬季 | 7.96 | 6.25 | 9.31 | 6.2 | 3.01 | 2.82 | 3.8 | 3.33 | 4.21 | 6.16 | 5.93 | 4.12 | 4.72 | 5.88 | 5.88 | 7.08 | 13.33 |
| 全年 | 8.14 | 6.95 | 7.51 | 4.75 | 2.41 | 2.41 | 3.07 | 4.68 | 8.11 | 11.36 | 10.57 | 4.36 | 3.5 | 3.04 | 2.83 | 4.44 | 11.87 |

表 5.1-3　规划区域 2018 年及各月各季平均风速 / ( m·s$^{-1}$ )

| 月份 | N | NNE | NE | ENE | E | ESE | SE | SSE | S | SSW | SW | WSW | W | WNW | NW | NNW | 平均 |
|---|---|---|---|---|---|---|---|---|---|---|---|---|---|---|---|---|---|
| 1 | 3.24 | 2.72 | 2.56 | 1.55 | 1.39 | 1.79 | 1.90 | 1.81 | 1.84 | 1.92 | 2.14 | 2.15 | 2.33 | 3.00 | 2.81 | 3.12 | 2.01 |
| 2 | 3.68 | 4.31 | 3.11 | 2.47 | 1.72 | 1.76 | 2.04 | 2.25 | 2.60 | 3.76 | 3.23 | 3.17 | 2.15 | 1.62 | 2.51 | 2.26 | 2.92 |
| 3 | 5.16 | 5.13 | 3.20 | 3.34 | 1.45 | 2.23 | 2.54 | 2.90 | 3.45 | 3.27 | 4.68 | 3.12 | 3.08 | 3.77 | 4.25 | 4.56 | 3.74 |
| 4 | 5.70 | 5.56 | 3.54 | 2.97 | 2.85 | 2.80 | 2.58 | 2.61 | 3.19 | 3.85 | 5.16 | 5.35 | 3.50 | 3.07 | 3.88 | 4.51 | 4.06 |
| 5 | 3.80 | 4.50 | 3.20 | 2.85 | 2.07 | 2.25 | 2.67 | 3.29 | 3.78 | 3.66 | 5.47 | 5.42 | 4.67 | 4.92 | 5.68 | 5.60 | 4.08 |
| 6 | 1.89 | 4.82 | 3.91 | 3.82 | 2.58 | 2.64 | 2.24 | 2.64 | 3.20 | 3.79 | 3.97 | 3.61 | 3.44 | 1.90 | 2.96 | 1.57 | 3.30 |
| 7 | 3.17 | 2.95 | 2.89 | 1.97 | 1.84 | 1.84 | 2.17 | 2.24 | 2.34 | 2.91 | 2.98 | 3.02 | 2.63 | 2.28 | 2.54 | 2.28 | 2.48 |
| 8 | 2.27 | 3.29 | 2.75 | 2.26 | 1.52 | 1.82 | 1.89 | 1.80 | 2.08 | 2.24 | 2.53 | 2.52 | 2.66 | 3.13 | 2.73 | 2.23 | 2.28 |
| 9 | 3.73 | 3.64 | 2.98 | 2.01 | 1.45 | 2.15 | 2.18 | 2.21 | 2.86 | 3.63 | 4.94 | 3.19 | 3.75 | 2.05 | 3.21 | 3.63 | 2.96 |
| 10 | 3.71 | 3.33 | 1.86 | 1.78 | 1.58 | 2.43 | 2.50 | 2.34 | 2.65 | 3.43 | 3.99 | 3.45 | 3.34 | 4.88 | 4.44 | 4.16 | 3.01 |
| 11 | 4.92 | 4.69 | 3.25 | 2.51 | 1.55 | 1.97 | 1.87 | 2.55 | 2.60 | 2.43 | 4.25 | 3.24 | 2.27 | 1.56 | 3.26 | 3.32 | 3.33 |
| 12 | 3.39 | 3.53 | 2.40 | 2.07 | 1.75 | 1.99 | 2.06 | 1.68 | 2.54 | 2.54 | 2.19 | 2.36 | 2.65 | 2.92 | 3.31 | 3.43 | 2.54 |
| 春季 | 5.24 | 5.33 | 3.36 | 3.01 | 2.42 | 2.46 | 2.61 | 2.97 | 3.49 | 3.62 | 5.19 | 4.78 | 3.56 | 3.89 | 4.56 | 4.73 | 3.96 |
| 夏季 | 2.42 | 3.65 | 3.20 | 2.83 | 2.03 | 2.03 | 2.09 | 2.25 | 2.62 | 3.14 | 3.13 | 3.10 | 2.82 | 2.64 | 2.74 | 2.07 | 2.68 |
| 秋季 | 4.28 | 4.16 | 3.07 | 2.28 | 1.51 | 2.22 | 2.26 | 2.34 | 2.70 | 3.30 | 4.30 | 3.34 | 3.29 | 3.57 | 3.78 | 3.64 | 3.10 |
| 冬季 | 3.52 | 3.73 | 2.74 | 2.14 | 1.64 | 1.85 | 1.97 | 1.88 | 2.27 | 2.90 | 2.45 | 2.51 | 2.45 | 2.75 | 3.10 | 2.99 | 2.48 |
| 全年 | 4.14 | 4.14 | 3.05 | 2.47 | 1.86 | 2.09 | 2.17 | 2.33 | 2.84 | 3.28 | 3.94 | 3.71 | 3.09 | 3.38 | 3.76 | 3.77 | 3.06 |

表 5.1-3　规划区域 2018 年及各月各季平均风速 / ( m·s$^{-1}$ )

| 年、季 | 时 | | | | | | | | | | | |
|---|---|---|---|---|---|---|---|---|---|---|---|---|
| | 1 | 2 | 3 | 4 | 5 | 6 | 7 | 8 | 9 | 10 | 11 | 12 |
| 春季 | 2.79 | 2.88 | 2.92 | 2.87 | 2.86 | 3.01 | 3.21 | 3.84 | 4.36 | 4.80 | 5.19 | 5.60 |
| 夏季 | 2.02 | 1.85 | 1.99 | 1.99 | 1.94 | 1.90 | 2.33 | 2.67 | 2.96 | 3.17 | 3.37 | 3.52 |
| 秋季 | 2.45 | 2.59 | 2.57 | 2.65 | 2.69 | 2.82 | 2.83 | 2.95 | 3.32 | 3.68 | 3.98 | 4.21 |
| 冬季 | 2.00 | 2.15 | 1.91 | 2.20 | 2.24 | 2.16 | 2.19 | 2.22 | 2.30 | 2.52 | 2.99 | 3.21 |
| 全年 | 2.32 | 2.37 | 2.35 | 2.43 | 2.43 | 2.47 | 2.64 | 2.93 | 3.24 | 3.55 | 3.88 | 4.14 |
| 年、季 | 时 | | | | | | | | | | | |
| | 13 | 14 | 15 | 16 | 17 | 18 | 19 | 20 | 21 | 22 | 23 | 24 |
| 春季 | 5.92 | 5.85 | 5.84 | 5.60 | 5.08 | 4.36 | 3.60 | 3.03 | 2.87 | 2.93 | 2.78 | 2.82 |
| 夏季 | 3.41 | 3.62 | 3.74 | 3.57 | 3.28 | 3.04 | 2.67 | 2.49 | 2.36 | 2.30 | 2.11 | 2.08 |
| 秋季 | 4.32 | 4.39 | 4.34 | 3.77 | 3.07 | 2.64 | 2.47 | 2.63 | 2.59 | 2.57 | 2.42 | 2.42 |
| 冬季 | 3.39 | 3.56 | 3.39 | 2.96 | 2.41 | 2.24 | 2.27 | 2.29 | 2.34 | 2.26 | 2.17 | 2.05 |
| 全年 | 4.26 | 4.36 | 4.33 | 3.98 | 3.47 | 3.08 | 2.76 | 2.61 | 2.54 | 2.52 | 2.37 | 2.34 |

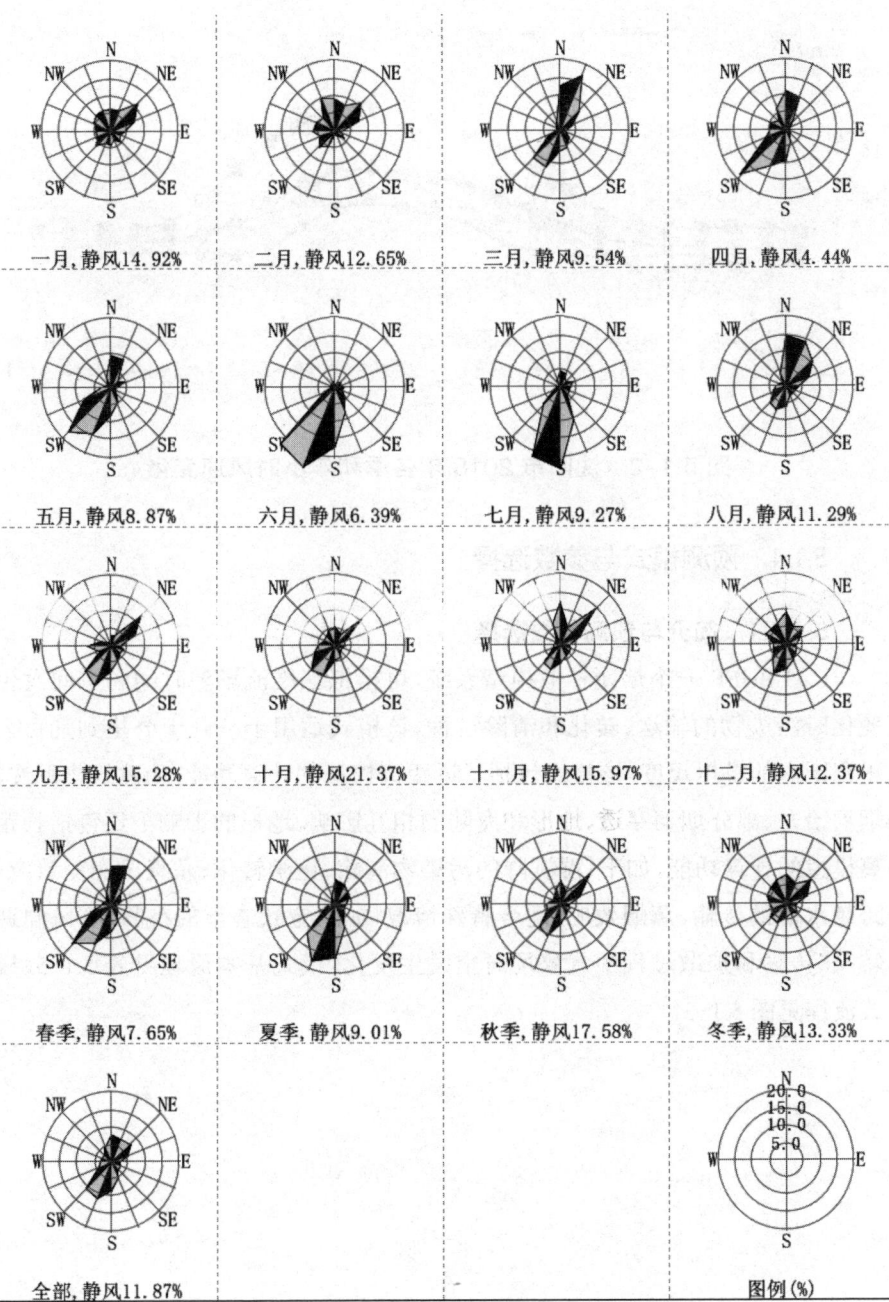

图 5.1-1　沈阳市 2018 年及各月风玫瑰图

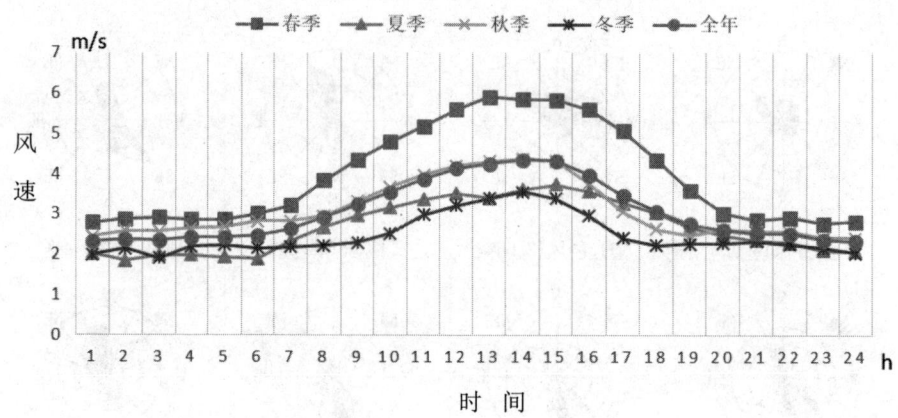

图 5.1-2 沈阳市 2018 年各季和年小时风速变化

### 5.1.4 预测模式与参数选择

#### 5.1.4.1 简介与预测参数选择

CALPUFF 一个烟团扩散模型系统,可模拟三维流场随时间和空间发生变化时污染物的输送、转化和清除过程。该模式适用于从几十公里到几百公里范围内的模拟尺度。该模式包括了近距离模拟的计算功能,如建筑物下洗、烟羽抬升、部分烟羽穿透、地形和海陆的相互影响、地形的影响;还包括长距离模拟的计算功能,如干、湿沉降的污染物清除、化学转化、垂直风切变效应、跨越水面的传输、熏烟效应。适合特殊情况,如稳定状态下的小静风、风向逆转,在传输和扩散过程中气象场时空发生变化,模式基本原理见表 5.1-5,模式流程见图 5.1-3。

表 5.1-5　CALPUFF 模式运算的基本原理

| 浓度场模式 | 烟团处理方法 | 利用取样函数方法对烟团的空间轨迹、浓度分布进行描述；烟团分裂 |
|---|---|---|
| | 扩散参数 | 近地层：$\sigma_v = u_* [4 + 0.6(-h/L)^{2/3}]^{1/2}$<br>$\sigma_w = u_* [1.6 + 2.9(-h/L)^{2/3}]^{1/2}$<br>混合层：$\sigma_v = (3.6 u_*^2 + 0.35 w_*^2)^{1/2}$<br>$\sigma_w = (1.2 u_*^2 + 0.35 w_*^2)^{1/2}$<br>残留层：（略） |
| | 烟云抬升 | 基本公式：Briggs 抬升公式（浮力和动量抬升）；<br>考虑因素：稳定层结中部分烟云穿透，过渡烟云抬升 |
| | 干沉降 | 阻尼公式：$v_d = F / \chi_s$<br>气体：$v_d = (r_a + r_d + r_c)^{-1}$<br>颗粒物：$v_d = (r_a + r_d + r_a r_d v_g)^{-1} + v_g$<br>$r_a, r_d, r_c$ 分别为近地层、沉降层（准层流层）植被层的阻尼系数。$v_g$ 为重力沉降系数。 |
| | 湿清除 | $\chi_{t+dt} = \chi_t \exp[-\Lambda \Delta t] \quad \Lambda = \lambda(R/R_l)$ |

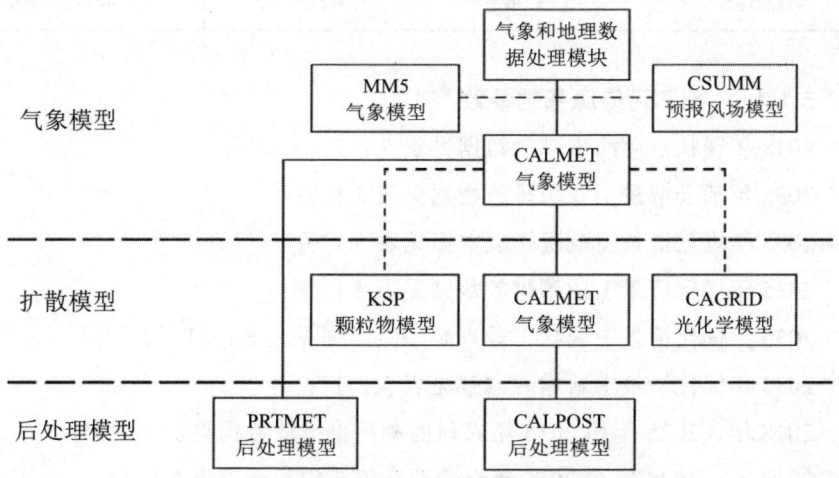

图 5.1-3　CALPUFF 模式运算的基本原理

#### 5.1.4.2 坐标与网格

本次评价预测中,坐标系统以评价范围中心为原点(0,0),正北方向为 $y$ 轴的正方向,正东为 $x$ 轴的正方向。环境空气影响预测计算范围的面积为 26km(东西向)×25km(南北向).在整个评价范围内,网格间距取 100m。

#### 5.1.4.3 地形参数

本次大气扩散模拟计算中,输入了地形数据。地形数据使用 SRTM3 90m 数据,下载地址:http://dds.cr.usgs.gov/srtm/version2_1/SRTM3/Eurasia/,每个文件是 1°×1° 格点内的数据。

#### 5.1.4.4 气象参数

本项目采用 CALPUFF 模式进行模拟,采用了沈阳市、新民市、辽阳市及铁岭市气象站的地面气象数据,高空数据采用中尺度数值模式 WRF 模拟得到的上述 4 个气象站的数据,本次模拟采用的 4 个气象站情况见表 5.1-6。

表 5.1-6 气象站点经纬度坐标

| 气象站 | 经度/(°)E | 纬度/(°)N | 站号 |
|---|---|---|---|
| 铁岭 | 123.86 | 42.30 | 54249 |
| 新民 | 122.80 | 41.98 | 54333 |
| 沈阳 | 123.45 | 41.73 | 54342 |
| 辽阳县 | 123.06 | 41.20 | 54345 |

#### 5.1.4.5 预测污染源基础参数

2018 年现状点源污染排放数据见表 5.1-7;

2035 年基准情景工业源排放数据见表 5.1-8;

2035 年规划情景工业源排放数据见表 5.1-9;

2035 年优化情景工业源排放数据见表 5.1-10;

2035 年优化情景中现状工业点源削减源强见表 5.1-11;

2035 年优化情景中新增源源强见表 5.1-12;

2018 年、2025 年和 2035 年农村面源污染排放数据见表 5.1-13;

2018 年、2025 年和 2035 年交通源污染排放数据见表 5.1-14。

### 表 5.1-7 现状工业源计算参数一览表

| 编号 | 污染源名称 | 中心坐标 经度/(°) E | 中心坐标 纬度/(°) N | 运行时数/h | 有组织 废气量/(Nm³·h⁻¹) | 有组织 SO₂/(kg·h⁻¹) | 有组织 NOₓ/(kg·h⁻¹) | 有组织 PM10/(kg·h⁻¹) | 有组织 VOCs/(kg·h⁻¹) | 无组织 SO₂/(kg·h⁻¹) | 无组织 NOₓ/(kg·h⁻¹) | 无组织 PM10/(kg·h⁻¹) | 无组织 VOCs/(kg·h⁻¹) | 运行规律 |
|---|---|---|---|---|---|---|---|---|---|---|---|---|---|---|
| 1 | 沈阳瑞达混凝土有限公司 | 123.200 040 | 41.700 730 | 4 800 | | | | 43.542 | | | | | | 全年,二班制 |
| 2 | 延锋彼欧(沈阳)汽车外饰系统有限公司 | 123.142 778 | 41.678 889 | 7 200 | 2 400 | 0.070 | 0.330 | | 12.714 | | | | | 全年,三班制 |
| 3 | 沈阳丰田纺织汽车部件有限公司 | 123.237 500 | 41.757 500 | 7 200 | 3 766 | | | 0.117 | | | | 0.117 | | 全年,三班制 |
| 4 | 本特勒汽车系统(沈阳)有限公司 | 123.160 556 | 41.669 722 | 7 200 | 140 | 0.004 | 0.019 | | | | | | | 全年,三班制 |
| 5 | 沈阳工业安装工程股份有限公司 | 123.197 500 | 41.704 167 | 2 400 | | | | | | | | | 0.256 | 全年,单班制 |
| 6 | 沈阳兴龙电控设备有限公司 | 123.236 944 | 41.712 778 | 2 400 | | | | | | | | | 0.001 | 全年,单班制 |
| 7 | 沈阳三江热力有限公司 | 123.229 167 | 41.710 556 | 3 020 | 56 589 | 1.907 | 4.146 | 6.532 | | | | | | 采暖季 |
| 8 | 沈阳东亿机械制造有限公司 | 123.258 889 | 41.748 889 | 4 800 | 22 000 | 1.190 | 0.257 | 0.998 | | | | | | 全年,二班制 |
| 9 | 沈阳市奥佳新型防水材料有限公司 | 123.232 222 | 41.718 056 | 4 800 | 1 400 | 0.032 | 0.127 | 0.013 | | | | | | 全年,二班制 |
| 10 | 施尔奇汽车系统(沈阳)有限公司 | 123.196 667 | 41.709 444 | 7 200 | 18 926 | 0.004 | 0.019 | 0.014 | | | | | | 全年,三班制 |

续表

| 编号 | 污染源名称 | 中心坐标 经度/(°) E | 中心坐标 纬度/(°) N | 运行时数/h | 有组织 废气量/(Nm³·h⁻¹) | 有组织 SO₂/(kg·h⁻¹) | 有组织 NOₓ/(kg·h⁻¹) | 有组织 PM10/(kg·h⁻¹) | 有组织 VOCs/(kg·h⁻¹) | 无组织 SO₂/(kg·h⁻¹) | 无组织 NOₓ/(kg·h⁻¹) | 无组织 PM10/(kg·h⁻¹) | 无组织 VOCs/(kg·h⁻¹) | 运行规律 |
|---|---|---|---|---|---|---|---|---|---|---|---|---|---|---|
| 11 | 中南建设（沈阳）建筑产业有限公司 | 123.222 222 | 41.713 889 | 4 800 | | | | | | | | 8.868 | | 全年，二班制 |
| 12 | 鹰革沃特华皮革（中国）有限公司沈阳分公司 | 123.196 111 | 41.712 222 | 2 400 | 19 | 0.006 | 0.027 | | | | | | 0.569 | 全年，单班制 |
| 13 | 沈阳佳佳防水卷材有限公司 | 123.223 611 | 41.718 611 | 4 800 | 64 | 0.021 | 0.088 | 0.036 | | | | | | 全年，二班制 |
| 14 | 海斯坦普汽车组件（沈阳）有限公司 | 123.143 056 | 41.675 000 | 7 200 | 121 847 | | | 10.117 | | | | 10.117 | | 全年，三班制 |
| 15 | 上西机械制造（沈阳）有限公司 | 123.243 611 | 41.710 556 | 4 800 | 592 | | | 0.014 | | | | | | 全年，二班制 |
| 16 | 沈阳华泰昌隆表面技术有限公司 | 123.241 111 | 41.719 444 | 7 200 | 14 | 0.001 | 0.003 | 0.020 | | | | | | 全年，三班制 |
| 17 | 沈阳广富塑钢门窗有限公司 | 123.238 611 | 41.703 889 | 2 400 | | | | | | | | 0.072 | | 全年，单班制 |
| 18 | 沈阳顺达重矿机械制造有限公司 | 123.123 889 | 41.660 278 | 2 400 | | | | | | | | 0.294 | | 全年，单班制 |
| 19 | 沈阳中能热力有限公司 | 123.155 556 | 41.690 278 | 3 020 | 55 354 | 4.806 | 9.473 | 2.126 | | | | | | 采暖季 |
| 20 | 沈阳嘉宝胶管有限公司 | 123.236 690 | 41.721 140 | 2 400 | | | | | | | | 0.612 | | 全年，单班制 |

续表

| 编号 | 污染源名称 | 中心坐标 | | 运行时数/h | 有组织 | | | | | 无组织 | | | | 运行规律 |
|---|---|---|---|---|---|---|---|---|---|---|---|---|---|---|
| | | 经度/(°)E | 纬度/(°)N | | 废气量/(Nm³·h⁻¹) | SO₂/(kg·h⁻¹) | NOₓ/(kg·h⁻¹) | PM10/(kg·h⁻¹) | VOCs/(kg·h⁻¹) | SO₂/(kg·h⁻¹) | NOₓ/(kg·h⁻¹) | PM10/(kg·h⁻¹) | VOCs/(kg·h⁻¹) | |
| 21 | 沈阳贝尔德混凝土有限公司 | 123.216 944 | 41.704 167 | 4 800 | 13 500 | | | 19.055 | | | | | | 全年,二班制 |
| 22 | 沈阳正达金属制品厂 | 123.241 111 | 41.721 667 | 2 400 | | | | | | | | | 0.002 | 全年,单班制 |
| 23 | 沈阳澳深冲压焊接制品有限公司 | 123.211 944 | 41.708 611 | 2 400 | | | | | | | | | 0.038 | 全年,单班制 |
| 24 | 沈阳市于洪区文勇家具厂 | 123.186 389 | 41.710 278 | 2 400 | | | | | | | | | 0.037 | 全年,单班制 |
| 25 | 沈阳全利达电线电缆有限公司 | 123.240 000 | 41.724 167 | 2 400 | | | | | | | | | 0.040 | 全年,单班制 |
| 26 | 华晨宝马汽车有限公司 | 123.153 889 | 41.683 611 | 7 200 | 81 614 | 0.388 | 2.264 | 0.044 | 31.333 | | | | | 全年,三班制 |
| 27 | 沈阳东荣机械有限公司 | 123.243 611 | 41.716 111 | 2 400 | | | | | | | | 0.210 | | 全年,单班制 |
| 28 | 沈阳凯泉石化泵有限公司 | 123.256 111 | 41.721 389 | 4 800 | | | | | | | | | 0.395 | 全年,二班制 |
| 29 | 沈阳三丰橡胶有限公司 | 123.243 611 | 41.710 833 | 2 400 | 33 | 0.010 | 0.046 | 0.119 | | | | | | 全年,单班制 |
| 30 | 沈阳隆兆家具有限公司 | 123.250 590 | 41.714 970 | 2 400 | 208 | 1.133 | 0.245 | 0.844 | | | | | | 全年,二班制 |

续表

| 编号 | 污染源名称 | 中心坐标 | | 运行时数/h | 有组织 | | | | 无组织 | | | | 运行规律 |
|---|---|---|---|---|---|---|---|---|---|---|---|---|---|
| | | 经度/(°)E | 纬度/(°)N | | 废气量/(Nm³·h⁻¹) | SO₂/(kg·h⁻¹) | NOₓ/(kg·h⁻¹) | PM10/(kg·h⁻¹) | VOCs/(kg·h⁻¹) | SO₂/(kg·h⁻¹) | NOₓ/(kg·h⁻¹) | PM10/(kg·h⁻¹) | VOCs/(kg·h⁻¹) | |
| 31 | 辽宁瑞丰混凝土有限公司 | 123.193 056 | 41.698 056 | 4 800 | | | | | | | | 12.453 | | 全年,二班制 |
| 32 | 沈阳祥顺市政工程材料有限公司 | 123.243 889 | 41.719 722 | 4 800 | 222 | 0.065 | 0.305 | 1.299 | | | | | | 全年,二班制 |
| 33 | 沈阳市珍艺彩色包装制品厂 | 123.229 167 | 41.709 167 | 4 800 | 17 | 0.007 | 0.032 | | 5.208 | | | | | 全年,二班制 |
| 34 | 沈阳三新实业有限公司 | 123.187 222 | 41.751 389 | 4 800 | | | | | | | | 1.250 | | 全年,二班制 |
| 35 | 沈阳合福橡胶制品有限公司 | 123.231 667 | 41.714 167 | 2 400 | | | | | | | | | 0.008 | 全年,单班制 |
| 36 | 沈阳天泰有色金属材料有限公司 | 123.243 556 | 41.721 234 | 2 400 | 33 | 0.060 | | 0.051 | | | | 0.051 | | 全年,单班制 |
| 37 | 沈阳富田家具工业有限公司 | 123.243 600 | 41.710 000 | 4 800 | | | | | | | | 0.007 | 0.030 | 全年,二班制 |
| 38 | 沈阳新歌特塑胶有限公司 | 123.262 267 | 41.714 186 | 4 800 | | | | | | | | | 0.051 | 全年,二班制 |
| 39 | 沈阳重型冶矿机械制造有限公司 | 123.258 405 | 41.715 916 | 4 800 | | | | | | | | | | 全年,二班制 |
| 40 | 沈阳泰合冶金测控技术有限公司 | 123.252 997 | 41.713 418 | 4 800 | | | | | | | | 0.012 | | 全年,二班制 |

续表

| 编号 | 污染源名称 | 中心坐标 | | 运行时数/h | 有组织 | | | | | 无组织 | | | | 运行规律 |
|---|---|---|---|---|---|---|---|---|---|---|---|---|---|---|
| | | 经度/(°)E | 纬度/(°)N | | 废气量/(Nm³·h⁻¹) | SO₂/(kg·h⁻¹) | NO$_x$/(kg·h⁻¹) | PM10/(kg·h⁻¹) | VOCs/(kg·h⁻¹) | SO₂/(kg·h⁻¹) | NO$_x$/(kg·h⁻¹) | PM10/(kg·h⁻¹) | VOCs/(kg·h⁻¹) | |
| 41 | 沈阳通运电力设备有限公司 | 123.265 400 | 41.716 845 | 4 800 | | | | | | | | 0.259 | | 全年，二班制 |
| 42 | 沈阳彼尔纳汽车零部件有限公司 | 123.148 889 | 41.686 389 | 4 800 | | | | | | | | 6.300 | | 全年，二班制 |
| 43 | 沈阳施博达仪器仪表有限公司 | 123.253 684 | 41.714 282 | 2 400 | | | | | | | | 0.029 | | 全年，单班制 |
| 44 | 沈阳瑞丰科技有限公司 | 123.283 611 | 41.718 611 | 2 400 | | | | | | | | 0.144 | | 全年，单班制 |
| 45 | 沈阳德美建筑系统技术有限公司 | 123.244 758 | 41.721 874 | 2 400 | | | | | | | | 0.125 | | 全年，单班制 |
| 46 | 沈阳韩进食品有限公司 | 123.236 346 | 41.723 748 | 2 400 | | | | | | | | 0.115 | | 全年，单班制 |
| 47 | 沈阳市王玉汽车部件厂 | 123.216 949 | 41.715 372 | 2 400 | 8 | 0.008 | 0.025 | | | | | | | 全年，单班制 |
| 48 | 沈阳兴华航空电器有限责任公司 | 123.199 722 | 41.765 556 | 2 400 | | | | | | | | 0.492 | | 全年，单班制 |
| 49 | 沈阳吉诺尔装饰材料有限公司 | 123.233 600 | 41.719 760 | 4 800 | 21 | 0.002 | | 0.321 | | | | 0.320 | | 全年，二班制 |
| 50 | 慕贝尔汽车部件(沈阳)有限公司 | 123.140 000 | 41.673 889 | 4 800 | 2 363 | 0.064 | 0.404 | | 1.027 | | | | | 全年，二班制 |

续表

| 编号 | 污染源名称 | 中心坐标 | | 运行时数/h | 废气量/(Nm³·h⁻¹) | 有组织 | | | | 无组织 | | | | 运行规律 |
|---|---|---|---|---|---|---|---|---|---|---|---|---|---|---|
| | | 经度/(°)E | 纬度/(°)N | | | SO₂/(kg·h⁻¹) | NOₓ/(kg·h⁻¹) | PM10/(kg·h⁻¹) | VOCs/(kg·h⁻¹) | SO₂/(kg·h⁻¹) | NOₓ/(kg·h⁻¹) | PM10/(kg·h⁻¹) | VOCs/(kg·h⁻¹) | |
| 51 | 沈阳沃德喜工业材料有限公司 | 123.231 667 | 41.714 167 | 4 800 | 13 | 0.070 | 0.005 | 0.003 | 0.109 | | | | | 全年,二班制 |
| 52 | 沈阳银海橡胶制品有限责任公司 | 123.246 560 | 41.710 823 | 4 800 | 21 | | 0.003 | 0.020 | 0.123 | | | | | 全年,二班制 |
| 53 | 沈阳麟沣建材有限公司 | 123.227 119 | 41.714 699 | 2 400 | 83 | 0.020 | 0.156 | | | | | | | 全年,单班制 |
| 54 | 佩尔哲汽车内饰系统(太仓)有限公司沈阳分公司 | 123.196 111 | 41.711 111 | 4 800 | 240 | 0.003 | 0.018 | | 0.024 | | | | | 全年,二班制 |
| 55 | 沈阳市隆利包装制品有限公司 | 123.235 531 | 41.706 722 | 4 800 | 42 | 0.010 | 0.149 | | | | | | | 全年,二班制 |
| 56 | 沈阳好富德食品有限公司 | 123.227 420 | 41.719 824 | 4 800 | 21 | 0.004 | 0.026 | | | | | | | 全年,二班制 |
| 57 | 沈阳市政集团沥青制品有限公司 | 123.680 000 | 41.768 333 | 4 800 | 288 | 0.084 | 0.395 | | | | | | | 全年,二班制 |

## 表 5.1-8　2035 年基准情景工业源计算参数一览表

| 序号 | 单位名称 | 中心坐标 经度 /(°)E | 中心坐标 纬度 /(°)N | 运行时数 /h | 有组织 废气量 /(Nm³·h⁻¹) | 有组织 SO₂ /(kg·h⁻¹) | 有组织 NOₓ /(kg·h⁻¹) | 有组织 PM10 /(kg·h⁻¹) | 有组织 VOCs /(kg·h⁻¹) | 无组织 SO₂ /(kg·h⁻¹) | 无组织 NOₓ /(kg·h⁻¹) | 无组织 PM10 /(kg·h⁻¹) | 无组织 VOCs /(kg·h⁻¹) | 运行规律 |
|---|---|---|---|---|---|---|---|---|---|---|---|---|---|---|
| 2 | 延锋彼欧（沈阳）汽车外饰系统有限公司 | 123.142 778 | 41.678 889 | 7 200 | 2 400 | 0.070 | 0.330 | | 2.958 | | | | | 全年，三班制 |
| 3 | 沈阳丰田纺织汽车部件有限公司 | 123.237 500 | 41.757 500 | 7 200 | 3 766 | | | | 0.117 | | | | 0.117 | 全年，三班制 |
| 4 | 本特勒汽车系统（沈阳）有限公司 | 123.160 556 | 41.669 722 | 7 200 | 140 | 0.004 | 0.019 | | | | | | | 全年，三班制 |
| 5 | 沈阳工业安装工程股份有限公司 | 123.197 500 | 41.704 167 | 2 400 | | | | | | | | | 0.256 | 全年，单班制 |
| 7 | 沈阳三江热力有限公司 | 123.229 167 | 41.710 556 | 3 020 | 112 881 | 7.616 | 8.311 | 4.934 | | | | | | 采暖季 |
| 10 | 施尔奇汽车系统（沈阳）有限公司 | 123.196 667 | 41.709 444 | 7 200 | 18 926 | 0.004 | 0.019 | 0.014 | | | | | | 全年，三班制 |
| 12 | 鹰革沃特华皮革（中国）有限公司沈阳分公司 | 123.196 111 | 41.712 222 | 2 400 | 19 | 0.006 | 0.027 | | | | | | 0.569 | 全年，单班制 |
| 14 | 海斯坦普汽车组件（沈阳）有限公司 | 123.143 056 | 41.675 000 | 7 200 | 121 847 | | | 2.529 | | | | 2.529 | | 全年，三班制 |
| 16 | 沈阳华泰昌隆表面技术有限公司 | 123.241 111 | 41.719 444 | 7 200 | 14 | 0.001 | 0.003 | 0.020 | | | | | | 全年，三班制 |

续表

| 序号 | 单位名称 | 中心坐标 | | 运行时数 /h | 有组织 | | | | | 无组织 | | | | 运行规律 |
| --- | --- | --- | --- | --- | --- | --- | --- | --- | --- | --- | --- | --- | --- | --- |
| | | 经度 /(°)E | 纬度 /(°)N | | 废气量 /(Nm³·h⁻¹) | SO₂ /(kg·h⁻¹) | NOₓ /(kg·h⁻¹) | PM10 /(kg·h⁻¹) | VOCs /(kg·h⁻¹) | SO₂ /(kg·h⁻¹) | NOₓ /(kg·h⁻¹) | PM10 /(kg·h⁻¹) | VOCs /(kg·h⁻¹) | |
| 18 | 沈阳顺达重矿机械制造有限公司 | 123.123 889 | 41.660 278 | 2 400 | | | | | | | | 0.294 | | 全年,单班制 |
| 19 | 沈阳中能热力有限公司 | 123.155 556 | 41.690 278 | 3 020 | 536 737 | 34.503 | 40.662 | 4.967 | | | | | | 采暖季 |
| 26 | 华晨宝马汽车有限公司 | 123.153 889 | 41.683 611 | 7 200 | 81 614 | 0.388 | 2.111 | 0.044 | 4.653 | | | | | 全年,三班制 |
| 27 | 沈阳东荣机械有限公司 | 123.243 611 | 41.716 111 | 2 400 | | | | | | | | 0.210 | | 全年,单班制 |
| 34 | 沈阳三新实业有限公司 | 123.187 222 | 41.751 389 | 4 800 | | | | | | | | 1.250 | | 全年,二班制 |
| 36 | 沈阳天泰有色金属材料有限公司 | 123.243 556 | 41.721 234 | 2 400 | 33 | 0.060 | | 0.051 | | | | 0.051 | | 全年,单班制 |
| 42 | 沈阳彼尔纳汽车零部件有限公司 | 123.148 889 | 41.686 389 | 4 800 | | | | | | | | 1.729 | | 全年,二班制 |
| 44 | 沈阳瑞丰科技有限公司 | 123.283 611 | 41.718 611 | 2 400 | | | | | | | | 0.144 | | 全年,单班制 |
| 45 | 沈阳德美建筑系统技术有限公司 | 123.244 758 | 41.721 874 | 2 400 | | | | | | | | 0.125 | | 全年,单班制 |
| 48 | 沈阳兴华航空电器有限责任公司 | 123.199 722 | 41.765 556 | 2 400 | | | | | | | | 0.492 | | 全年,单班制 |

续表

| 序号 | 单位名称 | 中心坐标 | | 运行时数 /h | 有组织 | | | | | 无组织 | | | | 运行规律 |
|---|---|---|---|---|---|---|---|---|---|---|---|---|---|---|
| | | 经度 /(°)E | 纬度 /(°)N | | 废气量 /(Nm³·h⁻¹) | SO₂ /(kg·h⁻¹) | NOₓ /(kg·h⁻¹) | PM10 /(kg·h⁻¹) | VOCs /(kg·h⁻¹) | SO₂ /(kg·h⁻¹) | NOₓ /(kg·h⁻¹) | PM10 /(kg·h⁻¹) | VOCs /(kg·h⁻¹) | |
| 50 | 慕贝尔汽车部件(沈阳)有限公司 | 123.140 000 | 41.673 889 | 4 800 | 2 363 | 0.064 | 0.404 | | 0.513 | | | | | 全年,二班制 |
| 54 | 佩尔哲汽车内饰系统(太仓)有限公司沈阳分公司 | 123.196 111 | 41.711 111 | 4 800 | 240 | 0.003 | 0.018 | | 0.024 | | | | | 全年,二班制 |
| 57 | 沈阳市政集团沥青制品有限公司 | 123.680 000 | 41.768 333 | 4 800 | 288 | 0.084 | 0.188 | | | | | | | 全年,二班制 |
| 58 | 战略新兴产业区 | 123.200 898 | 41.712 328 | 4 800 | 166 667 | 0.625 | 3.521 | 1.458 | 0.771 | | | | | 全年,二班制 |
| 59 | 高端装备制造区 | 123.196 220 | 41.682 368 | 1 800 | 444 444 | 1.667 | 9.444 | 4.444 | 2.333 | | | | | 全年,二班制 |
| 60 | 宝马第三工厂 | 123.146 996 | 41.663 743 | 7 200 | 81 614 | 0.388 | 2.111 | 0.111 | 4.653 | | | | | 全年,三班制 |
| 61 | 汽车零部件集中区(宝马西) | 123.143 056 | 41.675 000 | 7 200 | 121 847 | 0.403 | 2.361 | 0.936 | 0.153 | | | | | 全年,三班制 |
| 62 | 汽车零部件集中区(宝马南) | 123.142 778 | 41.678 889 | 7 200 | 4 861 | 0.139 | 0.325 | 0.417 | 0.167 | | | | | 全年,三班制 |

表 5.1-9　2035 年优化情景工业源计算参数一览表

| 序号 | 单位名称 | 中心坐标 经度/(°)E | 中心坐标 纬度/(°)N | 运行时数/h | 有组织 废气量/(Nm³·h⁻¹) | 有组织 SO₂/(kg·h⁻¹) | 有组织 NOₓ/(kg·h⁻¹) | 有组织 PM10/(kg·h⁻¹) | 有组织 VOCs/(kg·h⁻¹) | 无组织 SO₂/(kg·h⁻¹) | 无组织 NOₓ/(kg·h⁻¹) | 无组织 PM10/(kg·h⁻¹) | 无组织 VOCs/(kg·h⁻¹) | 运行规律 |
|---|---|---|---|---|---|---|---|---|---|---|---|---|---|---|
| 2 | 延锋彼欧（沈阳）汽车外饰系统有限公司 | 123.142 778 | 41.678 889 | 7 200 | 2 400 | 0.070 | 0.330 | | 2.958 | | | | | 全年，三班制 |
| 3 | 沈阳丰田纺织汽车部件有限公司 | 123.237 500 | 41.757 500 | 7 200 | 3 766 | | | | 0.117 | | | | 0.117 | 全年，三班制 |
| 4 | 本特勒汽车系统（沈阳）有限公司 | 123.160 556 | 41.669 722 | 7 200 | 140 | 0.004 | 0.019 | | | | | | | 全年，三班制 |
| 5 | 沈阳工业安装工程股份有限公司 | 123.197 500 | 41.704 167 | 2 400 | | | | | | | | | 0.256 | 全年，单班制 |
| 7 | 沈阳三江热力有限公司 | 123.229 167 | 41.710 556 | 3 020 | 112 881 | 7.616 | 8.311 | 4.934 | | | | | | 采暖季 |
| 10 | 施尔奇汽车系统（沈阳）有限公司 | 123.196 667 | 41.709 444 | 7 200 | 18 926 | 0.004 | 0.019 | 0.014 | | | | | | 全年，三班制 |
| 12 | 鹰革沃特华皮革（中国）有限公司沈阳分公司 | 123.196 111 | 41.712 222 | 2 400 | 19 | 0.006 | 0.027 | | | | | | 0.569 | 全年，单班制 |
| 14 | 海斯坦普汽车组件（沈阳）有限公司 | 123.143 056 | 41.675 000 | 7 200 | 121 847 | | | 2.529 | | | | 2.529 | | 全年，三班制 |
| 16 | 沈阳华泰昌隆表面技术有限公司 | 123.241 111 | 41.719 444 | 7 200 | 14 | 0.001 | 0.003 | 0.020 | | | | | | 全年，三班制 |

续表

| 序号 | 单位名称 | 中心坐标 | | 运行时数/h | 有组织 | | | | | 无组织 | | | | 运行规律 |
|---|---|---|---|---|---|---|---|---|---|---|---|---|---|---|
| | | 经度/(°)E | 纬度/(°)N | | 废气量/(Nm³·h⁻¹) | SO₂/(kg·h⁻¹) | NOₓ/(kg·h⁻¹) | PM10/(kg·h⁻¹) | VOCs/(kg·h⁻¹) | SO₂/(kg·h⁻¹) | NOₓ/(kg·h⁻¹) | PM10/(kg·h⁻¹) | VOCs/(kg·h⁻¹) | |
| 18 | 沈阳顺达重矿机械制造有限公司 | 123.123 889 | 41.660 278 | 2 400 | | | | | | | | 0.294 | | 全年,单班制 |
| 19 | 沈阳中能热力有限公司 | 123.155 556 | 41.690 278 | 3 020 | 536 737 | 34.503 | 40.662 | 4.967 | | | | | | 采暖季 |
| 26 | 华晨宝马汽车有限公司 | 123.153 889 | 41.683 611 | 7 200 | 81 614 | 0.388 | 2.111 | 0.044 | 4.653 | | | | | 全年,三班制 |
| 27 | 沈阳东荣机械有限公司 | 123.243 611 | 41.716 111 | 2 400 | | | | | | | | 0.210 | | 全年,单班制 |
| 34 | 沈阳三新实业有限公司 | 123.187 222 | 41.751 389 | 4 800 | | | | | | | | 1.250 | | 全年,二班制 |
| 36 | 沈阳天泰有色金属材料有限公司 | 123.243 556 | 41.721 234 | 2 400 | 33 | 0.060 | | 0.051 | | | | 0.051 | | 全年,单班制 |
| 42 | 沈阳彼尔纳汽车零部件有限公司 | 123.148 889 | 41.686 389 | 4 800 | | | | | | | | 1.729 | | 全年,二班制 |
| 44 | 沈阳瑞丰科技有限公司 | 123.283 611 | 41.718 611 | 2 400 | | | | | | | | 0.144 | | 全年,单班制 |
| 45 | 沈阳德美建筑系统技术有限公司 | 123.244 758 | 41.721 874 | 2 400 | | | | | | | | 0.125 | | 全年,单班制 |
| 48 | 沈阳兴华航空电器有限责任公司 | 123.199 722 | 41.765 556 | 2 400 | | | | | | | | 0.492 | | 全年,单班制 |

续表

| 序号 | 单位名称 | 中心坐标 | | 运行时数/h | 有组织 | | | | | 无组织 | | | | 运行规律 |
|---|---|---|---|---|---|---|---|---|---|---|---|---|---|---|
| | | 经度/(°)E | 纬度/(°)N | | 废气量/(Nm³·h⁻¹) | SO₂/(kg·h⁻¹) | NOₓ/(kg·h⁻¹) | PM10/(kg·h⁻¹) | VOCs/(kg·h⁻¹) | SO₂/(kg·h⁻¹) | NOₓ/(kg·h⁻¹) | PM10/(kg·h⁻¹) | VOCs/(kg·h⁻¹) | |
| 50 | 慕贝尔汽车部件(沈阳)有限公司 | 123.140 000 | 41.673 889 | 4 800 | 2 363 | 0.064 | 0.404 | | 0.513 | | | | | 全年,二班制 |
| 54 | 佩尔哲汽车内饰系统(太仓)有限公司沈阳分公司 | 123.196 111 | 41.711 111 | 4 800 | 240 | 0.003 | 0.018 | | 0.024 | | | | | 全年,二班制 |
| 57 | 沈阳市政集团沥青制品有限公司 | 123.680 000 | 41.768 333 | 4 800 | 288 | 0.084 | 0.188 | | | | | | | 全年,二班制 |
| 58 | 战略新兴产业区 | 123.200 898 | 41.712 328 | 4 800 | 166 667 | 0.625 | 3.521 | 1.458 | 0.771 | | | | | 全年,二班制 |
| 59 | 高端装备制造区 | 123.196 220 | 41.682 368 | 1 800 | 444 444 | 1.667 | 9.444 | 4.444 | 2.333 | | | | | 全年,二班制 |
| 60 | 宝马第三工厂 | 123.146 996 | 41.663 743 | 7 200 | 81 614 | 0.388 | 2.111 | 0.111 | 4.653 | | | | | 全年,三班制 |
| 61 | 汽车零部件集中区(宝马西) | 123.143 056 | 41.675 000 | 7 200 | 121 847 | 0.403 | 2.361 | 0.936 | 0.583 | | | | | 全年,三班制 |
| 62 | 汽车零部件集中区(宝马南) | 123.142 778 | 41.678 889 | 7 200 | 4 861 | 0.139 | 0.325 | 0.417 | 0.847 | | | | | 全年,三班制 |

## 表 5.1-10　2035 年优化情景工业源计算参数一览表

| 编号 | 单位名称 | 中心坐标 经度/(°)E | 中心坐标 纬度/(°)N | 运行时数/h | 有组织 废气量/(Nm³·h⁻¹) | 有组织 SO₂/(kg·h⁻¹) | 有组织 NOₓ/(kg·h⁻¹) | 有组织 PM10/(kg·h⁻¹) | 有组织 VOCs/(kg·h⁻¹) | 无组织 SO₂/(kg·h⁻¹) | 无组织 NOₓ/(kg·h⁻¹) | 无组织 PM10/(kg·h⁻¹) | 无组织 VOCs/(kg·h⁻¹) | 运行规律 |
|---|---|---|---|---|---|---|---|---|---|---|---|---|---|---|
| 2 | 延锋彼欧（沈阳）汽车外饰系统有限公司 | 123.142 778 | 41.678 889 | 7 200 | 2 400 | 0.070 | 0.330 | | 2.858 | | | | | 全年，三班制 |
| 3 | 沈阳丰田纺织汽车部件有限公司 | 123.237 500 | 41.757 500 | 7 200 | 3 766 | | | 0.117 | | | | 0.117 | | 全年，三班制 |
| 4 | 本特勒汽车系统（沈阳）有限公司 | 123.160 556 | 41.669 722 | 7 200 | 140 | 0.004 | 0.019 | | | | | | | 全年，三班制 |
| 5 | 沈阳工业安装工程股份有限公司 | 123.197 500 | 41.704 167 | 2 400 | | | | | | | | | 0.256 | 全年，单班制 |
| 9 | 沈阳市奥佳新型防水材料有限公司 | 123.232 222 | 41.718 056 | 4 800 | 0 | 0.000 | 0.000 | 0.000 | | | | | | 全年，二班制 |
| 10 | 施尔奇汽车系统（沈阳）有限公司 | 123.196 667 | 41.709 444 | 7 200 | 18 926 | 0.004 | 0.019 | 0.014 | | | | | | 全年，三班制 |
| 12 | 鹰革沃特华皮革（中国）有限公司沈阳分公司 | 123.196 111 | 41.712 222 | 2 400 | 19 | 0.006 | 0.027 | | | | | | 0.569 | 全年，单班制 |
| 13 | 沈阳佳佳防水卷材有限公司 | 123.223 611 | 41.718 611 | 4 800 | 0 | 0.000 | 0.000 | 0.000 | | | | | | 全年，二班制 |
| 14 | 海斯坦普汽车组件（沈阳）有限公司 | 123.143 056 | 41.675 000 | 7 200 | 121 847 | | | 2.529 | | | | 2.529 | | 全年，三班制 |

续表

| 编号 | 单位名称 | 中心坐标 | | 运行时数/h | 有组织 | | | | | 无组织 | | | | 运行规律 |
|---|---|---|---|---|---|---|---|---|---|---|---|---|---|---|
| | | 经度/(°)E | 纬度/(°)N | | 废气量/(Nm³·h⁻¹) | SO₂/(kg·h⁻¹) | NOₓ/(kg·h⁻¹) | PM10/(kg·h⁻¹) | VOCs/(kg·h⁻¹) | SO₂/(kg·h⁻¹) | NOₓ/(kg·h⁻¹) | PM10/(kg·h⁻¹) | VOCs/(kg·h⁻¹) | |
| 16 | 沈阳华泰昌隆表面技术有限公司 | 123.241 111 | 41.719 444 | 7 200 | 14 | 0.001 | 0.003 | 0.020 | | | | | | 全年,三班制 |
| 18 | 沈阳顺达重矿机械制造有限公司 | 123.123 889 | 41.660 278 | 2 400 | | | | | | | | 0.294 | | 全年,单班制 |
| 19 | 沈阳中能热力有限公司 | 123.155 556 | 41.690 278 | 3 020 | 536 737 | 24.172 | 34.106 | 4.967 | | | | | | 采暖季 |
| 26 | 华晨宝马汽车有限公司 | 123.153 889 | 41.683 611 | 7 200 | 81 614 | 0.388 | 2.111 | 0.044 | 4.806 | | | | | 全年,三班制 |
| 27 | 沈阳东荣机械有限公司 | 123.243 611 | 41.716 111 | 2 400 | | | | | | | | 0.210 | | 全年,单班制 |
| 34 | 沈阳三新实业有限公司 | 123.187 222 | 41.751 389 | 4 800 | | | | | | | | 1.250 | | 全年,二班制 |
| 36 | 沈阳天泰有色金属材料有限公司 | 123.243 556 | 41.721 234 | 2 400 | 33 | 0.060 | | 0.051 | | | | 0.051 | | 全年,单班制 |
| 42 | 沈阳彼尔纳汽车零部件有限公司 | 123.148 889 | 41.686 389 | 4 800 | | | | | | | | 3.175 | | 全年,二班制 |
| 44 | 沈阳瑞丰科技有限公司 | 123.283 611 | 41.718 611 | 2 400 | | | | | | | | 0.144 | | 全年,单班制 |
| 45 | 沈阳德美建筑系统技术有限公司 | 123.244 758 | 41.721 874 | 2 400 | | | | | | | | 0.125 | | 全年,单班制 |

续表

| 编号 | 单位名称 | 中心坐标 | | 运行时数/h | 有组织 | | | | | 无组织 | | | | 运行规律 |
|---|---|---|---|---|---|---|---|---|---|---|---|---|---|---|
| | | 经度/(°)E | 纬度/(°)N | | 废气量/(Nm³·h⁻¹) | SO₂/(kg·h⁻¹) | NOₓ/(kg·h⁻¹) | PM10/(kg·h⁻¹) | VOCs/(kg·h⁻¹) | SO₂/(kg·h⁻¹) | NOₓ/(kg·h⁻¹) | PM10/(kg·h⁻¹) | VOCs/(kg·h⁻¹) | |
| 48 | 沈阳兴华航空电器有限责任公司 | 123.199 722 | 41.765 556 | 2 400 | | | | | | | | 0.492 | | 全年,单班制 |
| 50 | 慕贝尔汽车部件(沈阳)有限公司 | 123.140 000 | 41.673 889 | 4 800 | 2 363 | 0.064 | 0.404 | | 0.513 | | | | | 全年,二班制 |
| 54 | 佩尔哲汽车内饰系统(太仓)有限公司沈阳分公司 | 123.196 111 | 41.711 111 | 4 800 | 240 | 0.003 | 0.018 | | 0.024 | | | | | 全年,二班制 |
| 57 | 沈阳市政集团沥青制品有限公司 | 123.680 000 | 41.768 333 | 4 800 | 288 | 0.084 | 0.188 | | | | | | | 全年,二班制 |
| 58 | 战略新兴产业区 | 123.200 898 | 41.712 328 | 4 800 | 166 667 | 0.625 | 3.521 | 1.458 | 0.729 | | | | | 全年,二班制 |
| 59 | 高端装备制造区 | 123.196 220 | 41.682 368 | 4 800 | 444 444 | 1.667 | 9.444 | 4.444 | 2.222 | | | | | 全年,二班制 |
| 60 | 宝马铁西新厂 | 123.146 996 | 41.663 743 | 7 200 | 81 614 | 0.388 | 2.111 | 0.111 | 4.806 | | | | | 全年,三班制 |
| 61 | 汽车零部件集中区(宝马西) | 123.143 056 | 41.675 000 | 7 200 | 121 847 | 0.403 | 2.361 | 0.936 | 0.556 | | | | | 全年,三班制 |
| 62 | 汽车零部件集中区(宝马南) | 123.142 778 | 41.678 889 | 7 200 | 4 861 | 0.139 | 0.325 | 0.417 | 0.725 | | | | | 全年,三班制 |

表 5.1-11　2035 年优化情景中现状工业点源削减源强

| 序号 | 单位名称 | 中心坐标 | | 运行时数/h | 有组织 | | | | | 无组织 | | | | 运行规律 |
|---|---|---|---|---|---|---|---|---|---|---|---|---|---|---|
| | | 经度/(°)E | 纬度/(°)N | | 废气量/(Nm³·h⁻¹) | SO₂/(kg·h⁻¹) | NOₓ/(kg·h⁻¹) | PM10/(kg·h⁻¹) | VOCs/(kg·h⁻¹) | SO₂/(kg·h⁻¹) | NOₓ/(kg·h⁻¹) | PM10/(kg·h⁻¹) | VOCs/(kg·h⁻¹) | |
| 1 | 沈阳瑞达混凝土有限公司 | 123.200 040 | 41.700 730 | 4 800 | | | | | | | | 43.542 | | 全年,二班制 |
| 2 | 延锋彼欧（沈阳）汽车外饰系统有限公司 | 123.142 778 | 41.678 889 | 7 200 | 2 400 | | | | 9.856 | | | | | 全年,三班制 |
| 6 | 沈阳兴龙电控设备有限公司 | 123.236 944 | 41.712 778 | 2 400 | | | | | | | | | 0.001 | 全年,单班制 |
| 7 | 沈阳三江热力有限公司 | 123.229 167 | 41.710 556 | 3 020 | 56 589 | 1.907 | 4.146 | 6.532 | | | | | | 采暖季 |
| 8 | 沈阳东亿机械制造有限公司 | 123.258 889 | 41.748 889 | 4 800 | 22 000 | 1.190 | 0.257 | 0.998 | | | | | | 全年,二班制 |
| 9 | 沈阳市奥佳新型防水材料有限公司 | 123.232 222 | 41.718 056 | 4 800 | 1 400 | 0.032 | 0.127 | 0.013 | 0.053 | | | | | 全年,二班制 |
| 11 | 中南建设（沈阳）建筑产业有限公司 | 123.222 222 | 41.713 889 | 4 800 | | | | | | | | 8.868 | | 全年,二班制 |
| 13 | 沈阳佳佳防水卷材有限公司 | 123.223 611 | 41.718 611 | 4 800 | 64 | 0.021 | 0.088 | 0.036 | | | | | | 全年,二班制 |
| 14 | 海斯坦普汽车组件（沈阳）有限公司 | 123.143 056 | 41.675 000 | 7 200 | 121 847 | | | 7.588 | | | | | | 全年,三班制 |

续表

| 序号 | 单位名称 | 中心坐标 | | 运行时数/h | 有组织 | | | | | 无组织 | | | | 运行规律 |
|---|---|---|---|---|---|---|---|---|---|---|---|---|---|---|
| | | 经度/(°)E | 纬度/(°)N | | 废气量/(Nm³·h⁻¹) | SO₂/(kg·h⁻¹) | NOₓ/(kg·h⁻¹) | PM10/(kg·h⁻¹) | VOCs/(kg·h⁻¹) | SO₂/(kg·h⁻¹) | NOₓ/(kg·h⁻¹) | PM10/(kg·h⁻¹) | VOCs/(kg·h⁻¹) | |
| 15 | 上西机械制造（沈阳）有限公司 | 123.243 611 | 41.710 556 | 4 800 | 592 | | | 0.014 | | | | | | 全年，二班制 |
| 17 | 沈阳广富塑钢门窗有限公司 | 123.238 611 | 41.703 889 | 2 400 | | | | | | | | 0.072 | | 全年，单班制 |
| 19 | 沈阳中能热力有限公司 | 123.155 556 | 41.690 278 | 19 | 55 354 | 4.297 | 7.813 | 1.616 | | | | | | 采暖季 |
| 20 | 沈阳嘉宝胶管有限公司 | 123.236 690 | 41.721 140 | 2 400 | | | | | | | | | 0.612 | 全年，单班制 |
| 21 | 沈阳贝尔德混凝土有限公司 | 123.216 944 | 41.704 167 | 4 800 | 13 500 | | | 19.055 | | | | | | 全年，二班制 |
| 22 | 沈阳正达金属制品厂 | 123.241 111 | 41.721 667 | 2 400 | | | | | | | | 0.002 | | 全年，单班制 |
| 23 | 沈阳澳深冲压焊接制品有限公司 | 123.211 944 | 41.708 611 | 2 400 | | | | | | | | 0.038 | | 全年，单班制 |
| 24 | 沈阳市于洪区文勇家具厂 | 123.186 389 | 41.710 278 | 2 400 | | | | | | | | | 0.037 | 全年，单班制 |
| 25 | 沈阳全利达电线电缆有限公司 | 123.240 000 | 41.724 167 | 2 400 | | | | | | | | 0.040 | | 全年，单班制 |
| 26 | 华晨宝马汽车有限公司 | 123.153 889 | 41.683 611 | 7 200 | 81 614 | | 0.153 | | 26.528 | | | | | 全年，三班制 |
| 27 | 沈阳东荣机械有限公司 | 123.243 611 | 41.716 111 | 2 400 | | | | | | | | 0.001 | | 全年，单班制 |

续表

| 序号 | 单位名称 | 中心坐标 经度/(°) E | 中心坐标 纬度/(°) N | 运行时数/h | 有组织 废气量/(Nm³·h⁻¹) | 有组织 SO₂/(kg·h⁻¹) | 有组织 NOₓ/(kg·h⁻¹) | 有组织 PM10/(kg·h⁻¹) | 有组织 VOCs/(kg·h⁻¹) | 无组织 SO₂/(kg·h⁻¹) | 无组织 NOₓ/(kg·h⁻¹) | 无组织 PM10/(kg·h⁻¹) | 无组织 VOCs/(kg·h⁻¹) | 运行规律 |
|---|---|---|---|---|---|---|---|---|---|---|---|---|---|---|
| 28 | 沈阳凯泉石化泵有限公司 | 123.256 111 | 41.721 389 | 4 800 | | | | | | | | | 0.395 | 全年，二班制 |
| 29 | 沈阳三丰橡胶有限公司 | 123.243 611 | 41.710 833 | 2 400 | 33 | 0.010 | 0.046 | 0.119 | 2.734 | | | | | 全年，单班制 |
| 30 | 沈阳隆兆家具有限公司 | 123.250 590 | 41.714 970 | 2 400 | 208 | 1.133 | 0.245 | 0.844 | | | | | | 全年，二班制 |
| 31 | 辽宁瑞丰混凝土有限公司 | 123.193 056 | 41.698 056 | 4 800 | | | | | | | | 12.453 | | 全年，二班制 |
| 32 | 沈阳祥顺市政工程材料有限公司 | 123.243 889 | 41.719 722 | 4 800 | 222 | 0.065 | 0.305 | 1.299 | | | | | | 全年，二班制 |
| 33 | 沈阳市珍艺彩色包装制品厂 | 123.229 167 | 41.709 167 | 4 800 | 17 | 0.007 | 0.032 | | 5.208 | | | | | 全年，二班制 |
| 35 | 沈阳合福橡胶制品有限公司 | 123.231 667 | 41.714 167 | 2 400 | | | | | | | | 0.008 | | 全年，单班制 |
| 37 | 沈阳富田家具工业有限公司 | 123.243 600 | 41.710 000 | 4 800 | | | | | | | | 0.007 | 0.030 | 全年，二班制 |
| 38 | 沈阳新歌特塑胶有限公司 | 123.262 267 | 41.714 186 | 4 800 | | | | | | | | | 0.051 | 全年，二班制 |
| 39 | 沈阳重型冶矿机械制造有限公司 | 123.258 405 | 41.715 916 | 4 800 | | | | | | | | 0.001 | | 全年，二班制 |

续表

| 序号 | 单位名称 | 中心坐标 | | 运行时数/h | 有组织 | | | | | 无组织 | | | | 运行规律 |
|---|---|---|---|---|---|---|---|---|---|---|---|---|---|---|
| | | 经度/(°)E | 纬度/(°)N | | 废气量/(Nm³·h⁻¹) | SO₂/(kg·h⁻¹) | NOₓ/(kg·h⁻¹) | PM10/(kg·h⁻¹) | VOCs/(kg·h⁻¹) | SO₂/(kg·h⁻¹) | NOₓ/(kg·h⁻¹) | PM10/(kg·h⁻¹) | VOCs/(kg·h⁻¹) | |
| 40 | 沈阳泰合冶金测控技术有限公司 | 123.252 997 | 41.713 418 | 4 800 | | | | | | | | 0.012 | | 全年,二班制 |
| 41 | 沈阳通运电力设备有限公司 | 123.265 400 | 41.716 845 | 4 800 | | | | | | | | | 0.259 | 全年,二班制 |
| 42 | 沈阳彼尔纳汽车零部件有限公司 | 123.148 889 | 41.686 389 | 4 800 | | | | | | | | 3.125 | | 全年,二班制 |
| 43 | 沈阳施博达仪器仪表有限公司 | 123.253 684 | 41.714 282 | 2 400 | | | | | | | | 0.029 | | 全年,单班制 |
| 46 | 沈阳韩进食品有限公司 | 123.236 346 | 41.723 748 | 2 400 | | | | | | | | 0.115 | | 全年,单班制 |
| 47 | 沈阳市王玉汽车部件厂 | 123.216 949 | 41.715 372 | 2 400 | 8 | 0.008 | 0.025 | | | | | | | 全年,单班制 |
| 48 | 沈阳兴华航空电器有限责任公司 | 123.199 722 | 41.765 556 | 2 400 | | | | | | | | 0.001 | | 全年,单班制 |
| 49 | 沈阳吉诺尔装饰材料有限公司 | 123.233 600 | 41.719 760 | 4 800 | 21 | 0.002 | | 0.321 | | | | | | 全年,二班制 |
| 50 | 慕贝尔汽车部件(沈阳)有限公司 | 123.140 000 | 41.673 889 | 4 800 | 2363 | | | 0.515 | | | | | | 全年,二班制 |
| 51 | 沈阳沃德喜工业材料有限公司 | 123.231 667 | 41.714 167 | 4 800 | 13 | 0.070 | 0.005 | 0.003 | 0.109 | | | | | 全年,二班制 |

续表

| 序号 | 单位名称 | 中心坐标 | | 运行时数/h | 有组织 | | | | | 无组织 | | | | 运行规律 |
|---|---|---|---|---|---|---|---|---|---|---|---|---|---|---|
| | | 经度/(°)E | 纬度/(°)N | | 废气量/(Nm³·h⁻¹) | SO₂/(kg·h⁻¹) | NOₓ/(kg·h⁻¹) | PM10/(kg·h⁻¹) | VOCs/(kg·h⁻¹) | SO₂/(kg·h⁻¹) | NOₓ/(kg·h⁻¹) | PM10/(kg·h⁻¹) | VOCs/(kg·h⁻¹) | |
| 52 | 沈阳银海橡胶制品有限责任公司 | 123.246 560 | 41.710 823 | 4 800 | 21 | | 0.003 | 0.020 | 0.123 | | | | | 全年，二班制 |
| 53 | 沈阳麟沣建材有限公司 | 123.227 119 | 41.714 699 | 2 400 | 83 | 0.020 | 0.156 | | | | | | | 全年，单班制 |
| 55 | 沈阳市隆利包装制品有限公司 | 123.235 531 | 41.706 722 | 4 800 | 42 | 0.010 | 0.149 | | | | | | | 全年，二班制 |
| 56 | 沈阳好富德食品有限公司 | 123.227 420 | 41.719 824 | 4 800 | 21 | 0.004 | 0.026 | | | | | | | 全年，二班制 |
| 57 | 沈阳市政集团沥青制品有限公司 | 123.680 000 | 41.768 333 | 4 800 | 288 | | 0.208 | | | | | | | 全年，二班制 |

表 5.1-12　2035 年优化情景中新增源强

| 序号 | 单位名称 | 中心坐标 | | 运行时数/h | 有组织 | | | | | 无组织 | | | | 运行规律 |
|---|---|---|---|---|---|---|---|---|---|---|---|---|---|---|
| | | 经度/(°)E | 纬度/(°)N | | 废气量/(Nm³·h⁻¹) | $SO_2$/(kg·h⁻¹) | $NO_x$/(kg·h⁻¹) | PM10/(kg·h⁻¹) | VOCs/(kg·h⁻¹) | $SO_2$/(kg·h⁻¹) | $NO_x$/(kg·h⁻¹) | PM10/(kg·h⁻¹) | VOCs/(kg·h⁻¹) | |
| 19 | 沈阳中能热力有限公司 | 123.155 556 | 41.690 278 | 3 020 | 221 417 | 2.036 | 6.642 | 2.036 | | | | | | 采暖季 |
| 58 | 战略新兴产业区 | 123.200 898 | 41.712 328 | 4 800 | 166 667 | 0.625 | 3.521 | 1.458 | 0.729 | | | | | 全年，二班制 |
| 59 | 高端装备制造区 | 123.196 220 | 41.682 368 | 1 800 | 444 444 | 1.667 | 9.444 | 4.444 | 2.222 | | | | | 全年，二班制 |
| 60 | 宝马第三工厂 | 123.146 996 | 41.663 743 | 7 200 | 81 614 | 0.388 | 2.111 | 0.111 | 4.806 | | | | | 全年，三班制 |
| 61 | 汽车零部件集中区（宝马西） | 123.143 056 | 41.675 000 | 7 200 | 121 847 | 0.403 | 2.361 | 0.936 | 0.556 | | | | | 全年，三班制 |
| 62 | 汽车零部件集中区（宝马南） | 123.142 778 | 41.678 889 | 7 200 | 4 861 | 0.139 | 0.325 | 0.417 | 0.725 | | | | | 全年，三班制 |

表 5.1-13  农村面源 2018 年、2025 年和 2035 年排放情况

| 序号 | 农村面源名称 | 中心坐标 | | 2018 年 | 2025 年 | 2035 年 | $SO_2$ /(kg·h$^{-1}$) | $NO_x$ /(kg·h$^{-1}$) | 烟尘 /(kg·h$^{-1}$) |
|---|---|---|---|---|---|---|---|---|---|
| | | 经度 /(°)E | 纬度 /(°)N | | | | | | |
| 101 | 大潘村 | 123.142 450 | 41.695 920 | √ | × | × | 22.00 | 7.18 | 91.65 |
| 102 | 小潘村 | 123.132 060 | 41.685 850 | √ | × | × | 25.52 | 8.33 | 106.32 |
| 103 | 赵家村 | 123.173 690 | 41.672 784 | √ | × | × | 0.09 | 0.03 | 0.37 |
| 104 | 小祝三堡村 | 123.184 204 | 41.678 874 | √ | × | × | 0.02 | 0.01 | 0.09 |
| 105 | 侯家村 | 123.171 716 | 41.663 086 | √ | × | × | 0.09 | 0.03 | 0.39 |
| 106 | 河北村 | 123.186 908 | 41.685 300 | √ | × | × | 0.02 | 0.01 | 0.09 |
| 107 | 大祝村 | 123.185 256 | 41.675 204 | √ | × | × | 0.69 | 0.22 | 2.85 |
| 108 | 马贝村 | 123.179 100 | 41.700 790 | √ | × | × | 1.24 | 0.41 | 5.17 |
| 109 | 大挨金村 | 123.210 125 | 41.685 669 | √ | × | × | 0.89 | 0.30 | 3.71 |
| 110 | 小挨金村 | 123.210 980 | 41.694 230 | √ | × | × | 3.46 | 1.13 | 14.42 |
| 111 | 下地村 | 123.216 219 | 41.704 607 | √ | × | × | 1.06 | 0.34 | 4.39 |
| 112 | 翟家村 | 123.236 110 | 41.711 450 | √ | × | × | 5.81 | 1.90 | 24.23 |
| 113 | 土台子村 | 123.235 488 | 41.700 538 | √ | × | × | 3.00 | 0.98 | 12.49 |
| 114 | 大于村 | 123.258 576 | 41.720 977 | √ | × | × | 4.78 | 1.57 | 19.96 |

注：√为预测时考虑，×为预测时不考虑。

表 5.1-14  交通源 2018 年、2025 年和 2035 年排放情况

| 目标年 | 路名 | 长度/m | 单位排放系数/[mg·(s·m)⁻¹] | |
|---|---|---|---|---|
| | | | NMHC | NO$_2$ |
| 2018 年 | 大堤路 | 6 000 | 0.152 716 | 0.102 307 |
| | 宝马大街 | 2 800 | 0.157 32 | 0.105 391 |
| | 沈辽路 | 13 500 | 0.180 576 | 0.120 969 |
| | 四环路 | 4 700 | 0.158 589 | 0.106 244 |
| | 开发二十二号路 | 11 600 | 0.115 211 | 0.077 178 |
| | 开发二十五号路 | — | — | — |
| | 浑河十五街 | — | — | — |
| | 浑河二十一街 | — | — | — |
| | 浑河二十三街 | — | — | — |
| | 浑河二十六街 | 3 500 | 0.115 211 | 0.077 178 |
| | 浑河二十七街 | — | — | — |
| 2025 年 | 大堤路 | 14 300 | 0.017 602 | 0.012 299 |
| | 宝马大街 | 4 400 | 0.018 121 | 0.012 661 |
| | 沈辽路 | 13 500 | 0.020 806 | 0.014 538 |
| | 四环路 | 4 700 | 0.018 272 | 0.012 766 |
| | 开发二十二号路 | 14 600 | 0.013 293 | 0.009 289 |
| | 开发二十五号路 | 11 000 | 0.018 272 | 0.012 766 |
| | 浑河十五街 | 3 400 | 0.018 272 | 0.012 766 |
| | 浑河二十一街 | 3 700 | 0.018 272 | 0.012 766 |
| | 浑河二十三街 | 3 570 | 0.018 272 | 0.012 766 |
| | 浑河二十六街 | 41 00 | 0.018 272 | 0.012 766 |
| | 浑河二十七街 | 3 700 | 0.018 272 | 0.012 766 |

续表

| 目标年 | 路名 | 长度/m | 单位排放系数/[mg·(s·m)⁻¹] | |
|---|---|---|---|---|
| | | | NMHC | NO₂ |
| 2035年 | 大堤路 | 14 300 | 0.006 773 | 0.005 403 |
| | 宝马大街 | 4 400 | 0.006 973 | 0.005 563 |
| | 沈辽路 | 13 500 | 0.008 006 | 0.006 387 |
| | 四环路 | 4 700 | 0.007 031 | 0.005 609 |
| | 开发二十二号路 | 14 600 | 0.005 115 | 0.004 081 |
| | 开发二十五号路 | 11 000 | 0.007 031 | 0.005 609 |
| | 浑河十五街 | 3 400 | 0.007 031 | 0.005 609 |
| | 浑河二十一街 | 3 700 | 0.007 031 | 0.005 609 |
| | 浑河二十三街 | 3 570 | 0.007 031 | 0.005 609 |
| | 浑河二十六街 | 4 100 | 0.007 031 | 0.005 609 |
| | 浑河二十七街 | 3 700 | 0.007 031 | 0.005 609 |

### 5.1.5 预测方法及二次转化率

预测污染物小时和日平均浓度有多种方法（如典型日法、保证率法等），本书中采用保证率法。保证率法是国际上通用的一种方法，其计算步骤如下：

首先对任意关心点，根据近三年的逐时气象资料，计算其逐时地面浓度，并按日取平均，可得各小时的浓度和日均平均浓度；然后将每年 8 760h 的浓度和 365d 的日平均浓度，按大小次序排列，确定某一累积频率，例如累积频率定为 100%，则对应于这一频率的日均浓度即该预测点的最大日均浓度。

本次浓度预测采用 100% 保证率进行概率浓度计算，即对任意预测点在全年逐时气象条件下，计算出每年 8 760h 的浓度和 365d 的日均浓度，然后把 3 年的逐时逐日浓度计算结果从大到小排列，按 100% 累积频率取最大值。

本次评价中采用 CALPUFF 模式系统的化学转化模块对本项目产生的

PM2.5 浓度进行预测。在 CALPUFF 模式系统中有一个文件 CHEM.DAT，其内容如图 5.1-4 所示：

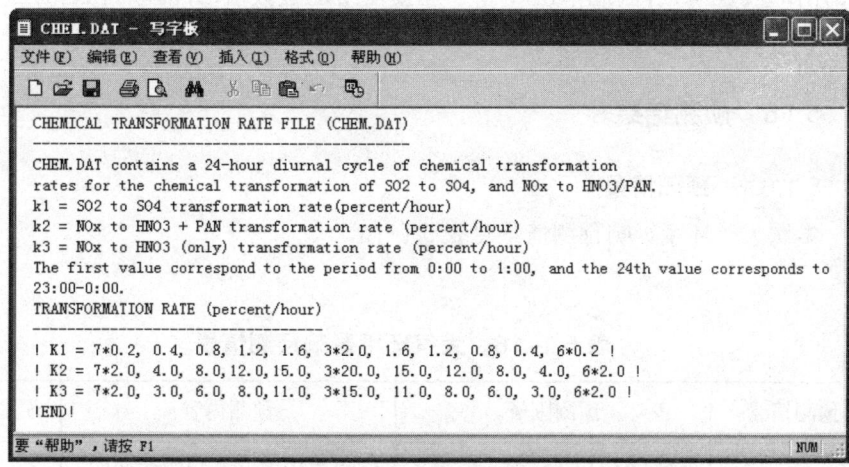

图 5.1-4  CHEM.DAT 文件内容

其中包含了 24h 化学转化率（$K_1$，$K_2$，$K_3$），主要是针对 $SO_2$ 转化为 $SO_4$，$NO_x$ 转化为 $HNO_3$，其中：$K_1$ 为 $SO_2$ 转化为 $SO_4$ 的小时转化率（%）；$K_2$ 为 $NO_x$ 转化为 $HNO_3$+PAN 的小时转化率（%）；$K_3$ 为 $NO_x$ 转化为 $HNO_3$ 的小时转化率（%）。具体数值见表 5.1-15。

表 5.1-15  PM2.5 24h 化学转化率

| 时刻 | 0 | 1 | 2 | 3 | 4 | 5 | 6 | 7 | 8 | 9 | 10 | 11 |
|---|---|---|---|---|---|---|---|---|---|---|---|---|
| $K_1$ | 0.2 | 0.2 | 0.2 | 0.2 | 0.2 | 0.2 | 0.2 | 0.4 | 0.8 | 1.2 | 1.6 | 2 |
| $K_2$ | 2 | 2 | 2 | 2 | 2 | 2 | 2 | 4 | 8 | 12 | 15 | 20 |
| $K_3$ | 2 | 2 | 2 | 2 | 2 | 2 | 2 | 3 | 6 | 8 | 11 | 15 |
| 时刻 | 12 | 13 | 14 | 15 | 16 | 17 | 18 | 19 | 20 | 21 | 22 | 23 |
| $K_1$ | 2 | 2 | 1.6 | 1.2 | 0.8 | 0.4 | 0.2 | 0.2 | 0.2 | 0.2 | 0.2 | 0.2 |
| $K_2$ | 20 | 20 | 15 | 12 | 8 | 4 | 2 | 2 | 2 | 2 | 2 | 2 |
| $K_3$ | 15 | 15 | 11 | 8 | 6 | 3 | 2 | 2 | 2 | 2 | 2 | 2 |

这些数据是 CALPUFF 模式系统自带的缺省值。在没有本地实测值的条件下，可以直接使用这些数值。而且这些参数均已经通过欧美等发达国家环保部门的实验验证，因此本次环评中直接使用这些数值，针对项目正常工况时产生的 PM2.5 进行模拟计算。

### 5.1.6 预测结果

#### 5.1.6.1 预测情景

本次大气环境影响预测情景见表 5.1-16。

**表 5.1-16 大气环境影响预测情景**

| 预测情景 | 预测因子 | 预测内容 | 备注 |
| --- | --- | --- | --- |
| 现状 | $SO_2$、$NO_x$、PM10、PM2.5 和 VOCs | 网格年均值（绘制等值线图）关心点年均贡献值 | |
| 远期基准情景 | $SO_2$、$NO_x$、PM10、PM2.5 和 VOCs | 网格年均值 关心点年均贡献值 | |
| 远期规划情景 | $SO_2$、$NO_x$、PM10、PM2.5 和 VOCs | 网格年均值 关心点年均贡献值 | |
| 远期优化情景 | $SO_2$、$NO_x$、PM10、PM2.5 和 VOCs | 网格年均值（绘制等值线图）关心点年均贡献值 | |
| 远期优化情景 现状削减 | $SO_2$、$NO_x$、PM10、PM2.5 和 VOCs | 网格年均值平均值 | 计算 $k$ 值 |
| 远期优化情景 新增贡献 | $SO_2$、$NO_x$、PM10、PM2.5 和 VOCs | | |

#### 5.1.6.2 预测情景

表 5.1-17 给出了不同情景下各种污染物的日均和年均最大浓度值汇总表。

表 5.1-17 不同情景各种污染物年均最大浓度值汇总

| 情景 | 污染物 | $x$ | $y$ | 距离/m | 浓度/($\mu g \cdot m^{-3}$) | 标准值/($\mu g \cdot m^{-3}$) | 占标率 % |
|---|---|---|---|---|---|---|---|
| 现状 | $SO_2$ | -4 800 | 300 | 4 809.37 | 3.257 | 60 | 5.428 |
| | $NO_x$ | -4 000 | -100 | 4 001.25 | 21.970 | 50 | 43.940 |
| | PM10 | -4 800 | 300 | 4 809.37 | 8.468 | 70 | 12.098 |
| | PM2.5 | -4 800 | 300 | 4 809.37 | 5.758 | 35 | 16.453 |
| | VOCs | -4 000 | -100 | 4 001.25 | 28.881 | * | * |
| 远期基准情景 | $SO_2$ | -3 600 | -100 | 3 601.39 | 2.768 | 60 | 4.613 |
| | $NO_x$ | -3 600 | 0 | 3 600.00 | 16.916 | 50 | 33.831 |
| | PM10 | -4 300 | -800 | 4 373.79 | 6.054 | 70 | 8.648 |
| | PM2.5 | -4 300 | -800 | 4 373.79 | 4.088 | 35 | 11.679 |
| | VOCs | -4 000 | -100 | 4 001.25 | 16.751 | * | * |
| 远期规划情景 | $SO_2$ | -3 600 | -100 | 3 601.39 | 2.353 | 60 | 3.921 |
| | $NO_x$ | -3 600 | 0 | 3 600.00 | 13.025 | 50 | 26.050 |
| | PM10 | -4 300 | -800 | 4 373.79 | 4.329 | 70 | 6.184 |
| | PM2.5 | -4 300 | -800 | 4 373.79 | 2.902 | 35 | 8.292 |
| | VOCs | -4 000 | -100 | 4 001.25 | 9.716 | * | * |
| 远期优化情景 | $SO_2$ | -3 600 | -100 | 3 601.39 | 1.988 | 60 | 3.313 |
| | $NO_x$ | -3 600 | 0 | 3 600.00 | 3.380 | 50 | 6.760 |
| | PM10 | -4 300 | -800 | 4 373.79 | 1.375 | 70 | 1.964 |
| | PM2.5 | -4 300 | -800 | 4 373.79 | 0.935 | 35 | 2.671 |
| | VOCs | -4 000 | -100 | 4 001.25 | 1.427 | * | * |

### 5.1.6.3 对国控点位污染贡献浓度预测

图 5.1-5 给出了不同规划年对沈阳工业大学国控点位的污染贡献值。

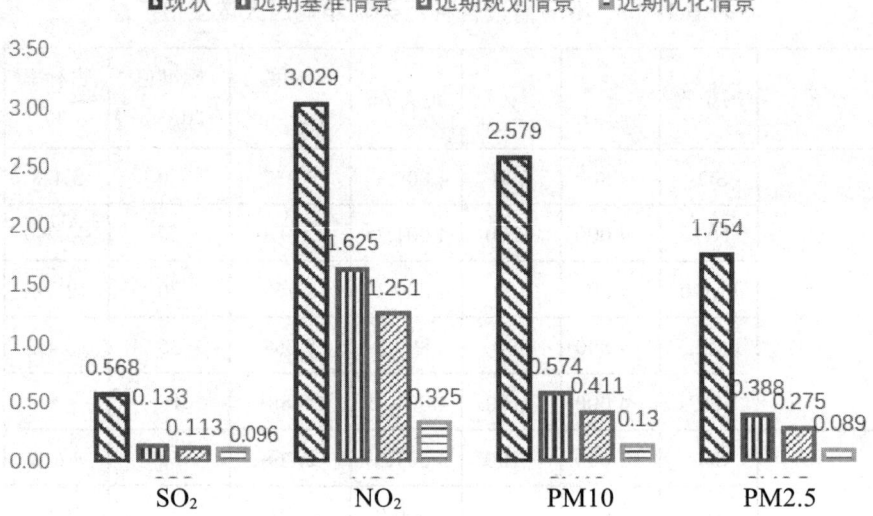

图 5.1–5　不同规划年中德园对沈阳工业大学国控点位的污染贡献值

中德园现状工业源和农村面源对工业大学国控点位的影响比较大，$SO_2$、$NO_x$、PM10、PM2.5 年均最大浓度贡献值分别为 0.568μg/m³、3.029μg/m³、2.579μg/m³ 和 1.754μg/m³，分别占标准的 0.947%、6.058%、3.684% 和 5.010%；远期基准情景中德园污染源对沈阳工业大学国控点位 $SO_2$、$NO_x$、PM10、PM2.5 年均最大浓度贡献值均低于现状，$SO_2$、$NO_x$、PM10、PM2.5 年均最大浓度贡献值分别为 0.133μg/m³、1.625μg/m³、0.574μg/m³ 和 0.388μg/m³，分别占标准的 0.222%、3.250%、0.821% 和 1.108%。远期规划情景中德园污染源对沈阳工业大学国控点位 $SO_2$、$NO_x$、PM10、PM2.5 年均最大浓度贡献值均低于现状和基准情景，$SO_2$、$NO_x$、PM10、PM2.5 年均最大浓度贡献值分别为 0.113μg/m³、1.251μg/m³、0.411μg/m³ 和 0.275μg/m³，分别占标准的 0.189%、2.502%、0.587% 和 0.787%。远期优化情景，随着超低排放的控制和区域 VOCs 排放的压减，中德园污染源对沈阳工业大学国控点位 $SO_2$、$NO_x$、PM10、PM2.5 年均最大浓度贡献值均低于现状、基准情景和规划情景，

$SO_2$、$NO_x$、PM10、PM2.5 年均最大浓度贡献值分别为 0.096μg/m³、0.325μg/m³、0.130μg/m³ 和 0.089μg/m³,分别占标准的 0.159%、0.649%、0.186% 和 0.253%。

#### 5.1.6.4 年均浓度变化率

由于中德园处于不达标区,且沈阳市未发布达标规划,本次评价无法获得规划达标年的区域污染源清单或预测浓度场,为此,采用评价区域环境质量的整体变化来说明规划的可行性。

根据《环境影响评价技术导则 大气环境》(HJ 2.2—2018),将 2035 年优化情景中现状削减源强和 2035 年优化情景中新增源强进行模拟计算,得到各种污染物年均值在整个预测范围内的平均值,从而计算出新增工业源和削减源之间的差值,并计算对应的变化率 $k$,详见表 5.1-18。

表 5.1-18 优化情景下各污染物的变化率($k$ 值)

| 污染物 | 2035 年优化情景中新增工业源源强所有网格的年均值/(μg·m⁻³) | 2035 年优化情景中现状工业源削减源强所有网格的年均值/(μg·m⁻³) | 新增源与削减源之差/(μg·m⁻³) | $k$/% |
| --- | --- | --- | --- | --- |
| $SO_2$ | 0.025 26 | 0.117 29 | -0.092 03 | -78.46 |
| $NO_x$ | 0.113 54 | 0.148 29 | -0.034 76 | -23.44 |
| PM10 | 0.029 17 | 0.364 24 | -0.335 06 | -91.99 |
| PM2.5 | 0.022 06 | 0.234 46 | -0.212 39 | -90.59 |
| VOCs | 0.042 03 | 0.206 91 | -0.164 88 | -79.69 |

从年均浓度变化率可以看出,优化情景下,新增污染源可得到有效控制,现有污染源得到大幅度削减,$SO_2$、$NO_x$、PM10、PM2.5、VOCs 年均值变化率分别为 -78.46%、-23.44%、-91.99%、-90.59%、-79.69%,各污染物的年平均质量浓度变化率 $k$ 均小于等于 -20%,可以判定中德园采纳优化情景进行规划建设后,区域大气环境质量得到整体改善。

## 5.2 地表水环境影响预测与评价

评价区域内的地表水主要为浑河、细河两条河流,只将接纳规划区域废水的细河作为地表水环境影响预测与评价的对象,评价范围为细河三环桥断面至土西桥断面。细河上有《水污染防治行动计划》("水十条")国家地表水考核断面(简称国考断面)和市考断面各一处,国考断面位于于洪区的于台桥断面,断面监测的水体主要来源是北部和仙女河两座污水处理厂的尾水和卫工明渠汇入的运河水,国家和辽宁省要求到2020年细河于台断面水质(除氨氮小于 5 mg/L 外)须稳定达到地表水Ⅴ类标准,该断面位于中德园上游,将其作为入境水考虑;市考断面位于开发区的土西桥断面,用于考核细河入浑河前的达标情况,该断面按照水功能区划要求,需达到地表水Ⅴ类标准。

细河现状水质为劣Ⅴ类,为实现细河水质达标,沈阳市政府对细河制定了"一河一策",沈阳经济技术开发区管委会制定了《沈阳经济技术开发区污水处理厂提标及中水回用方案》和《沈阳市细河(经济技术开发区段)达标方案》,规划目标年区域加大中水回用力度,提高至45%;2025年,对西部污水处理厂一期、二期、彰驿等污水处理厂进行提标改造至类Ⅴ类标准;2035年,对西部污水处理厂一期、二期、彰驿等污水处理厂进行提标改造至类Ⅳ类标准,评价在此基础上对地表水进行预测。

### 5.2.1 细河水文特征

细河是浑河的一条支流,也是一条承泄城市雨水、农田涝水和市政污水处理厂尾水的平原排水河道,源于铁西区卫工明渠进水闸,流经铁西区、于洪区和沈阳经济技术开发区,在辽中区茨榆坨镇黄腊坨村北汇入浑河,河流全长 78.2km,流域面积 244.8km$^2$。细河开发区段长河道全长 60.9km,河道平槽泄流能力为 25～35m$^3$/s,堤防长 6.1km,跨河建筑物 28 座(24 座桥、2 处渡槽、2 处闸)。

细河从卫工明渠进水闸至揽军路为卫工明渠段,河长 7.7 km;下游穿越吉力湖街、大通湖街、南阳湖街、三环高速,为细河于洪段,河长 6.6 km;细河于三环高速下游 100m 处与浑蒲灌区总干交汇,总干渠通过余良倒虹穿越细河,该处建有一座细河进水闸和一座防洪闸,细河上游部分来水通过进水闸排向下游,其余来水通过防洪闸直接排入浑河,细河进水闸下游与浑蒲总干矩形槽平行流向 1.4km,下游流经沈阳经济技术开发区,河道两岸建有大中型企业及多个工业产业园区,流经的主要街道有翟家、大潘、彰驿,长滩,为细河开发区段,河长 60.9km。在翟家土台子村进入辽中区茨榆坨镇,为细河辽中段,河长约 3km。

根据 2015 年 8 月沈阳市水利规划院编制的《细河铁西段(三环桥—大潘桥)防洪工程可行性研究报告》(已批复)中计算的设计流量,细河进水闸以上段设计流量为 79m³/s,其中雨洪设计流量为 59m³/s,仙女河污水处理厂中水流量为 6m³/s,卫工明渠进水闸下泄流量为 14m³/s。

根据沈阳市水利勘测设计研究院 2002 年 9 月完成的《细河进水闸施工图设计》和《细河防洪闸施工图设计》,细河在浑蒲总干交汇处设有进水闸和防洪闸,进水闸泄流进入细河,防洪闸泄流直接进入浑河。细河进水闸为 3 孔,闸门尺寸为 3m×1.7m,设计流量为 25m³/s;防洪闸为 7 孔,闸门尺寸为 3m×2m,设计流量为 79m³/s。两闸控制运用条件是:当进水闸闸前水深为 1.6m 时,开启防洪闸,进入进水闸的流量一部分泄入细河。泄入细河的最大流量为 25m³/s,细河进水闸设计流量采用 25m³/s。

细河来水主要为上游污水处理厂排水,沿线未设置水文站。细河平均宽度在 20m 左右,水深 0.5~1.5m,除北运河的环境水外,其余入境水均为污水处理厂排水(北部污水处理厂 20 万 t/d,仙女河污水处理厂 40 万 t/d),平均流量约 7m³/s。细河开发区段主要水力参数见表 5.2-1。

表 5.2-1　细河开发区段水力参数

| 序号 | 河流平均宽度 /m | 长度 /km | 平均流速 /(m·s⁻¹) | 平均水深 /m |
| --- | --- | --- | --- | --- |
| 细河 | 20 | 60.9 | 0.6 | 0.85 |

### 5.2.2 细河现状污染源

细河现状水质为劣Ⅴ类，水质较差，污染严重。根据《沈阳市细河（经济技术开发区段）达标方案》，细河现状主要污染源分为入境源、点源和面源三大类，具体情况如下：

#### 5.2.2.1 入境源

入境源主要包括上游污水处理厂出水和北运河补水。细河上游流经沈阳市中心城区，有仙女河、北部两座大型城镇生活污水处理厂，处理规模总计80万 $m^3/d$，目前两座污水厂基本满负荷运行。仙女河污水处理厂的尾水全部进入细河，北部污水厂有20万 $m^3/d$ 进入细河。2018年两座污水处理厂提标后，要求污水处理厂排入细河的水质达到国家一级A标准。

根据《2018年沈阳经济技术开发区环境质量报告书》，细河三环桥下平均流量为7 $m^3/s$，入境源采用于台断面（距三环桥4.1km，沿线无排污口）2019年2—6月的污染物浓度平均值（COD 28.5mg/L、氨氮 3.41mg/L）进行计算，则细河三环桥上游入境污染负荷为COD 5 695.4t/a、氨氮 753.65t/a。

#### 5.2.2.2 点源污染

细河三环—四环桥段共排查出排放口19个，其中10个排放生活污水，1个排放工业废水，8个排放雨水。目前，10个生活污水排放口和1个工业废水排放口已经封堵（或并入管网），其余的8个雨水排放口仍直排入河（见表5.2-2）。

表5.2-2 细河三环—四环桥八处雨水排放口位置

| 序号 | 雨水排放口 | 位置 |
| --- | --- | --- |
| 1 | 浑河六街泵站 | 开发二十一号路细河桥 |
| 2 | 小于1#泵站 | 开发二十三号路浑河五街 |
| 3 | 细河南区2#泵站（大于） | 浑河十街细河桥 |
| 4 | 新沈辽路翟家泵站 | 开发二十一号路浑河十五街 |
| 5 | 宝马1号泵站 | 开发二十二号路宝马厂正门对面 |

续表

| 序号 | 雨水排放口 | 位置 |
|---|---|---|
| 6 | 宝马2号泵站 | 中德园赵家村左岸 |
| 7 | 开发二十一号路雨水泵站(新翟家) | 浑河十五街以西200m |
| 8 | 宝马发动机泵站 | 宝马发动机泵站北侧20m |

细河四环桥~入河口段共排查出排放口26个,其中4个为污水处理厂排污口(西部一期污水处理厂2个、西部二期污水处理厂1个和彰驿污水处理厂1个),9个工业废水排放口,5个市政污水排放口,7个雨水口,1个自来水(翟家九水厂)排放口,另外还有3个废弃工厂排污口。根据《细河铁西段(四环—入河口)水系综合治理工程初步设计报告》中介绍,除保留4个污水处理厂排污口外,其余均予以拆除或截污纳管。另外,彰驿街道、新民屯、长滩镇建有4处小型污水处理设施,服务人口总计5 560人,总处理规模为800 t/d,出水标准均为一级A标准,长滩镇污水设施排入浑河。西部一期污水厂、西部二期污水处理厂和彰驿污水厂按2019年实际处理量和排放浓度计算,细河现状点源排放口排放污染负荷见表5.2-3。

表5.2-3 细河现状点源排污口排放污染负荷

| 序号 | 排污口 | 排水量/(t·d$^{-1}$) | COD/(t·a$^{-1}$) | NH$_3$-N/(t·a$^{-1}$) | COD/(mg·L$^{-1}$) | NH$_3$-N/(mg·L$^{-1}$) |
|---|---|---|---|---|---|---|
| 1 | 西部一期污水厂主排口 | 120 000 | 1 095.00 | 127.02 | 25 | 2.9 |
| 2 | 西部二期污水厂主排口 | 125 700 | 1 315.24 | 68.21 | 28.67 | 1.49 |
| 3 | 彰驿污水处理厂排口 | 5 000 | 58.40 | 2.04 | 32.00 | 1.12 |
| 4 | 彰驿小型污水设施 | 150 | 2.74 | 0.27 | 50 | 5 |
| 5 | 彰驿小型污水设施 | 250 | 4.56 | 0.46 | 50 | 5 |
| 6 | 新民屯小型污水设施 | 250 | 4.56 | 0.46 | 50 | 5 |
| | 汇总 | 251 350 | 2 430.50 | 198.46 | | |

#### 5.2.2.3 面源污染

农村生活污水：根据《第一次全国污染源普查城镇生活源产排污系数手册》，农村生活污染核算采用如下参数：①农村人均综合用水量为80升/(d·人)；②农村污水排放系数为0.4；③COD产生量30 g/(d·人)，$NH_3$-N产生系数为2.4 g/(d·人)。细河汇水区农村段涉及5个街道25个行政村，农业人口数量共计为60074人。其中，彰驿、长滩、新民屯4处污水处理设施已收集5 560人的生活污水，农村地区仍有55 414人的生活污水没有收集。按照入河系数0.4进行计算，汇水区内农村生活污水COD入河量为242.71 t/a，$NH_3$-N入河量为19.42 t/a。

规模化畜禽养殖污染：细河沿线的畜禽散养已基本搬迁，仅计算流域内的规模化畜禽养殖污染，汇水区内现有规模化畜禽养殖主要以牛、羊、猪和家禽养殖为主，其中猪6.4万头、牛4 500头、羊1.15万只、家禽106.5万只。规模化畜禽养殖产污系数对照《畜禽养殖业污染物排放标准》(GB 18596—2001)，对畜禽废渣以回收等方式进行处理的污染源，按产生量的25%计算污染物流失量。通过汇水区内规模化畜禽养殖企业的养殖种类及数量、年用水量及排水量、排污方式、处理工艺等，核算汇水区内畜禽养殖的COD、$NH_3$-N的排放量分别为348.45 t/a、41.88t/a。

农业面源：根据《第一次全国污染源普查农业污染源肥料流失系数手册》中地表径流相关计算参数，核算农业面源污染物排放情况。种植业耕地类COD为0.78 kg/(亩·a) (1亩≈666.67m$^2$)，$NH_3$-N为0.24 kg/(亩·a)。汇水区的耕地面积为102 628亩，农村面源入河系数取0.4，得到农业面源COD入河量为32.02 t/a，$NH_3$-N入河量为9.85 t/a。

#### 5.2.2.4 现状污染源汇总

针对沈阳市细河的实际情况，分别按污染源类型对污染物入河量和贡献率进行分析。目前，沈阳市细河的COD入河量为8 799.08t/a，$NH_3$-N入河量为1 023.26 t/a，详见表5.2-4。

表 5.2-4　细河污染物入河量 / ( t·a$^{-1}$ )

| 类型 | COD | NH$_3$-N |
|---|---|---|
| 入境源 | 5 695.40 | 753.65 |
| 点源 | 2 480.50 | 198.46 |
| 面源 | 623.18 | 71.15 |
| 汇总 | 8 799.08 | 1 023.26 |

### 5.2.3　预测情景及预测内容

#### 5.2.3.1　预测情景

细河现状水质为劣 V 类，属于不达标区域，为实现细河水质达标，沈阳市政府对细河制定了"一河一策"，沈阳经济技术开发区管委会制定了《沈阳经济技术开发区污水处理厂提标及中水回用方案》和《沈阳市细河（经济技术开发区段）达标方案》。在此基础上对规划近期、中期和远期的细河开发区段水质情况进行预测，每个规划水平年分为常规情况和不利情况两种。常规情况的情景设置与《沈阳市细河（经济技术开发区段）达标方案》中的情景一致；由于细河汇水范围小，主要来水为污水处理厂排水，水量比较稳定，不利情况主要考虑上游北运河入境水量的影响。

#### 5.2.3.2　预测内容

（1）近期 2020 年细河开发区段各断面 COD、氨氮年均浓度，分析出境断面土西桥水质是否满足《地表水环境质量标准》（GB 3838—2002）V 类标准要求。

（2）中期 2025 年细河开发区段各断面 COD、氨氮年均浓度，分析出境断面土西桥水质是否满足《地表水环境质量标准》（GB 3838—2002）V 类标准要求。

（3）远期 2035 年细河开发区段各断面 COD、氨氮年均浓度，分析出境断面土西桥水质是否满足《地表水环境质量标准》（GB 3838—2002）V 类标准要求。

### 5.2.4 预测模型及参数选取

#### 5.2.4.1 预测模型

细河开发区段长 60.9km,河流平均宽度在 20m 左右,水深 0.5～1.5m,除北运河的环境水外,其余入境水均为污水处理厂排水(北部污水处理厂 20 万 t/d,仙女河污水处理厂 40 万 t/d),平均流量约 7m³/s。根据《环境影响评价技术导则》(HJ/T 2.3—2018),细河沿程横断面能够均匀混合,可以采用纵向一维模型。

本次评价采用 WASP 模型对细河水质进行模拟,预测时段主要考虑枯水期。WASP 模型系统是一个动力学箱式模型,可以模拟河流、湖泊、水库以及近海水域的水质变化。模型通过对水体进行分段处理,模拟水体的点源、非点源的污染物负荷以及边界交换等情况,适用于水体内有机物、溶解氧、营养物质、有毒化学成分以及浮游生物的迁移转化过程的模拟。

WASP 模型的水动力模型基本方程为圣维南方程组:

运动方程:

$$\frac{\partial U}{\partial t} = -U\frac{\partial U}{\partial x} + \alpha_{g\cdot\lambda} + \alpha_f + \alpha_{\varpi\lambda}$$

式中:$\frac{\partial U}{\partial t}$ 为时变加速度,m/s²;$U\frac{\partial U}{\partial x}$ 为位变加速度,m/s²;$\alpha_{g\cdot\lambda}$ 为河道方向重力加速度,m/s²;$\alpha_f$ 为阻力加速度,m/s²;$\alpha_{\varpi\lambda}$ 为沿渠道方向加速度,m/s²;$\lambda$ 为河道方向;$t$ 为时间,s;$U$ 为河道流速,m/s;$x$ 为河道纵向距离,m。

连续方程:

$$\frac{\partial H}{\partial t} = -\frac{1}{B}\frac{\partial U}{\partial x}$$

式中:$Q$ 为流量,m³/s;$B$ 为宽度,m;$H$ 为水面高度,m;$\frac{\partial H}{\partial t}$ 为水面高度随时间变化率,m/s;$\frac{1}{B}\frac{\partial U}{\partial x}$ 为单位宽度水体积变化率,m/s。

WASP 水质模型使用的水质组分的质量平衡方程如下:

$$\frac{\partial C}{\partial t} = -\frac{\partial}{\partial x}(U,C) - \frac{\partial}{\partial y}(U,C) - \frac{\partial}{\partial z}(U,C)$$

$$+ \frac{\partial}{\partial x}(U_x \frac{\partial C}{\partial x}) + \frac{\partial}{\partial y}(E_y \frac{\partial C}{\partial y}) + \frac{\partial}{\partial z}(E_z \frac{\partial C}{\partial z}) + S_L + S_B + S_K$$

式中：$C$ 为水质组分的浓度，mg/L 或 g/m³；$t$ 为时间步长，d；$U_x$、$U_y$、$U_z$ 为纵向、横向、垂向速度，m/d；$E_x$、$E_y$、$E_z$ 为纵向、横向、垂向扩散系数，m²/d；$S_L$ 为点源和面源负荷，g/m³/d；$S_B$ 为边界负荷，g/(m³·d⁻¹)；$S_K$ 为水质组分的总转化率，g/(m³·d⁻¹)。

假定水体的垂向和横向是均匀的，得到下面的一维水质组分运移方程：

$$\frac{\partial}{\partial x}(AC) = \frac{\partial}{\partial x}(-U_K AC + E_x A \frac{\partial C}{\partial x}) + A(S_L + S_B) + AS_K$$

式中：$A$ 为水体横截面积，m³。其余符号意义同上。方程采用一种改进的欧拉差分格式求解。

#### 5.2.4.2 污染源参数

为实现细河水质达标，《沈阳市细河（经济技术开发区段）达标方案》中规定 2020 年底前要完成退耕封育及生态修复、尾水转调和净化工程、源头补水工程、内源治理工程、综合整治乡村环境和规范畜禽养殖六大工程措施；2025 年底前要完成污水处理厂扩建及提标改造、加大水污染治理资金投入力度、建立水环境质量监控预警平台和加强环境信息公开四大工程措施；2035 年底前继续完成污水处理厂扩建及提标改造工程措施。

通过采取以上工程措施，2020 年可实现细河上游现有两座污水处理厂尾水全部转调不再进入细河，入境水在保留北运河补水（2m³/s）的基础上增加浑河补水（5m³/s），入境水质均为地表水Ⅳ类标准；取缔沿河畜禽养殖，新建 25 座农村污水处理设施，使细河开发区段入河排放口仅保留西部一期污水厂、西部二期污水厂、彰驿污水厂、4 座小型污水处理设施和 25 座农村污水处理设施。随着西部一期、西部二期、彰驿三座污水厂的扩建及提标改造，三座污水厂的出水标准 2025 年将提升至地表水 V 类标准，2035 年将提升至地表水Ⅳ类标准，届时即使没有浑河补水，也可实现细河水质达标。

根据《沈阳市细河（经济技术开发区段）达标方案》，将细河开发区段各规划水平年入河污染源情况汇总如下：

(1) 2020 年

入境断面北运河水量为 20 万 t/d,浑河引水工程引水 43.2 万 t/d,入境水质均为Ⅳ类水；仙女河污水厂排水 40 万 t/d,水质达标国考标准；西部一期处理水量 15 万 t/d,其中 3 万 t 回用, 12 万 t 排入细河 U 谷后进入细河,排水标准与 2019 年一致；西部二期处理水量和排水标准与 2019 年一致；彰驿污水厂处理水量 5 000t,其中 3 000t 回用, 2 000t 排入细河,排水标准达一级 A 标准；4 座已建农村污水处理设施和规划建设 25 座农村污水处理设施,共排放水量 4 983t,排水标准达一级 A 标准。2020 年主要入境水和污染源排放浓度见表 5.2-5。

表 5.2-5　近期主要入境水和污染源排放浓度

| 类型 | 指标 | COD /(mg·L$^{-1}$) | NH$_3$-N /(mg·L$^{-1}$) | 水量 /(t·d$^{-1}$) | 备注 |
| --- | --- | --- | --- | --- | --- |
| 入境水 | 浑河引水 | 30 | 1.5 | 432 000 | |
| | 北运河来水 | 30 | 1.5 | 200 000 | |
| | 仙女河污水厂 | 50 | 5 | 400 000 | |
| 污染源 | 西部一期污水厂 | 25 | 2.9 | 120 000 | 30 000t 回用, 2019 年排放浓度 |
| | 西部二期污水厂 | 28.67 | 1.49 | 125 700 | 2019 年实际处理量和排放浓度 |
| | 彰驿污水厂 | 50 | 5 | 2 000 | 3 000t 回用 |
| | 小型污水设施 | 50 | 5 | 550 | 已建 4 座, 一级 A 标准 |
| | 新建农村污水设施 | 50 | 5 | 4 433 | 规划 25 座, 一级 A 标准 |

(2) 2025 年

入境断面北运河水量为 20 万 t/d,水质为Ⅳ类水；仙女河污水厂排水 40 万 t/d,水质达标国考标准；西部一期处理水量 15 万 t/d,其中 3 万 t 回用, 12 万 t 排入细河 U 谷后进入细河,排水标准为类Ⅴ类水；西部二期处理水量 25

万 t/d,其中 10.16 万 t 水回用,14.84 万 t 水排入细河,排水标准为类Ⅳ类水;彰驿污水厂处理水量 1 万 t/d,其中 5 000t 回用,5 000t 排入细河,排水标准为类Ⅴ类水;28 座农村污水处理设施排放水量 4 983t,出水标准达一级 A 标准。2025 年主要入境水和污染源排放浓度见表 5.2-6。

表 5.2-6　2025 年主要入境水和污染源排放浓度

| 类型 | 指标 | COD /(mg·L$^{-1}$) | NH$_3$-N /(mg·L$^{-1}$) | 水量 /(t·d$^{-1}$) | 备注 |
|---|---|---|---|---|---|
| 入境水 | 北运河来水 | 30 | 1.5 | 200 000 | |
| | 仙女河污水厂 | 50 | 5 | 400 000 | |
| 污染源 | 西部一期污水厂 | 40 | 2 | 120 000 | 30 000 t 回用 |
| | 西部二期污水厂 | 40 | 2 | 148 400 | 101 600 t 回用 |
| | 彰驿污水厂 | 40 | 2 | 5 000 | 5 000 t 回用 |
| | 小型污水设施 | 50 | 5 | 550 | 已建 3 座,一级 A 标准 |
| | 新建农村污水设施 | 50 | 5 | 4 433 | 规划 25 座,一级 A 标准 |

（3）2035 年

入境断面北运河水量为 20 万 t/d,水质为Ⅳ类水;仙女河污水厂排水 40 万 t/d,水质达标国考标准;西部一期处理水量 15 万 t/d,其中 3 万 t 回用,12 万 t 排入细河 U 谷后进入细河,排水标准为类Ⅳ类水;西部二期处理水量 45 万 t/d,其中 41.45 万 t 水回用,23.55 万 t 水排入细河,排水标准为类Ⅳ类水;彰驿污水厂处理水量 1 万 t/d,其中 5 000t 回用,5 000t 排入细河,排水标准为类Ⅳ类水;28 座农村污水处理设施排放水量 4 983t,出水标准达一级 A 标准。2035 年主要入境水和污染源排放浓度见表 5.2-7。

表 5.2-7　2035 年主要入境水和污染源排放浓度

| 类型 | 指标 | COD /(mg·L$^{-1}$) | NH$_3$-N /(mg·L$^{-1}$) | 水量 /(t·d$^{-1}$) | 备注 |
|---|---|---|---|---|---|
| 入境水 | 北运河来水 | 30 | 1.5 | 200 000 | |
| | 仙女河污水厂 | 50 | 5 | 400 000 | |
| 污染源 | 西部一期污水厂 | 30 | 1.5 | 120 000 | 30 000 t 回用 |
| | 西部二期污水厂 | 30 | 1.5 | 235 500 | 214 500 t 回用 |
| | 彰驿污水厂 | 30 | 1.5 | 5 000 | 5 000 t 回用 |
| | 小型污水设施 | 50 | 5 | 550 | 已建 3 座，一级 A 达标 |
| | 新建农村污水设施 | 50 | 5 | 4 433 | 规划 25 座，一级 A 达标 |

### 5.2.4.3　水文参数

本次模拟仅考虑污染物纵向变化过程，根据污染源汇入情况，将细河沿岸农村污水处理设施按乡镇进行概化，以三环桥作为模型的入境断面，以土西桥作为模型的出境断面，可将细河划分为 8 段。根据《细河铁西段（三环—四环）黑臭水体治理工程实施方案》和《细河铁西段（四环—入河口）水系综合治理工程可行性研究报告》中相关设计参数，并结合现场实测给出各段的水文参数，详见表 5.2-8。

表 5.2-8　预测各段参数取值

| 序号 | 起止范围 | 长度/m | 平均宽度/m | 深度/m | 坡度 | 边坡糙度 | 平均水温/℃ |
|---|---|---|---|---|---|---|---|
| 1 | 三环至西部一期 | 10 201 | 14.8 | 0.83 | 0.008 | 0.025 | 15 |
| 2 | 西部一期至西部二期 | 849 | 20.55 | 0.82 | 0.008 | 0.035 | 15 |
| 3 | 西部二期至大潘 | 10 000 | 17.6 | 1.28 | 0.008 | 0.04 | 15 |
| 4 | 大潘至彰驿 | 9 145 | 21.8 | 0.85 | 0.008 | 0.04 | 15 |

续表

| 序号 | 起止范围 | 长度/m | 平均宽度/m | 深度/m | 坡度 | 边坡糙度 | 平均水温/℃ |
|---|---|---|---|---|---|---|---|
| 5 | 彰驿至新民屯 | 5 777 | 30.6 | 0.85 | 0.008 | 0.04 | 15 |
| 6 | 新民屯至冶金园 | 3 843 | 28.8 | 0.85 | 0.008 | 0.04 | 15 |
| 7 | 冶金园至四方台 | 9 195 | 28.9 | 0.60 | 0.008 | 0.04 | 15 |
| 8 | 四方台至土西桥 | 9 480 | 28.3 | 0.62 | 0.008 | 0.035 | 15 |

#### 5.2.4.4 降解系数

生态环境部环境规划院在全国地表水环境容量核定技术指南,已有研究表明,北京市 $K_{COD}$、$K_{NH_3\text{-}N}$ 分别为 0.1、0.05（1/d）,河北省 $K_{COD}$、$K_{NH_3\text{-}N}$ 分别为 0.3～0.4、0.4～0.6（1/d）,山西 $K_{COD}$、$K_{NH_3\text{-}N}$ 分别为 0.5、0.8（1/d）,河南 $K_{COD}$、$K_{NH_3\text{-}N}$ 分别为 0.05～1.07、0.06～0.6（1/d）,山东 $K_{COD}$、$K_{NH_3\text{-}N}$ 分别为 0.25、0.15（1/d）,且降解系数与温度成正比。细河在辽宁省沈阳市,气温较中部地区偏低,因此降解系数相对偏低,结合细河不同断面的污染物监测数据,取 $K_{COD}=0.15$、$K_{NH_3\text{-}N}=0.1$、$K_{TP}=0.08$。

#### 5.2.4.5 模型验证

根据实测数据,现状条件下三环桥 2019 年 2—6 月的平均流量为 $7m^3/s$,COD 和氨氮的平均浓度分别为 25.8mg/L 和 3.41mg/L;土西桥 2019 年 2—6 月的平均流量为 $11.5m^3/s$,COD 和氨氮的平均浓度分别为 39.0 mg/L 和 6.05 mg/L。

现状条件下细河沿河有 6 座污水处理设施,包括：城镇生活污水处理厂西部一期和西部二期,处理能力分别为 15 万 t/d 和 25 万 t/d,其中西部一期有 3 万 t 尾水进行回用,12 万 t 排入 U 谷后进入细河;冶金园工业污水处理厂,处理能力为 5 000t/d;彰驿镇乡镇污水处理设施 2 座,总的处理能力为 400t/d,新民屯镇乡镇污水处理设施 1 座,设计能力 150t/d,所有污水处理设施排放标准均为一级 A 标准。

通过输入现状入境断面和沿程各段污染源参数及各河段相关参数,对土西桥污染物浓度进行模拟,COD 和氨氮的平均浓度分别为 35.7mg/L 和 4.1 mg/L,模拟误差分别为 -8.5% 和 -32.2%。

### 5.2.5 预测结果

#### 5.2.5.1 近期 2020 年细河水质预测

2020 年细河水质预测结果见图 5.2-1、5.2-2。

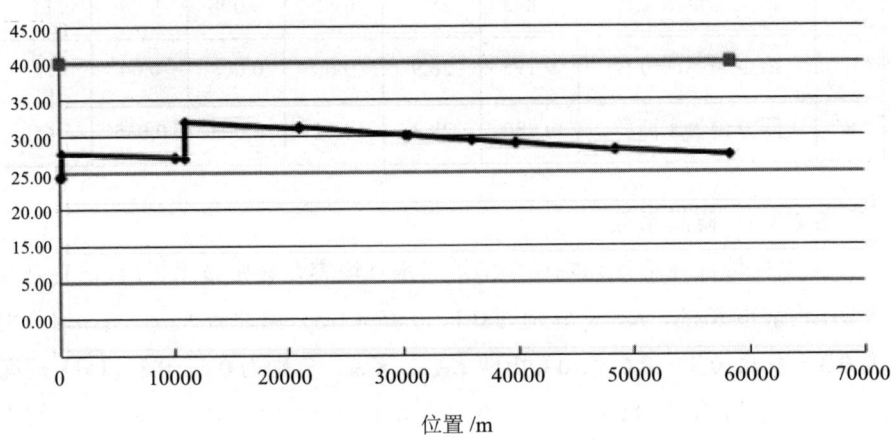

图 5.2-1　2020 年常规情况下细河 COD 沿途浓度预测

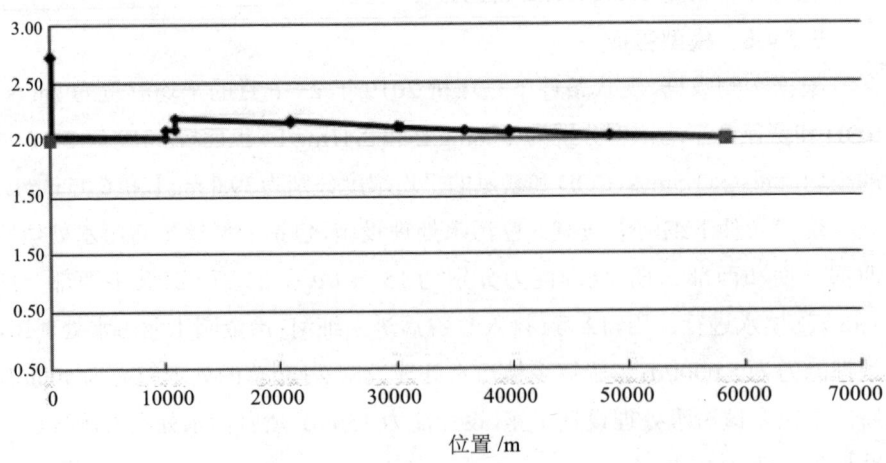

图 5.2-2　2020 年常规情况下细河氨氮沿途浓度预测

由图 5.2-1、5.2-2 可见，规划近期 2020 年，细河土西桥断面 COD 浓度为 27.23 mg/L，氨氮浓度为 2.00mg/L，断面水质可达到地表水 V 类标准。

#### 5.2.5.2 中期 2025 年细河水质预测

规划中期 2025 年细河水质预测结果见图 5.2-3、5.2-4。

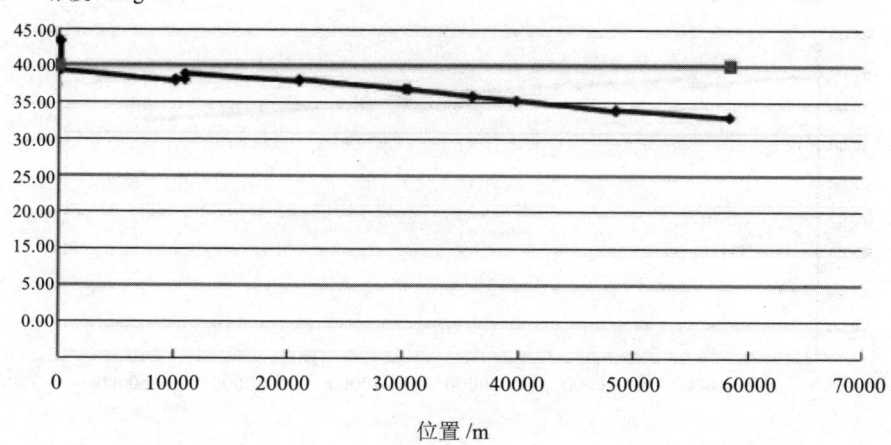

图 5.2-3　2025 年常规情况下细河 COD 沿途浓度预测

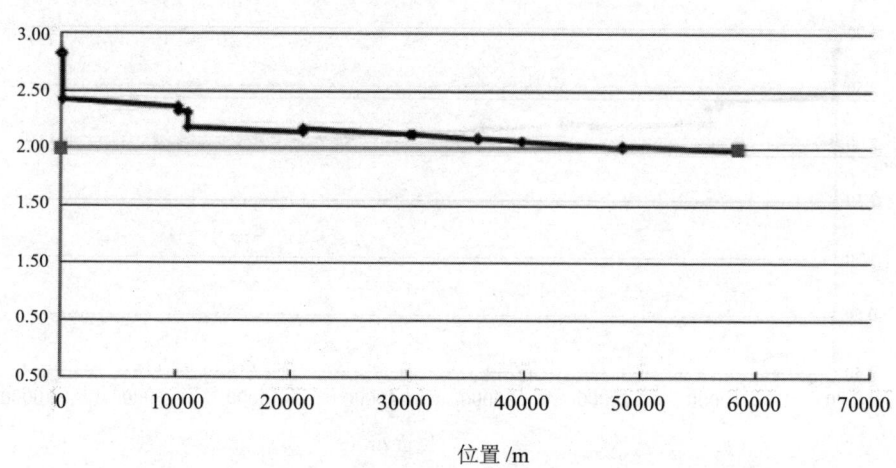

图 5.2-4　2025 年常规情况下细河氨氮沿途浓度预测

由图 5.2-3、5.2-4 可见，规划中期 2025 年常规情况下，细河土西桥断面 COD 浓度为 32.90mg/L，氨氮浓度为 1.98mg/L，断面水质可达到地表水 V 类标准。

### 5.2.5.3 远期 2035 年细河水质预测

规划远期 2035 年细河水质预测结果见图 5.2-5、5.2-6。

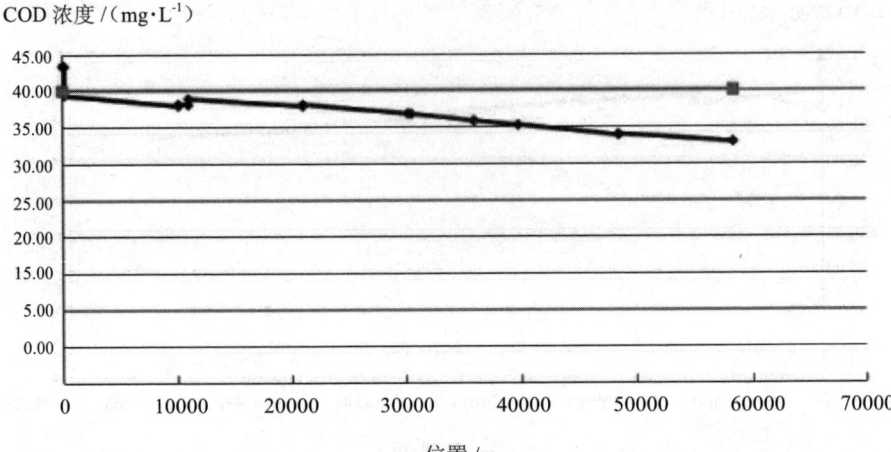

图 5.2-5　2035 年常规情况下细河 COD 沿途浓度预测

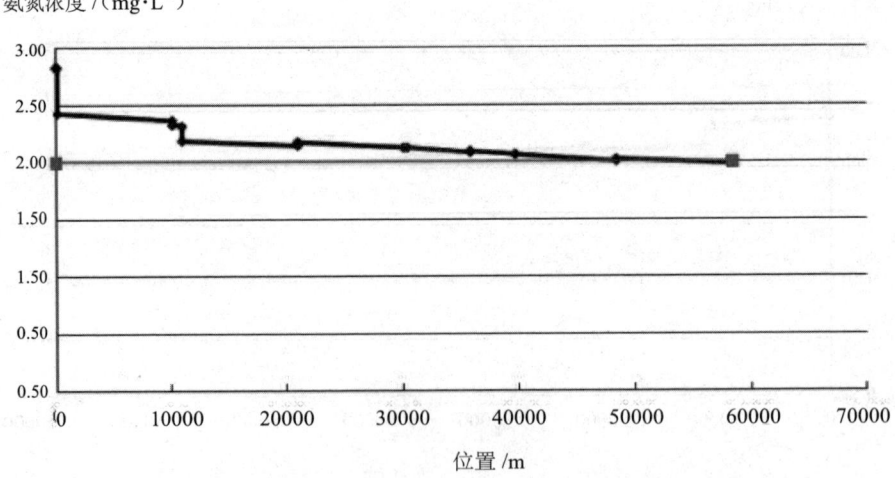

图 5.2-6　2035 年常规情况下细河氨氮沿途浓度预测

由图 5.2-5、5.2-6 可见，规划远期 2035 年常规情况下，细河土西桥断面 COD 浓度为 28.42 mg/L，氨氮浓度为 1.68 mg/L，断面水质可达到地表水 V 类标准。

### 5.2.6 预测小结

为实现细河水质达标,沈阳市政府对细河制定了"一河一策",沈阳经济技术开发区管委会制定了《沈阳经济技术开发区污水处理厂提标及中水回用方案》和《沈阳市细河(经济技术开发区段)达标方案》;评价在此基础上对地表水进行预测,预测结果表明:

2020 年,细河土西桥断面 COD 浓度为 27.23mg/L,氨氮浓度为 2.0mg/L,断面水质可达到地表水 V 类标准。

2025 年,细河土西桥断面 COD 浓度为 32.90mg/L,氨氮浓度为 1.98mg/L,断面水质可达到地表水 V 类标准。

2035 年,细河土西桥断面 COD 浓度为 28.42mg/L,氨氮浓度为 1.68mg/L,断面水质可达到地表水 V 类标准。

## 5.3 地下水环境影响预测与评价

### 5.3.1 地质与水文地质条件

#### 5.3.1.1 地质条件

(1) 区域地层岩性

评价区第四系地层发育,分布广泛。地层出露完整,从下更新统至全新统均有出露,成因类型复杂,主要为冲积层、洪积层、坡洪积层、冰碛及冰水堆积层等。

① 下更新统($Q_1$)

为一套灰白色冰水堆积,不整合于前震旦系混合花岗岩之上,该层于山前地区及平原区的东部亦有分布。

下部灰白色、黄褐色砂砾石夹粗砂小砾透镜体,具交错层理,厚 10m 左右,砾石以花岗岩、脉岩、石英岩为主,风化强烈,呈次棱角状或棱角状。内夹粗砂小砾透镜体,具交错层理,长 1~3m,厚 0.5~1m,其底部为碎石层,以棱角状石英块为主。

上部为灰白色、灰褐色黏土,夹粗砂小砾透镜体,厚10m左右。黏土具滑腻感,黏性大。粗砂小砾透镜体大小不等,具一定磨园,呈次角状,具交错层理。

②中更新统($Q_2$)

有两种不同成因类型的堆积,一套为紫红色冰碛层,另一套为火山玄武岩堆积和冲积层。

冰碛层主要分布于山前地带,出露标高约40～120m。其岩性特征:下部为棕黄色砾石含黏土,局部夹中粗砂透镜;排列复杂,直立状、扁平状、倾斜状混合一体。中部为紫红色泥砾夹中粗砂透镜体,泥砾呈半胶结状态,为紫红色亚黏土包裹,黏土约占60%～70%,厚一般2～8m,该层局部夹厚约1m左右的中粗砂层透镜体,与底部棕黄色砾石含黏土层呈相变关系。上部为紫红色亚黏土,粉土含量较高,内含砾石及卵石。

火山堆积层岩性下部为紫灰色气孔状玄武岩,大气孔状,气孔呈扁平状,无填充物,内壁光滑,见有铁染现象,具流层状层理,层间多被黏土充填。上部为灰紫褐色橄榄玄武岩,气孔为扁平状,多被钙质充填。

③上更新统($Q_3$)

位于一级阶地的表层亚黏土之下。下部为一套坡洪积棕黄色、黄褐色亚黏土层,其底部不稳定地断续分布有砂碎石、砂砾石透镜体。上部由一套冲洪积的砂、砂砾石、卵石夹亚黏土薄层组成。其地层特征:平均厚度在70m左右,由东至西颗粒由粗变细,厚度逐渐增大。

④全新统($Q_4$)

全新统地层在区内大面积分布,厚度一般为5～20m,成因类型复杂。一般为冲积砂砾石、砾卵石、砂、亚黏土、淤泥质亚黏土、亚砂土等。

(2) 规划园区工程地质条件

① 耕土:褐色,主要由黏性土及少量植物根系等组成,松散,湿。分布较连续。层厚:0.5m。

② 杂填土:杂色,以黏性土为主,含少量碎石、煤渣、碎砖及少量碎石、煤渣、碎砖等生活垃圾。松散,稍湿。分布较连续。层厚:1.1～2.1m。

③ 粉质黏土:褐色至黄褐色,含少量铁锰结核,饱和,可塑。分布较连续。性质不均,局部为黏土或粉土。层厚:0.8～4.9m。

④ 中砂：黄褐色，以长石、石英为主，含有少量云母，颗粒大小均匀，含有少量黏粒，松散至稍密，稍湿。分布较连续，性质不均，局部为粗砂。层厚：1.0~6.0m。

⑤ 粗砂：黄褐色，以长石、石英为主，含有少量云母，颗粒大小均匀，稍密至中密，稍湿至饱和。分布连续，性质不均，局部为砾砂。层厚：1.9~6.1m。

⑥ 砾砂：黄褐色至灰色，以长石、石英为主，含有少量云母，颗粒大小均匀，含有少量黏粒，最大粒径约为50mm。密实，饱和。分布连续，性质不均，局部为圆砾。

⑦ 粉质黏土：黄褐色至灰色，饱和，可塑，分布不连续。厚度：0.4~4.2m。

#### 5.3.1.2 地下水的赋存条件与分布规律

评价区含水构造整个分布于浑河的高低漫滩地带，地下水主要赋存于冲洪积的松散砂、砂砾石的孔隙之中。含水层结构由单一逐渐变成多层，厚度从薄变厚，含水系统总厚约75~110m，上部地表覆盖厚约4m的亚砂土或亚黏土，下伏第三系泥岩构成隔水底板。地下水赋存条件较好，水量丰富。

#### 5.3.1.3 地下水类型划分

本区域受地貌和第四系沉积环境的控制，水文地质条件呈现过渡性的特征。其上游含水层颗粒粗大，结构简单；下游含水层颗粒变细，结构亦变得复杂。根据评价区内的含水介质、形成年代、水力特征和埋藏条件等，区内的第四系含水层可分为潜水含水层、浅层承压水含水层、深层承压水含水层。由勘探资料可知，各层的埋藏条件、分布及变化规律、水位、水量、水质有所区别，形成了三个相对独立的含水层。

（1）孔隙潜水含水层

本层为区内第一层地下水，分布在漫滩区，表部为细粒含水层，具有自由潜水面，含水层时代为 $Q_4$。该层为冲积成因，岩性主要为粗砂和砂砾；结构松散，孔隙度大，平均厚度20.0~30.0m。抽水试验结果，单井涌水量1 555~1 768m³/d，水位降深5.75~6.56m，渗透系数21.3~80m/d，水位埋深6.74~13.13m。水化学类型为氯化物重碳酸硫酸钠钙型水，矿化度488mg/L。本层可以认为是地下水交换循环的主要通道，大气降水、灌溉水以及地表水体直接补给本层，排泄消耗本层也表现得最为积极。因而，本层地下水动态变幅可达 3m，表现为变幅大、变动频率高、反应速度快。

（2）浅层承压水含水层

本层埋藏在 $Q_4$ 孔隙潜水以下，含水层时代为 $Q_3$，岩性为砂砾石、砂卵石。含水层厚25.02～48.60m，以粉质黏土层与上层潜水相分隔，为承压水。粉质黏土层厚1.70~17.6m，最厚达26.5m，顶板埋深20～30m，承压水头埋深4～10m。根据抽水试验结果，渗透系数为30～50m/d。水位年变幅0.8～2.5m，单井出水量3 000～3 500m³/d。水化学类型为重碳酸氯化物钙钠型水，矿化度为642～649mg/L，pH值为7.00～7.20。其补给源以地下水侧向径流补给和大气降水入渗补给为主，灌溉入渗为辅。该层位地下水是城市供水的主要开采层位。

（3）深层承压水含水层

本层是最底部的松散岩类孔隙水，含水层时代为 $Q_{1+2}$，为半胶结砂砾、砂卵石夹黏土含水层，局部为砂砾石层。层厚40m左右，顶板埋深50m左右，底板埋深80～100m，含水层厚25～45m，单井出水量2 500～3 000m³/d，渗透系数10～40m/d。承压水水位埋深3.88～11.19m，地下水水化学类型为重碳酸硫酸氯化物钙镁钠型，矿化度为714mg/L，pH值为7.20。其补给来源主要为侧向径流补给。该层位地下水是城市供水的主要开采层位。

（4）包气带隔水层特征

评价区包气带岩性为杂填土和粉质黏土，平均厚度为7m，其中粉质黏土较细且均匀，渗透系数较差，厚度为3.6m，渗透系数 $2.21\times10^{-5}$～$5.78\times10^{-5}$ cm/s；人工杂填土渗透性介于亚砂土和细粉砂之间，渗透系数 $5.12\times10^{-5}$～$1.14\times10^{-4}$ cm/s，不均一，差别较大，主要是由于物质及结构不同产生的影响，该层对降水入渗、污染物下渗迁移有一定阻隔作用。

#### 5.3.1.4 地下水补、径、排条件

规划园区所在区域地下水的补给、径流、排泄条件主要受地质、水文地质条件及人工开采的影响。

（1）补给特征

区域地下水的补给以垂向补给为主，侧向补给为辅。地下水主要接受降水入渗补给、稻田和渠道水回渗补给及侧向径流补给。

①降水入渗补给

大气降水量，在一定程度上可以反映出地下水的丰富与否，它的入渗补

给量和降水的强度、地表岩性、地形等条件有直接的关系。本区属温带半湿润季风气候,区内降水量集中在 6～9 月份,占全年总量的 72.86%,其多年平均降水量为 714mm。因降水强度具有时间上的集中性,相应的对地下水的补给形成了季节性变化,即 6、7、8、9 四个月是补给地下水的主要时段。据浑河韭菜河站、沈阳站 75 年的降雨量资料统计,大气降水一般 9～12 年为一个大循环,4～6 年为一小循环,1984 年降水量处在小循环由小到大变化的末期(第五年)所以说降水入渗补给又具有循环性。因 1984 年降水量为 750.9mm,略高于沈阳站 1906—1984 年降水频率众数对应的年降水量 709mm,所以本次计算的降水入渗补给量还是可靠的。资料统计结果还表明,历年降水量呈现出东部大、西部小、南部大、北部小的分布不均匀性,因而造成降水入渗补给具有地段性。由于受到降水分布不均的控制,扇形地的富水性等级自东向西变小,由北而南增大。此外,降水入渗补给还和地形、地质等条件有着密切联系,例如地形平坦地段地面坡降小,利于入渗补给还和地形、地质等有着密切联系;地形平坦地段地面坡降小,利于入渗补给,表层覆盖黏性土层薄利于入渗补给。区域地形平坦、坡度较小、表层岩性为亚砂土或亚黏土,利于降水入渗。浑河扇形地地面平均坡降 0.8‰,黏性土覆盖厚度为:北部区厚 15～25m,南部区变薄 2～10m,况且地表还分布有粉质黏土、砂及圆砾,浑河扇形地顶部带砂层直接出露地表。受这种地形、地质结构条件的控制,降雨入渗补给强度,南部区大于北部区,扇顶带—中部带好于扇前缘。

②水田和渠道水回渗补给

稻田分布面积广,主要分布于工作区的西部和南部,总面积约 80km²。灌溉定额平均值每亩 824m³/a(1 亩 ≈ 666.67m²)。灌溉用水以引入大伙房水库水为主,同时采用地下水。引水浇灌时间自 4 月下旬到 10 月上旬,时间长达 6 个月,其中纯灌溉天数 109d。自四月下旬开始泡田后,地下水受到稻田水回渗补给,水位开始上升。5、6 月是稻田强灌期,在其影响下,地下水位出现了第一峰期,之后,将不断地回渗补给地下水,直至 10 月上旬。

③侧向径流补给(二类边界流入量)

根据区域地下水流场可以看出,评价区东、北边界接受区外的地下水补给,补给断面厚度为 20～30m,天然水力梯度为 0.5‰～0.8‰。

(2) 径流特征

评价区东部含水层颗粒粗，在铁西城区至翟家镇一带含水层的平均渗透系数80.0m/d，水力梯度为0.69‰，地下水运动通畅，交替积极；下游含水层颗粒变细，平均渗透系数为30m/d，水力梯度为0.53‰，地下水径流较上游变得滞缓。中部含水层平均渗透系数为40.0~60.0m/d。区内地下水径流方向为东北至西南。

(3) 排泄特征

地下水排泄方式主要有四种方式：人工开采排泄、下游侧向径流排泄、河流排泄、潜水蒸发排泄。

①地下水人工开采

区内地下水开采包括市政水源开采、企业自备水源、农业用水开采。市政水源开采主要为沈阳胜科水务有限公司水源；农业用水井包括农业灌溉井和农村自来水井两类。

②地下水侧向径流排泄

位于浑河扇地前缘带的地下水径流排泄区，由于含水层颗粒细，水力坡度小，径流重要条件滞缓，不利于地下水的径流排泄。

③河流排泄

在谟家大闸以下的浑河段，地下水位在绝大多数情况下都高于河水位，河流排泄地下水。

④地下水的蒸发消耗

地下水的蒸发消耗决定于地下水的埋深和包气带岩性，根据辽宁省地质环境监测总站沈阳环境地质试验场的实测资料，本地区地下水的极限蒸发深度粉细砂为3.0~3.5m，亚砂土4.0~4.5m，亚黏土为2.5~3m，可见在一些地下水开采量较大的地区，地下水的埋深处于极限蒸发深度以下，基本不存在地下水的蒸发消耗。

#### 5.3.1.5 地下水位动态变化

地下水动态是水量均衡的反映，本区域地下水的动态变化主要受大气降水、人工开采和地表水体（浑河）的控制，而受地形地貌、地层岩性等因素的影响作用较小。

地下水水位一般在每年的5—9月最高，最低水位出现在4月份。水位年变幅较小,在2~3m左右。丰水季节,接受了大气降水的补给,地下水位呈面状抬升。随着时间的推移,这部分大气降水补给量被工、农业开采殆尽,水位又下降到枯水期的水平。

(1) 灌溉气象型

灌溉水入渗是地下水动态变化的主要补给影响因素,大气降水起到了进一步增强入渗补给的作用。开采地下水育苗或泡田,构成了影响地下水位动态变化的排泄因素。如图5.3-1所示,该类型地下水位动态变化特征为:1—3月水位逐渐缓慢下降,4—6月中旬由于开采地下水用于育苗、泡田、插秧,水位处最低值,6月中旬至7月上中旬正是大量灌水季节,此时又处于大气降水集中时期,地下水得到二者的充分补给,水位升高,并且通常于7月下旬至8月初,出现最高水位值,8月下旬随着灌水停止和大气降水的减少,地下水位则随之下降,一直延续到年底。动态曲线类型呈单峰型,具峰宽谷窄或峰谷相当之特点。

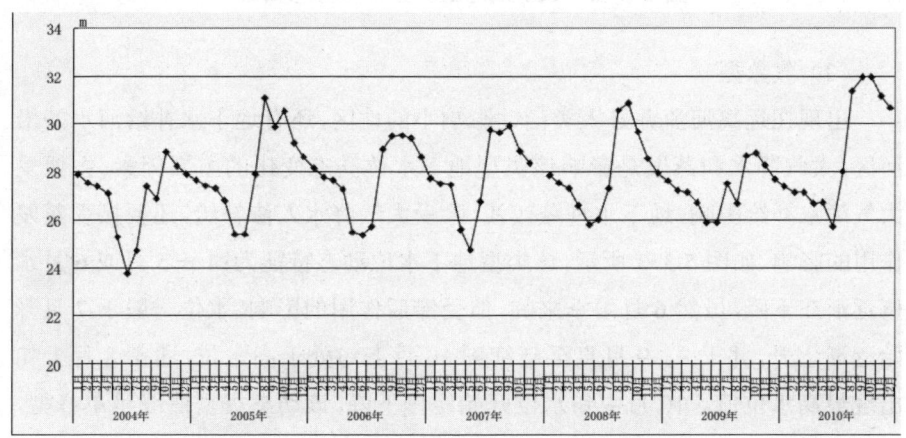

图 5.3-1　灌溉气象型地下水动态曲线

(2) 水文气象开采型

出现在沿河地区,其宽度受河流水情、河床岩性、地质地貌条件及沿岸地下水开采程度等因素控制。该动态类型的地下水与河水的互补关系密切,河水的入渗补给与径流排泄作用,是地下水位动态变化的主要影响因素。河水位的涨落控制了地下水位上升下降的动态变化过程。如图5.3-2所示,其地下水位动态特征为：1—4月地下水位低平，处于逐渐缓慢下降状态，5—6月随着河水位逐渐上升，地下水位也缓慢上升，到了7月至8月上中旬，因河水迅猛上涨，地下水位亦大幅度上升，并随着河水洪峰的出现，地下水位出现最高水位值，地下水高水位值比河水位洪峰值的出现，一般要滞后3～5d，高水位值持续5～10d左右之后，随着河水位的急剧回落，地下水位也随之相继开始下降，9月份后直至12月末，地下水位呈缓慢持续下降状态。该类型地下水位与河水位动态变化具有相关特征，其动态变化曲线波峰多呈尖角状。

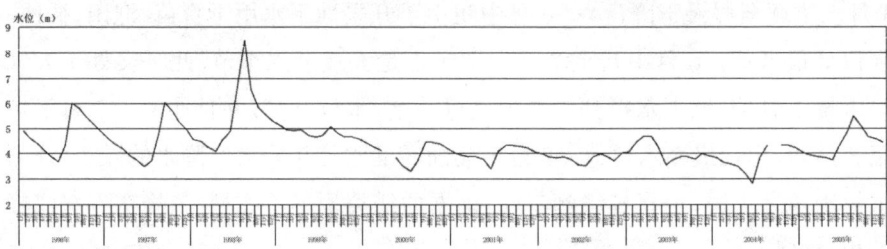

图 5.3-2　浑河水文型地下水动态曲线

（3）气象型

出现在远离河流并且人类活动影响小的地区，还有地下水补给河水的沿河区。大气降水和蒸发是影响该类型地下水位动态变化的主要因素。主要受大气降水补给影响，地下水埋藏较浅，除受大气降水入渗补给，还要接受蒸发作用的影响。如图5.3-3所示，该类型地下水位动态特征为：1—5月或6月水位逐渐在下降，虽然6月雨季来临，但受滞后作用的影响，水位一般于7月开始逐渐上升，并于8、9月直至延续到10月上旬处于高水位，通常8月上旬出现最高水位值。10月中旬水位开始缓慢下降。该动态类型曲线呈单峰型，具峰窄谷宽的特点。

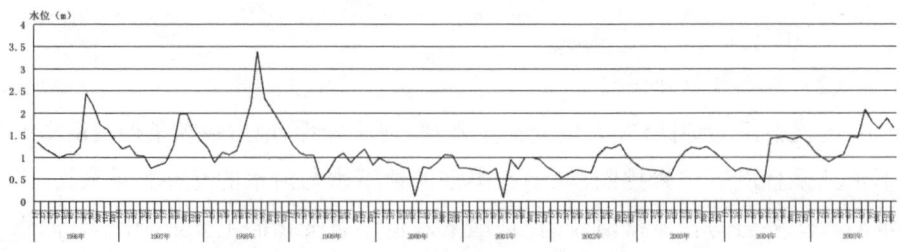

图 5.3-3　气象型地下水动态曲线

## （4）工业开采气象型

主要分布于工业和市政集中开采地区，集中开采地下水构成了地下水位动态变化的主要影响因素，而大气降水对地下水位动态起到一定的调节作用。开采量的大小，制约地下水位下降幅度的大小或者部分地控制地下水位上升幅度的大小。当地下水开采量增加时，漏斗范围增大，漏斗中心水位降低；当开采量基本稳定时，漏斗范围和漏斗中心水位变化均不大，主要受降水量控制。从水位动态曲线上看，每年年末至下一年雨季之前，以强烈开采为主要影响因素，水位持续下降，在7—9月为大气降水集中时期，影响地下水位动态变化因素由开采为主转为降水补给为主，因而地下水位上升。该类型动态曲线特征多呈波浪起伏状。

### 5.3.1.6 地下水水化学特征

评价区地下水 pH 值在 6.85~7.37，属中性水，矿化度 274～684，属低-中等矿化度，总硬度为 143~284，属硬水，水化学类型主要为 $HCO_3·SO_4-Ca$ 型、$HCO_3-Ca·Na$ 型、$HCO_3·Cl-Ca$ 型、$HCO_3-Na$ 型。$HCO_3·SO_4-Ca$ 类型主要分布在小祝家堡西侧、李达堡、侯家堡附近；$HCO_3-Ca·Na$ 类型主要分布在评价区东部大祝家堡附近；$HCO_3·Cl-Ca$ 类型主要分布在赵家村南部区域；$HCO_3-Na$ 类型主要分布在评价区西部靠近细河区域。靠近浑河、细河区域 $SO_4^{2-}$、$Na^+$、$Cl^-$ 含量升高，其来源与水田引污灌溉、施用含氯化肥、地表水体进入等因素有关。

## 5.3.2 规划区域及周边地下水资源开发利用情况

### 5.3.2.1 水源地概况

沈阳经济技术开发区内有沈阳胜科水务有限公司一、二、三水厂和沈阳水务集团九水厂翟家水源。其中九水厂位于规划范围内，胜科一、二、三水厂水源地保护区以及翟家水源保护区均位于规划区范围外。沈阳胜科水务有限公司一、二、三分厂共有饮用水源井 41 眼，井深在 80～100m 之间，取水层位为承压含水层；其中一分厂 33 眼，二分厂 4 眼，三分厂 4 眼，一级保护区为以水源井为中心、半径为 30m 的圆形区域，未设二级保护区，准保护区为一级区外径向延伸 200m 的圆形区域；年取水量为 3 217 万 $m^3$，目前胜科供水对象实际用水水量为 2 674 万 $m^3$，企业用水户 900 多个，年总用水量 2 307.33 万 $m^3$；

居民 12 万人，生活用水量 367.52 万 m³。具体情况分别如下：

（1）胜科饮用水有限公司一分厂水源

沈阳胜科水务有限公司一分厂于 1998 年建成，服务区域为开发区一、二、三期，在用水源井设计日开采量 7.2 万 t，目前实际日平均取水量约 6.8 万 m³，在用 33 眼。一级保护区面积为 0.092 4km²，准保护区面积为 4.935 5km²。该水源保护区位于规划区北部（地下水主径流方向上游），准保护区边界与规划区最近距离为 1.85km。

（2）胜科饮用水有限公司二分厂水源

沈阳胜科水务有限公司二分厂于 2006 年建成，服务区域为开发区中法生态园，设计日开采取水量 0.88 万 t，目前实际日平均取水量约为 0.8 万 t，现用水源井 4 眼。一级保护区面积为 0.011 2km²，准保护区面积为 0.286 2km²。该水源保护区位于规划区东部（地下水主径流方向上游），准保护区边界与规划区最近距离为 1.32km。

（3）胜科饮用水有限公司三分厂水源

沈阳胜科水务有限公司三分厂于 2006 年建成，服务区域为开发区铸锻园及中德装备园，设计日取水量 1 万 t，目前实际日平均取水量约 1 万 t，在用水源井 4 眼。一级保护区面积为 0.011 2km²，准保护区面积为 0.605 2km²。该水源保护区位于规划区北部（地下水主径流方向上游），准保护区边界与规划区最近距离为 0.55km。

（4）沈阳水务集团九水厂翟家水源

沈阳水务集团九水厂翟家水源共有水源井 34 眼，设计供水能力 9 万 m³/d，其中 4.5 万 m³/d 供给开发区，另外 4.5 万 m³/d 供给铁西区老城区。其中：在开发区范围内有供水井 9 眼，分布在九水厂院内，属于混合供水；苏家屯区范围内有水源井 25 眼，分布在浑河南岸河滩地上，为工业用水。浑河南岸的翟家水源地二级保护区与规划区南侧相邻，规划区邻近水源地一侧为 400～1 000m 的防护绿地，且翟家水源地位于浑河南岸，与规划园区不属于同一个水文地质单元，满足水源保护区管控要求。由于浑河南岸的翟家水源地与本规划区不在同一个水文地质单元，故本次地下水环境影响评价不考虑此水源地。

分布在九水厂院内的 9 眼井均未在《辽宁省人民政府关于沈阳市县级以上城市集中式饮用水水源保护区的批复》（辽政〔2018〕163 号）中，现已关闭 2 眼水源井,在用 7 眼井。规划园区走位水源地分布如表 5.3-1 所示。

**表 5.3-1　规划园区周围水源地分布情况一览表**

| 水源地名称 | 与规划园区相对位置 | | 取水量 /(万m³·d⁻¹) | 用途 | 备注 |
|---|---|---|---|---|---|
| | 方向 | 最近距离 /km | | | |
| 胜科饮用水有限公司一分厂水源 | N | 1.85 | 6.80 | 生活用水 | 地下水主径流方向上游 |
| 胜科饮用水有限公司二分厂水源 | E | 1.32 | 0.80 | 生活用水 | 地下水主径流方向上游 |
| 胜科饮用水有限公司三分厂水源 | N | 0.55 | 1.00 | 生活用水 | 地下水主径流方向上游 |
| 沈阳水务集团九水厂院内 | N | 规划园区内 | 3.80 | 混合供水 | 违规水源,建议关闭 |
| 沈阳水务集团翟家水源（浑河南岸） | S | 相邻 | | 工业用水 | 与规划园区不在同一个水文地质单元 |

#### 5.3.2.2　现状开采情况

（1）供水水源工程现状

经开区有地表水水源工程 1 处,供水能力为 673.92 万 m³/d(18 330m³/a);有地下水水源工程 347 处,供水能力为 17.82 万 m³/d。供水情况见表 5.3-2。

开发区除管网覆盖区以外,部分水田灌溉采用地表水,其他用水均为地下水源。农村居民生活用水均由采用地下水源的农村饮水安全工程提供,现有农村饮水安全供水工程 87 处,共 87 眼井。

（2）供水量与需水量

2016 年开发区总供水量 20 266 万 m³,其中地表水供水量 1 835 万 m³,地下水供水量 18 431 万 m³。

2016 年开发区总用水量为 20 266 万 m³,其中农田灌溉用水量 10 318 万 m³、林牧渔畜用水量 1 783 万 m³、工业用水量 5 000 万 m³、建筑业用水量 927 万 m³、第三产业用水量 831 万 m³、城市居民生活用水量 811 万 m³、农村居民生活用水量301万 m³、生态环境用水量295万 m³。详见表5.3-3。

表5.3-2 开发区水源工程供水情况调查表

| 水源类别 | 水源名称 | 设计供水能力/(万m³·d⁻¹) | 地表水 处 | 地表水 取水量/(万m³·d⁻¹) | 浅层地下水 处 | 浅层地下水 井眼数 | 浅层地下水 取水量/(万m³·d⁻¹) | 现状取水能力 取水量/(万m³·d⁻¹) | 实际供水量/(万m³·a⁻¹) 地表水 | 实际供水量/(万m³·a⁻¹) 浅层地下水 | 实际供水量/(万m³·a⁻¹) 合计 |
|---|---|---|---|---|---|---|---|---|---|---|---|
| 城市水源 | | | 1 | | | | | | | | |
| 市政水源 | 胜科水务 | 9.6 | | | 1 | 41 | 9.6 | 9.6 | | 3 512 | 3 512 |
| 市政水源 | 水务集团 | 3.8 | | | 1 | 34 | 3.8 | 3.8 | | 1 387 | 1 387 |
| 市政水源 | 小计 | 13.4 | | | 2 | | 13.4 | 13.4 | | 4 899 | 4 899 |
| 自备水源 | 石蜡厂 | 2.5 | | | 2 | 15 | 2.5 | 2.5 | | 900 | 900 |
| 自备水源 | 企业自备井 | 1.1 | | | 253 | 253 | 1.1 | 1.1 | | 2 065 | 2 065 |
| 自备水源 | 小计 | 3.6 | | | 1 | | 3.6 | 3.6 | | 2 965 | 2 965 |
| 城市合计 | | 17.0 | | | 260 | | 17.0 | 17.0 | | 7 864 | 7 864 |
| 农村水源 | | | | | | | | | | | 0 |
| 灌溉水源 | 大伙房水库 | 673.92 | 1 | | | | | | 1 835 | | 1 835 |
| 灌溉水源 | 农业灌溉 | | | | | | | | | 10 266 | 10 266 |
| 生活水源 | 农村饮水安全工程 | | | | 87 | 87 | 0.82 | | | 301 | 301 |
| | 小计 | | | | | | 17.82 | | 1 835 | 10 567 | 12 402 |
| 开发区合计 | | | 1 | | 347 | | | | 1 835 | 18 431 | 20 266 |

表 5.3-3　2016 年开发区供、用水量表

| 供水量 / 万 m³ | | | 用水量 / 万 m³ | | | | | | | | |
|---|---|---|---|---|---|---|---|---|---|---|---|
| 地表水 | 浅层地下水 | 供水总量 | 农田灌溉 | 林牧鱼畜 | 工业 | 建筑业 | 三产 | 城市居民生活用水 | 农村居民生活用水 | 生态环境用水 | 用水总量 |
| 1 835 | 18 431 | 20 266 | 10 318 | 1 783 | 5 000 | 927 | 831 | 811 | 301 | 295 | 20 266 |

（3）地下水漏斗情况

沈阳市地下水降落漏斗始见于 1956 年。2000 年后，沈阳市西部漏斗中心向西移至市政于洪水源，该降落漏斗目前仍然是沈阳市最大的一个，其面积 2003 年枯水期为 33.25km²，2005 年枯水期为 16.1km²；原东部漏斗缩小北移至望花以北地区。依据沈阳所 2009—2010 年两次枯水期水位统测资料，西部漏斗中心依然位于洪水源，漏斗面积分别为 4.62km² 和 6.38km²，漏斗中心水位埋深分别为 17.90m 和 18.32m（见图 5.3-4、表 5.3-4）。

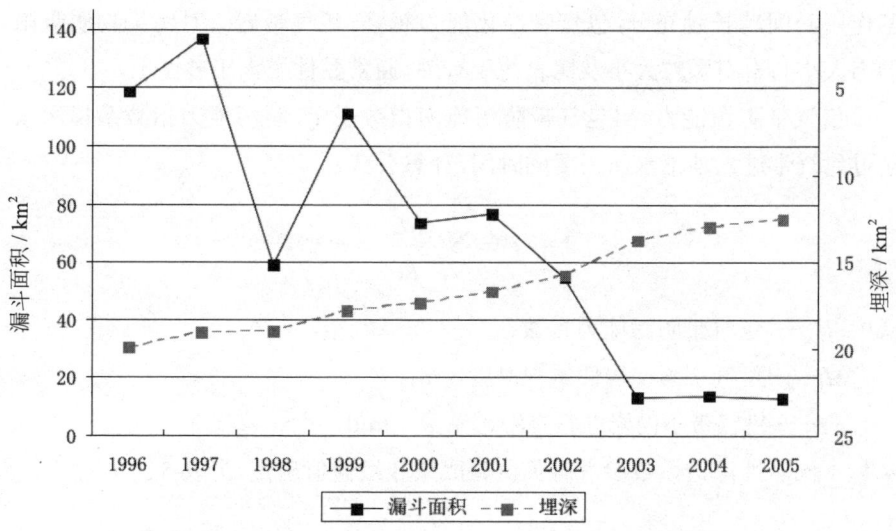

图 5.3-4　地下水漏斗面积及中心水位埋深年际变化图

表 5.3-4　铁西漏斗多年平均变化统计表

| 年份 | 水位/m | 埋深/m | 漏斗面积/km² | 年份 | 水位/m | 埋深/m | 漏斗面积/km² |
|---|---|---|---|---|---|---|---|
| 1996 | 17.74 | 19.9 | 118.75 | 2001 | 22.72 | 16.7 | 76.7 |
| 1997 | 18.6 | 19.04 | 137.5 | 2002 | 21.94 | 15.7 | 55 |
| 1998 | 18.68 | 18.96 | 59 | 2003 | 23.92 | 13.72 | 13.57 |
| 1999 | 19.88 | 17.76 | 111.5 | 2004 | 24.72 | 12.92 | 14.25 |
| 2000 | 20.3 | 17.34 | 73.75 | 2005 | 25.11 | 12.53 | 13 |

### 5.3.3　包气带防污性能评价

包气带是地下含水层的天然保护层,是地表污染物质进入含水层的垂直过渡带。污染物质进入包气带便与周围介质发生物理化学生物化学等作用,其作用时间越长越充分,包气带净化能力越强。包气带岩土对污染物质吸附能力大小与岩石颗粒大小及比表面积有关,通常黏性土大于砂性土。

包气带防污能力,用包气带防污能力指数表示,防污能力指数系指污水经过包气带进入地下水所需要的时间,计算公式：

$$P = \sum_{i=1}^{i} \frac{M_i}{K_i}$$

式中：$P$——包气带防污能力指数；

$M_i$——包气带同一岩性累积厚度，m；

$K_i$——包气带不同岩性垂直渗透系数，m/d。

不同岩性渗透系数参考有关试验成果和经验值确定,见表5.3-5。

表 5.3-5　不同岩性渗透系数经验值

| 岩性 | 黏土 | 砂质黏土 | 黏质砂土 | 粉砂 | 粉细砂 | 细砂 | 细中砂 |
|---|---|---|---|---|---|---|---|
| 渗透系数/(m·d⁻¹) | 0.005 | 0.05 | 0.25 | 3.0 | 6.0 | 7.0 | 17.0 |

以 GIS 数据分析为基础,选取 DRASTIC 经典评价法,对沈阳市内地下水天然防污性能进行了定量评价,其中本次评价的所在区域为重点防护区。

### 5.3.4 地下水易污性评价

#### 5.3.4.1 评价方法

地下水易污性的常用评价方法有三种:水文地质背景值法、参数系统法及关系分析和数值模型法。目前研究多集中在参数系统法,参数系统法中以 DRASTIC 方法的应用最为广泛,本次采用 DRASTIC 方法进行评价。

由于水文地质条件不同,地下水防污染性能也不同,影响的因素很多,DRASTIC 模型选择主要影响因素的原则是对地下水防污染性能影响大且资料相对容易取得的因素,因而选定的七个因子包括:地下水埋深(depth of water table)、净补给量(net recharge)、含水层介质(aquifer media)、土壤介质(soil media)、地形坡度(topography)、包气带影响(impact of the vadose zone)和水力传导系数(hydraulic conductivity of the aquifer)。

DRASTIC 选取的 7 项水文地质背景因素和对每一个因素给定一个相对权重见表 5.3-6。

表 5.3-6 DRASTIC 指标体系的各评价因子

| 评价参数 | 权重 |
| --- | --- |
| $D$——地下水位埋深 (depth to the water-table) | 5 |
| $R$——地下水净补给 (net recharge) | 4 |
| $A$——含水层介质 (aquifer material) | 3 |
| $S$——土壤介质 (soil type) | 2 |
| $T$——地形 (topography) | 1 |
| $I$——非饱和带影响 (impact of the vadose zone) | 5 |
| $C$——含水层水力传导系数 (hydraulic conductivity of aquifer) | 3 |

在DRASTIC模型的七个因子中，$D$、$R$、$T$、$C$因子是定量的数值，$A$、$S$、$I$因子是定性的介质。对每一个DRASTIC因子给定一个相对权重，其取值范围为1～5，用以反映各个因子的相对重要程度，即对地下水污染最具影响的参数的权重为5，影响程度最弱的参数的权重为1。该模型的权重是不变的常数，分为所有污染物权重和农药类污染物权重，其中$S$、$T$、$I$、$C$因子的两类权重有区别。本次采用所有污染物权重进行评价。

$$DI = W_dD + W_rR + W_aA + W_sS - W_rT + W_iI + W_cC$$

式中，$W_i$为该因子的权重，$D$、$R$、$A$、$S$、$T$、$I$、$C$该因子的评分。DI称之为DRASTIC指数，若按所有污染物权重计算DI值，其值域为23～230，若按农药类污染物权重计算DI值，其值域为26～260。但是没有按DI值对地下水的易污性分级，也没有规定易污性的强与弱等级。DRASTIC模型在整体上反映了研究区水文地质的内部本质属性，是一种经典的线性加权评分方法，简单易行，结果明了。

根据确定的易污性指标可以判断哪些区域的地下水易于污染，易污性指标越高，表明区域的地下水就越容易被污染。

#### 5.3.4.2 评价指标与评分

各评价指标评分值见表5.3-7。

（1）地下水位埋藏深度

地下水位埋藏深度决定着污染物到达含水层之前传输媒介材料的深度，有助于确定与周围介质接触的时间，提供了污染物与大气中的氧接触致使其氧化的最大机会。通常地下水位埋藏深度越深，污染物到达含水层所需时间越长，则污染物稀释与降解的机会就越多。根据地下水埋深对地下水污染的影响程度，定义本区域DRASTIC埋藏深度的范围与评分值。

## 表 5.3-7  DRASTIC 指标体系的各评价因子评分分值

| 序号 | 埋深 D | | 净补给 R | | 含水介质 A | | 土壤介质 S | | 地形 T | | 非饱和带介质影响 I | | 含水层水力传导系数 C | |
|---|---|---|---|---|---|---|---|---|---|---|---|---|---|---|
| | 范围/m | 评分 | 范围/mm | 评分 | 介质类别 | 评分 | 介质类型 | 评分 | 坡度/% | 评分 | 介质 | 评分 | 系数/(m·d⁻¹) | 评分 |
| 1 | 0~1.5 | 10 | 0~51 | 1 | 亚砂 | 3 | 薄层或缺失 | 10 | 0~2 | 10 | 黏土 | 3 | 0.04~4.1 | 1 |
| 2 | 1.5~4.6 | 9 | 51~102 | 3 | 细砂 | 4 | 砾石 | 10 | 2~6 | 9 | 亚黏土 | 4 | 4.1~12.2 | 2 |
| 3 | 4.6~9.1 | 7 | 102~178 | 6 | 中粗砂 | 6 | 砂 | 9 | 6~12 | 5 | 亚砂土 | 5 | 12.2~28.5 | 4 |
| 4 | 9.1~15.2 | 5 | 178~254 | 8 | 砂卵砾石 | 8 | 胀缩性黏土 | 7 | 12~18 | 3 | 中砂 | 6 | 28.5~40.7 | 6 |
| 5 | 15.2~22.9 | 3 | >254 | 9 | 风化的变质岩、火成岩 | 3~5 (4) | 壤土 | 5 | — | | 粗砂 | 8 | 40.7~81.5 | 8 |
| 6 | 22.9~30.5 | 2 | — | | 岩溶发育的灰岩 | 9~10 (10) | 粉质壤土 | 4 | — | | 砂卵砾石 | 10 | >81.5 | 10 |
| 7 | >30.5 | 1 | — | | 块状灰岩 | 4~9 (6) | 黏质壤土 | 3 | — | | 含较多黏粒和粉粒的砂砾石 | 4~8 (6) | — | |
| 8 | — | | — | | — | | 黏质壤土 | 3 | — | | 岩溶发育灰岩 | 6 | — | |
| 9 | — | | — | | — | | 非胀缩性黏土 | 1 | — | | — | 6 | — | |

注:括号内数值为典型评分值。

(2) 净补给

净补给是指单位面积内渗入地表并达到含水层的水量,这种补给水是淋滤、传输固体和液体污染物的主要载体,入渗水越多,由补给水带给潜水含水层的污染物就会越多。所以,补给水是固体和液体污染物浸析和运移至含水层的主要工具。

DRASTIC 模型中的净补给是指在特定时间（通常为一年）内，通过非饱和带进入补给含水层的水量，其能力定义为由补给速率（$m^3/a$）分配给含水层中的水量，以单位面积接受的补给量表示，即为净补给模数 $[m^3/(a·km^2)]$。净补给的精度一般较低，较其他参数难以获取，相对精确的方法是通过建立区域水量平衡方程获得。

本书采用《沈阳经济技术开发区水资源评价》计算的净补给量。

（3）含水介质

在含水层中，含水介质既控制污染物渗流途径和渗流长度，也控制污染物衰减作用（如吸附作用、各种反应和弥散作用等）可利用的时间及污染物与含水层介质接触的有效面积。污染物渗透途径和渗流长度强烈受含水层介质性质的影响。一般情况下，含水层中介质颗粒越大，裂隙或溶隙越多，渗透性越好，污染物的衰减能力越低，防污染性能越差。

（4）土壤介质

土壤介质是指包气带顶部具有生物活动特征的部分，它明显影响渗入地下的补给量，所以也明显影响污染物垂直进入包气带的能力。在 DRASTIC 方法中，所要评价的土壤层通常为距地表平均厚度 2m 或小于 2m 的地表风化层。在土壤带很厚的地方，入渗、生物降解、吸附和挥发等污染物衰减作用十分明显。一般情况下，土壤防污性能明显受土壤中的黏土类型、黏土胀缩性和颗粒大小的影响，黏土胀缩性小、颗粒小的，防污染性能好；若没有土壤层或土壤层薄到不能阻止污染物迁移时，防污染性能极差。

（5）地形

在某种程度上，污染物是滞留在一定的地表区域还是被冲走是由地形控制。这里的地形是指地表的坡度或坡度的变化。地形坡度缓，会给污染物留有渗入地下水的足够时间，相应的地下水具有较大的易污势性。地形坡度 < 2% 的地区，因为不会产生地表径流，污染物入渗的机会多；相反，地形坡度 > 18% 的地区，地表径流大，入渗少，地下水受污染的可能性也小。

（6）非饱和带影响

非饱和带指的是潜水位以上包气带，这个严格的定义可用于所有的潜水含水层。非饱水带介质的类型决定着土壤层和含水层之间物质的稀释特性，生物降解作用、中和作用和物理化学反应等过程均发生在浮流区内。介质类型还控制着渗透途径和渗流长度,并影响污染物衰减和与介质接触时间。在选择非饱水带介质时,选择对易污性有显著影响的介质层。当有多层介质存在时,各层介质的相对厚度是影响渗流区介质选择的一个因素,同时应考虑各层介质的易污染性的大小。

(7) 含水层的水力传导系数

在一定的水力梯度下,水力传导系数(亦称为渗透系数)控制着地下水的流速,同时也控制着污染物离开污染源场地的速度。水力传导系数受含水层中的粒间孔隙、裂隙、层间裂隙等所产生的空隙的数量和连通性控制。水力传导系数越高,防污染性能越差,因为污染物能快速进入含水层的位置。

#### 5.3.4.3 评价结果

根据区域水文地质资料,本次评价结果是正常情况下的 DRASTIC 脆弱性指标,其易污性指标介于 133～169 之间。这一数值具有的是相对意义。虽然易污性指标不能反映某一区域的地下水是否已被污染,但可根据其评价结果,对那些易污性指标相对较高的区域采取有效的环境保护措施。

根据正常情况下的 DRASTIC 脆弱性指标介于 23～230 之间,本次评价指标为指标地下水脆弱性指标较高区。评价范围的东南侧由于上部分布有亚黏土,具有一定防渗作用,因此其脆弱性指标相对其他评价区域稍低。大潘街道和大青街道以南区域属浑河的近岸漫滩区,上部黏土层非连续分布,且降水入渗系数较高,地下水位埋深浅,为区域地下水脆弱性相对较高地区,易受到污染。

### 5.3.5 地下水位现状调查

本次评价收集了研究区 2018 年 10 月平水期和 2019 年 1 月枯水期的水位数据,并于 2019 年 7 月 11—13 日丰水期对 $210km^2$ 的调查范围进行了野外水井调查,共计 34 个潜水水位点及 5 个浑河水位点(见表 5.3-8)。为了了解评价区地下水与浑河的补排关系,本次调查范围大于评价范围,扩至浑河南岸。根据收集资料和实测结果绘制了调查区 2018 年 10 月(平水期)、2019 年 1 月(枯水期)和 2019 年 7 月(丰水期)的地下水等水位线图(见图 5.3-5～图 5.3-7)。

表 5.3-8　2019 年 7 月水井调查一览表

| 编号 | 坐标 | | 位置 | 水位/m | 埋深/m | 地面高程/m | 井深/m | 备注 |
|---|---|---|---|---|---|---|---|---|
| | $x$ | $y$ | | | | | | |
| 1 | 41 521 114.21 | 4 620 513.62 | 大于村 | 24.32 | 10.18 | 34.50 | 19.00 | 潜水水井 |
| 2 | 41 522 177.70 | 4 618 740.34 | 郎家村 | 21.12 | 12.54 | 33.66 | 41.20 | 潜水水井 |
| 3 | 41 519 171.80 | 4 619 664.16 | 翟家 | 22.76 | 11.40 | 34.16 | 15.00 | 潜水水井 |
| 4 | 41 517 073.18 | 4 620 197.79 | 东胜村 | 23.64 | 8.30 | 31.94 | 19.60 | 潜水水井 |
| 5 | 41 517007.26 | 4 617 502.11 | 小挨金村 | 20.45 | 12.20 | 32.65 | 13.00 | 潜水水井 |
| 6 | 41 514 928.68 | 4 617 331.42 | 马贝村 | 21.23 | 8.50 | 29.73 | 15.40 | 潜水水井 |
| 7 | 41 513 919.16 | 4 617 768.24 | 沈辽路路边工地 | 22.27 | 7.05 | 29.32 | 25.00 | 潜水水井 |
| 8 | 41 514 918.81 | 4 616 171.06 | 河北村 | 19.84 | 10.05 | 29.89 | 23.00 | 潜水水井 |
| 9 | 41514 102.15 | 4 615 790.47 | 大祝村 1 | 19.87 | 9.62 | 29.49 | 35.60 | 潜水水井 |
| 10 | 41 514 476.54 | 4 615 771.14 | 大祝村 2 | 19.65 | 9.94 | 29.59 | 31.00 | 潜水水井 |
| 11 | 41 512 499.31 | 4 613 846.07 | 李连村 | 18.93 | 8.92 | 27.85 | 17.50 | 潜水水井 |
| 12 | 41 510 304.32 | 4 613 398.93 | 蔡家村 | 18.34 | 8.02 | 26.36 | 18.00 | 潜水水井 |
| 13 | 41 510 315.78 | 4 614 113.41 | 东古村 | 18.80 | 7.79 | 26.59 | 16.00 | 潜水水井 |
| 14 | 41 508 809.83 | 4 613 404.19 | 前庙村 | 17.91 | 7.62 | 25.53 | 30.00 | 潜水水井 |
| 15 | 41 508 867.11 | 4 612 089.82 | 双树坨子村1 | 17.23 | 7.26 | 24.49 | 17.00 | 潜水水井 |
| 16 | 41 508 861.13 | 4 611 913.02 | 双树坨子村2 | 17.15 | 7.60 | 24.75 | 30.00 | 潜水水井 |
| 17 | 41 507 026.81 | 4 613 454.83 | 彰驿 | 17.33 | 6.50 | 23.83 | 12.00 | 潜水水井 |
| 18 | 41 506 105.26 | 4 616 712.36 | 高花镇 | 18.85 | 6.68 | 25.53 | 25.40 | 潜水水井 |
| 19 | 41 508 034.75 | 4 618 699.54 | 青台泡村 | 20.73 | 6.24 | 26.97 | 15.00 | 潜水水井 |
| 20 | 41 510 687.33 | 4 615 669.85 | 大潘 1 | 19.98 | 6.98 | 26.96 | 15.00 | 潜水水井 |

续表

| 编号 | 坐标 x | 坐标 y | 位置 | 水位/m | 埋深/m | 地面高程/m | 井深/m | 备注 |
|---|---|---|---|---|---|---|---|---|
| 21 | 41 510 973.48 | 4 615 820.60 | 大潘2 | 20.11 | 7.70 | 27.81 | 30.00 | 潜水水井 |
| 22 | 41 511 888.85 | 4 617 844.17 | 大潘3 | 22.20 | 6.98 | 29.18 | 12.00 | 潜水水井 |
| 23 | 41 512 269.27 | 4 618 452.33 | 林台村1 | 22.43 | 6.03 | 28.46 | 20.00 | 潜水水井 |
| 24 | 41 513 186.55 | 4 618 892.86 | 马贝 | 22.92 | 7.80 | 30.72 | 39.50 | 潜水水井 |
| 25 | 41 512 508.17 | 4 619 861.85 | 林台村2 | 23.20 | 8.59 | 31.79 | 15.00 | 潜水水井 |
| 26 | 41 510 829.36 | 4 619 978.28 | 岳家村 | 22.40 | 7.67 | 30.07 | 12.00 | 潜水水井 |
| 27 | 41 514 026.81 | 4 621 318.48 | 前马村 | 24.10 | 8.69 | 32.79 | 15.00 | 潜水水井 |
| 28 | 41 514 656.72 | 4 622 358.86 | 后马村 | 24.80 | 6.01 | 30.81 | 18.00 | 潜水水井 |
| 29 | 41 517 942.55 | 4 621 374.88 | 四王村 | 24.93 | 7.25 | 32.18 | 17.00 | 潜水水井 |
| 30 | 41 518 518.37 | 4 621 957.40 | 沈辽路路化工大学附近 | 25.35 | 7.26 | 32.61 | 16.00 | 潜水水井 |
| 31 | 41 524 184.66 | 4 622 331.34 | 余粮 | 27.03 | 7.84 | 34.87 | 44.25 | 潜水水井 |
| 32 | 41 518 391.24 | 4 614 868.28 | 杨孟达 | 21.98 | 8.50 | 30.48 | 40.24 | 潜水水井 |
| 33 | 41 514 442.30 | 4 611 439.20 | 新开河 | 17.15 | 10.04 | 27.19 | 13.60 | 潜水水井 |
| 34 | 41 511 039.41 | 4 609 772.61 | 马头浪 | 16.58 | 9.00 | 25.58 | 39.16 | 潜水水井 |
| HH1 | 41 519 115.19 | 4 617 753.19 | 浑河 | 19.59 | — | | | |
| HH2 | 41 517 059.35 | 4 616 169.04 | | — | — | — | | 潜水水井 |
| HH3 | 41 515 378.35 | 4 614 232.41 | | — | — | — | | 潜水水井 |
| HH4 | 41 513 102.63 | 4 612 788.03 | | — | — | — | | 潜水水井 |
| HH5 | 41 509 691.94 | 4 611 279.13 | | — | — | — | | 潜水水井 |

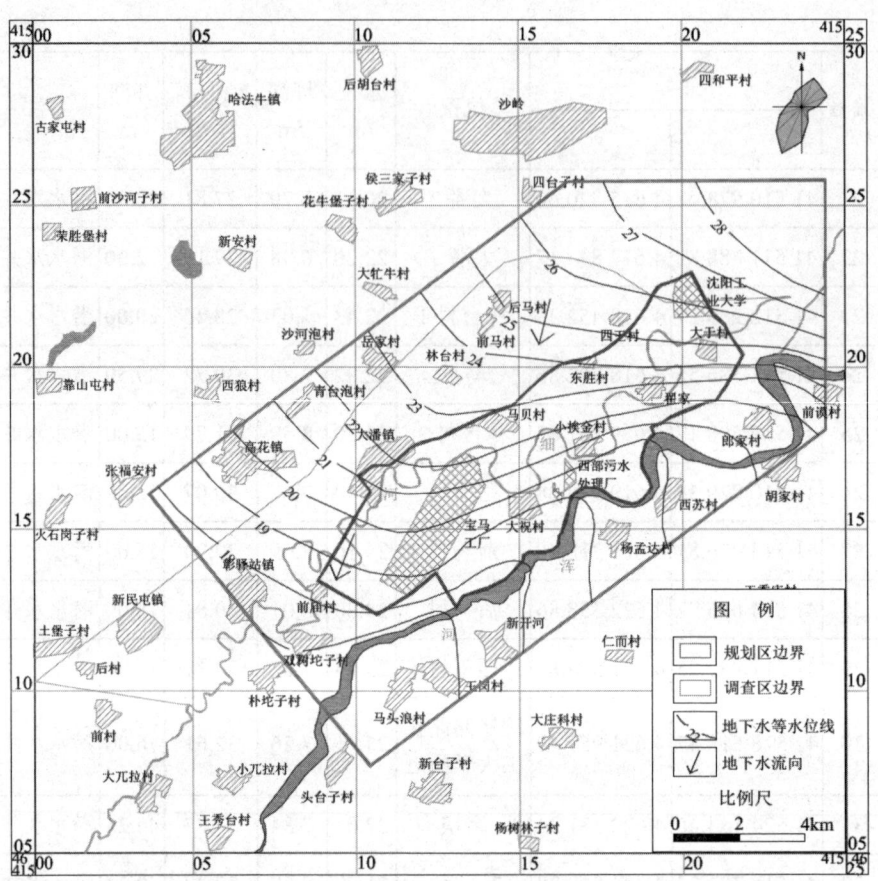

图 5.3-5 调查区 2018 年 10 月（平水期）等水位线图

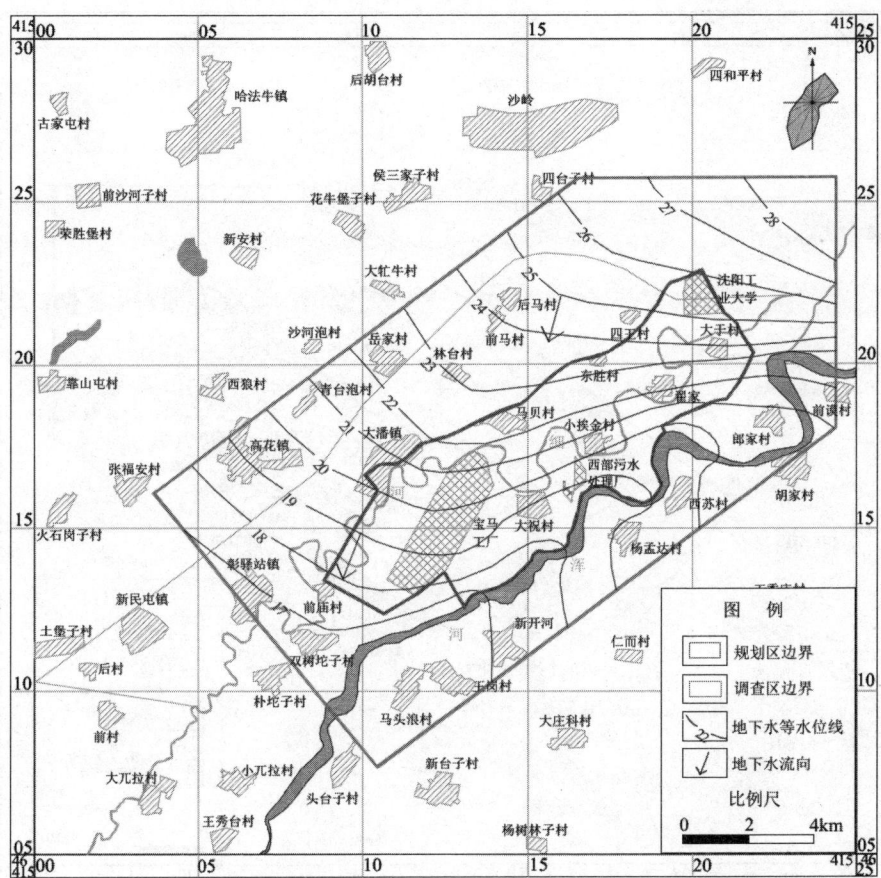

图 5.3-6 调查区 2019 年 1 月（枯水期）等水位线图

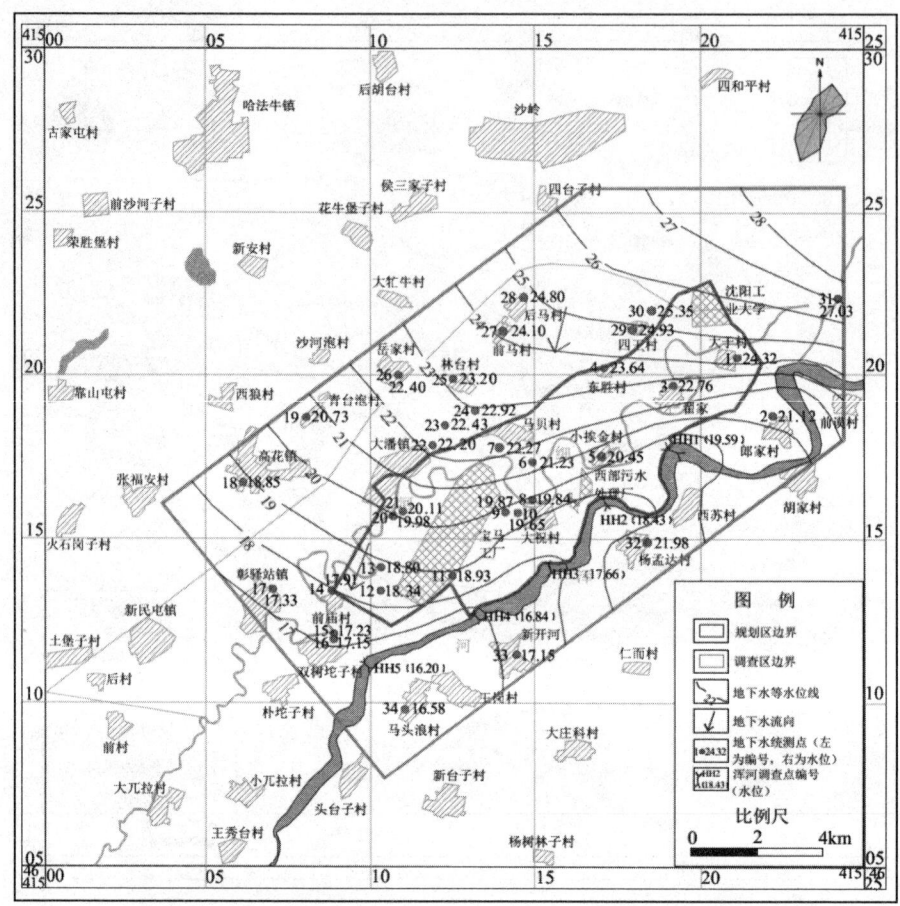

图 5.3-7　调查区 2019 年 7 月（丰水期）等水位线图

### 5.3.6　地下水环境影响预测评价

本次地下水环境影响评价的预测方法采用数值法进行预测。采用地下水数值法进行地下水评价，首先建立地下水系统的概念模型，在建立地下水系统概念模型的基础上再建立地下水流动、水质数学模型。

**总体思路**：在对评价区水文地质条件综合分析的基础上确定模拟范围，通过边界条件、地下水流动特征及对含水层系统结构的概化，建立评价区的水文地质概念模型，进一步采用有限差分原理进行空间离散、高程插值、非均质分区、边界条件设置等,从而构建评价区地下水渗流数值模型。利用已有的水位观测资料及地下水统测流场,完成模型的参数识别和校正。最后根据中德园区内工程项目的特点,设计污染泄漏情景,在地下水渗流数值模型的基础上耦合污染物迁移方程,得到地下水溶质运移模型,利用此模型对污染情景进行预测评价。

#### 5.3.6.1 地下水流数值模型

（1）水文地质概念模型

①计算域的确定及模拟范围

以评价区水文地质条件为依据,根据评价区内地下水的赋存条件及运动特征,计算中德园内重点项目对地下水的影响范围,本次模拟预测范围东南部以浑河为边界,东北至丹阜高速公路,西北至王兴村—后马村—岳家村一线,西南至新民屯镇,模拟预测评价面积约为 158.16km²。该处属浑河高漫滩,地面平均高程 30m,地势总体平坦,地面坡降小于 1‰。

②边界条件概化

A. 侧向边界

根据地下水的流向及等水位线并结合搜集已有各类水文地质资料,东北部边界沿等水位线概化为流量补给边界;西南部边界概化为流量排泄边界;西北部边界垂直于地下水等水位线,概化为隔水边界即零流量边界;东南部为浑河,浑河接受评价区地下水侧向渗漏补给,地下水通过河床渗漏补给地表水,因此将东南部边界概化为河流（river）边界,河流河床渗透系数、河水位标高及河床标高数据均已在野外调查以及收集资料当中获取。各断面流入、流出量,根据断面处含水层渗透系数、断面处水力坡度、和断面面积,由达西定律求出。

B. 垂向边界

模拟区仅概化为第四系孔隙潜水含水层,垂向上存在大气降水入渗、越流补给承压水等垂向水量交换。

③水文地质特征

A. 含水层结构特征：根据评价区地质、水文地质条件,本区地下水含水层主要为潜水含水层（$Q_4$）、浅层承压水含水层（$Q_3$）、深层承压水含水层（$Q_{1+2}$）。由于潜水含水层较承压含水层易于污染,是建设项目需要考虑的最敏感含水层,评价区内有胜科三个水源地,取水层均为承压水,均位于规划区上游,并且上部的潜水含水层和浅层承压水含水层之间有较厚的连续黏土层作为隔水层,水力联系较弱,因此本次影响预测的目的层为黏土层以上的第四系孔隙潜水含水层,厚度变化不大,一般在30m左右,地下水位埋深一般为5~15m。

B. 地下水流动特征:地下水运动以水平方式为主,自东北向西南方向径流。

C. 地下水补给、排泄和动态特征:计算区内潜水主要补给来源为大气降水、地下水侧向径流补给以及灌溉回归水补给;排泄方式主要为地下水侧向径流排泄、河流排泄以及人工开采。

(1) 地下水流数值模型的建立

① 数学模型

综上所述,模拟区地下水运动的数学模型可概化为非均质各向同性三维地下水非稳定流模型。

$$\begin{cases} \dfrac{\partial}{\partial x}\left[K(H-C)\dfrac{\partial H}{\partial x}\right]+\dfrac{\partial}{\partial y}K(H-Z)\dfrac{\partial H}{\partial x}+\varepsilon E(x,y)+W \\ +\sum\limits_{j=1}^{m}Q_j\delta(x-y,y-y_j)=\mu\dfrac{\partial H}{\partial t} \quad x,y\in\Omega, \quad t>0 \\ H(x,y,0)=H(x,y) \quad x,y\in\Omega, \quad t=0 \\ \dfrac{\partial H}{\partial x}\bigg|_{L_1}=0 \quad x,y\in L_1, \quad t>0 \quad 第二类零流量边界 \\ K(H-Z)\dfrac{\partial H}{\partial x}\bigg|_{L_2}=q_{L_2}(x,y,t) \quad x,y\in L_2, \quad t=0 \quad 第二类零流量边界 \\ Q_r\big|_{L_3}=C_r(H-H_r) \quad t>0, 河流边界 \end{cases}$$

式中:$H$——模拟区内含水层水头,L;

$K$——模拟区内含水层水平渗透系数,$LT^{-1}$;

$\mu$——模拟区内含水层的给水度;

$z$——模拟区内含水层底板标高,L;

$\varepsilon$——降雨和渠系灌溉入渗强度，$LT^{-1}$；

$E(x, y)$——在浅层降水入渗区，其值为1，在非降雨入渗区，其值为0；

$W$——模拟区内含水层其他源汇项，$L^3T^{-1}$；

$Q_j$——模拟区内含水层生产井抽水量，$L^3T^{-1}$；

$H_0$——模拟区内含水层初始水头，$L$；

$L_1$——第二类零流量边界；

$L_2$——第二类给定流量边界；

$L_3$——河流边界；

$\Omega$——模拟区渗流计算区域；

$q$——含水层边界单宽流量，$L^2T^{-1}$；

$n$——各边界面的外法线方向；

$Q_r$——河流地下水交换量，$m^3/d$；

$H_r$——河流水位标高，m。

②模拟软件选择

本次工作采用三维地下水流数值模拟系统GMS10.0（Groundwater Modeling System）软件进行求解，此软件是迄今为止功能最齐全的地下水模拟软件包之一。其求解方法是在区域 $D$ 上采用矩形剖分和线性插值，应用伽辽金有限差分法将上述数学模型离散为有限单元方程组，编制计算程序，用以求解。同时应用软件对计算区进行单元自动剖分和数据的自动采集，包括各结点的含水层顶、底板高程、水位等大量数据的自动插值，在确保计算精度的基础上，极大地提高了工作效率。本次采用Visual MODFLOW建立研究区的地下水流模拟模型。另一方面，Visual MODFLOW包含与MODFLOW地下水流模拟配套的地下水溶质运移模块MT3DMS，便于下一步建立本项目溶质运移模型。

③区域剖分

根据本次地下水数值模拟的目的，对整个区域模型采用矩形网格剖分，网格间距为100m，剖分为250列、250行，共剖分矩形网格单元62 500个，其中有效单元16 336个，无效单元46 164个，计算节点位于单元中心。垂直方向上剖分为1层。模拟区域网格平面图见图5.3-8。

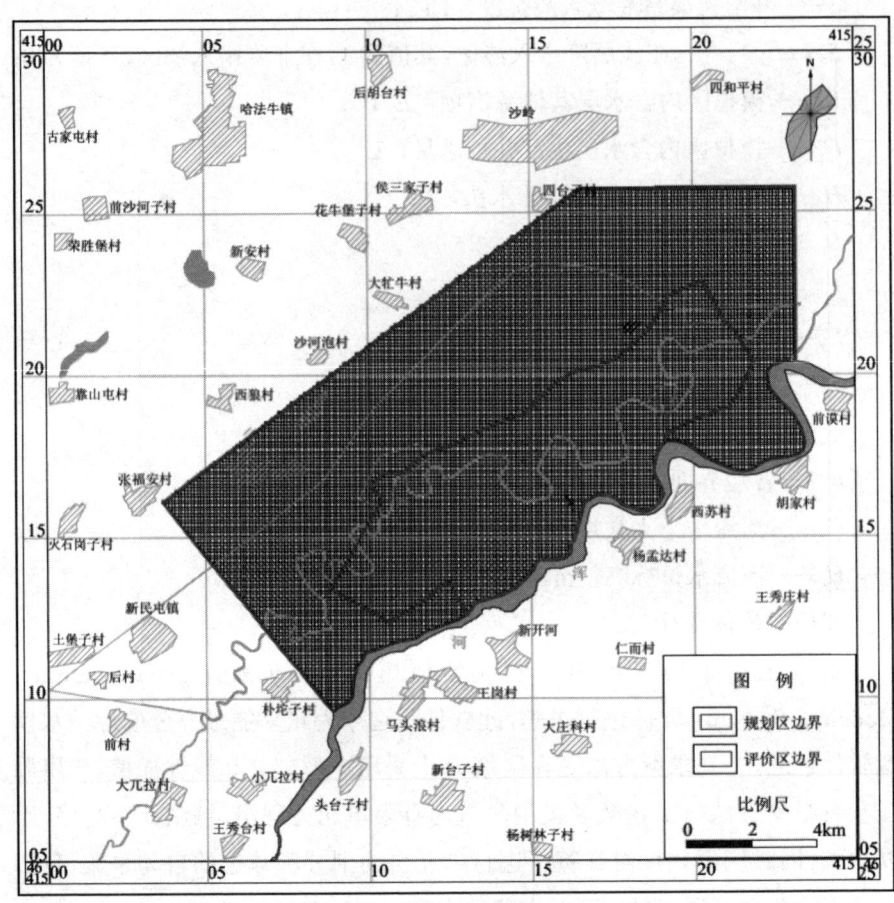

图 5.3-8　模拟区网格剖分平面图

④水文地质参数

本次收集了《华晨宝马新工厂项目地块场地勘察评估工程》中的 20 组抽水试验以及《沈阳胜科水务有限公司地下水给水工程水文地质调查分析报告》中的抽水试验资料,地下水渗透系数主要是依据收集的抽水试验结果以及收集的区域相关水文地质调查资料,对含水层水文地质参数进行初步分区,本次模拟第四系孔隙潜水含水层。给水度主要是依据含水层岩性特征,参考《水文地质手册》中的经验值给出初值。根据调查及钻孔资料,研究区内浑河及细河两岸岩性以粉细砂为主,其他区域包气带岩性主要为粉质黏土,因此降水入渗系数分区与渗透系数分区一致,降雨入渗系数参考《专门水文地质学》取值。各参数待模型识别验证时进一步调整。水文地质参数分区见表 5.3-9 和图 5.3-9。

表 5.3-9　水文地质参数赋值表

| 分区 | 1 | 2 | 3 |
| --- | --- | --- | --- |
| 渗透系数 $k$ /(m·d$^{-1}$) | 80 | 70 | 50 |
| 给水度 | 0.25 | 0.20 | 0.18 |
| 降雨入渗系数 | 0.20 | 0.20 | 0.18 |

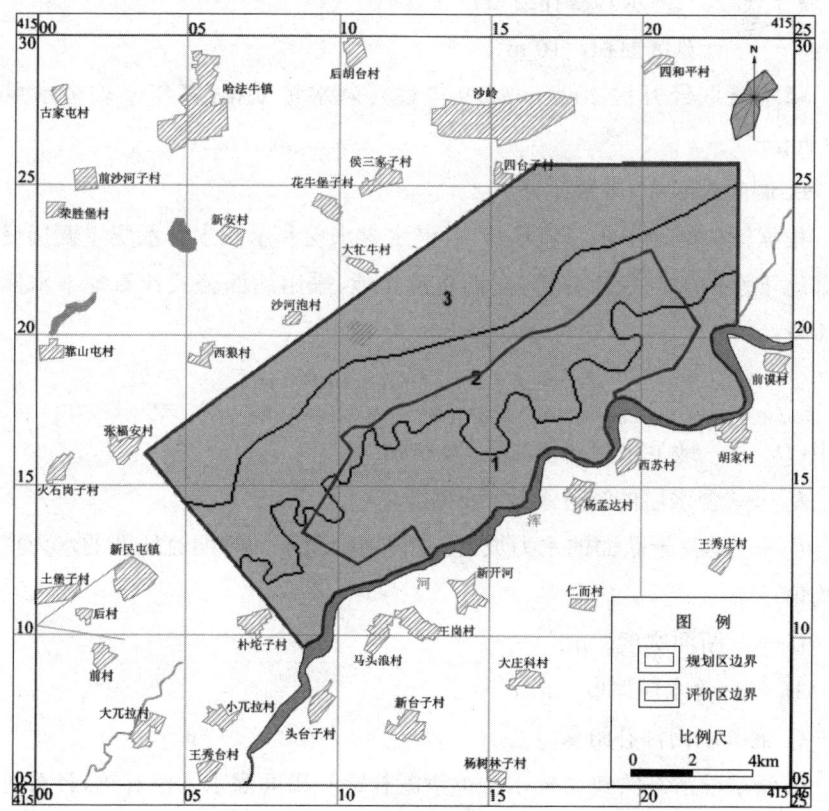

图 5.3-9　含水层参数分区图

(5) 源汇项

评价区潜水主要接受降水入渗的补给、地下水侧向径流补给、灌溉水回渗补给;地下水埋藏较深,蒸发量极小,可忽略不计,潜水的排泄主要为侧向径流排泄、河流排泄和人工开采。

A. 大气降水入渗补给

大气降水入渗补给量与降水量大小和强度、包气带岩性、地下水位埋深、地形地貌条件、植被覆盖情况等有关,采用入渗系数法计算,公式如下:

$$Q_{pr} = 0.1 \times \alpha \times P \times F / 365$$

式中:$Q_{pr}$ —— 降雨入渗补给量,万 $m^3/d$;

$P$ —— 大气降水量,$10^{-3}m$;

$\alpha$ —— 大气降水入渗补给系数(量纲一);

$F$ —— 计算区面积,$10^6 m^2$。

降水量取经开区 2009~2019 年逐月降水量数据,多年平均降水量为 659.9mm。

B. 侧向入渗补、排量计算

根据模拟区地下水径流场特征,潜水含水层和承压水含水层主要接受东北部地下水的侧向径流补给,向西南部排泄。采用达西公式计算地下水侧向径流量。

$$Q_{lr} = K \times I \times M \times L \times \sin\theta \times 10^{-4}$$

式中:$Q_{lr}$ —— 地下水侧向径流量,万 $m^3/d$;

$K$ —— 含水层的渗透系数,m/d;

$I$ —— 垂直于断面的水力坡度,取识别阶段不同时期流场图的水力梯度平均值;

$L$ —— 断面宽度,m;

$M$ —— 含水层厚度,m。

C. 灌溉水回渗补给量

灌溉水回渗补给包括输水干渠渗漏补给和田间灌水入渗补给,计算时将这种补给综合在一起。灌溉水回渗补给量公式如下:

$$Q = \beta \times Q_{灌}$$

式中：$\beta$ —— 灌溉入渗补给地下水系数；根据包气带岩性，取 0.15；

$Q_\text{灌}$ —— 地表水灌溉水量。

D. 河流渗漏排泄量

区内地下水补给浑河，在模拟过程中采用 R Ⅳ er 模块进行计算，模型自动计算水力联系量。

采用下式计算河流的排泄水量：

$$Q_\text{r} = W \cdot L \cdot \left( K' \frac{H_r - H_{i,j}}{M'} \right) = \times C_\text{r}(H_r - H_{i,j})$$

式中：$Q_\text{r}$ —— 河流侧渗量；

$H_\text{r}$ —— 河流水位，m；

$H_{i,j}$ —— 地下水位，m；

$W$ —— 河流宽度，m；

$M'$ —— 河床底积层厚度，m；

$K'$ —— 河床底积层厚度渗透系数，m/d；

$L$ —— 河流长度。

因此，河流和含水层之间的交换量由河水水位 $H_\text{r}$、地下水位 $H_{i,j}$、河流底积物的渗透系数 $K'$、河流底积物的厚度 $M$ 以及河流的长度 $L$ 宽度 $W$ 共同控制。把各段水位和参数写入 Visual MODFLOW 中的 River 程序包，便可计算地下水渗漏浑河的排泄量。

E. 人工开采量

评价区范围内地下水的开采量估计在 80 000 $m^3$/d，将调查资料分布到模型单元内。在模型中，对于集中水源地以开采井的形式在实际开采位置给出，分散开采井由于开采井数多而分散，难以分别调查确定各开采井的位置及各时段的开采量，故以主要开采单位进行统计并确定位置，在主要开采点集中分时段给出。

⑥模型识别和验证

根据所掌握的资料，本次模拟识别期选为 2018 年 10 月到 2019 年 7 月，其中以 2018 年 10 月作为模型的初始流场（参见图 5.3-10），2019 年 7 月作为模型识别流场。应力期以月为单位，共划分为 10 个应力期，每个应力期又包括若干个时间步长，时间步长为模型自动控制，严格控制每次的迭代误差，在同一应力期内地下水补排项不变。通过反复模拟、识别验证后的水文地质参数较好地刻画了地下水系统的水文地质特征,基本反映了地下水随时间和空间的变化规律,使水位拟合误差较小,达到预期效果。拟合后的地下水流场见图 5.3-11 和图 5.3-12。

含水层实测流场和模拟流场的比较图结果显示,模拟流场与实测流场拟合较好,水位差小于 0.02m 的计算点达到 80% 以上,这表明模拟模型与实际地下水系统的水位在空间和时间上是比较吻合的,基本反映了地下水系统的水力特征,达到了模型精度要求,可以用于溶质运移预测。

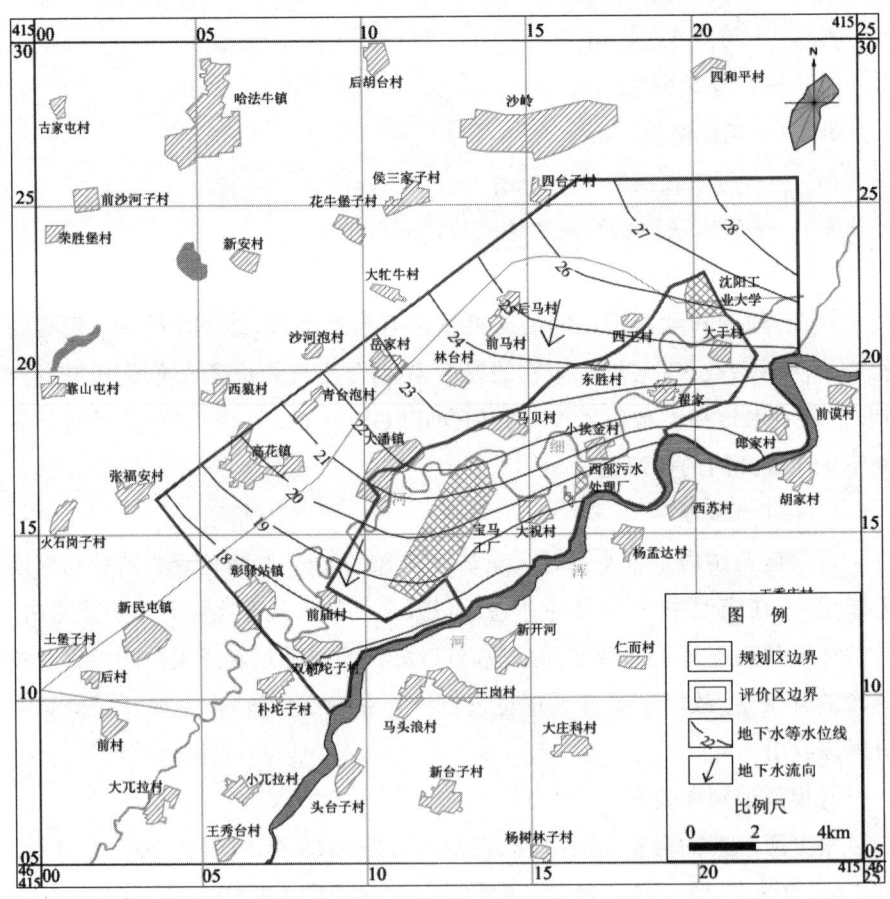

图 5.3-10　地下水初始流场图（2018 年 10 月）

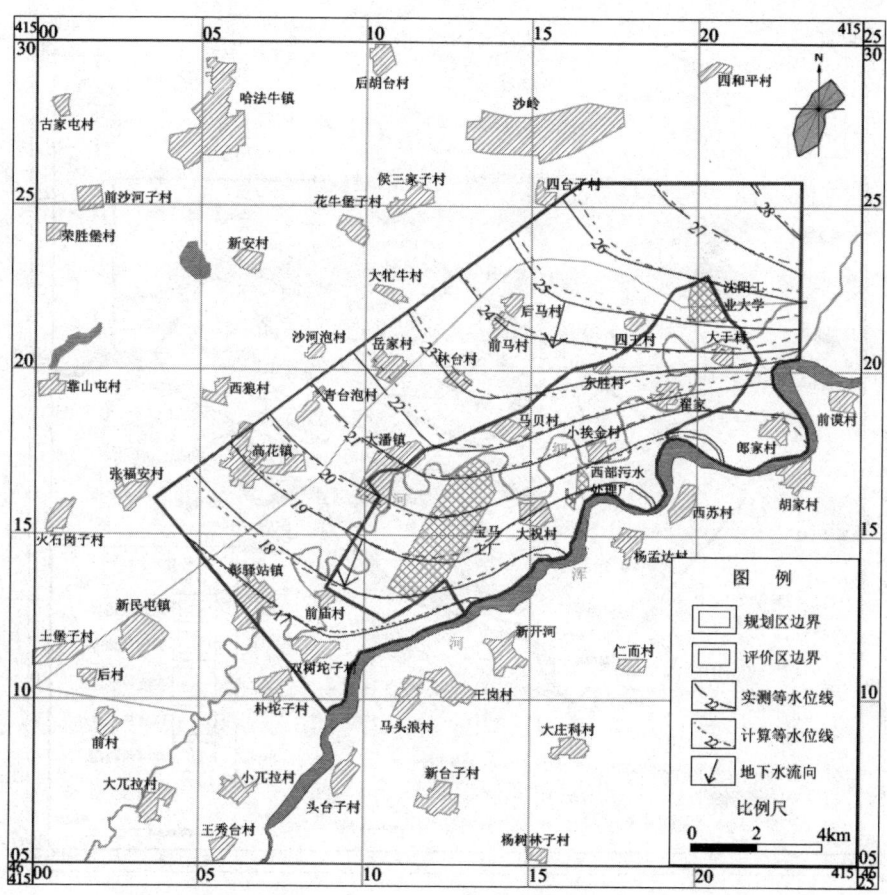

图 5.3-11 地下水识别期（2019年1月）流场拟合图

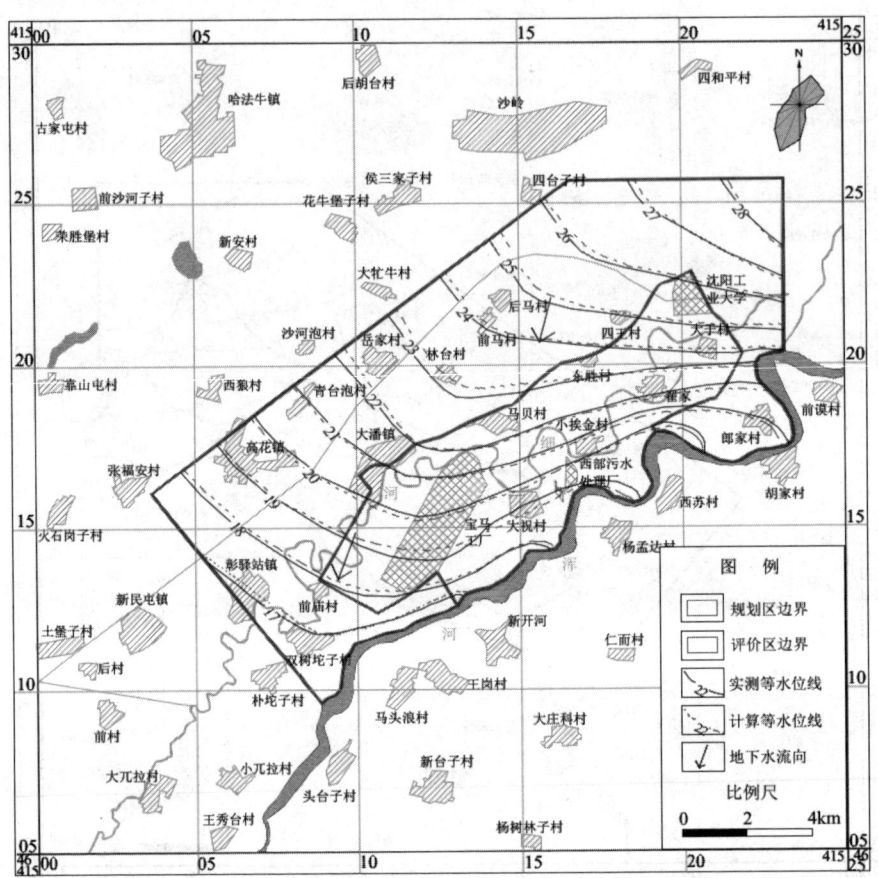

图 5.3-12　地下水验证期（2019 年 7 月）流场拟合图

### 5.3.6.2　地下水污染模拟预测

（1）溶质运移数学模型

水质模型建立在水流模型基础上，本次工作已用 Visual MODFLOW 建立了水流模型，在此基础上，可利用 MT3DMS 模块进一步来模拟预测地下水中污染质的运移情况。地下水中溶质运移的数学模型可表示为

$$n_e \frac{\partial C}{\partial t} = \frac{\partial}{\partial x_i}\left(nD_{ij}\frac{\partial C}{\partial x_i}\right) - \frac{\partial C}{\partial x_i}(nCV_i) \pm C'W$$

式中：

$$D_{ij} = a_{ijmn}\frac{V_m V_n}{|V|}$$

$\alpha_{ijmn}$——含水层的弥散度；

$V_m$，$V_n$——分别为 $m$ 和 $n$ 方向上的速度分量；

$|v|$——速度模；

$C$——模拟污染质的浓度，mg/L；

$n_e$——有效孔隙度；

$C'$——模拟污染质的源汇浓度，mg/L；

$W$——源汇单位面积上的通量；

$V_i$——渗流速度，m/d；

$C'$——源汇的污染质浓度，mg/L；

联合求解水流方程和溶质运移方程就可得到污染质的空间分布。

（2）弥散度的确定

本次借鉴收集的1987年在沈阳市区做的现场弥散试验，水质运移弥散度确定为 $a_L=0.69m$，$a_T=0.85m$，1996年在沈阳市西部污水处理厂附近做的现场弥散试验资料，弥散度确定为,对比本区的具体水文地质条件，给定弥散系数分区和值见表5.3-10。

表 5.3-10  水文地质参数表

| 分区 | 1 | 2 | 3 |
|---|---|---|---|
| 纵向弥散度 $a_i$/m | 0.47 | 0.25 | 0.35 |
| 横纵比例 | 0.2 | | |

（3）地下水污染预测情景设定

本次评价，先对规划园区地质条件及水文地质条件、建设项目工程类型、规模、建筑物构造、材料、工艺过程等情况进行了风险识别，将规划园区内的西部污水处理厂作为园区内最大的风险。

①非正常工况下各个预测点跑冒滴漏的情景

情景设定：污水处理设施地面防渗层出现泄漏点导致防渗能力下降。

源强计算：假定废水处理量的0.01%渗漏，渗漏量有5%通过地表渗入地下水中，此情景下只对西部污水处理厂进行预测，西部污水处理厂特征污染因子确定为氨氮,计算得到氨氮的泄漏量为 0.027kg/d。

②事故工况下各个预测点泄漏的情景

污水管道管线由于连接处(如法兰、焊缝)开裂或腐蚀磨损等原因,会发生污染物泄漏。若恰好发生泄漏处的地下水防渗层断裂或破坏,则将导致泄漏污染物污染地下水。污染物源强情景见表 5.3-11。

表 5.3-11  各情景下污水处理厂污染物源强情况一览表

| 污染源 | 情景设定 | 时间 | 预测因子 | 泄漏量 | 浓度 |
|---|---|---|---|---|---|
| 西部污水处理厂 | 非正常工况 | 连续 | 氨氮 | 0.027kg/d | 40mg/L |

本次模拟预测根据污染风险分析的情景设计,在选定优先控制污染物的基础上,分别对地下水污染物在不同时段的运移距离和超标范围进行模拟预测。氨氮的超标范围均参照《地下水质量标准》(GB/T 14848—2017)中Ⅲ类水的要求,各污染因子以Ⅲ地下水标准浓度为浓度超标界线,以Ⅰ类地下水标准浓度为可检出浓度,见表 5.3-12。

表 5.3-12  评价因子及评价标准一览表

| 评价因子 | 氨氮 |
|---|---|
| 标准/(mg·L$^{-1}$) | 0.5 |
| 检出限/(mg·L$^{-1}$) | 0.02 |

以 2019 年 8 月 1 日为初始时刻,预测时长为 20 年,满足规划到 2035 年的要求。

(4)预测结果分析

根据预测结果氨氮形成污染晕超标区。各污染物在浅层地下水中运移 1 年、5 年、10 年和 20 年监测限运移距离(最大运移距离)和超标范围(超标限等值线圈定范围)、影响范围(检出限等值线所圈定范围)如表 5.3-13 所示,各污染物在浅层地下水中扩散平面图如图 5.3-13~图 5.3-16 所示。

表 5.3-13　污染物在潜水含水层影响范围

| 污染源 | 情景设定 | 污染因子 | 污染年限（年） | 超标范围 /m² | 影响范围 /m² | 最大运移距离 /m | 是否到达敏感点 | 污染晕与最近敏感点（浑河）的距离 /m |
|---|---|---|---|---|---|---|---|---|
| 西部污水处理厂 | 非正常工况 | 氨氮 | 1 | 56 821 | 73 974 | 208 | 否 | 360 |
| | | | 5 | 84 463 | 105 411 | 235 | 否 | 350 |
| | | | 10 | 131 352 | 151 525 | 416 | 否 | 295 |
| | | | 20 | 201 347 | 246 176 | 550 | 否 | 240 |

图 5.3-13　非正常工况下氨氮 1 年影响预测图

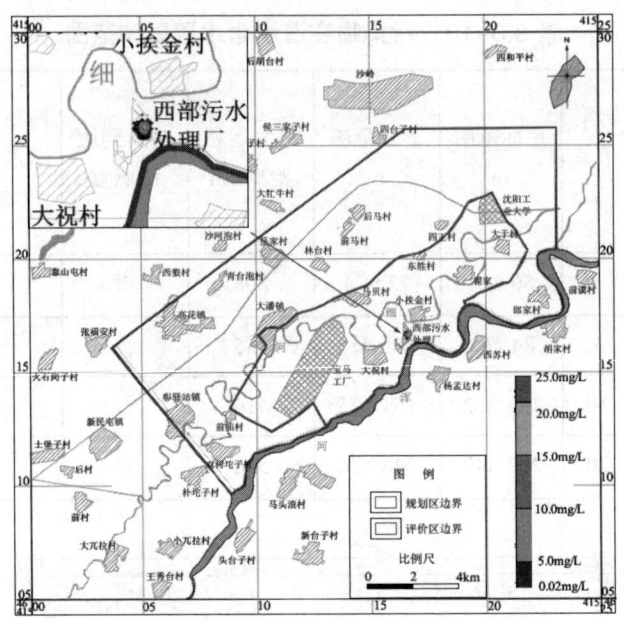

图 5.3-14　非正常工况下氨氮 5 年影响预测图

图 5.3-15　非正常工况下氨氮 10 年影响预测图

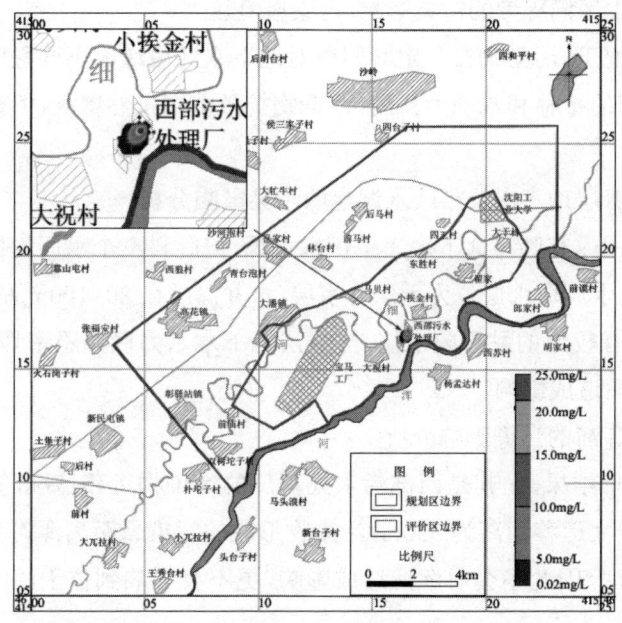

图 5.3-16  非正常工况下氨氮 20 年影响预测图

由预测的浓度分布图可知,非正常工况下西部污水处理厂氨氮在 1 年后最大运移距离为 208m,超标范围为 56 821$m^2$;5 年后最大运移距离为 235m,超标范围为 84 463$m^2$;10 年后最大运移距离为 416m,超标范围为 131 352$m^2$;20 年后最大运移距离为 550m,超标范围为 201 347$m^2$。

#### 5.3.6.3  对地下水水质影响分析

结合评价区水文地质条件,本次评价采用 GMS 软件对本规划区可能造成的地下水环境影响做出预测,预测结果表明该园区将对地下水环境产生一定影响,但当在对规划园区实施严格的防渗、建立完善的地下水监测系统,强化地下水应急排水措施的基础上,从地下水环境保护角度看,其影响是可控的。

(1)对潜水层地下水的污染影响分析

非正常状况下,污染物泄漏量持续增加,但只要地面防渗措施不出现问题,对地下水造成污染的风险较低,如果叠加出现防渗层破损情况,规划区域内的企业一旦发生污染物泄漏事故,随时间推移,会对地下水下游方向的地下水水质产生不同程度的污染影响，污染风险较大。

事故状况下，污染物在一定时间内对地下水环境造成不同程度的污染影响，随着时间的推移和水动力作用，污染物扩散范围虽然增大，但是浓度大幅降低。

（2）对深层地下水及市政水源地的污染影响分析

评价范围内有胜科地下水集中供水水源，但胜科三个水厂均位于规划区上游方向，且水厂取水层位为承压含水层，水井深度在80~100m左右，与潜水含水层之间有较厚的黏土隔水层，与浅层地下水水力联系不密切，因此不会对水源井水质造成影响。

（3）对浑河的污染影响分析

根据评价结果，尤其是西部污水处理厂的污染物运移情况，氨氮持续泄漏20年的最大运移距离为550m，污染物形成的污染晕距离浑河为240m，并未影响到浑河，因此不会对浑河造成影响，更不会影响到位于浑河南岸的翟家水源地。

综上，各污染物虽均有超标，但超标范围都不大，没有影响到附近的村屯和水源井，因此在做好防渗和日常监管的情况下，减少非正常工况下的废水外泄，对下游地下水的影响较小，不会对周边生活水源井以及浑河产生影响。

需要特别说明的是，上述溶质运移预测工作均在假设污染物持续入渗的前提下，且计算模型中并未考虑包气带介质吸附、降解等作用影响，实际上，包气带介质中含有各种离子、有机物和微生物，污染物质在通过包气带向地下水迁移的过程中将发生吸附、过滤、离子交换、生物降解等作用而得到不同程度的净化，因此污染晕的实际迁移情况将小于上述预测结果。

## 5.4 固体废物环境影响预测与评价

### 5.4.1 固体废物的特征和分类

依据《固体废物污染防治法》《国家危险废物名录》和《一般工业固体废物储存、处置场污染控制标准》(GB 18599—2001),对规划园区产生的固体废物进行分类,分为生活垃圾、工业危险废物、一般工业固废。

#### 5.4.1.1 生活垃圾

城市生活垃圾是指规划园区职工和居民日常生活中产生的厨卫垃圾、废弃的日常用品等。

#### 5.4.1.2 危险废物

危险废物是指列入《国家危险废物名录》或根据国家规定的危险废物鉴别方法认定的具有危险特性的废物。由于危险废物所含有的有毒有害物质对人体和环境造成很大的威胁,《固体废物污染防治法》规定危险废物必须独立分类。

规划园区生产过程中将产生大量的危险废物,根据规划产业特征,危险废物主要包括《国家危险废物名录》中的HW08、HW09、HW12、HW13、HW17、HW42、HW49,详见表5.4-1。

表 5.4-1 规划园区产生的危险废物类别

| 编号 | 废物类别 | 行业来源 | 废物来源 |
|---|---|---|---|
| HW08 | 废矿物油 | 非特定行业 | 珩磨、研磨、打磨过程产生的废矿物油及其含油污泥；<br>使用煤油、柴油清洗金属零件或引擎产生的废矿物油；<br>使用切削油和切削液进行机械加工过程中产生的废矿物油；<br>使用淬火油进行表面硬化产生的废矿物油；<br>使用轧制油、冷却剂及酸进行金属轧制产生的废矿物油；<br>使用镀锡油进行焊锡产生的废矿物油；<br>废弃的石蜡和油脂；<br>油/水分离设施产生的废油、污泥；<br>其他生产、销售、使用过程中产生的废矿物油 |
| HW09 | 油/水、烃/水混合物或乳化液 | 非特定行业 | 来自水压机定期更换的油/水、烃/水混合物或乳化液；<br>使用切削油和切削液进行机械加工过程中产生的油/水、烃/水混合物或乳化液；<br>其他工艺过程中产生的废弃的油/水、烃/水混合物或乳化液 |
| HW12 | 染料、涂料废物 | 非特定行业 | 使用溶剂、光漆进行光漆涂布、喷漆工艺过程中产生的染料和涂料废物；<br>使用油漆、有机溶剂进行阻挡层涂敷过程中产生的染料和涂料废物；<br>使用油漆、有机溶剂进行喷漆、上漆过程中产生的染料和涂料废物；<br>使用酸、碱或有机溶剂清洗容器设备的油漆、染料、涂料等过程中产生的剥离物；<br>生产、销售及使用过程中产生的失效、变质、不合格、淘汰、伪劣的油墨、染料、颜料、油漆、真漆、罩光漆产品 |

续表

| 编号 | 废物类别 | 行业来源 | 废物来源 |
|---|---|---|---|
| HW13 | 有机树脂类废物 | 非特定行业 | 废弃黏合剂和密封剂；<br>饱和或者废弃的离子交换树脂；<br>使用酸、碱或溶剂清洗容器设备剥离下的树脂状、黏稠杂物 |
| HW17 | 表面处理废物 | 金属表面处理及热处理加工 | 金属和塑料表面酸（碱）洗、除油、除锈、洗涤工艺产生的废腐蚀液、洗涤液和污泥；<br>金属和塑料表面磷化、出光、化抛过程中产生的残渣（液）及污泥；<br>其他工艺过程中产生的表面处理废物 |
| HW42 | 废有机溶剂 | 非特定行业 | 使用有机溶剂进行脱碳、干洗、清洗、油漆剥落、溶剂除油和光漆涂布产生的废有机溶剂；<br>其他生产、销售及使用过程中产生的废有机溶剂、水洗液、母液、废水处理污泥 |
| HW49 | 其他废物 | 非特定行业 | 含有或直接沾染危险废物的废弃包装物、容器、清洗杂物；<br>液态废催化剂；<br>其他无机化工行业生产过程产生的废活性炭 |

#### 5.4.1.3 一般工业固废

所有没有被列入国家《危险废物名录》的工业固体废物划为一般工业固体废物。其中包括Ⅰ类一般工业固体废物和Ⅱ类一般工业固体废物。

Ⅰ类一般工业固体废物是指按照《固体废物浸出毒性浸出方法》（GB 5086）规定的方法进行浸出试验而获得的浸出液中，任何一种污染物的浓度均未超过《污水综合排放标准》（GB 8978—1996）最高允许排放浓度，且pH 值在 6～9 范围内的一般工业固体废物。

Ⅱ类一般工业固体废物是指按照《固体废物浸出毒性浸出方法》（GB 5086）规定的方法进行浸出试验而获得的浸出液中，有一种或一种以上污染物的浓度超过《污水综合排放标准》（GB 8978—1996）最高允许排放浓度，或者是 pH 值在 6～9 范围以外的一般工业固体废物。

根据上述标准和方法对规划园区主要固废进行鉴定,确定生产及生活过程中产生的各种固废大致分为三大类:生活垃圾、一般工业固废(包括 I 类一般工业固体废物和 II 类一般工业固体废物)和危险废物。

### 5.4.2 固体废物成分和产生量的预测

规划园区产生的固体废物可分为生活垃圾、危险废物和一般工业固废。因污水处理厂产生的污泥在未进行鉴定之前无法确定其是否为危险废物,故评价将其作为单独一项进行评价。

根据前面对规划园区固体废物产生量的预测,则全区各种固体废物的产生量情况如表 5.4-2 所示。

表 5.4-2 规划园区固体废物种类和产生量预测

| 情景 | 类型 | 2025 年 | 2035 年 |
| --- | --- | --- | --- |
| 基准情景 | 一般工业固废 /t | 99 804.1 | 125 752.6 |
| | 危险废物 /t | 5 840.2 | 12 608.6 |
| | 生活垃圾 /t | 33 945.0 | 56 575.0 |
| | 污泥 /t | 26 808.7 | 44 706.7 |
| 规划情景 | 一般工业固废 /t | 83 397.7 | 105 720.5 |
| | 危险废物 /t | 6 380.6 | 15 105.2 |
| | 生活垃圾 /t | 33 945.0 | 56 575.0 |
| | 污泥 /t | 27 904.8 | 49 565.6 |
| 优化情景 | 一般工业固废 /t | 78 114.4 | 97 598.3 |
| | 危险废物 /t | 6 105.6 | 13 181.6 |
| | 生活垃圾 /t | 33 945.0 | 56 575.0 |
| | 污泥 /t | 28 208.5 | 52 326.6 |

### 5.4.3 固体废物环境影响分析

#### 5.4.3.1 一般固体废物影响分析

（1）水体污染：一般固体废物临时存放点可能由于雨水的浸淋，其渗出和滤沥液会流入周围的地表水体，会影响水域中水生生物的生存和水资源的利用，造成一定范围的污染；同时也会影响到地下水，造成周围地区水环境的污染。

（2）大气污染：固体废物在贮存、运输过程中因受风吹、日晒产生扬尘，污染周围大气环境。固体废物中的有害物质长期堆放如果发生自燃或挥发，会散发出大量有害气体污染周围环境。

（3）土壤污染：固体废物堆置或垃圾填埋处理时，经雨水浸淋，其渗出液和滤沥液中含有的有害成分会改变土质和土壤结构，影响土壤中的微生物活动，妨碍植物的根系生长，或在植物机体内积蓄，危害食用。各种固体废物露天堆存，经日晒、雨淋，有害成分向地下渗透而污染土壤。固废中含有的重金属还会富集，会使土质和土壤结构遭到破坏。

#### 5.4.3.2 危险废物的影响分析

由于危险废物本身具有一定毒性或腐蚀性，因此它在临时存放、运输过程以及最后的处理过程中，由于一些突发事故的不可预见性和不可控制性，可能对周围的生态环境造成一定的影响，特别是对工作人员及居民造成健康影响。

危险废物的危害与其他固废不同，主要体现在以下方面：

（1）短期急性危害

指通过摄食、吸入或皮肤吸收引起急性毒性、腐蚀性、其他皮肤或眼睛接触危害性、易燃易爆的危险性。

（2）长期危害环境

起因于反复暴露的慢性毒性，致癌性、解毒过程受阻、对地下或地表水的潜在污染或美学上难以接受的特性（如恶臭等）。

（3）处理困难

对危险废物的治理需要花费大量费用，造成治理受阻或不彻底。

#### 5.4.3.3 生活垃圾的影响分析

（1）影响环境卫生：生活垃圾如果没有及时清运处理，垃圾会传播各种疾病，散发恶臭等，成为严重污染源。

（2）处置不当：安全处置若实施不当会造成二次污染，如防渗层处理不好或渗滤液处理不当将会影响附近的土壤和地下水，废气处理不好会污染大气环境。

#### 5.4.3.4 污水处理厂污泥的影响分析

（1）影响环境卫生：污泥中的寄生虫、病原菌、重金属等随意弃放，会传播各种疾病、散发恶臭，成为严重污染源。

（2）处置不当：安全处置若实施不当会造成二次污染，如防渗层处理不好或渗滤液处理不当将会影响附近的土壤和地下水，废气处理不好会污染大气环境。

### 5.4.4 固体废物的处理/处置方式

因为规划园区生活垃圾、一般工业固体废物、危险废物等成分复杂，种类众多，无法采用单一的处理处置方式。下面对该区各类固废的处理处置方式进行分别论述。

#### 5.4.4.1 生活垃圾

随着经济的发展、人们的生活水平不断提高，规划园区产生的生活垃圾中高热值的纸张、塑料等废物较沈阳市一般生活垃圾高，可达焚烧的基本条件（即可燃成分比例大于30%，热值大于3 348.68kJ/kg）。因此，评价认为规划园区的生活垃圾可以运往老虎冲垃圾填埋场处理（或沈阳市大辛生活垃圾处理场），待沈阳西部生活垃圾焚烧发电项目建成后，由其焚烧处理。但是，单一的垃圾焚烧处理方式不仅不能满足垃圾不断增加的处理需求，而且浪费很多可再生资源。根据国家对生活垃圾处理的要求，应该积极开展分类收集和合理利用。

#### 5.4.4.2 危险废物

对属于危险废物的，能回收利用的先进行综合利用，其他不能回收的，必须进行焚烧处理或安全填埋，再将焚烧后的残渣进行安全填埋，以确保危险废物不会对人类健康和生态环境造成危害。

规划园区不建设危险废物焚烧装置,危险废物由企业临时贮存于危废暂存间。园区危险废物依托沈阳市再生资源产业园处置,处置后需填埋的危险废物送至沈阳市沈北新区虎石台镇新华村危险废物填埋场进行处理,危废处理能力为2万t/d,可满足规划园区危险废物处置需求。规划园区内危险废物的收集、贮存、运输及最终处理等,应该统筹考虑、统一安排,严密监控工业固废特别是危险废物产生、储存、运输和处理各个环节,确保工业固废能得到全部控制,在处置过程中严格执行国家的危险废物环境管理标准和要求,以确保环境不受污染。

#### 5.4.4.3 一般工业固废的处置方式

根据一般工业固体废物的特点,应该根据实际情况区别处理,尽可能按照废物资源化的要求进行回收利用。

#### 5.4.4.4 污水处理厂污泥

根据规划区域实际情况,污水处理厂污泥运至沈阳市污泥处理厂处理,沈阳市污泥处理厂位于沈阳经济技术开发区开发大道,设计日处理能力为1 000t,处理工艺为好氧生物干化,现状年处理污泥28.63万t,可实现污泥日产日清。

## 5.5 声环境影响分析

从规划发展格局来看,规划区的工业用地占主导地位,其次是居住用地、绿地与广场用地、道路与交通设施用地,规划工业用地类型为一、二类工业用地。从规划分析可知,规划期区域主要噪声影响因素是工业企业噪声、社会生活噪声和交通噪声。

### 5.5.1 交通噪声影响分析

中德园规划区域内的交通噪声主要为道路交通噪声、城际铁路交通噪声和轨道交通噪声,近几年,中德园进行了大规模开发建设,在中德园成立前后,先后进行了四环路、宝马大街、大堤路和开发二十二号路等基础设施的建设,本次道路交通噪声评价将2025年作为预测年,并以此进行噪声影响预测;而城际铁路和轨道交通则类比沈阳市地铁二号线的运行频次进行预测。

#### 5.5.1.1 主要道路噪声环境影响分析

(1) 预测内容

交通噪声主要由车辆动力装置、车辆与地面等摩擦产生,交通噪声的大小与单车声功率、车流量、行驶速度、车型、路况等因素有关。由于交通量、汽车种类、行驶速度以及一些偶发的驾驶员行为都直接影响交通噪声的大小,交通噪声具有不确定性,故对于同一地点来说,在不同的时刻其噪声声级是变化的。

道路交通的发展主要与发展时间阶段有关,本次评价对规划快速路、主干路2025年的昼间平峰小时及夜间平峰小时情况下的噪声影响进行预测评价。

(2) 预测模式

道路交通噪声预测选用《环境影响评价技术导则 声环境》(HJ 2.4—2009)中的公路交通噪声预测模式。

(3) 计算参数确定

①车速

路段的计算参数选择可见表5.5-1。

表 5.5-1 预测特征参数

| 道路名称 | 路面类型 | 道路红线宽度 /m | 道路级别 | 车道数量 | 设计车速 /(km·h$^{-1}$) |
| --- | --- | --- | --- | --- | --- |
| 大堤路 | 沥青混凝土 | 70 | 一级 | 10 | 80 |
| 宝马大街 | 沥青混凝土 | 60 | 一级 | 10 | 80 |
| 沈辽路 | 沥青混凝土 | 60 | 一级 | 10 | 80 |
| 四环路 | 沥青混凝土 | 70 | 一级 | 10 | 80 |
| 开发二十二号路、开发二十五号路、浑河二十六街、浑河二十四街、浑河二十一街 | 沥青混凝土 | 40 | 一级 | 6 | 60 |

规划区域车辆行驶速度和平均辐射噪声级(在参照点 7.5m 处)见表 5.5-2。

**表 5.5-2　车辆行驶速度和平均辐射噪声级统计表**

| 车型 | 时段 | 行驶车速/(km·h⁻¹) | 辐射平均噪声级/dB(A) | 计算公式 |
| --- | --- | --- | --- | --- |
| 小车 | 昼间 | 80 | 78.7 | $L_{oS}=12.6+34.73\lg v_s$ |
| | 夜间 | 60 | 74.4 | 10 |
| 中车 | 昼间 | 70 | 83.5 | $L_{oM}=8.8+40.48\lg v_m$ |
| | 夜间 | 50 | 77.6 | 10 |
| 大车 | 昼间 | 60 | 86.6 | $L_{oL}=22.0+36.32\lg v_l$ |
| | 夜间 | 40 | 80.2 | 10 |

②交通量

A. 车流量

参考沈阳市同规模道路及已经开展环评的车流量情况,确定本规划区域车流量见表 5.5-3。

**表 5.5-3　园区主要交通道路及预测流量**

| 道路名称 | 2025 年车流量/(辆·h⁻¹) | |
| --- | --- | --- |
| | 昼间 | 夜间 |
| 大堤路 | 1 465 | 438 |
| 宝马大街 | 1 559 | 349 |
| 沈辽路 | 1 732 | 517 |
| 四环路 | 1 554 | 388 |
| 开发二十二号路、开发二十五号路、浑河二十六街、浑河二十四街、浑河二十一街 | 1 115 | 314 |

B. 小时车流量

车型比类比沈阳市二环快速路的车型比,大型车:中型车:小型车＝0.02:0.08:0.90。由此结合表5.5-3可推算出主干路评价年的小时车流量,详见表5.5-4。

表 5.5-4  2025 年各路段评价年的小时车流量预测 /(辆·h$^{-1}$)

| 道路名称 | 车型 | 昼间 | 夜间 |
|---|---|---|---|
| 大堤路 | 小车 | 1 319 | 394 |
| | 中车 | 117 | 35 |
| | 大车 | 29 | 9 |
| | 合计 | 1 465 | 438 |
| 宝马大街 | 小车 | 1 403 | 314 |
| | 中车 | 125 | 28 |
| | 大车 | 31 | 7 |
| | 合计 | 1 559 | 349 |
| 沈辽路 | 小车 | 1 559 | 465 |
| | 中车 | 139 | 41 |
| | 大车 | 34 | 11 |
| | 合计 | 1 732 | 517 |
| 开发二十二号路、开发二十五号路、浑河二十六街、浑河二十四街、浑河二十一街 | 小车 | 1 004 | 283 |
| | 中车 | 89 | 25 |
| | 大车 | 22 | 6 |
| | 合计 | 1 115 | 314 |

（4）预测结果及分析

按上述模式计算规划区域 2025 年平峰时段水平距路中心线不同距离接收点处的交通噪声预测值，见表 5.5-5。

表 5.5-5　计算点距路中心线不同水平距离下的交通噪声预测值 /dB（A）

| 道路名称 | 时段 | 计算点距路中心线不同水平距离下的交通噪声预测值 | | | | | | |
|---|---|---|---|---|---|---|---|---|
| | | 20m | 40m | 60m | 80m | 120m | 160m | 200m |
| 大堤路 | 昼间 | 73.9 | 65.7 | 62.8 | 61.2 | 59.0 | 57.4 | 56.2 |
| | 夜间 | 64.9 | 56.7 | 53.9 | 52.3 | 50.1 | 48.5 | 47.2 |
| 宝马大街 | 昼间 | 73.3 | 65.4 | 63.0 | 61.4 | 59.2 | 57.7 | 56.4 |
| | 夜间 | 63.3 | 55.5 | 53.0 | 51.4 | 49.3 | 47.7 | 46.4 |
| 沈辽路 | 昼间 | 74.5 | 66.5 | 63.6 | 61.9 | 59.7 | 58.2 | 56.9 |
| | 夜间 | 65.7 | 57.8 | 54.9 | 53.2 | 51.0 | 49.4 | 48.2 |
| 四环路 | 昼间 | 73.9 | 66.7 | 63.3 | 61.5 | 59.3 | 57.7 | 56.4 |
| | 夜间 | 64.4 | 57.2 | 53.8 | 52.0 | 49.8 | 48.2 | 46.9 |
| 开发二十二号路、开发二十五号路、浑河二十六街、浑河二十四街、浑河二十一街 | 昼间 | 69.3 | 63.6 | 61.4 | 60.0 | 57.8 | 56.2 | 55.0 |
| | 夜间 | 60.3 | 54.6 | 52.4 | 50.9 | 48.8 | 47.2 | 46.0 |

各道路沿线受噪声影响较大，特别是夜间受噪声影响较大。规划区域营运期随着交通量的增加，交通噪声预测值逐年增加。为了避免未来产生较大影响，报告书对平路基条件下各路段的噪声达标距离进行计算，结果见表 5.5-6。

表 5.5-6　距离路中心线交通噪声达标距离（m）

| 道路名称 | 时间 | 2025 年 | | | |
| --- | --- | --- | --- | --- | --- |
| | | 4a 类 | 3 类 | 2 类 | 1 类 |
| 大堤路 | 昼间 | 30 | 44 | 100 | 244 |
| | 夜间 | 50 | 50 | 122 | 290 |
| 宝马大街 | 昼间 | 27 | 43 | 104 | 255 |
| | 夜间 | 43 | 43 | 105 | 256 |
| 沈辽路 | 昼间 | 32 | 49 | 115 | 275 |
| | 夜间 | 59 | 59 | 144 | 336 |
| 四环路 | 昼间 | 34 | 48 | 106 | 255 |
| | 夜间 | 51 | 51 | 116 | 276 |
| 开发二十二号路、开发二十五号路、浑河二十六街、浑河二十四街、浑河二十一街 | 昼间 | <20 | 33 | 78 | 199 |
| | 夜间 | 38 | 38 | 95 | 237 |

由预测结果可以看出，在不考虑建筑物隔声的情况下：

①昼间噪声

大堤路《声环境质量标准》（GB 3096—2008）4a 类昼间达标距离为 30m；3 类昼间达标距离为 44m；2 类达标距离为 100m；1 类达标距离为 244m。

宝马大街《声环境质量标准》（GB 3096—2008）4a 类昼间达标距离为 27m；3 类达标距离为 43m；2 类达标距离为 104m；1 类达标距离为 255m。

沈辽路《声环境质量标准》（GB 3096—2008）4a 类昼间达标距离为 32m；3 类昼间达标距离为 49m；2 类达标距离为 115m；1 类达标距离为 275m。

四环路《声环境质量标准》（GB 3096—2008）4a 类昼间达标距离为 34m；3 类达标距离为 48m；2 类达标距离为 106m；1 类达标距离为 255m。

开发二十二号路、开发二十五号路、浑河二十六街、浑河二十四街、浑河二十一街《声环境质量标准》(GB 3096—2008) 4a 昼间达标距离为 20m；3 类昼间达标距离为 33m；2 类达标距离为 78m；1 类达标距离为 199m。

②夜间噪声

大堤路《声环境质量标准》(GB 3096—2008) 4a、3 类夜间达标距离为 50m；2 类达标距离为 122m；1 类达标距离为 290m。

宝马大街《声环境质量标准》(GB 3096—2008) 4a、3 类夜间达标距离为 43m；2 类达标距离为 105m；1 类达标距离为 256m。

沈辽路《声环境质量标准》(GB 3096—2008) 4a、3 类夜间达标距离为 59m；2 类达标距离为 144m；1 类达标距离为 336m。

四环路《声环境质量标准》(GB 3096—2008) 4a、3 类夜间达标距离为 51m；2 类达标距离为 116m；1 类达标距离为 276m。

开发二十二号路、开发二十五号路、浑河二十六街、浑河二十四街、浑河二十一街《声环境质量标准》(GB 3096—2008) 4a、3 类夜间达标距离为 38m；2 类达标距离为 95m；1 类达标距离为 237m。

#### 5.5.1.2 铁路噪声环境影响分析

(1) 沈辽城际铁路建设情况介绍

沈辽城际铁路起点为地铁一号线十三号街站，终点为辽中区，线路走行开发大道、化工园中细河九街、开发二十二号路，在宝马项目西侧并入沈盘线，全长 61.62km。沈辽城际轨道交通全线布设站点 12 座，平均站间距为 5.46km。最大站间距为 11.3km，最小站间距为 2.55km。沈辽城际铁路位于规划区内的长度约为 3.6km，设置一个宝马工厂站点。

(2) 铁路对规划区域段影响预测结果与评价

沈辽城际铁路、铁路专用线穿越本规划区域段距外轨中心线不同距离、不同高度的噪声预测值见表 5.5-7。

表 5.5-7  铁路穿越本规划区域段距外轨中心线不同距离、高度的噪声预测值 /dB（A）

| 路段 | 预测期 | 时间段 | 相对高差/m | 距外轨中心线不同距离 | | | | | | |
|---|---|---|---|---|---|---|---|---|---|---|
| | | | | 20m | 40m | 60m | 80m | 120m | 160m | 200m |
| 沈辽城际铁路 | 2025年 | 昼间 | 20 | 32.1 | 36.2 | 34.3 | 32.6 | 29.3 | 27.0 | 25.3 |
| | | | 16 | 35.5 | 36.4 | 34.2 | 32.3 | 28.9 | 26.7 | 25.0 |
| | | | 12 | 38.6 | 36.3 | 34.0 | 31.6 | 28.5 | 26.4 | 24.7 |
| | | | 8 | 39.6 | 36.1 | 33.1 | 30.9 | 28.0 | 26.0 | 24.5 |
| | | | 4 | 39.2 | 34.9 | 32.1 | 30.2 | 27.6 | 25.7 | 24.2 |
| | | | 0 | 36.7 | 33.2 | 31.0 | 29.5 | 27.1 | 25.3 | 23.9 |
| | | 夜间 | 20 | 29.1 | 33.2 | 31.3 | 29.6 | 26.3 | 24.0 | 22.3 |
| | | | 16 | 32.5 | 33.4 | 31.2 | 29.3 | 25.9 | 23.7 | 22.0 |
| | | | 12 | 35.6 | 33.3 | 31.0 | 28.6 | 25.5 | 23.4 | 21.7 |
| | | | 8 | 36.6 | 33.1 | 30.1 | 27.9 | 25.0 | 23.0 | 21.5 |
| | | | 4 | 36.2 | 31.9 | 29.1 | 27.2 | 24.6 | 22.7 | 21.2 |
| | | | 0 | 33.7 | 30.2 | 28.0 | 26.5 | 24.1 | 22.3 | 20.9 |

由表 5.5-7 可知，噪声最大值出现在轨道外侧，与轨道呈 21.8°的平面上呈蝶形分布，并以该平面向上下两个方向噪声逐渐减弱。

沈辽城际铁路穿越本规划区域段距外轨中心线距离 20m、垂向 8m 处，2025 年的昼间噪声预测值为 39.6dB，低于昼间 2 类功能区要求。

沈辽城际铁路穿越本规划区域段距外轨中心线距离 20m、垂向 8m 处，2025 年的夜间噪声预测值为 36.6dB，低于夜间 2 类功能区要求。

（3）影响范围分析

根据表 5.5-7 地面段噪声预测值，将距外轨中心线不同距离、不同高差的的最大达标距离汇于表 5.5-8 中。

**表 5.5-8　声环境功能区达标最大距离**

| 路段 | 预测期 | | 不同声环境功能区昼间最大达标距离 /m | | | |
|---|---|---|---|---|---|---|
| | | | 4b 类 | 3 类 | 2 类 | 1 类 |
| 沈辽城际铁路穿越本规划区域段 | 2025 年 | 昼间 | <20 | <20 | <20 | <20 |
| | | 夜间 | <20 | <20 | <20 | <20 |

由表 5.5-8 可知，对于沈辽城际铁路穿越本规划区域段，昼夜间 4b、3、2、1 类区设防距离均为 20m（相对高差为 8m）。

#### 5.5.1.3　轨道交通环境影响分析

地铁三号线西延线东起于洪新城大通湖街，西至铁西区宝马工厂，线路全长 19km，位于规划区内的长度约为 11km，全部为地下段，设置 9 个站点。

由于规划区域内的轨道交通为地下敷设，故本次评价不对其噪声环境影响进行预测分析，仅对其振动环境影响进行预测分析。

（1）振动产生原理

列车在轨道上运行时，由轮轨间相互作用产生的振动经钢轨通过扣件和道床传到大地，引发轨道附近地面建筑物的振动。影响环境振动的主要因素包括车辆特性、轨道结构、隧道结构、环境地质条件、建筑物构造等，其中环境地质条件和车辆特性对振动结果影响最大。

国内外实验研究结果表明，影响列车振动传播的因素包括轮轨类型结构、轨道状况、地基土壤条件、建筑物距线路距离、建筑物质量刚度、地板质量刚度、质量分布、阻尼、地板和墙壁尺寸等，见表 5.5-9。

表 5.5-9　列车振动传播影响因素

| 振动发生部位 | 振动传播现象 | 影响因素 |
|---|---|---|
| 钢轨—轨道 | 冲击力引起振动 | 钢轨类型、结构、土壤 |
| 轨道—自由场 | 地层半自由空间传播 | 轨道位置、土壤、距离 |
| 自由场—建筑物基础—外墙 | 由自由场振动进入建筑物内 | 土壤、建筑物质量、接触面、建筑物刚度 |
| 外墙—地板 | 外墙振动 | 地板质量、垂直支承元件、刚性 |
| 地板基础 | 地板振动 | 地板板材刚度、质量分布、阻尼 |
| | | 地板和墙壁尺寸、表面自然属性 |

其中建筑物振动响应程度取决于地基弹性、建筑物基础的形式和深度、建筑物设计和结构形式，甚至建筑物中家具的摆放位置等。这些振动影响应取决于通过地基的振动干扰源特性，在主频区，振动传播速度 $c=f\times\lambda$ 为影响建筑物响应的主要干扰源。如果振动波长比建筑物宽度长，那么进入到建筑物中的振动为纯平移；如果振动波长总数与建筑物宽度正好一致，也有相似的结果；如果建筑物的宽度与 $n-\frac{1}{2}$ 的振动波长对应（$n$ 为整数），则建筑群将产生共振现象，可能导致建筑物倾斜，当然实际中是由多种因素综合作用的结果。地基振动的特征之一为不稳定性，某些振动对一些建筑物有影响，而对其他一些建筑没有影响，因此应用时应具体问题具体分析。

（3）振动预测结果与评价

由于《城市区域环境振动标准》（GB 10070—88）中，对标准限值的规定未考虑时间特性函数，因此地铁运营后，不同运营时段的车流密度大小变化，在振动环境评价量中无法体现，预测时仅考虑不同车速、不同距离处的振动水平。

①振动预测结果

由于本规划区域发展先进机械装备制造产业、汽车及零部件产业、智能新兴产业、现代服务业，轨道交通沿线建筑物主要为Ⅱ类建筑。按Ⅱ类建筑进行修正后，至外轨中心线不同距离地表振动值见表 5.5-10，其达标距离见表 5.5-11。

表 5.5-10　典型路段至外轨中心线不同距离地表振动值

| 序号 | 预测点至外轨中心线距离 /m | 地面 Z 振级（$VL_{zmax}$）/dB |
|---|---|---|
| 1 | 5 | 78.7 |
| 2 | 10 | 74.3 |
| 3 | 15 | 71.7 |
| 4 | 20 | 69.9 |
| 5 | 25 | 68.5 |
| 6 | 30 | 67.3 |
| 7 | 35 | 66.3 |
| 8 | 40 | 65.5 |
| 9 | 45 | 64.7 |
| 10 | 50 | 64.0 |
| 11 | 55 | 63.4 |
| 12 | 60 | 62.9 |
| 13 | 65 | 62.4 |
| 14 | 70 | 61.9 |
| 15 | 75 | 61.4 |
| 16 | 80 | 61.0 |
| 17 | 85 | 60.6 |
| 18 | 90 | 60.3 |
| 19 | 95 | 59.9 |
| 20 | 100 | 59.6 |

注：规划列车运行速度按最高运行时速 70km/h 计算，振动级为 $VL_{zmax}$ 值，Ⅱ类建筑。

表 5.5-11　典型路段地表振动达标防护距离

| 线路区间 | 达标距离 /m | | | |
| --- | --- | --- | --- | --- |
| | "交通干线两侧标准" | | "居民、文教区"标准 | |
| | 昼间（75dB） | 夜间（72dB） | 昼间（70dB） | 夜间（67dB） |
| 地面段 | 9 | 14.3 | 19.5 | 31.5 |

注：规划列车运行速度按最高运行时速70km/h计算，振动级为$VL_{zmax}$值，Ⅱ类建筑。

由于不同类型的建筑对振动的响应存在差异，表 5.5-12 中列出了各类型建筑物的振动达标距离。

表 5.5-12　沿线各类型建筑物内振动达标距离

| 线路区间 | 建筑类型 | 达标距离 /m | | | |
| --- | --- | --- | --- | --- | --- |
| | | "交通干线两侧标准" | | "居民、文教区"标准 | |
| | | 昼间（75dB） | 夜间（72dB） | 昼间（70dB） | 夜间（67dB） |
| 地面段 | Ⅰ类建筑 | 2 | 3 | 4 | 7 |
| | Ⅱ类建筑 | 4 | 7 | 9 | 14 |
| | Ⅲ类建筑 | 9 | 14 | 20 | 32 |

注：规划列车运行速度按最高运行时速70km/h计算，振动级为$VL_{zmax}$值。

②振动影响评价

从预测结果可以看出，Ⅰ类建筑物室内振动达到"交通干线两侧"或"混合区"标准的防护距离为昼间2m、夜间3m，达到"居住、文教区"标准的防护距离为昼间4m、夜间7m；Ⅱ类建筑物室内振动达到"交通干线两侧"或"混合区"标准的防护距离为昼间4m、夜间7m，达到"居住、文教区"标准的防护距离为昼间 9m、夜间 14m；Ⅲ类建筑物室内振动达到"交通干线两侧"或"混合区"标准的防护距离为昼间 9m、夜间 14m，达到"居住、文教区"标准的防护距离为昼间 20m、夜间 32m。

### 5.5.2 工业企业噪声影响分析

工业企业噪声主要来自各企业生产设备运行时产生的设备噪声。根据区内现有典型企业厂界噪声例行监测资料，生产企业在做好生产设备隔声降噪措施的基础上，厂界噪声均能达标。

规划实施后，区内主导产业类型与现状企业基本类似，类比现状企业厂界噪声达标情况，预计规划近、远期区内生产企业厂界噪声仍能满足《工业企业厂界环境噪声排放标准》（GB 12348—2008）中 3 类标准要求。

表 5.5-13 给出了主要企业各噪声源所在的主要生产车间平均声级以及计算得出的干扰半径 $r_{65}$ 表示噪声级衰减为 65dB（A）所需距离，亦称干扰半径，其余类推）。

**表 5.5-13　各种车间的噪声干扰半径（m）**

| 企业名称 | 主要车间名称 | 车间内平均声功率级 /dB（A） | $r_{65}$ | $r_{60}$ | $r_{55}$ | $r_{50}$ |
|---|---|---|---|---|---|---|
| 工业生产企业 | 生产车间 | 85 | 12 | 16 | 27 | 49 |
| 机械加工企业 | 加工车间 | 95 | 27 | 49 | 87 | 154 |

根据以上计算结果，在规划区工业企业规划、选址、立项时，首先把好关，使声源与敏感建筑物保持适当距离。此外，对于今后区内新引进企业，通过设备噪声治理，结合车间、厂房特点优化厂区的平面布局等技术和管理手段进行噪声控制，使厂区边界噪声达到规定标准。

### 5.5.3 社会噪声影响分析

#### 5.5.3.1 区域噪声影响分析

由于社会区域噪声面广源多，本书采用人口密度预测模式进行预测。

预测公式如下：

$$L_{dn} = A\lg p + K$$

式中：$L_{dn}$——预测区域环境噪声等效声级，dB（A）；

$p$——预测年区域人口密度，人/hm²；

$A$，$K$为常数，$A$取8.93，$K$取25.61。

规划近期到2020年，中期到2025年，远期到2035年。规划区人口密度近期（2020年总人口15万人）为32人/hm²，远期（2035年规划总人口25万人）为53人/hm²。根据以上模型计算，近期（2020年）区域环境噪声等效声级为39.05dB（A），远期（2035年）区域环境噪声等效声级为41.01dB（A），区域环境噪声等效声级可控制在45dB（A）以下，满足评价范围所涉及的各类声功能区要求。

#### 5.5.3.2 公建配套设施噪声影响分析

在规划区规划阶段无法具体确定风机、水泵、变配电房等设施的位置，在具体项目实施时，应使此类噪声源与敏感建筑物保持适当远离，并且尽量采用低噪设备或通过设置单独隔声房、风机风口加装消声器、水泵加装减振垫等措施，以降低噪声级，减少对声环境的影响。

## 5.6 生态影响预测与评价

### 5.6.1 规划实施对动植物的影响

#### 5.6.1.1 对植被的影响

规划实施后，规划区内的小部分植物群落会被建设用地取代，但是损失面积不大，规划实施对生物多样性的负面影响比较小。

#### 5.6.1.2 对野生动物的影响

规划实施对野生动物可能造成的影响包括噪声、人为活动对野生动物的干扰，以及对野生动物迁徙、活动、栖息等方面的影响。

(1) 对两栖、爬行动物的影响

评价范围内,两栖类和爬行类动物种类不多,两栖及爬行动物可能会在河流水系附近出现。主要是施工期可能对这些动物的分布产生影响,迫使其离开栖息地,降低其活动和分布范围,但这种影响是暂时的、局部的、可逆的,会随着施工活动的结束而结束。规划实施以后两栖、爬行动物仍可以正常地活动和栖息、繁殖、穿越,不会对两栖、爬行动物造成任何阻隔作用,不会影响到两栖动物和爬行动物行为和活动范围,不会对其种群产生不利影响。但是河流两侧部分地区人口密度较大区域,将会对两栖、爬行动物的栖息、活动产生较大影响,这需要在河流两侧以设立河流缓冲带的形式来减缓由于人类活动所带来的影响。

(2) 对哺乳动物的影响

评价范围内哺乳动物数量不多,主要为野兔、仓鼠、田鼠等小型野生动物。规划实施对野生动物的影响主要表现在两个方面:

①工程施工和施工人员活动等人为干扰因素,如果处理不当,可能会缩小或影响野生动物的栖息空间和生存环境;

②施工干扰会使野生动物受到惊吓,也将被迫离开施工区周围的栖息地或活动区域。施工对动物的影响范围小,影响时间短,同时由于野生动物栖息环境和活动区域范围较大,食性广泛,且有一定迁移能力,只要在施工过程中加强管理、杜绝人为捕猎行为,施工不会对野生动物造成明显的影响。

### 5.6.2 规划实施的景观格局影响分析

#### 5.6.2.1 景观类型的划分和景观指数的选取

考虑到规划区域景观的现状以及所获取的资料,本次研究的景观分类系统主要依据中国科学院土地利用分类系统,同时参考当地的土地利用总体规划及各期遥感图像的可判程度等其他研究资料,将区域的景观分类系统确定为:耕地景观、林地景观、草地景观、水域景观、建设用地景观和道路廊道等类型。

景观指数是反映景观结构组成和空间配置特征的简单定量指标,景观格局定量分析中的指数很多,这些指数相互间的相关性往往很高,同时因为采用多种指数并不增加更多的信息,因此,本次评价进行格局分析时主要采用以下几个：斑块密度、斑块数量、最大斑块指数、边缘密度、景观形状指数、形状分布指数、周长－面积分维指数、景观蔓延度指数、Shannon多样性指数、Shannon均匀度指数和斑块聚集指数。为了更好地反映规划建设对生态景观所造成的影响，将上述指数分为景观破碎化指数、景观形状指数、景观多样性指数和景观连通性指数四大类，分析各景观要素变化的空间结构规律，并据此对评价区域的景观格局变化进行分析。

#### 5.6.2.2 规划实施后的景观格局影响分析

（1）景观特征指数变化

表5.6-1所示是评价范围内景观现状及其规划实施后四类景观指数的对比。

表 5.6-1　景观特征指数

| 景观指数 | 景观破碎化指数 | | | 景观形状指数 | | | | 景观多样性指数 | | | 景观连通性指数 |
|---|---|---|---|---|---|---|---|---|---|---|---|
| | 斑块数量(NP) | 斑块密度(PD) | 最大斑块指数(LPI) | 边缘密度(ED) | 景观形状指数(LSI) | 景观形状分布指数(SHAPE-MN) | 周长-面积分维指数(PAFRAC) | 景观蔓延度指数(CONTAG) | Shannon多样性指数(SHDI) | Shannon均匀度指数(SHEI) | 斑块聚集指数(COHESION) |
| 现状 | 295 | 3.06 | 9.67 | 37.95 | 18.06 | 2.22 | 1.296 9 | 57.16 | 1.35 | 0.75 | 99.21 |
| 规划后 | 659 | 6.83 | 11.09 | 42.26 | 18.58 | 1.86 | 1.224 5 | 51.32 | 1.50 | 0.84 | 99.40 |

从表5.6-1中数据反映的现状景观格局与规划实施后的景观格局可以看出，评价范围内的斑块数量、斑块密度、最大斑块指数均呈现增加趋势，原因在于人类活动强度的增加，导致原来以耕地、林地景观为主的景观格局更加破碎化，形状变得不规则，空间异质性程度增加，景观多样性增加。

评价范围整体景观的边缘密度、景观形状指数呈略有增加的趋势。边缘密度反映了景观的破碎程度,边缘密度的大小直接影响边缘效应及物种组成,其增加说明了整体景观之间的相邻边界增加了,同时说明整体景观更加破碎化。景观形状分布指数的变化可以表征斑块不规则形状的复杂性,评价范围的形状分布指数增大,表明评价范围内的开发建设活动导致整体景观形状逐渐复杂化、不均衡化。由各景观形状指数的变化趋势及增减幅度来看,研究区域景观整体形状趋于复杂化,受人类活动的干扰程度逐渐增大。

结果数据表明,评价范围现状景观与规划实施后的斑块数量、斑块密度、边缘密度(ED)、景观形状指数(LSI)、Shannon多样性指数(SHDI)均变大,说明整体景观朝着同质化方向发展,景观异质性降低,景观空间格局逐渐单一化,区域景观的多样化和丰富化程度降低。

(2)景观指数

表5.6-2和表5.6-3所示是评价范围景观现状及其规划实施后七类景观指数的对比。

表5.6-2 现状景观格局的主要景观指数

| 景观类型 | 景观形状指数(LSI) | 斑块聚集指数(COHESION) | 有效网格大小(MESH) | 破碎度(SPLIT) | 斑块密度(PD) | 最大斑块指数(LPI) | 分布交叉指数(IJI) |
|---|---|---|---|---|---|---|---|
| 耕地景观 | 14.12 | 99.297 6 | 118.59 | 81.40 | 0.67 | 9.67 | 78.07 |
| 林地景观 | 17.08 | 99.172 6 | 35.17 | 274.46 | 0.73 | 5.62 | 85.60 |
| 草地景观 | 5.81 | 95.361 1 | 0.02 | 483 578.90 | 0.09 | 0.13 | 86.26 |
| 水域景观 | 13.41 | 99.077 7 | 31.87 | 302.90 | 0.31 | 4.48 | 82.33 |
| 建设用地景观 | 15.77 | 98.992 3 | 64.47 | 149.73 | 1.11 | 5.10 | 75.42 |
| 道路廊道 | 40.79 | 99.437 2 | 7.94 | 1 216.38 | 0.15 | 2.86 | 56.85 |

表 5.6-3 规划实施后景观格局的主要景观指数

| 景观类型 | 景观形状指数 (LSI) | 斑块聚集指数 (COHESION) | 有效网格大小 (MESH) | 破碎度 (SPLIT) | 斑块密度 (PD) | 最大斑块指数 (LPI) | 分布交叉指数 (IJI) |
|---|---|---|---|---|---|---|---|
| 耕地景观 | 11.71 | 98.934 4 | 22.35 | 431.87 | 0.50 | 3.42 | 70.89 |
| 林地景观 | 21.08 | 98.880 5 | 29.66 | 325.46 | 1.41 | 5.25 | 84.23 |
| 草地景观 | 19.54 | 95.423 9 | 0.36 | 27 120.10 | 1.25 | 0.31 | 72.42 |
| 水域景观 | 13.33 | 98.962 8 | 31.68 | 304.76 | 0.48 | 4.48 | 92.08 |
| 建设用地景观 | 21.40 | 98.439 8 | 58.29 | 165.62 | 3.14 | 5.79 | 63.26 |
| 道路廊道 | 43.99 | 99.792 1 | 118.71 | 81.32 | 0.05 | 11.09 | 60.54 |

由表 5.6-2、5.6-3 可以看出,随着规划的实施,评价范围内景观格局发生很大变化,整体景观格局逐渐破碎化,被道路廊道分割,同时最大斑块指数反而增大,主要是因为建设用地景观连片分布。根据对评价区景观格局的分析,总体上规划区景观格局以建设用地(居住用地、工业建设用地、商业用地、道路等)景观为主,随着规划建设的推进,评价范围内景观格局会继续朝着工业化、城市化方向变化,表现为建设用地景观、道路廊道这些建设用地景观将会增加,最终演变为以建设用地景观为主导的城市景观格局。

# 6 区域环境承载力分析

## 6.1 能源承载力分析

### 6.1.1 沈阳市能源供应

根据《沈阳市统计年鉴（2018年）》，2017年沈阳市能源消费总量见表6.1-1，主要能源产品消费量见表6.1-2。

表 6.1-1 沈阳市能源消费总量

| 年　份 | 指　标 | | |
|---|---|---|---|
| | 地区生产总值 /亿元 | 能源消费总量 /万 tce | 单位生产总值能耗 /(tce·万元$^{-1}$) |
| 2016 年 | 5 525.7 | 904.6 | 0.16 |
| 2017 年 | 5 784.7 | 838.8 | 0.15 |
| 增长率 /% | 4.6 | -7.3 | -6.3 |

表 6.1-2 主要能源产品消费量

| 年份 | | 指标 | | | |
|---|---|---|---|---|---|
| | | 天然气 / 万 m³ | 原煤 / t | 原油 / t | 电力 / 万 kW·h |
| 2016 年 | 消耗量 | 21 227 | 23 534 872 | 753 020 | 985 031 |
| | 折标煤 / 万 tce | 28.2 | 1 681 | 108 | 121 |
| | 比重 /% | 1.5 | 86.7 | 5.6 | 6.2 |
| 2017 年 | 消耗量 | 21 085 | 26 358 653 | 804 247 | 1 087 648 |
| | 折标煤 | 28.0 | 1 883 | 115 | 134 |
| | 比重 /% | 1.3 | 87.2 | 5.3 | 6.2 |
| 能源消耗增长率 /% | | -0.7 | 12 | 6.8 | 10.4 |

由表 6.1-1、6.1-2 可知,沈阳市 2017 年单位生产总值能耗水平较 2016 年略有下降,全市能源消耗以煤炭为主,占比达到 87% 左右。沈阳市内无原油、天然气等资源产出,2017 年原煤产出量仅 2.4 万 t,区域内所需的能源消费基本依靠外部调入。

## 6.1.2 中德园能源需求与能源结构调整

中德园的能源提供条件与沈阳市基本一致,所需能源均需靠外部调入;另外,从中德园能源消费预测来看,未来随着区内产业的发展,区域经济规模的不断扩大,区域所需的能源消费总量也呈扩大趋势,因此,在区域可再生资源利用有限,无其他可供利用能源的情况下,中德园的发展将在很大程度上受到能源的制约。

中德园现状及不同情景规划年能源消耗见表 6.1-3。

表 6.1-3　中德园现状及不同情景规划年能源消耗

| 情景 | 能耗量 /（万 tce·a$^{-1}$） | | 单位 GDP 综合能耗 /（tce·万元$^{-1}$） | |
|---|---|---|---|---|
| | 2025 年 | 2035 年 | 2025 年 | 2035 年 |
| 基准情景 | 68.5 | 95.5 | 0.181 | 0.117 |
| 规划情景 | 59.6 | 81.4 | 0.138 | 0.075 |
| 优化情景 | 55.5 | 72.8 | 0.128 | 0.066 |

为达到区域总量减排要求，同时大幅度削减区域污染物排放，中德园需进行清洁能源改造，在 2021 年以前，全部实现燃煤的清洁利用，从而实现区域建设同时改善区域环境质量。预测期内，中德园能源结构见表 6.1-4。

表 6.1-4　中德园现状及预测年能源结构 /%

| 情景 | 能源类型 | 2025 年 | 2035 年 |
|---|---|---|---|
| 基准情景 | 可再生能源 | 0.0 | 0.0 |
| | 清洁能源 | 36.6 | 58.9 |
| | 煤炭及其他 | 31.8 | 36.6 |
| 规划情景 | 可再生能源 | 6.6 | 14.4 |
| | 清洁能源 | 34.0 | 53.5 |
| | 煤炭及其他 | 25.6 | 27.8 |
| 优化情景 | 可再生能源 | 10.6 | 18.2 |
| | 清洁能源 | 31.6 | 46.6 |
| | 煤炭及其他 | 23.9 | 26.2 |

为此，中德园未来需进一步加强生态工业园建设，进行产业链的补链招商，积极推进中德园节能降耗工程，减少对周围环境的负担。

## 6.2　水资源承载力分析

### 6.2.1　沈阳市水资源概况

沈阳市位于辽宁省中部,是东北地区的重要中心城市。全市土地面积为 12 860km², 2018 年总人口为 831.6 万人。2018 年全市水资源总量为 13.2 亿 m³（地表水与地下水重复计算量 4.86 亿 m³）,其中地表水资源量 5.48 亿 m³,地下水资源量 12.58 亿 m³,人均水资源量为 158.7m³,低于国际公认的水资源极度紧缺标准 500m³。

### 6.2.2　沈阳市用水量

根据《沈阳市水资源公报（2018 年）》,2018 年沈阳市总供水量 27.28 亿 m³,其中地表水供水量 7.57 亿 m³,占总供水量的 27.7%；地下水供水量 18.63 亿 m³,占总供水量的 68.3%；其他供水量 1.08 亿 m³,占总供水量的 4.0%。沈阳市用水结构特征见表 6.2-1。

表 6.2-1　沈阳市用水结构特征分析

| 年份 | 用水量 / 亿 m³ | 占比 / % |
| --- | --- | --- |
| 农田灌溉用水 | 12.66 | 46.4 |
| 林牧渔畜用水 | 1.72 | 6.3 |
| 工业用水 | 3.55 | 13.0 |
| 城镇公共用水 | 2.84 | 10.4 |
| 城乡居民生活用水 | 3.91 | 14.4 |
| 生态与环境补水 | 2.6 | 9.5 |
| 合计 | 27.28 | 100 |

由表 6.2-1 可知,沈阳市用水分为农业灌溉用水、林牧渔畜用水、工业用水、城镇公共用水、居民生活用水和生态环境用水等。其中农田灌溉用水占比最大,为 46.4%,林牧渔畜用水占比最小,为 6.3%。

### 6.2.3 沈阳市水资源开发利用与保护"十三五"规划

#### 6.2.3.1 目标年需水量

2020 年沈阳市总需水量（$P=50\%$）为 37.2 亿 m³。其中：生活需水量为 5.1 亿 m³,占总需水量的 13.7%；生产需水量为 30.9 亿 m³,占总需水量的 82.9%；生态环境需水量为 1.3 亿 m³,占总用水量的 3.4%。2030 年沈阳市总需水量（$P=50\%$）为 39.3 亿 m³。其中生活需水量为 6.7 亿 m³,占总需水量的 17.0%；生产需水量为 31.2 亿 m³,占总需水量的 79.3%；生态环境需水量为 1.5 亿 m³,占总用水量的 3.8%。

#### 6.2.3.2 水资源供需平衡分析

实施大伙房输水工程二期及辽西北供水工程后,沈阳市 2020 年多年平均需水总量为 31.68 亿 m³,多年平均供水总量为 31.33 亿 m³,多年平均缺水总量为 0.35 亿 m³,多年平均缺水率 1.10%；2030 年多年平均需水总量为 39.88 亿 m³,多年平均供水总量为 39.86 亿 m³,多年平均缺水总量为 156 万 m³,多年平均缺水率 0.04%。

通过对《沈阳市地下水压采方案》分析可知,2020 年城区市政地下水源基本封停,规划年继续运行的地下水源取水量仅占市内五区多年平均地下水可开采能力的 28%；通过适当增加再生水回用量,可以实现 2030 年水资源的供需平衡,同时可实现完成封井计划后不会产生因地下水位过高而引发次生灾害问题。

#### 6.2.3.3 应急水源与战略储备水源

（1）应急水源规划

地下水应急水源：把现有第二类水源（市区及近郊区市政水源）划分为应急水源,市区内应急水源供水能力为 59 万 m³/d,康平县应急水源供水能力为 0.99 万 m³/d,法库县应急水源供水能力为 1.18 万 m³/d,新民市应急水源供水能力为 4 万 m³/d,辽中区应急水源供水能力为 0.87 万 m³/d。地下水应急水源供水能力总计可达 66.04 万 m³/d。

地表水应急水源：地表地下水联调工程位于沈北新区石佛寺水库以下辽河干流及其一级支流之间，该工程可提供的短期应急供水能力为 60 万 $m^3/d$（含规划的常规水源 10 万 $m^3/d$）。

因此，沈阳市总的应急水源供水能力为 126 万 $m^3/d$。考虑到城区地下水水位过高会对建筑物地基及地铁安全产生影响，同时地下水受污染的风险也会大大提高，故建议各级水行政主管部门合理布局和综合运用常规水源和应急水源，并借助于地下水实时监测网，通过实施地下水"双控"管理，有效控制城区地下水取水总量与水位变化态势。

（2）战略储备水源规划

市区外围的地下水市政水源作为战略储备水源：一方面是由于沈北新区、苏家屯区、法库县地下水量丰富，但需注意战略储备水源超负荷运转会出现挤占或影响当地农业灌溉用水问题；另一方面是利用市区外围的市政水源及现有的配套网管既可省去大量的工程投资，又可以实现对市区长期稳定供水。沈北新区和法库县战略储备水源供水能力为 23 万 $m^3/d$，经济开发区和苏家屯区战略储备水源供水能力为 28 万 $m^3/d$，地下水战略储备水源总供水能力可达 51 万 $m^3/d$。

地表水战略储备水源：由石佛寺水库与库区内地下水构成联调工程。该工程为规划工程，规划供水总规模为 66 万 $m^3/d$。地表地下水联调工程位于沈北新区石佛寺水库以下辽河干流及其一级支流之间，该工程可提供的长期战略储备供水量为 15 万 $m^3/d$。

因此，沈阳市总的战略储备水源供水能力可达 132 万 $m^3/d$。

综上所述，基于供水风险分析，依据地下水压采计划和水资源配置总体格局的调整，通过合理布局常规水源、应急水源与战略储备水源，将逐步形成"长短结合、远近互补"全时空覆盖的城市供水"三重安全"保障格局，以进一步提高城市供水的抗风险能力，为保障沈阳市经济社会的快速发展提供强有力的供水安全保障。

### 6.2.4 沈阳经济技术开发区水源

根据《沈阳胜科水务有限公司地下水取水工程水资源论证报告书》，沈阳胜科水务有限公司在沈阳经济技术开发区内有 3 个饮用水源地，分别为沈阳胜科水务有限公司一、二、三水厂，设计日取水量9.08万m³；此外，中德园内现有沈阳水务集团九水厂，现状日供水规模9万m³，年总取水量3 285万m³。

中德园区域现有水源3座，分别为沈阳水务集团九水厂、沈阳胜科水务有限公司二水厂和沈阳胜科水务有限公司三水厂。沈阳胜科水务有限公司二水厂目前实际日平均取水量约为0.8万t，沈阳胜科水务有限公司三水厂目前实际日平均取水量约为1.0万t；沈阳水务集团九水厂苏家屯区范围内有水源井25眼，分布在浑河南岸河滩地上，《关于核实李官、郎家和翟家水源地部分水源井使用情况的复函》（沈水务函（2014）53号）明确全部为工业用水，九水厂设计供水能力9万m³/d，其中4.5万m³/d供给开发区，另外4.5万m³/d供给铁西区老城区。

另外，辽宁已经实施"东水西调"工程，大伙房水库输水工程可分配给开发区的量为40万m³/d。沈阳市大伙房水库输水配套工程西部净水厂（二期）目前已经开始施工建设，预计2020年12月完工，净水厂规模为35万m³/d，该期工程配水给沈阳经济技术开发区16万m³/d。

随着大伙房水库输水工程的实施，在未来一段时间内用水可以得到保障，但仍应坚持"先节水后调水、先治污后通水、先环保后用水"的原则，加强中德园的节水管理，强调中水回用，深化污水治理，尽量减少调水量，使更多的调水用于生态修复，使区域水环境得到改善。

### 6.2.5 中德园用水量及平衡分析

中德园区域所需用水量已经在《沈阳市水资源开发利用与保护"十三五"规划》中统一考虑，其中本规划区内的现有水源作为战略储备水源保留，主水源由大伙房水库输水工程提供，规划年不同发展情景需水量与可供水总量对比见表6.2-2。

表 6.2-2　规划年不同发展情景需水量与供水指标情况 / 万 m³

| 类别 | 预测新鲜水需水量 | | 大伙房可供水量 | | 地下水可供水量 | |
| --- | --- | --- | --- | --- | --- | --- |
| | 2025 年 | 2035 年 | 2025 年 | 2035 年 | 2025 年 | 2035 年 |
| 基准情景 | 1 291 | 1 873 | 5 840 | 14 600 | 6 502 | 6 502 |
| 规划情景 | 1 279 | 1 933 | | | | |
| 优化情景 | 1 188 | 1 845 | | | | |

由表 6.2-2 可知，2025 年，沈阳市大伙房水库输水工程和地下水源可供沈阳经济技术开发区新鲜水总量为 12 342 万 m³，可以满足规划基准情景新鲜水需水量 1 291 万 m³。2035 年可供水总量为 21 102 万 m³，可以满足规划情景新鲜水需水量 1 933 万 m³，中德园所需水量可以得到满足。

## 6.3　土地资源承载力分析

### 6.3.1　土地利用的可行性分析

中德园建设用地范围内允许建设区面积约 39.90km²；有条件建设区面积为 3.96km²，主要分布在细河沿线；限制建设区面积约 10.86km²；禁止建设区面积 0.28 km²，主要分布在浑河北岸。从总体而言，中德园建设近期用地规划目标与土地利用总体规划基本协调，但在远期有 2.73km² 基本农田尚未调整，需对土地利用规划进行调整后才能进行开发。

### 6.3.2　评价区域生态适宜性分析

#### 6.3.2.1　评价思路

规划实施将会对区域的土地现状、植被生态、环境状况、农业经济发展等有较大的影响，同时规划范围内土地利用类型、资源、气象条件、居住区等的分布等都可成为规划实施的限制因子,区域的开发建设活动与土地及生态是相互影响的。本次规划环境影响评价从生态适宜性的视角,对建设用地的生态适宜度进行评价,在设定本项用地目标的前提下,针对不同用地目标进行相关的指标体系筛选,借助于"3S"技术和多指标叠加方法,对规划区内土地适宜性进行分析。

#### 6.3.2.2 技术路线

首先制定评价标准,将各因素数量化、等级化,形成单因素生态适宜性评价图,并按照各评价因子对区域生态的影响,将评价因子划分为多个生态适宜性等级。根据权重加和各因素的适宜性得分,计算适宜性综合得分,以上述各单项因子的分析为基础,形成针对建设用地的各单项因子的生态适宜性程度分级图,然后将这些图件进行叠加。

综合的生态适宜性评价公式为

$$P = \sum_{i=1}^{n} W(k) C_{ij}(k)$$

式中:$S_{ij}$ 为第 $(i, j)$ 个格网的综合生态适宜性;

$k = 1, 2, \cdots, n$ 表示第 $k$ 个生态因子;

$W(k)$ 表示第 $k$ 个生态因子的权重;

$C_{ij}(k)$ 表示第 $k$ 个生态因子在第 $(i, j)$ 个格网的适宜性等级。

生态适宜性分析指标的选择要客观实际,能够实现数字化或者能够回答"是"与"非"的问题(比如自然保护区核心区不能有建设行为,在数学上表达为"0",反之表达为"1"),便于在分析过程中实现量化结果。水域、基本农田、保护区(如果有)等不适宜作建设用地的区域,虽然在评分时赋予了零分,但经过加权求和后分值非零。因此叠加后的图中做了进一步的处理,将这些区域的适宜性等级设为极不适宜。分析评价结果,确定风景名胜设施用地的生态适宜性等级;根据综合评价图的分值将土地分为 5 个等级:非常适宜、较适宜、基本适宜、不适宜、极不适宜,生成最后的生态适宜性分布图。

#### 6.3.2.3 评价因子

影响建设用地开发建设的生态、环境和社会经济因素很多,应综合考虑规划区用地现状、建设目标、性质以及已有生态问题等因素,评价因子见表 6.3-1。

表 6.3-1  用地布局评价指标体系

| 指标 一级 | 二级 | 三级 | 评价等级 非常适宜 | 较适宜 | 基本适宜 | 不适宜 | 极不适宜 |
|---|---|---|---|---|---|---|---|
| 用地条件 | | 现状土地类型 | 未利用地、建设用地 | 园地 | 农用地 | 生态绿地、水域 | 生态林等 |
| | | 植被分布 | 基本无植被 | 草地、一年一熟粮作 | 灌木、疏林地、一年二熟粮作 | 有林地 | 乔灌草合理搭配,生态公益林 |
| 生态敏感性 | | 水源地及保护区 | 无 | — | — | — | 有 |
| | | 自然保护区 | 无 | — | — | — | 有 |
| | | 森林公园 | 无 | — | — | — | 有 |
| | | 基本农田 | 无 | — | — | — | 有 |
| 环境协调性 | | 大气环境敏感度 | 下风向为工业用地 | 下风向为农业用地 | 下风向为商业用地 | 下风向为居住用地 | 下风向为学校、医院 |
| | | 地表水 | 受保护区 | 缓冲区 | 保留区 | 开发利用 | 非 |
| | | 噪声 | 道路两侧区域,穿越城区的内河两侧区域 | 工业区 | 居住、商业、工业混杂区 | 居住、文教机关为主的区域 | 特别需要安静的区域（医院等） |
| 社会协调性 | | 社会承受条件 | 距离学校、医院和居民区 1km 以内 | 距离学校、医院和居民区 1~2km 以内 | 距离学校、医院和居民区 2~3km | 距离学校、医院和居民区 3~5km | 距离学校、医院和居民区 5km 以上 |

#### 6.3.2.4 结果分析

评价范围生态敏感性解译结果见表 6.3-2。

**表 6.3-2 评价区适宜性分析结果**

| 序列 | 敏感性类型 | 评价区 | | |
|---|---|---|---|---|
| | | 像元数/个 | 面积/hm² | 占评价区比例/% |
| 1 | 极不适宜 | 143 026 | 1 430.26 | 14.81 |
| 2 | 不适宜 | 196 327 | 1 963.27 | 20.33 |
| 3 | 基本适宜 | 27 242 | 272.42 | 2.82 |
| 4 | 较适宜 | 42 337 | 423.37 | 4.39 |
| 5 | 非常适宜 | 556 559 | 5 565.59 | 57.65 |

根据各评价因子的不同、区域总面积和获取数据的精度情况，将评价区的评价像元确定为 10m×10m。根据上述评价指标，在 ArcGIS 软件中进行栅格数据图层的叠加运算，获得评价区五种评价类型，面积如表 6.3-2 所示，适宜开发区域包括道路、居民地、工业用地、一般农田等，占 64.85%；极不适宜的主要为河流（生态红线区）、基本农田，占 14.81%；不适宜的区域为浑河岸滩、细河两侧和公园绿地，主要为海绵城市建设提供空间。

## 6.4 水环境容量分析与总量控制

### 6.4.1 水环境容量分析

#### 6.4.1.1 水环境功能区划与总量控制因子

中德园内地表水体为细河,其环境保护目标为《地表水环境质量标准》(GB 3838—2002) V类标准。

根据中德园污废水排放特征、地表水环境功能区划及国家关于总量控制的要求,本次选取COD和$NH_3$-N为水环境总量控制因子。

#### 6.4.1.1 水环境容量计算

细河是沈阳市西部一条小型河流,主要承担城市排水功能,起源于卫工明渠进水闸,由东北向西南流经皇姑区、铁西区、于洪区,在辽中区茨榆坨镇黄腊坨村北汇入浑河,河流全长78.2km,流域面积244.8km²。细河铁西段河道全长63.9km,河道平槽泄流能力为25~35m³/s。堤防长6.1km,跨河建筑物有28座(24座桥、2处渡槽、2处闸)。流经铁西区中法城、中德园、大潘街道、彰驿街道、新民屯镇、四方台镇、长滩镇,在长滩镇土西村汇入浑河。

### 6.4.2 区域污水处理厂提标及中水回用计划

#### 6.4.2.1 沈阳经济技术开发区污水处理厂提标方案

出水水质根据国家、省、市对污水处理厂处理标准的要求和受纳水体(细河)断面达标的要求,以及开发区规划发展情况,确定出水主要指标近期(2020年)达到《城镇污水处理厂污染物排放标准》(GB 18918—2002)规定的一级A标准,中期(2025年)出水达到类《地表水环境质量标准》(GB 18918—2002) V类标准(简称类V类),远期(2035年)出水达到类《地表水环境质量标准》(GB 18918—2002) Ⅳ类标准(简称类Ⅳ类)。

### 6.4.2.2 沈阳经济技术开发区中水回用方案

（1）近期回用方案

西部污水处理厂一期尾水 15 万 t/d 已全部回用（3 万 t/d 回用于沈西热电厂，4 万 t/d 回用于细河 U 谷景观补水），彰驿污水厂 0.03 万 t 回用于垃圾焚烧厂，绿化水量及道路清洗水量 5.144 万 t，合计中水利用量为 12.174 万 t，已经达预期目标。

（2）中期回用方案

在近期回用基础上，增加城市杂用水的回用，包括绿化及道路、护栏清洗。

按现状绿化面积及主次干道长度，估算绿化水量及道路清洗水量，在中期全部使用中水，则 2025 年新增中水回用量 2.194 万 t/d。

彰驿污水厂中水回用量增加到 0.04 万 t/d。

2025 年开发区中水回用总量为 14.378 万 t，可达预期目标。

（3）远期回用方案

至 2035 年西部污水处理厂二期扩建至 45 万 t/d，彰驿污水站扩建至 2 万 t/d，至 2035 开发区内污水厂处理量达到 62.08 万 t/d。

在中期回用基础上，增加景观用水 9.692 万 t/d。

彰驿污水厂中水回用量增加到 0.06 万 t/d 至 0.1 万 t/d，用于西部生活垃圾焚烧发电厂和周边企业工业循环水。

城市杂用水新增 3.806 万 t/d。

2035 年中水回用总量为 27.936 万 t，可达预期目标。

### 6.4.3 沈阳市细河（经济技术开发区段）达标方案

#### 6.4.3.1 细河水质改善目标

在沿线污水处理厂出水达标排放的基础上，确保细河（经济技术开发区段）出境断面污染物浓度不高于入境断面，同时细河出境水质达到水环境功能区管理的水质要求。

#### 6.4.3.2 细河管制措施

（1）完善污水收集处理系统及排水泵站管控

①加强细河上游卫工明渠溢流管控。按照排水防涝补短板二期工程安排，实施铁西肇工街雨水系统（雨污分流工程）和奖工暗渠管网污染控制及管

理措施,实现"上截、中清、下蓄、末降",减少溢流频次,削减溢流污染物总量。

②落实揽军泵站排水管控。在完成揽军泵站溢流污水截流工程、全部溢流污水送污水处理厂集中处理的同时,持续强化泵站管理,非汛期溢流口要保证关闭,杜绝污水直排,消除因揽军泵站排水对细河于台断面水质的影响。

③实施化工园地区排水管网雨污分流改造。制定落实化学工业园地区排水管网建设改造规划方案,实现雨污分流,以解决化工园地区的排水问题。

④强化细河沿线泵站排水管控。结合西部污水处理厂二期及配套管网工程建设,细河沿线经济技术开发区段六号街、小于1号、南区1号、南区2号、翟家、余良、大潘等泵站全部完成改造,加强十四路闸管控,保持稳定运行,杜绝污水直排,污水全部引入西部污水处理厂处理,沿途雨水泵站只能保留汛期雨水排放功能,关闭于洪区甘官等污水排口。强化雨水泵站排水管理,杜绝雨污混接。

⑤完善细河中下游污水收集处理系统。加快完成冶金园等地区管网建设,实现细河中下游乡镇污水及工业企业废水得到全部收集处理,消灭污水直排,改善细河中下游河段水质。

(2) 强化工业排污治理

加强重点行业排污管控。以制药、化工、农药、电镀等行业为重点,加强化工园、冶金园等区域内排污单位排污管控,加强在线监控设施建设、运行管理。

(3) 污水处理厂新建及提标改造。

①针对2025年的治理目标,对西部一期、二期、彰驿等污水处理厂进行提标改造至地表水Ⅴ类标准,彰驿污水处理厂规模扩建至1万 t/d。按照中水回用计划,完成14.378万 t/d 回用。

②针对2030年的治理目标,对西部一期、二期、彰驿等污水处理厂进行提标改造至地表水Ⅳ类标准,彰驿污水处理厂规模扩建至2万 t/d。按照中水回用计划,完成27.936万 t/d 回用。

(4) 实施环境综合整治

①实施细河底泥清淤工程。全面开展细河底泥异位清淤,进行河道内导流,晾晒脱水、机械开挖后运输至临时处理厂进行筛分、固化配比及搅拌,检测合格后进行路基回填,实现底泥资源化利用。

②继续排查入河排污口。对非法设置的排污口进行并网、取缔,对已审批的排污口,立牌公示,要求相关责任单位加强监管。

③落实环境综合整治。加快解决长滩、彰驿等沿河部分乡镇污水集中排放问题,对沿河村屯实施村屯环境整治,通过环境基础设施建设、沿河垃圾清理、小作坊及旱厕等整治等手段,整体提升沿河村屯环境质量,保证水质得到改善。

④实施水生态修复工程,修复滨岸生态。全线设置生态低堰设施,以实现物理性增氧,增加设置曝气增氧设施,促进氨氮释放,建设河口湿地,种植各种水生植物,净化水体,提升水体自净能力。结合河道行洪要求,整理岸线边坡,减少水土流失,实现岸线顺畅,增加岸坡绿化,美化生态效果。对河道险工采取生态护岸,对水体两侧一定范围内土地实施封育,有力保持河势稳定。

(5) 规范畜禽养殖。对细河堤外 400m 范围内养殖场实施规范化建设管理,依据《沈阳经济技术开发区浑河、细河沿河区域畜禽养殖禁养区划定方案》,细河流经开发区河段长 63.9 km,划定两岸 400m 为禁养区,禁养区面积为 51.12 $km^2$。严格落实全市畜禽养殖禁养区有关规定,新建、改建、扩建规模化畜禽养殖场(小区)实施雨污分流及粪便污水资源化利用。沿线实施畜禽集中连片规模化养殖,推进规模化养殖场畜禽粪便及污水综合治理利用设施建设,规模化养殖场已全部关闭或搬迁,现有散户 75 户。鼓励和支持采取粪肥还田、有机肥利用等方式对畜禽养殖废弃物进行综合利用。

(6) 统筹调度补水,有效补给生态水

进行统筹调度,对细河补给生态水。将北部污水处理厂排入细河上游卫工河的尾水转输至蒲河,并在入河口处建设人工湿地进一步净化水质。同时,综合考虑仙女河污水处理厂尾水转输及深度处理措施,进一步改善细河水质。如果细河上游来水不能满足下游补水的水质要求,可考虑利用细河铁西段(三环—四环)黑臭水体治理工程在浑蒲干渠与细河并行段末端设置的一座引水闸实施生态补水。从浑河谟家堡大闸上游引浑河水 $5m^3/s$ 进入浑蒲干渠,并由引水闸进入细河下游。

(7) 强化巡查管护和执法监察

在深入落实河长巡河工作基础上,沿河各区县应建立专职管护队伍,加强日常巡查管护。水利、环保、农业、国土等有关部门要加强监督管理,建立联合巡查执法机制,及时发现并查处各类涉河违法行为,确保封育管理效果。同时,进一步强化公安执法队伍建设,落实河段警长制,严厉打击环境违法行为。

#### 6.4.3.3 各目标年细河达标可行性分析

(1) 2020年目标可行性分析

按照细河的现状条件,综合分析土西桥断面的水质达标情况。根据2019年2—6月土西桥断面的水质检测平均值进行计算,到2020年可剩余化学需氧量9 860t和氨氮493t(见表6.4-1)。按照2020年污水处理厂提标及中水回用计划,经过现有实际工程削减和导流转输后,预计土西桥段的化学需氧量和氨氮浓度将达到地表水V类标准。

表6.4-1 2020年土西桥断面污染负荷核算

| 类型 | 2020年 | COD | $NH_3$-N | 水量/$(m^3 \cdot d^{-1})$ |
| --- | --- | --- | --- | --- |
| 入境负荷/$(t \cdot a^{-1})$ | 源头补水 | 2 838.24 | 141.91 | 259 200 |
| | 仙女河污水处理厂 | 3 134.91 | 486.76 | 400 000 |
| | 北运河来水 | 2 190.00 | 109.50 | 200 000 |
| 区间汇入负荷/$(t \cdot a^{-1})$ | 西部一期污水厂 | 365.00 | 42.34 | 40 000 |
| | 西部二期污水厂 | 2 615.83 | 135.66 | 146 803 |
| | 彰驿污水厂 | 85.78 | 8.58 | 4 700 |
| | 小型污水设施 | 10.04 | 1.00 | 550 |
| | 农村生活污水 | 242.71 | 19.42 | 4 433 |
| | 畜禽养殖污染 | 348.45 | 41.88 | 19 656 |
| | 农业面源 | 32.02 | 9.85 | 4.39 |

续表

| 类型 | 2020年 | COD | NH$_3$-N | 水量/(m$^3$·d$^{-1}$) |
|---|---|---|---|---|
| 工程削减负荷/(t·a$^{-1}$) | 实施退耕封育 | -32.02 | -9.85 | — |
| | 闸上湿地 | -156.59 | -16.97 | 4.39 |
| | 修建农村小型污水处理设施 | -60.68 | -3.88 | 57.65 |
| | 畜禽养殖规范化管理 | -348.45 | -41.88 | 4.39 |
| | 河道自净能力 | -1 186.30 | -99.69 | 57.65 |
| | 浑河倒流转输 | 556 559 | 5 565.59 | 57.65 |
| 出境负荷及浓度 | 土西桥断面剩余负荷/(t·a$^{-1}$) | 6 529.0 | 491.4 | 675 342 |
| | 土西桥断面可剩余负荷/(t·a$^{-1}$) | 9 860.0 | 493.0 | 675 342 |
| | 土西桥断面理论浓度/(mg/L$^{-1}$) | 26.5 | 2.0 | |
| | 地表水Ⅴ类标准浓度/(mg/L$^{-1}$) | 40.0 | 2.0 | |

（2）2025年目标可行性分析

按照2025年污水处理厂提标及中水回用计划，经过现有实际工程削减和导流转输后，预计土西桥段的化学需氧量和氨氮浓度仍将达到地表水Ⅴ类标准（见表6.4-2）。此外，在源头补水的情况下，土西桥段面仍将达到地表水Ⅴ类标准，因此2025年的引水计划可根据实际水资源状况进行调整。

表 6.4-2　2025 年土西桥断面污染负荷核算

| 类型 | 2020 年 | COD | NH$_3$-N | 水量 /(m$^3$·d$^{-1}$) |
|---|---|---|---|---|
| 入境负荷 /(t·a$^{-1}$) | 源头补水 | 946.08 | 47.30 | 86 400 |
| | 仙女河污水处理厂 | 7 300.00 | 730.00 | 400 000 |
| | 北运河来水 | 2 190.00 | 109.50 | 200 000 |
| 区间汇入负荷 /(t·a$^{-1}$) | 西部一期污水厂 | 584.00 | 29.20 | 40 000 |
| | 西部二期污水厂 | 3 329.68 | 166.48 | 228 060 |
| | 彰驿污水厂 | 67.16 | 3.36 | 4 600 |
| | 小型污水设施 | 10.04 | 1.00 | 550 |
| | 农村生活污水 | 242.71 | 19.42 | 4 433 |
| | 畜禽养殖污染 | 348.45 | 41.88 | 19 656 |
| | 农业面源 | 32.02 | 9.85 | |
| 工程削减负荷 /(t·a$^{-1}$) | 实施退耕封育 | -32.02 | -9.85 | — |
| | 闸上湿地 | -131.79 | -6.24 | |
| | 修建农村小型污水处理设施 | -60.68 | -3.88 | |
| | 畜禽养殖规范化管理 | -348.45 | -41.88 | |
| | 河道自净能力 | -1 154.53 | -61.78 | |
| | 浑河导流转输 | -6 326.67 | -559.67 | -400 000 |
| 出境负荷及浓度 | 土西桥断面剩余负荷 /(t·a$^{-1}$) | 6 645.5 | 420.7 | 583 699 |
| | 土西桥断面可剩余负荷 /(t·a$^{-1}$) | 8 522.0 | 426.1 | |
| | 土西桥断面理论浓度 /(mg·L$^{-1}$) | 31.2 | 2.0 | |
| | 地表水 V 类标准浓度 /(mg·L$^{-1}$) | 40.0 | 2.0 | |

### （3）2035年目标可行性分析

按照2035年污水处理厂提标及中水回用计划，经过现有实际工程削减和导流转输后，预计土西桥段的化学需氧量和氨氮浓度仍将达到地表水Ⅴ类标准（见表6.4-3）。同样，在缺少源头补水的情况下，土西桥段面仍将达到地表水Ⅴ类标准，因此2035年的引水计划也可根据实际水资源状况进行调整。

表6.4-3  2035年土西桥断面污染负荷核算

| 类型 | 2020年 | COD | $NH_3-N$ | 水量/($m^3 \cdot d^{-1}$) |
| --- | --- | --- | --- | --- |
| 入境负荷 /($t \cdot a^{-1}$) | 源头补水 | 946.08 | 47.30 | 86 400 |
| | 仙女河污水处理厂 | 7 300.00 | 730.00 | 400 000 |
| | 北运河来水 | 2 190.00 | 109.50 | 200 000 |
| 区间汇入负荷 /($t \cdot a^{-1}$) | 西部一期污水厂 | 1 314.00 | 65.70 | 120 000 |
| | 西部二期污水厂 | 3 521.96 | 176.10 | 321 640 |
| | 彰驿污水厂 | 131.40 | 6.57 | 9 000 |
| | 小型污水设施 | 10.04 | 1.00 | 550 |
| | 农村生活污水 | 242.71 | 19.42 | 4 433 |
| | 畜禽养殖污染 | 348.45 | 41.88 | 19 656 |
| | 农业面源 | 32.02 | 9.85 | |
| 工程削减负荷 /($t \cdot a^{-1}$) | 实施退耕封育 | -32.02 | -9.85 | — |
| | 闸上湿地 | -131.79 | -6.24 | |
| | 修建农村小型污水处理设施 | -60.68 | -3.88 | |
| | 畜禽养殖规范化管理 | -348.45 | -41.88 | |
| | 河道自净能力 | -1 245.19 | -66.31 | |
| | 浑河导流转输 | -6 326.67 | -559.67 | -400 000 |

续表

| 类型 | 2020年 | COD | NH$_3$-N | 水量/$(m^3 \cdot d^{-1})$ |
|---|---|---|---|---|
| 出境负荷及浓度 | 土西桥断面剩余负荷/$(t \cdot a^{-1})$ | 7 533.4 | 555.3 | 761 679 |
| | 土西桥断面可剩余负荷/$(t \cdot a^{-1})$ | 11 120.5 | 556.0 | |
| | 土西桥断面理论浓度/$(mg \cdot L^{-1})$ | 27.1 | 2.0 | |
| | 地表水Ⅴ类标准浓度/$(mg \cdot L^{-1})$ | 40.0 | 2.0 | |

由此可见,在污水处理厂维持或优于现状排水的情况下,上述工程完成后,各规划年土西桥断面的水质均可以实现达标。然而,在上述工程措施实施后,仍需要辅助以管理措施来进行保障。

## 6.5 大气环境容量分析与总量控制

### 6.5.1 大气理想环境容量

#### 6.5.1.1 大气环境功能区划与总量控制因子

中德园总体规划面积约为55km$^2$,均处于环境空气功能区划二类区,执行环境空气质量二级标准。

根据区域环境特征和规划产业特征,以及国家有关的环保、产业政策等,确定本次区域大气环境总量控制项目为SO$_2$、NO$_2$、PM10、PM2.5。

#### 6.5.1.2 大气环境容量计算

本次评价引用中德园内国控点2018年全年监测数据均值(见表6.5-1),按照《环境空气质量标准》(GB 3095—2012)执行二类空气质量标准。

表 6.5-1　2018 年中德园环境质量本底浓度

| 污染物 | 执行标准 / (mg·m⁻³) | 年均浓度背景值 / (mg·m⁻³) |
| --- | --- | --- |
| 二氧化硫（$SO_2$） | 0.06 | 0.026 |
| 二氧化氮（$NO_2$） | 0.04 | 0.036 |
| 可吸入颗粒物（PM10） | 0.07 | 0.083 |
| 细颗粒物（PM2.5） | 0.035 | 0.045 |

根据《制定地方大气污染物排放标准的技术方法》（GB/T 13201—91）中推荐的宏观总量 $A$ 值法确定中德园大气污染物的环境容量。宏观总量 $A$ 值法可由控制区及各功能区分区的面积大小直接给出允许面源排放总量。

中德园大气污染物年允许排放总量为

$$Q_a = \sum_{i=1}^{n} Q_{ai}$$

$$Q_{ai} = AC_{si} \frac{S_i}{\sqrt{S}}$$

式中：

$Q_{ai}$ 为第 $i$ 功能区大气污染物年允许排放总量；

$n$ 为功能区总数；

$A$ 为地理区域性总量控制系数；

$C_{si}$ 为第 $i$ 功能区类别的年日均浓度；

$S_i$ 为第 $i$ 功能区面积；

$S$ 为规划区总面积，取值为 55km²。

规划区低架源排放的大气污染物年允许排放总量为

$$Q_b = \sum_{i=1}^{n} Q_{bi}$$

$$Q_{bi} = aQ_{ai}$$

式中：

$Q_{bi}$ 为第 $i$ 功能区低架源排放的大气污染物年允许排放总量；

α 为低架源排放分担率。

根据《制定地方大气污染物排放标准的技术方法》(GB/T 13201—91) 标准,沈阳市的地理区域性总量控制系数 $A=(5.6\sim7.0)$ 万 $t/(a\cdot km^{-2})$,低架源排放分担率 $\alpha=0.25$。根据国家环境保护总局环境工程评估中心编制的《环境影响评价技术方法》,$A$ 取中值为:$(7.0+5.6)/2=6.3$ 万 $t/(a\cdot km^{-2})$,计算结果见表 6.5-2。

表 6.5-2 中德园大气环境容量计算结果一览表(t/a)

| 污染物 | 污染源 | 剩余环境容量 |
|---|---|---|
| SO₂ | 低架源 | 3 971 |
| | 中、高架源 | 11 914 |
| | 合计 | 15 885 |
| NO₂ | 低架源 | 467 |
| | 中、高架源 | 1 402 |
| | 合计 | 1 869 |
| PM10 | 低架源 | -1 518 |
| | 中、高架源2 | -4 555 |
| | 合计 | -6 074 |
| PM2.5 | 低架源 | -1 168 |
| | 中、高架源2 | -3 504 |
| | 合计 | -4 672 |

目前,除 SO₂、NO₂ 仍有剩余环境容量外,PM10、PM2.5 均超过环境容量,从区域应削减的量和区域现状污染物排放量看,区域主要受外环境污染影响,中德园为实现大气环境达标,需要通过规划区外部和内部实施大气污染减排。

## 6.5.2 区域环境空气质量中长期改善计划

根据中共中央国务院制定的生态环境保护总体目标,辽宁省和沈阳市分别制定了"十三五"的生态环境保护目标。沈阳经济技术开发区管理委员会主动加压,制定了《沈阳经济技术开发区环境空气质量中长期改善方案(2019—2035年)》,中德园整体位于该计划的实施范围内,本书将计划的主要内容进行引述。

### 6.5.2.1 环境空气质量改善阶段目标

方案将开发区环境空气质量达标期限定为2030年。到2020年("十三五"收官年)开发区环境空气质量优良天数达到75%,细颗粒物(PM2.5)浓度控制在43μg/m³以下,可吸入颗粒物(PM10)浓度控制在80μg/m³以下,臭氧($O_3$)浓度控制在166μg/m³以下;到2030年开发区环境空气质量优良天数达到78%,六项污染物浓度全面达到《环境空气质量标准》(GB 3095—2012)二级标准,详见表6.5-3。

表 6.5-3 开发区环境空气质量达标阶段目标

| 指标 | 2018年(基准年) | 2020年 | 2030年 | 2035年 | 二级标准[1] |
|---|---|---|---|---|---|
| 优良天数 | 262 | 272 | 285 | 292 | 未定 |
| PM2.5/(μg·m⁻³) | 45 | 43 | 35 | 32 | 35 |
| PM10/(μg·m⁻³) | 83 | 80 | 70 | 67 | 70 |
| $SO_2$/(μg·m⁻³) | 26 | 25 | 24 | 22 | 60 |
| $NO_2$/(μg·m⁻³) | 36 | 35 | 34 | 32 | 40 |
| CO/(μg·m⁻³)[2] | 1.8 | 1.8 | 1.7 | 1.6 | 4 |
| $O_3$/(μg·m⁻³)[3] | 170 | 166 | 160 | 158 | 160 |

注:[1] 二级标准为国家《环境空气质量标准》(GB 3095—2012)及修改单中的污染物二级浓度限值。

[2] $CO_2$ 4h平均第95百分位数浓度。

[3] $O_3$ 8h滑动平均值的第90百分位数浓度。

### 6.5.2.2　沈阳经济技术开发区污染物总体减排比例

根据开发区大气污染治理措施,分别对燃煤、挥发性有机物(VOCs)排放企业及扬尘三类主要污染源减排措施进行量化,考虑自然增量的基础上,核算出 2020 年、2030 年二氧化硫($SO_2$)、氮氧化物($NO_x$)、烟(粉)尘及挥发性有机物(VOCs)等多种污染物排放量及减排比例,具体情况见表 6.5-4。

表 6.5-4　主要污染源减排情况(t/a)

| 项目 | | $NO_x$ | $SO_2$ | 烟(粉)尘 | 扬尘源 PM2.5 | 扬尘源 PM10 | VOCs |
|---|---|---|---|---|---|---|---|
| 2018 年排放量 | | 1 612.85 | 1 907.69 | 720.90 | 542.07 | 1 965 | 2 493 |
| 2020 年 | 自然增量 | 127.70 | 151.05 | 57.08 | 301.01 | 1 100.66 | 234.59 |
| | 排放量 | 950.03 | 1 323.17 | 467.54 | 411.90 | 1 371.53 | 2 353.65 |
| | 实际减排量 | 790.52 | 735.57 | 310.44 | 431.18 | 1 694.13 | 373.94 |
| | 绝对减排量 | 662.82 | 584.52 | 253.36 | 130.17 | 593.47 | 139.35 |
| | 减排比例 | 41.1 | 30.64 | 35.14 | 24.01 | 30.20 | 5.59 |
| 2030 年 | 自然增量 | 415.8 | 491.81 | 185.85 | 360.24 | 1 322.22 | 815.96 |
| | 排放量 | 596.99 | 1276.18 | 415.33 | 381.78 | 1 303.34 | 2 311.76 |
| | 实际减排量 | 1 431.66 | 1 123.32 | 491.42 | 520.53 | 1 983.88 | 997.20 |
| | 绝对减排量 | 1 015.86 | 631.51 | 305.57 | 160.29 | 661.66 | 181.24 |
| | 减排比例 | 62.99 | 33.10 | 42.39 | 29.57 | 33.67 | 7.27 |

注:预测年排放量:2018 年排放量加上自然增量后,采取计划中的减排措施后得到的预测排放量。实际减排量 =2018 年排放量 + 自然增量 − 预测年排放量。绝对减排量 =2018 年排放量 − 预测年排放量。减排比例 = 绝对减排量 /2018 年排放量。

通过分析可知，考虑到社会经济因素的发展导致污染物的自然增量，与2018年相比，到2020年，氮氧化物（$NO_x$）减排比例为41.1%，减排量主要来自电厂及非电燃煤锅炉脱硝设施升级改造；二氧化硫（$SO_2$）减排比例为30.64%，减排量主要来自电力企业脱硫设施升级改造；烟（粉）尘减排比例为35.14%，减排量主要来自电力企业除尘设施升级改造；扬尘源细颗粒物（PM2.5）和可吸入颗粒物（PM10）减排比例分别为24.01%和30.20%，主要通过采取扬尘管控措施、提高道路清扫率、降低积尘负荷来实现；挥发性有机物（VOCs）减排比例为5.59%，主要通过使用水性漆等清洁原料、提升有机废气收集率与净化效率等措施来实现。

到2030年，氮氧化物（$NO_x$）减排比例提高至62.99%，二氧化硫（$SO_2$）减排比例提高至33.10%，烟（粉）尘减排比例提高至42.39%，主要通过提高燃煤锅炉污染物排放标准、减少非采暖季运行时间等措施实现减排；扬尘源中细颗粒物（PM2.5）和可吸入颗粒物（PM10）减排比例分别提高至29.57%和33.67%；挥发性有机物（VOCs）减排比例提高至7.27%，主要通过提高水性漆等清洁原料使用率、有机废气收集率和净化效率等措施实现减排。

#### 6.5.2.3 环境空气质量达标可行性分析

通过大规模的减排措施，沈阳经济技术开发区减排比例大于2018年环境空气质量浓度超标比例，随着外部区域减排措施的整体实施，预计在2030年可以实现环境空气质量达标。

## 6.6 生态承载力分析

生态承载力研究是制定区域生态环境规划和实现区域生态环境协调发展的基础，目前生态承载力研究与评价方法尚处于探索阶段，国内外生态承载力的研究方法主要有生态足迹法、自然植被净第一性生产力法、供需平衡法、状态空间法、生态承载力综合评价法等。

高吉喜在其所著的《可持续发展理论探索：生态承载力理论方法与应用》一书中，较为详细地探讨了生态可持续承载的条件与机理，提出把生态系统的弹性力、资源与环境子系统的供容能力以及具有一定生活水平的人口数作为判定生态承载力的三个层面，并从理论和方法上进行了系统剖析，提出了生态承载力综合评价法。并运用该理论与方法对黑河流域的生态承载力与可持续发展进行了实例研究。高吉喜将生态承载力指标分为三个级别的评价指标体系，即：一级评价指标体系，以生态系统弹性度作为评价指标，主要衡量不同区域生态系统的自然潜在承载能力；二级评价指标体系，以资源和环境单要素承载能力为基准，以资源-环境承载能力作为目标，用于比较不同区域的承载力差异；三级评价指标体系，以承载压力度为目的，主要是反映生态承载力的客观承载能力的大小与承载对象之间的关系。

本次采用生态承载力综合评价法的生态系统弹性度、资源-环境承载力和承载指数评价对中德园的生态环境承载力做出分析。生态承载力各级别分值表示的含义见表6.6-1。

表 6.6-1　生态承载力各级别分值

| 分级 | | <20 | 20~40 | 40~60 | 60~80 | >80 |
|---|---|---|---|---|---|---|
| 一级评价 | 承压度 | 弱压 | 低压 | 中压 | 较高压 | 强压 |
| 二级评价 | 承载指数 | 弱承载 | 低承载 | 中等承载 | 较高承载 | 高承载 |
| | 压力指数 | 弱压 | 低压 | 中压 | 较高压 | 强压 |
| 三级评价 | 生态系统弹性度 | 弱稳定 | 不稳定 | 中等稳定 | 较稳定 | 很稳定 |
| | 资源-环境承载力 | 弱承载 | 低承载 | 中等承载 | 较高承载 | 高承载 |

承载指数反映生态系统现实承载力的高低，分值越大，表示现实承载力越高；分值越低，表示现实承载力越小。

生态系统弹性度反映生态系统的自我抵抗能力和生态系统受干扰后的自我恢复与更新能力，分值越高，表示生态系统的承载稳定性越高。

资源-环境承载力反映资源与环境的承载能力，分值越大，表示资源与环境的承载力越高，分值越低，表示资源与环境的承载力越小。

### 6.6.1 承载指数评价指标体系

承载指数取决于系统弹性度、资源—环境承载力,因此分别从系统弹性度、资源-环境承载力两方面构建指标体系。

系统弹性度评价指标的选取见表 6.6-2。

表 6.6-2 系统弹性度评价指标

| 目标层 | 准则层 | 指标层 |
| --- | --- | --- |
| 生态系统弹性度 | 地形地貌 | 海拔高度 |
| | | 坡度 |
| | 气候 | 积温 |
| | | 降水量 |
| | | 干燥度 |
| | | 无霜期 |
| | 土壤 | 土地利用类型 |
| | | 土壤侵蚀 |
| | 植被 | 植被类型 |
| | | 植被覆盖度 |
| | 水文 | 地表径流指数 |
| | | 地下水指数 |

资源-环境承载力评价指标选取见表6.6-3。

**表6.6-3　资源-环境承载力评价指标**

| 目标层 | 准则层 | 指标层 |
|---|---|---|
| 资源-环境承载力 | 资源 | 水资源 | 人均水资源 |
| | | | 水资源利用 |
| | | 土地资源 | 人均耕地 |
| | | | 土地生产力 |
| | | 林业资源 | 人均森林 |
| | | | 森林覆盖率 |
| | | 矿产资源 | 人均矿产总产值 |
| | | | 储采比 |
| | 环境 | 水环境 | COD总量 |
| | | | 氨氮容量 |
| | | 大气环境 | $SO_2$总量 |
| | | | PM10总量 |

### 6.6.2　指标量化方法

#### 6.6.2.1　指标无量纲化

评价采用升半梯形分布来建立各指标隶属模型。

$$\mu(x) = \begin{cases} 0, & x \leqslant \min x \\ \dfrac{x - \min x}{\max x - \min x} \times 100, & \min x \leqslant x \leqslant \max x \\ 1, & x \geqslant \max x \end{cases}$$

式中：$x$ 为指标实际值；$\max x$ 为指标国家标准、常规经验值或者调查数据的上限值；$\min x$ 为指标国家标准，常规经验值或者调查数据的下限值。

在实际问题处理中，$\max x$，$\min x$ 应根据指标特征和环境管理要求，首选相应的国家标准或规划目标值，如无标准值或目标值则选用常规经验值或者调查数据。

#### 6.6.2.2 指标分值确定

（1）地形地貌

①海拔高度

依据国家测绘行业标准《数字基本地理单元图规范》，将我国海拔高度进行划分，并赋予不同海拔高度不同分值，见表 6.6-4。

表 6.6-4　海拔高度指标分值

| 高程分类 | 低海拔 | 中海拔 | 高中海拔 | 高海拔 | 极高海拔 |
|---|---|---|---|---|---|
| 高程 /m | <1 000 | 1 000～2 000 | 2 000～4 000 | 4 000～6 000 | >6 000 |
| 分值 | 90 | 70 | 50 | 30 | 10 |

②坡度

依据《数字基本地理单元图规范》赋予不同坡度不同分值，见表 6.6-5。

表 6.6-5　海拔高度指标分值

| 坡度 | 平坦 | 起伏草帽斜 | 平较 | 理拨 | 陡核 | 急陡坡 |
|---|---|---|---|---|---|---|
| (°) | 0～2 | 2～7 | 7～15 | 15～25 | 25～35 | >35 |
| 分值 | 90 | 80 | 50～80 | 20～50 | 20 | 10 |

（2）气候

①日照时数

根据芦伟等所著《广西柳城县农业生态环境的定量评价》，按日照时数和大于 10℃ 积温进行分区，见表 6.6-6。

表 6.6-6  日照时数指标分值

| 日照时数 /h | >3 000 | 2 500～3 000 | 2 000～2 500 | 1 500～2 000 | <1 500 |
|---|---|---|---|---|---|
| >10℃积温 /℃ | >6 000 | 5 000～6 000 | 3 500～5 000 | 2 000～3 500 | <2 000 |
| 分值 | 90 | 70 | 50 | 30 | 10 |

②降水量

依据我国全年平均降水量水平和植物对水分的需求确定降水分值,见表6.6-7。

表 6.6-7  降水量指标分值

| 降水量 /mm | <100 | 100～200 | 200～400 | 400～600 | 600～800 | >800 |
|---|---|---|---|---|---|---|
| 分值 | 0～20 | 20～40 | 40～60 | 60～70 | 70～80 | >80 |

③干燥度

干燥度是反映区域干湿程度的指标,地区的干燥度大小表明了其水分保持情况和农业生产类型。依据孟猛等所著《地理生态学的干燥度指数及其应用》一文,干燥度指数的计算公式为

$$I = P/(T+10)$$

式中,$P$ 为降水量,mm;$T$ 为平均温度值,℃。

依据干燥度指数值,对干燥度分级,见表6.6-8。

表 6.6-8  干燥度指标分值

| 气候 | 湿润 | 半湿润 | 半干旱 | 干旱 | 极干旱 |
|---|---|---|---|---|---|
| 干燥度 | >30 | 30～20 | 20～10 | <10 | <10 |
| 分值 | 90 | 90～50 | 50～10 | <10 | |

④无霜期

由于我国幅员广阔,各地无霜期差异很大。总的特点是南部无霜期长,北部无霜期短。如我国东北地区平均初霜见于9月中旬,终霜见于4月下旬,无霜期一般有120 d左右,而我国南方的云南、广西、广东、福建和台湾等省(自治区)的大部地区"无霜期"有300 d以上,但不到330d,而青海西部、西藏大部分为高寒气候,全年没有无霜期。因此确定无霜期的隶属模型为

$$\mu(x) = \begin{cases} 0, x \leqslant 120 \\ \dfrac{x-120}{330-120} \times 100, 120 \leqslant x \leqslant 330 \\ 1, x \geqslant 330 \end{cases}$$

(3)土壤

地表组成物质不同,对外界风蚀、水蚀的抵抗能力不同,可通过对其外在形式——水土流失来衡量系统弹性力。本书所采用指标为土地类型和土壤侵蚀模数。

①土壤类型

按不同等级土地的生产潜能,结合全国土地分级标准,赋予相应的分值,见表6.6-9。

表6.6-9 土壤类型指标分值

| 分类 | I | | | II | | | III | | |
|---|---|---|---|---|---|---|---|---|---|
| 主要用地类型 | 林地、水面 | 高草地、灌木地、沼泽 | 中草地、疏林地 | 滩地、水田 | 旱地、盐碱地、低盖度草地 | 建筑用地 | 戈壁、裸岩石砾地 | 严重退化草地、撂荒地 | 裸土地、沙地 |
| 分值 | 90~100 | 80~90 | 60~80 | 50~60 | 40~50 | 30~40 | 20~30 | 10~20 | 0 |

②土壤侵蚀

土壤侵蚀模数是衡量水土流失最主要的指标,根据全国土壤侵蚀强度分级标准,赋予相应的分值,见表6.6-10。

表 6.6-10 土壤类型指标分值

| 级别 | 微度 | 轻度 | 中度 | 强度 | 极强度 | 剧烈 |
|---|---|---|---|---|---|---|
| 平均侵蚀模数 /[t/(km²·a)] | <50 | 50~2 500 | 2 500~5 000 | 5 000~8 000 | 8 000~15 000 | >15 000 |
| 分值 | 90 | 60 | 40 | 20 | 10 | 0 |

(4) 植被

区域植被覆盖对该区域的生态系统的抗干扰能力和调节缓冲能力有重大作用。因此选用植被类型和植被覆盖度(%)作为植被因素的代表指标来衡量系统弹性力。

为植被类型和植被覆盖度赋予相应的分值，见表 6.6-11 和 6.6-12。

表 6.6-11 植被类型指标分值

| 植被类型 | 自然植被 | | | 农业植被 | 其他 | |
|---|---|---|---|---|---|---|
| | 乔木林 | 灌丛 | 草丛 | 一年一熟农作物 | 无植被地段 | 建设用地 |
| 分值 | 80 | 60 | 40 | 20 | 0 | 0 |

表 6.6-12 植被覆盖度指标分值

| 植被覆盖度 | 高覆盖度 | 中高覆盖度 | 中覆盖度 | 低覆盖度 | 极低覆盖度 |
|---|---|---|---|---|---|
| 覆盖度 /% | >70 | 50~70 | 30~50 | 10~30 | <10 |
| 分值 | >70 | 50~70 | 30~50 | 10~30 | <10 |

(5) 水文

水资源包括地表水和地下水。在我国北方地区及许多城市，地下水是重要的供水水源，对保障、推动地区社会经济发展具有十分重要的作用。地表径流指数（万 m³/km²）($I_{11}$) 和地下水指数（万 m³/km²）($I_{12}$) 作为水文因素的指标来衡量系统弹性力。

$$地表径流指数 = 地表径流量 / 区域面积$$

$$地下水指数 = 地下水储量 / 区域面积$$

根据《中国自然资源手册》,我国单位面积年地表径流量在 $0.2 \times 10^5 \sim 10.7 \times 10^7 m^3$ 之间,据此赋予地表径流指数分值,见表 6.6-13。

**表 6.6-13 地表径流指数分值**

| 地表径流指数 | <0.5 | 0.5~1.0 | 1.0~2.0 | 2.0~3.0 | 3.0~4.0 | 4.0~5.0 | 5.0~6.0 | 6.0~7.0 | 7.0~8.0 |
|---|---|---|---|---|---|---|---|---|---|
| 分值 | 0~20 | 20~30 | 30~40 | 40~50 | 50~60 | 60~70 | 70~80 | 80~90 | >90 |

根据卢金凯、杜国恒等所善《中国水资源》终的资料,我国单位面积年地下水径流量在 $3.15 \times 10^4 \sim 27.18 \times 10^4 m^3$ 之间,可以得出地下水指数隶属模型为

$$\mu(x) = \begin{cases} 0, & x \leqslant 3.15 \\ \dfrac{x - 3.15}{27.18 - 3.15} \times 100, & 3.15 \leqslant x \leqslant 27.18 \\ 1, & x \geqslant 27.18 \end{cases}$$

(6) 水资源压力指数

水资源承载力的大小除取决于水资源的绝对数量外,还取决于水资源的利用率的大小,因此本书采用人均水资源总量指数($m^3$/人)和水资源利用率(%)作为水资源承载力的评价指标。

$$人均水资源总量指数 = (地表径流 + 地下水 - 重复计算量) / 总人口数$$

$$水资源利用率 = (当年实际用水量 / 当地多年平均水资源总量) \times 100\%$$

据世界资源研究所的规定,水资源压力指数的临界标志是:每人每年拥有的淡水总量低于 $1\,000 m^3$。据《中国统计年鉴》(2012)统计,全国人均水资源总量为 $1\,730.4 m^3$/人,是世界平均水平的 1/4,即世界人均水资源总量为 $8\,800\ m^3$/人;原林业部副部长沈茂成根据国际上江河水流开发利用量一般保持在总流量的 25% ~ 30%,最高不超过 40% 的观点,认为我国应保留 60% 以

上流量作为生态水,用于养护流域湿地和生态环境。而在我国各流域地区中西南诸河流域地区的水资源利用率最低为1.5%,据此可分别确定:

人均水资源总量指数隶属模型:

$$\mu(x)=\begin{cases} 0, & x \leqslant 1\,000 \\ \dfrac{x-1\,000}{8\,800-1\,000} \times 100, & 1\,000 \leqslant x \leqslant 8\,800 \\ 1, & x \geqslant 8\,800 \end{cases}$$

水资源利用率隶属模型:

$$\mu(x)=\begin{cases} 0, & x \leqslant 1.5\% \\ \dfrac{x-1.5\%}{40\%-1.5\%} \times 100, & 1.5\% \leqslant x \leqslant 40\% \\ 1, & x \geqslant 40\% \end{cases}$$

(7) 土地资源压力指数

耕地是土地的精华,是人类食物生产和轻工业原料生产的主要基地。本书采用人均耕地面积($hm^2$/人)和土地生产力($kg/hm^2$)反映耕地资源的承载情况。

人均耕地面积指数 = 耕地面积 / 区域人口数

土地生产力 = 作物总产量 / 耕地面积

据《中国统计年鉴》(2012)统计,全国谷物平均单产指数为5 707$kg/hm^2$,最高为吉林省,为7 582$kg/hm^2$;最低为贵州省,为3 366 $kg/hm^2$。《全国人民小康生活水平的基本标准》规定:达到小康生活水平的人均粮食要达到576.4kg/人,温饱型的要达到239.6kg/人,结合全国作物平均单产指数5 707$kg/hm^2$,可推算出达到小康型的人均耕地为0.10$hm^2$/人,温饱型的为0.042$hm^2$/人。则可分别确定:

人均耕地面积指数隶属模型:

$$\mu(x)=\begin{cases} 0, & x \leqslant 0.042 \\ \dfrac{x-0.05}{0.12-0.05} \times 100, & 0.042 \leqslant x \leqslant 0.10 \\ 1, & x \geqslant 0.10 \end{cases}$$

土地生产力隶属模型：

$$\mu(x) = \begin{cases} 0, & x \leq 3\,366 \\ \dfrac{x - 3\,387}{6\,895 - 3\,387} \times 100, & 3\,366 \leq x \leq 7\,582 \\ 1, & x \geq 7\,582 \end{cases}$$

（8）森林资源压力指数

森林是人类生存和发展所需的一种重要的自然资源，也是陆地生态系统的主体，具有保持水土、防风固沙、涵养水源、调节气候、促进全球碳循环和生物地球化学循环等重要的生态环境功能。本书采用森林覆盖率(%)、人均森林面积指数($hm^2$/人)反映林业资源的承载情况。

森林覆盖率＝[（有林地面积＋灌木林面积）/土地总面积]×100%

人均森林面积＝森林面积/总人口数

一些学者专家曾论证，一个国家的生态环境能够和谐、稳定，森林覆盖率要达到30%以上；据《中国统计年鉴》（2012），我国森林覆盖率为20.36%；人均森林面积为0.227$hm^2$/人，最低为上海市，为0.003 2$hm^2$/人，世界人均森林面积为0.610$hm^2$/人。由此可分别确定：

森林覆盖率隶属模型：

$$\mu(x) = \begin{cases} 0, & x \leq 20.36\% \\ \dfrac{x - 16.55\%}{30\% - 16.55\%} \times 100, & 20.36\% \leq x \leq 30\% \\ 1, & x \geq 30\% \end{cases}$$

人均森林的隶属模型：

$$\mu(x) = \begin{cases} 0, & x \leq 0.003\,2 \\ \dfrac{x - 0.001}{0.610 - 0.001} \times 100, & 0.032 \leq x \leq 0.610 \\ 1, & x \geq 0.610 \end{cases}$$

（9）矿产资源压力指数

本书采用人均矿产基础储量指数(t/人)和储采比反映矿产资源的承载

情况。

$$\text{人均矿产基础储量指数} = \text{矿产基础储量} / \text{总人口数}$$

$$\text{储采比} = \text{探明储量} / \text{年开采量}$$

据《中国统计年鉴》(2012) 资料，全国人均矿产潜在总产值为 6.55t/人，最高为辽宁省，为 43.64t/ 人，最低为上海，为 0.00t/ 人，计算时不考虑北京和上海的低值，采用倒数第三浙江的 0.25t/ 人。

因此人均矿产基础储量指数隶属模型：

$$\mu(x) = \begin{cases} 0, & x \leqslant 0.25 \\ \dfrac{x - 0.12}{358.78 - 0.12} \times 100, & 0.25 \leqslant x \leqslant 43.64 \\ 1, & x \geqslant 43.64 \end{cases}$$

我国煤炭资源丰富，但可开采资源相对较少，储采比约为 110。与美国、澳大利亚、印度、德国、波兰、南非等国家的储采比 200 以上相比偏低，根据我国的具体实际情况，本次评价标准选取储采比 100 作为评价标准。

（10）环境承载力压力指数

采用唐剑武、郭怀成等在《环境承载力的本质及其定量化初步研究》一文中推荐的方法，利用实际环境监测值计算污染综合指数，以污染综合指数作为判据进行评分，大气环境和水环境的隶属评分模型为：

$$\mu(x) = \begin{cases} 0, & \dfrac{x_i}{x_0} \geqslant 1 \\ \left(1 - \dfrac{x_i}{x_0}\right) \times 100, & \dfrac{x_i}{x_0} < 1 \end{cases}$$

式中：$x_i$ 为指标 $i$ 的实际监测值；$x_0$ 为指标 $i$ 对应的环境标准值。

### 6.6.3 生态承载力计算与评价

#### 6.6.3.1 生态系统弹性度计算与评价

（1）生态系统弹性度计算结果

规划区域生态系统弹性度计算结果见表 6.6-14。

表 6.6-14  生态系统弹性度计算结果

| 目标层 | 准则层 | 指标层 | 权重 | 指标层得分 | 弹性度得分 |
|---|---|---|---|---|---|
| 生态系统弹性度 | 地形地貌 | 海拔高度 | 0.062 6 | 90.0 | 46.4 |
| | | 坡度 | 0.012 5 | 90.0 | |
| | 气候 | 积温 | 0.179 6 | 10.0 | |
| | | 降水量 | 0.195 4 | 79.9 | |
| | | 干燥度 | 0.025 1 | 77.0 | |
| | | 无霜期 | 0.047 3 | 30.0 | |
| 生态系统弹性度 | 土壤 | 土地利用类型 | 0.188 8 | 46.4 | 46.4 |
| | | 土壤侵蚀 | 0.037 8 | 90.0 | |
| | 植被 | 植被类型 | 0.099 2 | 17.4 | |
| | | 植被覆盖度 | 0.019 8 | 0.2 | |
| | 水文 | 地表径流指数 | 0.098 9 | 31.0 | |
| | | 地下水指数 | 0.033 0 | 58.2 | |

（2）生态系统弹性度评价

从计算结果可知，规划区域生态系统弹性度得分为 46.4，为中等稳定程度，规划区域良好的地形地貌、相对适宜的气候、较为良好的土壤条件是维持区域生态系统中等稳定的重要条件。规划区域内积温较低、植被类型相对较少、植被覆盖度较低、地表径流指数和地下水指数较低是生态系统稳定度降低的重要因素，规划应在下一步重点对水资源利用和区域整体绿化进行论证。

6.6.3.2  **资源 – 环境承载力计算与评价**

（1）资源 – 环境承载力计算结果

资源 – 环境承载力计算结果见表 6.6-15。

表 6.6-15  资源 - 环境承载力计算结果

| 目标层 | 准则层 | 指标层 | 权重 | 指标层得分 | 资源 - 环境承载力得分 |
|---|---|---|---|---|---|
| 资源 - 环境承载力 | 资源 | 水资源 | | | 12.6 |
| | | 人均水资源 | 0.137 4 | 0.0 | |
| | | 水资源利用 | 0.041 4 | 100.0 | |
| 资源 - 环境承载力 | 资源 | 土地资源 | | | 12.6 |
| | | 人均耕地 | 0.041 1 | 70.9 | |
| | | 环境 | 0.091 4 | 60.0 | |
| | | 林业资源 | | | |
| | | 人均森林 | 0.055 4 | 1.1 | |
| | | 森林覆盖率 | 0.024 9 | 0.0 | |
| | | 矿产资源 | | | |
| | | 人均矿产总产值 | 0.074 8 | 0.0 | |
| | | 储采比 | 0.033 6 | 0.0 | |
| | 水文 | 水环境 | | | |
| | | COD 总量 | 0.112 5 | 0.0 | |
| | | 氨氮容量 | 0.112 5 | 0.0 | |
| | | 大气环境 | | | |
| | | $SO_2$ 总量 | 0.137 5 | 0.0 | |
| | | PM10 总量 | 0.137 5 | 0.0 | |

(2) 资源 - 环境承载力评价

从计算结果可知,规划区域资源 - 环境承载力得分仅为 12.6,为弱承载,规划区域内除土地资源承载力相对较高外,水资源、林业资源和矿产资源极度匮乏,无法承载区域的大强度开发。此外,规划区域的水环境受到较严重污染,大气环境十分脆弱,几无环境容量可供利用。规划应在下一步重点关注水资源、能源、土地资源的高效利用,落实矿产资源的来源,着力削减区域污染物排放,提升区域环境质量。

#### 6.6.3.3 综合承载指数计算与评价

(1) 综合承载指数计算结果

综合承载指数计算过程与系统弹性度相同,计算时生态系统弹性度和资源-环境承载力权重均按 0.5 确定,计算结果见表 6.6-16。

表 6.6-16 综合承载指数计算结果

| 名称 | 分项 | 分项得分 | 综合承载指数得分 |
|---|---|---|---|
| 综合承载指数 | 生态系统弹性度 | 46.4 | 29.5 |
| | 资源-环境承载力 | 12.6 | |

(2) 综合承载指数评价

2018 年研究区生态系统的综合承载指数为 29.5,属低承载水平。区域尽管生态系统弹性度为中等稳定水平,但资源-环境承载力处于弱承载水平,区域开发将受到一定的制约。因此在开发过程中,要在注重生态环境保护的基础上,加强环境污染治理与资源的高效使用,实现资源开发、经济发展与环境保护的共赢。

# 7 循环经济和生态工业分析

## 7.1 生态工业现状分析

### 7.1.1 入区企业清洁生产现状与要求

根据调查,目前,中德园现有入区企业生产技术、单位产品物耗、能耗、产排污量、水资源利用情况总体符合相应的清洁生产要求,按照《关于深入推进重点企业清洁生产的通知》(环发〔2010〕54 号)等要求,重点企业开展了清洁生产审核验收工作。

规划区域定位为高端装备制造,主要对接德国"工业 4.0",为国际领先的产业示范区,因此,本着"清洁生产,源头控制"的原则,要求入区项目采用的生产工艺和污染治理工艺应达到国际先进水平。

### 7.1.2 生态工业发展现状

中德园成立之前,已经开展了一系列生态工业建设,其中汽车产业是近年来发展速度最快、链条延伸最广、共生协作最密切的主导产业。

#### 7.1.2.1 汽车产业协作共生

近几年以华晨宝马铁西新厂为核心企业,主要从提升产能、新能源汽车制造、增强配套能力方面发力,实现了产业规模、能级和关联度的三重提升。

(1) 提升整车及关键部件生产规模,丰富产品类型

华晨宝马铁西新厂作为中德产能合作与技术交流的前沿阵地,在一期、

二期工程成功运行的基础上，实施了三期扩建项目，整车及发动机的产能扩大到 40 万台/年，产品类型在 BMW 新 3 系、X1 的基础上，增加了新开发的 F49、M12 车型，实现了产业规模的进一步扩大和产品种类进一步丰富。在关键部件生产方面，沈阳华晨动力 2013 年启动了 T1 变速器建设项目，可搭载 BM15、BM15T 发动机，生产线产能 10 万台，于 2015 年实现标准作业程序（Standard Operating Procedure）；2015 年启动了 T3（6MT）变速器项目，于 2017 年 12 月实现 SOP；辽宁曙光汽车于 2016 年建设了底盘系统扩建项目，提高了关键部件生产能力和新产品配套能力。

（2）研发生产新能源汽车，提升产业能级

宝马集团在欧洲以外的第一个研发中心——铁西研发中心目前凝聚起超过 500 名研发工程师，专注于新能源汽车的研发和技术创新，全面展开宝马新能源汽车产品计划。华晨宝马相继推出了合资自主品牌之诺和国内首款高档纯电动 SAV——之诺 1E，以及国内第一款插电式混合动力豪华商务轿车 BMW 530Le。2016 年，在德国总理默克尔的见证下，首款实现国产的豪华新能源 SUV 车型——全新 BMW X1 插电式混合动力汽车在铁西工厂成功下线，当年已有 5 000 余辆混合动力汽车、433 台插电式混合动力汽车和 100 辆纯电动汽车投放市场。除了新能源车型和技术的研发，宝马集团实施了电动出行整体战略，建设覆盖全国 10 个城市的即时充电网络，增加充电桩数量，向用户提供便捷、智能且实现联网运营的公共充电服务。

（3）提升本地化配套能力，增强产业关联度

随着华晨宝马铁西新厂生产规模的逐步提升，对零部件的需求也日渐增长。为此，中德园立足拉长产业链、增强本地化配套，建设了一批零部件生产项目，进一步增强了整车与零部件企业之间的配套协作关系。

在汽车内饰生产方面，引进了施尔奇汽车系统（沈阳）有限公司，为宝马配套生产 UKL2 后排座椅骨架；新建了丰田纺织汽车部件有限公司、宁波继峰汽车零部件有限公司、佩尔哲汽车内饰系统（太仓）有限公司沈阳分公司；扩建了沈阳李尔汽车座椅内饰系统有限公司，增强了头枕、内饰等部件的本地化生产能力。在传动系配件生产方面，中德园外的采埃孚伦福德汽车系统（沈阳）有限公司实施了 PCB 产能增加项目，年增加自动离合器、双离合变速器电子模块产量 250 万件；实施了 MQB A2/B shifter+Diff 项目，提高了

差速器、换挡器的配套能力。在电器仪表生产方面,引进建设了配伟奥精密金属部件（苏州）有限公司沈阳分公司,为宝马汽车生产汽车仪表盘支架。在其他配件生产方面,新建了沈阳大众友邦公司宝马汽车零部件表面防腐处理项目、沈阳施耐德汽车部件轮毂装配厂房项目、法可赛（沈阳）汽车配件有限公司汽车后视镜系统生产建设项目、劳盟士汽车部件（沈阳）有限公司玻璃升降器建设项目等,丰富了汽车零部件产业集群,见图7.1-1。

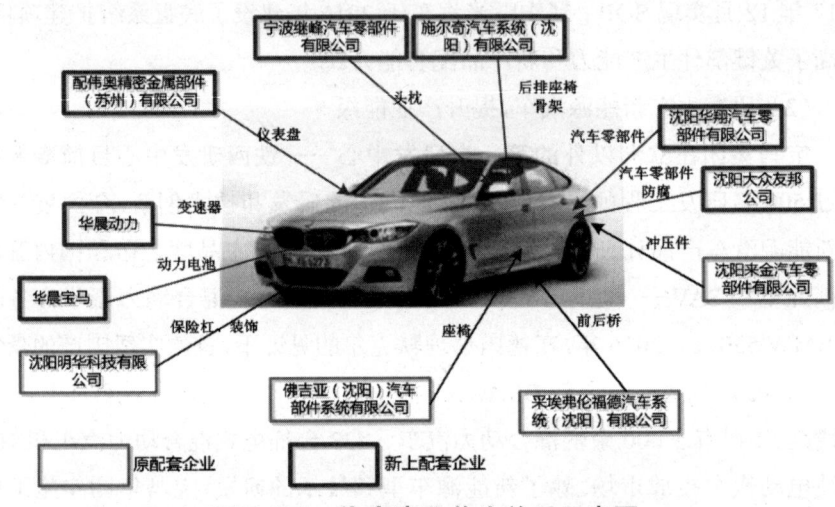

图 7.1-1　汽车产业共生关系示意图

#### 7.1.2.2　资源能源高效利用

（1）实施中水回用工程降低水资源消耗

华晨宝马汽车有限公司铁西工厂实施了中水回用系统建设项目,设计产水能力 900t/d,采用的工艺为调节＋上向流曝气生物滤池（UBAF）＋自清洗过滤器＋超滤（UF）＋活性炭过滤＋反渗透（RO）＋消毒,使处理后的水质达到城市杂用水质标准进行回用,年可节约新鲜水 9 万 t。西部污水处理厂负责开发区的工业及生活污水的集中处理,该厂建设了再生水回用工程,深度处理后的出水一部分作为热电厂发电机组的冷却用水,其余进入细河 U 谷作为绿地补充水,再生水回用量约 450 万 t,节约了等量的新鲜水。

（2）实施节能改造实现能源高效利用

中德园完善了节能工作机制,全方位构建节能体系,组织实施节能技改项目,积极推进余热余压梯级利用,多措并举,能源利用效率不断提高。淘汰集中供热范围内各类锅炉 28 台,年节省标煤约 1.38 万 t。

锅炉"煤改气/电"是推广使用清洁能源、改善全区乃至全市空气质量、保障人民群众身体健康的重要举措之一;中德园实施了多项"煤改气/电"工程,涉及沈阳三丰橡胶有限公司、沈阳市奥佳新型防水材料有限公司、沈阳佳佳防水卷材有限公司等企业,企业改造后较改造前能耗下降 20% 左右。

## 7.2 循环经济建设建议

### 7.2.1 循环经济完善措施

#### 7.2.1.1 横向拓展,不断完善共生网络

中德园应积极利用沈阳经济技术开发区搭建的生态工业公共信息平台,纳入经济地理信息系统,促进工业企业之间开展产品、副产品的交换利用,推动工业与服务业之间进行服务共享,建立跨行业的产业共生体,实现生态产业链网不断发展完善,见图 7.2-1。

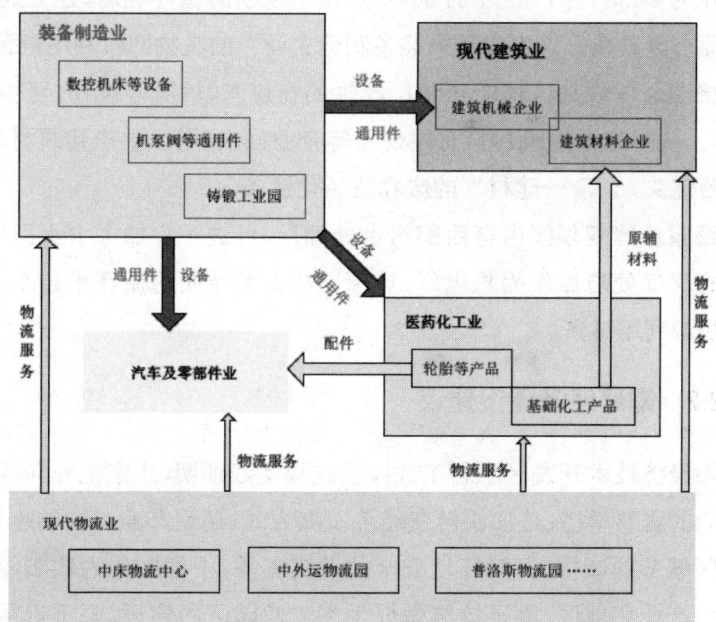

图 7.2-1 开发区部分产业共生链网示意图

(1) 着重建设"装备制造-汽车及零部件"共生体

中德园的高端装备制造企业可为区内汽车及零部件生产企业提供数控机床等生产设备,以及模具、仪器仪表等产品,建立起行业之间的共生体。

(2) 积极构建"现代物流-装备制造"共生体

中德园的高端装备制造和汽车及零部件企业对原材料、产品等大宗物流的需求较大,因此,应积极利用中外运物流园、普洛斯物流园、特变电工物流园、中床物流集团物流中心等,为装备制造及零部件生产企业提供专业的物流服务。

(3) 构建"商贸-汽车及零部件"共生体

中德园应提升汽车产品的展示、销售等水平,发展沈辽路汽车贸易产业带暨汽车4S店集群项目,为汽车整车及配件的服务能力提供平台。

#### 7.2.1.2 动静耦合,不断完善产业体系

中德园开工建设后,装备制造企业众多,生产加工过程中产生较多的废钢、废铁等金属废料,这类废物具有较高的资源化价值,可依托沈阳经济技术开发区内的沈阳铸锻工业有限公司、沈阳川腾物质回收有限公司等,建立起废金属回收利用体系,利用废钢铁生产铸钢件、毛坯件、钢管、钢锭等产品,再生产品作为零部件生产企业的原料,实现了废物的循环利用,建立起"装备制造企业—废金属—再生产品—装备制造企业"的废物回收利用链条。

中德园总体规划区内的热源厂产生的粉煤灰、炉渣等废物,可由沈阳鑫达建材厂、沈阳建增建筑材料有限公司等企业回收,用于生产建筑材料等,建立起"粉煤灰/炉渣—建材"的废物资源化链条。

中德园总体规划区内有西部污水处理厂,可进一步加大中水回用力度,将水进行深度处理后作为热电厂、热源厂和大型企业的循环水补水,进一步提高水资源利用链条。

### 7.2.2 循环经济建设建议

沈阳经济技术开发区生态工业园区建设实践证明,生态工业园区是建设生态文明的重要举措,是加快转变经济发展方式、调整产业结构的重要抓手,是实现区域节能减排、保障环境安全的关键支撑。中德园作为沈阳经济技术开发区的产业拓展区,为了持续做好生态工业园区的建设,要重点从以下几

个方面开展工作:

#### 7.2.2.1 不断做强生态产业,提高系统稳定性

目前,中德园生态工业活动主要集中在企业内部的节能降耗和污染减排,企业间的共生关系主要集中在行业内部的产品配套,主导行业之间的联动和共生有待进一步加强。

首先,要加大招商选资力度,重点推进一批"再制造、补链型"大项目,如关键零部件再制造项目、配件本地化项目等,同时,加快落地项目推进速度,持续提升主辅配套、企业协作能力,提升园区经济总量。

其次,要按照市场机制,着重加强不同行业之间的复合共生,如装备制造与再制造产业之间建立物质交换和共生关系,新能源产业与汽车及零部件产业之间建立复合共生关系,以进一步完善生态产业集群、强化产业联动效应,增强中德园产业共生体系的整体竞争力。

最后,加大对静脉产业的政策、资金扶持,鼓励区内存在副产品、废水、废气、余压余热等梯级利用关系的企业建立链接,加强区内工业生态链的稳定性和可持续性。

#### 7.2.2.2 大力扶持低碳产业,实现规模化发展

低碳经济、绿色经济逐渐成为世界潮流。中德园应强化政策引导,加快低碳技术的研发和应用,做大做强低碳产业。

一是强化政策引导。中德园要试点把低碳经济指标纳入年度考核评价体系,针对产业结构调整、新能源产业发展、重大项目招引、现有企业节能技改、低碳生活与消费等领域,提出发展规划、目标和重点任务;加快制订、完善低碳经济发展的鼓励性政策,制订碳减排的奖励政策和措施;对碳减排、碳回收等技术的研发、工程建设给予大力支持,形成有利于低碳经济发展的政策环境。

二是加快低碳技术研发和应用。将技术引进与自主创新相结合,将工业余压余热利用技术、高性价比太阳能光伏电池技术、碳捕获与埋存技术等作为技术研发和引进的重点,形成低碳技术研发、孵化、推广应用体系,支撑低碳园区的发展。

三是大力发展新能源产业,优化能源结构。大力发展太阳能、风能、地热能等新能源产业,建设太阳能热水系统、太阳能光伏发电系统等,替代部分生产用能;发展水源热泵系统,用于生产、生活的供热制冷;进一步优化能源结

构,降低传统能源的消耗,减少温室气体的排放。

#### 7.2.2.3 探索环保新道路,践行生态文明

环境保护是生态文明建设的主阵地和根本措施,中德园要发挥作为中德合作战略高地的示范意义,积极探索如何在园区的层面上以环境优化经济发展,实现两者高度融合,探索适合"工业4.0"的环境保护新道路。

一是要结合《环境空气质量标准》(GB 3095—2012)及修改单等一系列新标准、新要求,重点强化污染防治,深入、细致推进大气、水、土壤等污染治理工作,大力实施生态修复工程,确保区域环境质量持续、稳定达标。

二是要加强环境管理制度建设,在区内探索建立资源有偿使用制度和生态补偿制度,健全生态环境保护责任追究制度和环境损害赔偿制度,探索建立体现生态文明要求的考核办法、奖惩机制,进一步节约集约利用水资源、能源、土地等自然资源,继续大力支持和鼓励再生资源产业的规模化发展,深入推进绿色发展、循环发展、低碳发展。

三是要继续开展先行先试,探索新的历史条件下环境保护工作的新途径、新手段,更好地发挥生态工业园建设等在统筹环境、经济发展方面的突出作用。

# 8 规划方案综合论证

## 8.1 规划选址区位合理性分析

各种产业和区位要素之间存在着耦合关系,这里的区位要素不同于单纯的区位条件,区位要素是指一定的产业生产所应当具备的外部和周围的环境条件,以及协作配套的生产和服务系统。一定的产业必定要求具备一定条件的地区,并进而导致在若干个具有自身特点的社会经济客体的形成。

评价采用陆大道《区域发展及其空间结构》一文关于产业与一般产业区位因素作用的对比关系来评价中德园发展战略的合理性,在具体应用中对区位因素进行适当修改和补充,中德园区位因素统计详见表8.1-1。

表8.1-1 产业与区位因素作用的对比关系

| 序号 | 区位因素 | 规划区区位因素条件 | 一般原材料工业 | 一般加工制造业 | 商业和金融业 | 高技术产业 |
|---|---|---|---|---|---|---|
| 1 | 燃料和动力 | + | +++ | ++ | — | — |
| 2 | 水 | + | +++ | + | — | + |
| 3 | 土地与地形 | +++ | ++ | + | + | + |
| 4 | 地理位置 | +++ | + | ++ | ++ | ++ |
| 5 | 经济基础 | ++ | + | ++ | +++ | ++ |

续表

| 序号 | 区位因素 | 规划区区位因素条件 | 一般原材料工业 | 一般加工制造业 | 商业和金融业 | 高技术产业 |
|---|---|---|---|---|---|---|
| 6 | 科技水平 | ++ | － | ＋ | － | +++ |
| 7 | 交通 | ++ | +++ | ++ | ++ | ++ |
| 8 | 通信 | +++ | ＋ | ＋ | +++ | +++ |
| 9 | 协作与集聚经济 | ++ | ++ | +++ | ++ | ＋ |
| 10 | 劳动力 | ＋ | － | ＋ | － | ++ |
| 11 | 环境条件 | ＋ | － | ＋ | － | ++ |

注："＋"的多少表示各因素对各产业的布局影响强弱程度,"－"表示基本不产生影响；在我国劳动力的数量可假设为不受限制,此处指劳动力素质因素的影响。

从中德园区位因素条件与一般原材料工业、一般加工制造业、商业和金融业、高技术产业的对比看,中德园由于燃料和动力、水资源的相对缺乏,不能很好满足一般原材料工业的发展需求；所具备的区位条件能较好满足一般加工制造业、商业和金融业、高技术产业的发展需求。

结合中德园产业发展方向,区位因素条件基本与规划的装备制造业等产业相适应,同时还能满足商业、高技术产业的区位条件要求。总体而言,中德园选址以及拟发展的产业基本与区位因素条件高度适应。

## 8.2 开发规模的资源环境合理性论证

### 8.2.1 区域人口规模的合理性分析

一座城市人口承载力究竟有多大,有两个重要指标:一个是人口承载力的"硬约束",即自然资源、生态环境的约束;另一个是社会公共服务力的"软约束",即在城市经济、社会、人口、资源、环境发展中,政府提供社会公共服务产品的能力。

根据规划居住用地指标,规划完成后,居住区人口密度为 0.45 万人/km²。国际上比较宜居的特大城市,其城区人口密度一般在 1 万人/km²,因此,中德园的人口总量总体上与规划面积相适应。

### 8.2.2 建设用地规模合理性

根据《沈阳市土地利用总体规划(2006—2020年)》《沈阳经济技术开发区土地利用总体规划(2006—2020年)》,中德园建设用地范围内允许建设区面积约 39.90km²;有条件建设区 3.96km²,主要分布在细河沿线;限制建设区面积约 10.86km²;禁止建设区面积 0.28 km²,主要分布在浑河北岸。从总体而言,中德园建设近期用地规划目标与土地利用总体规划基本协调;但在远期,新增的 2.75km² 工业用地目前不在建设用地边界内,其中 2.73km² 目前占用了基本农田,超出的建设用地部分按照留白空间进行预留,不进行建设活动,不占用基本农田,待国土空间调整后方可开发。

### 8.2.3 主要用地类型规模合理性

#### 8.2.3.1 工业用地规模的合理性

2035 年,中德园工业用地规模为 1 776.2hm²,占城市建设用地的 36.6%,因中德园为工业园区,主要承载沈阳高端装备制造工业的建设与实施,指标按高考虑,通过中德园的实施,总体上可以确保沈阳市工业用地规模符合

《城市用地分类与规划建设用地标准》15.0%～30.0%的比例控制要求。

#### 8.2.3.2 其他类型用地规模的合理性

规划人均建设用地规模合理性分析见表8.2-1。

表8.2-1 规划人均建设用地规模合理性分析

| 指标名称 | 城市用地分类与规划建设用地标准/m² | 规划指标/m² | 合理性 |
| --- | --- | --- | --- |
| 人均居住用地面积指标 | 28.0～38.0 | 23.8 | 基本合理,规划考虑居住用地集约要求 |
| 人均公共管理与公共服务用地面积 | 5.5 | 12.9 | 指标较大,但中德园内部规划的教育科研用地为沈阳市、辽宁省乃至全国提供了公共服务,因此基本合理 |
| 人均交通设施用地面积 | 12.0 | 28.3 | 基本合理,规划区域内存在外部交通通道 |
| 人均绿地面积 | 10.0 | 41.5 | 区域目前在浑河北岸保留沈阳市重要生态功能区,因此指标较大,从沈阳市城市用地指标分析,基本合理 |

根据《建筑气候区划标准（GB 50178—93）》,该地区为第Ⅱ建筑气候区,按照《城市用地分类与规划建设用地标准》,人均居住用地指标应在28.0～38.0m²。2035年,中德园居住用地规模为594.2hm²,居住人口为25万人,人均居住用地为23.8m²,规划居住用地指标体现高度集约思想,与规划人口规模基本匹配。

中德园内北京积水潭（沈阳）国际医院、东方银座铂尔曼酒店等项目正式开业,沈阳工业大学已经入驻多年,广全中学国际学校等一批民生项目扎实推进。启动120套专家公寓和3 000套宝马青年公寓建设。中德园规划展示馆正式对外开放。尽管中德园人均公共管理与公共服务用地面积较《城市用地分类与规划建设用地标准》高,但该面积包含为区外人口提供服务的必要面积,因此,公共管理与公共服务用地规模基本合理。

中德园内"四横八纵"路网与周边规划的主次干道和过境道路相联通,形成了高效的陆地交通道路网,交通设施用地规模基本合理。

中德园规划人均绿地面积为 41.5m², 高于《城市用地分类与规划建设用地标准》, 本次规划拟将中德园打造为具有德国风貌韵味特色与生态环境高品质, 集文化教育景观、商业服务配套景观、生态居住景观、现代工业景观等于一体的风貌形象。较高的人均绿地面积与其定位相符。

### 8.2.4 区域发展规模资源环境合理性综合论证

区域发展规模资源环境合理性指标对比见表 8.2-2。

表 8.2-2 区域发展规模资源环境合理性指标对比指标名称

| 资源环境类别 | | | 2025 年 | 2035 年 |
|---|---|---|---|---|
| 水资源 | 预测新鲜水需水量 / 万 m³ | 基准情景 | 1 291 | 1 873 |
| | | 规划情景 | 1 279 | 1 933 |
| | | 优化情景 | 1 188 | 1 845 |
| | 可供新鲜水量 / 万 m³ | | 12 342 | 21 102 |
| | 承载水平 | | 可承载 | |
| 土地资源 | 规划建设用地规模 / hm² | | 4 853.1 | 4 853.1 |
| | 《沈阳经济技术开发区土地利用总体规划》至 2020 年可建设用地 / hm² | | 4 513.1 | 4 513.1 |
| | 承载水平 | | 远期有 2.73km² 基本农田尚未调整,近期可承载 | |
| 能源 | 预测能源需求 / (万 tce·a⁻¹) | 基准情景 | 68.5 | 95.5 |
| | | 规划情景 | 59.6 | 81.4 |
| | | 优化情景 | 55.5 | 72.8 |
| | 规划可供能源量 / (万 tce·a⁻¹) | | > 120 | > 120 |
| | 承载水平 | | 能源需外部调入,可承载水平存在不确定性 | |

续表

| 资源环境类别 | | | 2025 年 | 2035 年 |
|---|---|---|---|---|
| 水环境 | 预测 COD 排放量 / (t·a$^{-1}$) | 基准情景 | 312.8 | 341.8 |
| | | 规划情景 | 302.3 | 268.5 |
| | | 优化情景 | 258.6 | 239.8 |
| | 其中工业 COD 排放量 / (t·a$^{-1}$) | 基准情景 | 49.2 | 36.4 |
| | | 规划情景 | 48.6 | 37.7 |
| | | 优化情景 | 38.5 | 23.0 |
| | 细河 COD 环境容量现状 | | — | — |
| | 承载水平 | | 目前细河为劣 V 类水体,但通过污水处理厂提标及中水回用实施,以及细河中长期达标管控措施的实施,可以腾出环境容量 | |
| | 预测氨氮排放量 / (t·a$^{-1}$) | 基准情景 | 31.3 | 34.2 |
| | | 规划情景 | 30.2 | 26.8 |
| | | 优化情景 | 25.9 | 24.0 |
| | 其中工业氨氮排放量 / (t·a$^{-1}$) | 基准情景 | 4.9 | 3.6 |
| | | 规划情景 | 4.9 | 3.8 |
| | | 优化情景 | 3.9 | 2.3 |
| | 细河氨氮环境容量现状 | | — | — |
| | 承载水平 | | 目前细河为劣 V 类水体,但通过污水处理厂提标及中水回用实施,以及细河中长期达标管控措施的实施,可以腾出环境容量 | |

续表

| 资源环境类别 | | | 2025 年 | 2035 年 |
|---|---|---|---|---|
| 大气环境 | 预测二氧化硫排放量 / ($t \cdot a^{-1}$) | 基准情景 | 118.7 | 144.1 |
| | | 规划情景 | 97.6 | 116.4 |
| | | 优化情景 | 91.3 | 89.9 |
| | 其中工业二氧化硫排放量 / ($t \cdot a^{-1}$) | 基准情景 | 118.6 | 143.9 |
| | | 规划情景 | 97.5 | 116.2 |
| | | 优化情景 | 91.2 | 89.8 |
| | 剩余环境容量 / ($t \cdot a^{-1}$) | | 15 885 | 15 885 |
| | 承载水平 | | 可承载 | |
| | 预测氮氧化物排放量 / ($t \cdot a^{-1}$) | 基准情景 | 225.9 | 278.2 |
| | | 规划情景 | 198.6 | 249.6 |
| | | 优化情景 | 188.6 | 204.7 |
| | 其中工业氮氧化物排放量 / ($t \cdot a^{-1}$) | 基准情景 | 189.8 | 252.7 |
| | | 规划情景 | 162.5 | 224.1 |
| | | 优化情景 | 152.5 | 179.3 |
| | 剩余环境容量 / ($t \cdot a^{-1}$) | | 1 869 | 1 869 |
| | 承载水平 | | 可承载 | |
| | 预测烟尘排放量 / ($t \cdot a^{-1}$) | 基准情景 | 89.2 | 91.7 |
| | | 规划情景 | 91.1 | 98.6 |
| | | 优化情景 | 86.7 | 83.7 |

续表

| 资源环境类别 | | | 2025 年 | 2035 年 |
|---|---|---|---|---|
| 大气环境 | 预测烟尘排放量 /(t·a$^{-1}$) | 基准情景 | 89.2 | 91.7 |
| | | 规划情景 | 91.1 | 98.6 |
| | | 优化情景 | 86.7 | 83.7 |
| | 其中工业烟尘排放量/(t·a$^{-1}$) | 基准情景 | 89.2 | 91.7 |
| | | 规划情景 | 91.1 | 98.6 |
| | | 优化情景 | 86.7 | 83.7 |
| | 剩余环境容量/(t·a$^{-1}$) | | -6 074 | -6 074 |
| | 承载水平 | | 目前超标,但通过中德园外部区域和中德园内部污染的大量削减,以及中长期环境空气质量达标管控措施的实施,可以腾出环境容量 | |
| | 预测细颗粒物[1]排放量/(t·a$^{-1}$) | 基准情景 | 26.8 | 27.5 |
| | | 规划情景 | 27.3 | 29.6 |
| | | 优化情景 | 26.0 | 25.1 |
| | 其中工业细颗粒物[1]排放量/(t·a$^{-1}$) | 基准情景 | 26.8 | 27.5 |
| | | 规划情景 | 27.3 | 29.6 |
| | | 优化情景 | 26.0 | 25.1 |
| | 剩余环境容量/(t·a$^{-1}$) | | -4 672 | -4 672 |
| | 承载水平 | | 目前超标,但通过中德园外部区域和中德园内部污染的大量削减,以及中长期环境空气质量达标管控措施的实施,可以腾出环境容量 | |

注:[1] 细颗粒物按烟(粉)尘的 30% 计算,未考虑二次生成量。

从各指标对比可知,规划的开发规模导致的水资源需求可以通过大伙房水库输水工程和地下水水源的供给得到满足;

土地资源消耗近期可以得到满足,有 2.73km² 基本农田尚未调整;远期新增的 2.75km² 工业用地目前不在建设用地边界内,其中 2.73 km² 目前占用了基本农田,需待国土空间调整后方可满足开发需求。

近、远期能源需求需要通过外部调入,可承载水平存在不确定性。

规划开发导致的污染排放通过减排工程的实施,可确保比现状排放量明显降低,通过污水处理厂提标及中水回用实施,以及细河中长期达标管控措施的实施,可以腾出环境容量,确保规划可以得到实施;

区域大气环境容量则主要受外部环境影响,通过中德园外部区域和中德园内部污染的大量削减,以及中长期环境空气质量达标管控措施的实施,可以腾出环境容量,能实现区域大气环境质量改善,确保规划可以得到实施。

区域以高端装备制造业为主,结合中德园规划发展的资源环境需求,通过外部资源调入,和区域环境改善措施的实施,区域资源环境条件可以满足规划发展需求。

## 8.3 开发布局的环境合理性论证

### 8.3.1 总体用地布局的环境合理性

规划将工业用地主要布置在西南侧,在北侧、东侧、南侧主要布置为公共服务设施用地、生态绿地和居住用地。

中德园内共设置两块生活配套组团,分别位于园区东北侧和西北侧。沈阳市盛行西南风,东北侧生活配套组团位于工业用地的侧下风向,且距离较远,受其影响较小。西北侧生活配套组团位于汽车制造组团下风向,易受到工业的污染影响,通过绿化隔离带、水系、道路等将工业用地与居住用地进行隔离,从而降低工业用地对周围环境的影响,同时网格化形式的工业路网布局可促进物质流通,避免污染扩大化。此外,园区西北侧规划的居住用地以及化学工业园管辖部门沈阳经济技术开发区管理委员会联合中德（沈阳）高端装备制造产业园管理委员会出具了《关于中德（沈阳）高端装备制造产业园西北侧规划居住用地建设的说明和承诺》，"近期已有的大潘街道生活区不再扩张，维持现状，其他居住用地按照发展留白空间进行预留，不进行建设；远期考虑化学工业园范围缩减、改造及向循环产业转型升级，待解除环境影响隐患后再逐步利用发展留白空间。在汽车制造组团与生活组团之间，规划中结合细河生态绿带，形成两个组团有机隔离的布局形式。同时对入园项目的环境影响设定准入门槛，在项目审批前，重点对项目环境影响评价进行把控，避免对生活区域造成影响。"

### 8.3.2 服务类用地布局的环境合理性

规划将商业、交通设施、公建、市政等服务类用地分散布置于各组团中心，满足服务半径覆盖最大化，强化产业组团的活力。

从环境影响上看，服务类用地布置于功能组团中心，将形成城市综合体覆盖周围2km范围内的区域，可有效减少受众的出行距离，避免因人员流动造成的环境影响。

### 8.3.3 交通布局环境合理性分析

规划形成"两横两纵"4条快速路网，总长45km。横线满足带状城市快速出行需求，纵线与横线将区域分割为6个交通组团。"两横两纵"快速路网建成后，将实现各组团10min进入高快速路系统。

工业支路网密度显著小于商业支路网密度，该布局可避免对地块分割影响企业选址建设的生产和安全管理；此外，工业用地路网中采用网格化形式，可有效促进物质的流通，通过快速路系统与区外高速相连，可有效保障物质流动，避免污染的扩大化。

### 8.3.4 生态环境建设合理性分析

区域绿地规划由公园绿地、防护绿地用地组成，加上保留的水域和生态绿地，生态环境用地规模达1 595.6hm$^2$，占规划范围的33.2%，规划生态用地的建设和保护对整体规划区域起到生态涵养、休闲娱乐等作用。

规划形成的浑河、细河生态空间将成为区域内的主要生态廊道,使规划区域内各区域绿化水系相连通,使区域水系、绿化有效结合,为区域内居民提供良好生活环境的同时促进区域物种的沟通,维持生态多样性。总体而言,规划区域绿化、水系规划合理,对规划区域的良性发展具有较好的促进作用。

### 8.3.5 敏感区用地布局环境合理性分析

中德园内主要敏感区为文物古迹、浑河水源涵养红线区、细河水源涵养红线区、四环路网廊道生态保护红线区,中德园内主要敏感区周边用地布局环境合理性见表 8.3-1。

表 8.3-1 中德园内主要敏感区周边用地布局环境合理性

| 类别 | 名称 | 用地类型 | 相容性 | 备注 |
| --- | --- | --- | --- | --- |
| 文物古迹 | 马贝墓地 | A2 | √ | 未核定,未划定保护范围及建设控制范围 |
| 生态红线 | 浑河水源涵养红线区 | 非建设用地 | √ | |
| | 细河水源涵养红线区 | G1、G4、S1 | √ | |
| | 四环路网廊道生态保护红线区 | G1、G2、S1 | √ | |

从用地布局和主要敏感区分布叠图分析,文物古迹用地性质为 A2 文化设施用地,与文物保护要求相容;浑河水源涵养红线区为非建设用地,按区域绿地保留,中德园规划建设与其保护要求相容;细河水源涵养红线区内规划有 S1 城市道路用地、G4 水面用地和 G1 公园绿地,与其保护要求相容;四环路网廊道生态保护红线区内规划有 S1 城市道路用地、G1 公园绿地和 G2 防护绿地,与其保护要求相容。

### 8.3.6 用地布局与生态适宜性相容性分析

根据生态适宜性评价结果与规划用地叠图对比可知,中德园规划均在生态适宜度高的地方进行建设,与规划用地类型相容。

### 8.3.7 主要环境基础设施与其他用地的相容性分析

中德园内主要环境基础设施与规划用地性质的相容性分析见表8.3-2。

表8.3-2 主要环境基础设施用地与其他用地的相容性分析

| 序号 | 主要环境基础设施用地 | 所处位置用地规划类别 | 周边用地规划类别 | | | | 相容性分析 |
|---|---|---|---|---|---|---|---|
| | | | E | S | W | N | |
| 1 | 九水厂 | U | M1 | M1 | M1 | M1 | 相容 |
| 2 | 西部污水处理厂一期 | U | G2 | G2 | M3 | G2 | 相容 |
| 3 | 中能热源厂 | U | M1 | G2 | M1 | M1 | 相容 |
| 4 | 三江热源厂 | U | R2 | R2 | G1 | G1 | 不相容 |

从主要环境基础设施与规划用地性质的相容性分析可知,中德园三江热源厂与东侧和南侧用地性质 R2 不相容,建议按沈阳市热电发展规划,待国电沈西热电厂扩建后停止运行,作为备用热源。

## 8.4 环保基础设施设置合理性

### 8.4.1 给水工程设置环境合理性分析

#### 8.4.1.1 规模设置合理性分析

中德园近期的供水厂为沈阳水务集团九水厂、沈阳胜科水务有限公司二水厂和沈阳胜科水务有限公司三水厂。远期扩建沈阳水务集团九水厂、新建1座水厂,与沈阳胜科水务有限公司二水厂和沈阳胜科水务有限公司三水厂联合供水,供水能力29万 t/d。

另外,辽宁省已经实施"东水西调"工程,大伙房水库输水工程可分配给开发区的量为40万 $m^3$/d。沈阳市大伙房水库输水配套工程西部净水厂(二期)目前已经开始施工建设,预计2020年12月完工,净水厂规模为35万 $m^3$/d,该期工程配水给沈阳经济技术开发区16万 $m^3$/d。

规划年不同发展情景需水量与可供水总量对比见表8.4-1。

表8.4-1 规划年不同发展情景需水量与供水指标情况(万 $m^3$)

| 类别 | 预测新鲜水需水量 | | 大伙房可供水量 | | 地下水可供水量 | |
| --- | --- | --- | --- | --- | --- | --- |
| | 2025年 | 2035年 | 2025年 | 2035年 | 2025年 | 2035年 |
| 基准情景 | 1 291 | 1 873 | 5 840 | 14 600 | 6 502 | 6 502 |
| 规划情景 | 1 279 | 1 933 | | | | |
| 优化情景 | 1 188 | 1 845 | | | | |

由表8.4-1可知,中德园用水需求已经在沈阳市城市总体规划中统一考虑。2025年,沈阳市大伙房水库输水工程和地下水源可供沈阳经济技术开发区新鲜水总量为12 342万 $m^3$,可以满足规划基准情景新鲜水需水量1 291万 $m^3$。

2035年可供水总量为21 102万m³,可以满足规划情景新鲜水需水量1 933万m³。

#### 8.4.1.2 选址合理性分析

规划新建水厂位于中德园外北侧,周围规划为一类工业用地;扩建沈阳水务集团九水厂位于中德园内,周围规划为一类工业用地,与水厂相容性较好,选址基本合理。

### 8.4.2 排水工程设置环境合理性分析

#### 8.4.2.1 规模设置合理性分析

依据规划组团布局,将中德园划分为东区和西区。西部污水处理厂以东区域污水排入西部污水处理厂一期,以西区域污水排入沈阳市西部污水处理厂二期。中德园废水产生量与污水处理厂规模对比见表8.4-2。

表8.4-2 废水产生量与污水处理厂规模对比 /(万 m³·d⁻¹)

| 类别 | 预测需处理水量 | | 西部污水处理厂一期 | | 西部污水处理厂二期 | |
|---|---|---|---|---|---|---|
| | 2025年 | 2035年 | 2025年 | 2035年 | 2025年 | 2035年 |
| 基准情景 | 3.0 | 5.0 | 15 | 15 | 25 | 45 |
| 规划情景 | 3.1 | 5.5 | | | | |
| 优化情景 | 3.1 | 5.8 | | | | |

中德园排水处理需求已经在沈阳市城市总体规划中统一考虑,从表8.4-2可知,考虑日变化水量,沈阳西部污水处理厂一期和西部污水处理厂二期的规划规模可以满足中德园污水处理需求。

#### 8.4.2.2 选址合理性分析

沈阳西部污水处理厂一期、沈阳市西部污水处理厂二期均已经建成,周围300m内没有环境敏感区,选址基本合理,环保手续见表8.4-3。

表 8.4-3　废水产生量与污水处理厂规模对比 /(万 m³·d⁻¹)

| 厂区 | 环境影响评价 | 竣工验收 |
|---|---|---|
| 沈阳西部污水处理厂一期 | 《关于沈阳西部污水处理厂提标升级改造工程建设项目环境影响报告表的批复》沈环保经开审字〔2015〕0259 号 | 《关于沈阳西部污水处理厂提标改造工程项目固体废物污染防治设施竣工环境保护验收意见》沈环经开验字〔2019〕0082 号 |
| 沈阳市西部污水处理厂二期 | 《关于对沈阳市西部污水处理厂扩建工程环境影响报告书的批复》沈环保审字〔2013〕0125 号 | 2018 年 10 月 23 日完成竣工环保验收 |

#### 8.4.2.3　工艺选择合理性

沈阳西部污水处理厂位于沈阳经济技术开发区浑河二十一街 23 号，污水处理规模为 15 万 t/d，主要接纳沈阳经济技术开发区的城市污水（生活污水 40%，工业废水 60%）。沈阳西部污水处理厂提标改造工程项目于 2019 年 7 月完成自主验收，处理采用 $A^2/O$+高密度沉淀池+V 型滤池+紫外消毒工艺，出水水质稳定达到《城镇污水处理厂污染物排放标准》（GB 18918—2002）规定的一级 A 标准，其工艺选择合理。

沈阳市西部污水处理厂二期位于沈阳经济技术开发区沈西九东路 58 号，污水处理规模为 25 万 t/d，其中处理化工园区东北制药集团股份有限公司新厂区的生产废水 7 万 t/d 和沈阳经济技术开发区污水 18 万 t/d。沈阳市西部污水处理厂二期采用 $A^2/O$+ 高效沉淀池 + 臭氧氧化池 + 纤维束过滤 + 紫外消毒工艺，出水水质稳定达到《城镇污水处理厂污染物排放标准》（GB 18918—2002）规定的一级 A 标准，其工艺选择合理。

#### 8.4.2.4　污水处理环境合理性综合分析

中德园排出的污水通过沈阳西部污水处理厂一期和沈阳市西部污水处理厂二期处理，污水处理厂规模依据沈阳市城市总体规划的处理需求设置，包含中德园排水需求，可满足中德园污水处理需求，所采用的工艺成熟可行；此外，沈阳经济技术开发区还制定了细河水质中长期改善计划，可实现区域污水排放量和废水污染物排放量的大幅下降，确保细河达到 V 类水质。

### 8.4.3　热源设置环境合理性分析

#### 8.4.3.1 规模设置合理性分析

中德园近期的供热由国电热电厂、三江热源厂、中能热源厂和沈西热源厂承担,供热能力为 1 184MW。远期由区外的国电热电厂、亨通热电厂、沈西热源厂以及区内的中能热源厂和三江热源厂联合供热,供热能力为 2 456MW。可以满足中德园 1 975MW 的热负荷,各热源/电厂近远期的规划规模与用热负荷基本匹配。

#### 8.4.3.2 选址合理性分析

规划热电厂位于中德园外北侧,周围规划为二类、三类工业用地,与热电厂相容性较好,选址基本合理。中德园三江热源厂与东侧和南侧用地性质 R2 不相容,需要进行优化调整。

## 8.5 规划方案的资源环境可行性

### 8.5.1 区域能源利用环境可行性

中德园主要能源为煤炭、天然气和电。天然气主要为生活用气、公共建筑用气及工业用气。规划中石油秦沈线和大沈线为气源,管线引自大青储配站。

由于区域大气环境容量超载,作为清洁能源的天然气将是区域主要能源替代产品,随着区域用气量的不断增加,规划近远期燃气的供应和保障存在较大不确定性。若区域采用天然气作为供热能源,辅以脱硝措施,实现超低排放,其产生的污染物将较现状明显下降,降低对大气环境的影响。

### 8.5.2 水资源利用环境可行性

区域供水水源将实现大伙房水库、地下水、再生水多种水源联合供水,地下水源为调整为城市生活备用及应急调峰水源,以确保区域供水安全。从大伙房水库输水工程看,随着沈阳市的发展,可分配给开发区的量为 40 万 $m^3/d$,中德园用水指标已经在沈阳市城市总体规划中统一考虑,基本可以保证中德园用水需求。

但随着区域规划的实施,区域水资源利用加大必然导致区域废水产生量增多,污染物排放量也将增多,在区域地表水体已经丧失环境功能的前提下,区域在发展过程中,应从源头节水,同时加大中水回用,推进污水处理厂提标到类Ⅴ类和类Ⅳ类水质,建设海绵城市,实现源头节水、就地回用、雨水收纳、中水再用、出水优质等全方位用水格局,全力减少污染物入河量,结合区域面源水污染防治措施,可以实现细河水环境功能的逐步修复。

## 8.6 规划指标情况及可达性分析

### 8.6.1 各发展情景指标

依据评价设定的基准情景、规划情景和优化情景,按照评价设定的指标体系,各情景近远期可达到指标与规划目标对比分析可见表8.6-1。

从指标对比可知,由于中德园定位为高端装备制造,各情景下不同规划年均能达到指标要求,但评价设定的优化情景各项指标更优。

**表 8.6-1 各情景近远期可达到指标与规划目标对比**

| 环境主题 | 环境目标 | 评价指标 | 单位 | 城市总体规划目标 | 生态工业园指标要求 | 2018年 | 2025年 | | | 2035年 | | |
|---|---|---|---|---|---|---|---|---|---|---|---|---|
| | | | | | | | 基准情景 | 规划情景 | 优化情景 | 基准情景 | 规划情景 | 优化情景 |
| 资源环境效益 | 资源能源利用 | 可再生能源利用率 | % | — | ≥9 | 未统计 | 0 | 10 | 16 | 0 | 15 | 20 |
| | | 万元增加值能耗 | tce/万元 | ≤0.7 | — | 未统计 | 0.181 | 0.138 | 0.128 | 0.117 | 0.075 | 0.066 |

续表

| 环境主题 | 环境目标 | 评价指标 | 单位 | 城市总体规划目标 | 生态工业园指标要求 | 2018年 | 2025年 基准情景 | 2025年 规划情景 | 2025年 优化情景 | 2035年 基准情景 | 2035年 规划情景 | 2035年 优化情景 |
|---|---|---|---|---|---|---|---|---|---|---|---|---|
| 资源环境效益 | 资源能源利用 | 万元工业增加值能耗 | tce/万元 | — | ≤0.5 | 0.044 | 0.041 | 0.036 | 0.035 | 0.038 | 0.031 | 0.028 |
| | | 万元增加值新鲜水耗 | m³/万元 | ≤55 | — | 4.328 | 3.41 | 2.95 | 2.73 | 2.29 | 1.79 | 1.67 |
| | | 万元工业增加值新鲜水耗 | m³/万元 | — | ≤8 | 0.803 | 0.53 | 0.52 | 0.51 | 0.36 | 0.34 | 0.28 |
| | 回收与综合利用 | 再生水利用率 | % | 30 | ≥20 | 30 | 30 | 35 | 45 | 30 | 35 | 45 |
| | | 工业用水重复利用率 | % | — | ≥75 | 94 | 90 | 90 | 90 | 90 | 90 | 92 |
| | | 雨水收集利用 | % | — | — | 0 | 0 | 10 | 10 | 0 | 10 | 10 |
| 污染控制与生态建设 | 避免或减轻区域开发活动产生的各种污染影响 | 大气污染指标 废气达标排放率 | % | — | 100 | 100 | 100 | 100 | 100 | 100 | 100 | 100 |
| | | 集中供热率 | % | — | — | 70 | 80 | 80 | 80 | 100 | 100 | 100 |
| | | 单位GDP氮氧化物排放量 | kg/万元 | — | — | 0.118 | 0.059 7 | 0.043 5 | 0.043 4 | 0.034 0 | 0.023 1 | 0.018 5 |
| | | 单位GDP碳排放量 | kg/万元 | — | — | 未统计 | 0.403 | 0.297 | 0.277 | 0.231 | 0.140 | 0.129 |
| | | 水污染指标 工业废水达标排放率 | % | — | 100 | 100 | 100 | 100 | 100 | 100 | 100 | 100 |
| | | 城市污水处理率 | % | 95 | — | 94 | 100 | 100 | 100 | 100 | 100 | 100 |
| | | 万元增加值废水排放量 | t/万元 | — | — | 2.18 | 1.65 | 1.40 | 1.19 | 1.67 | 1.00 | 0.87 |
| | | 单位GDP COD排放量 | kg/万元 | — | — | 0.773 | 0.083 | 0.070 | 0.059 | 0.042 | 0.025 | 0.022 |
| | | 单位GDP氨氮排放量 | kg/万元 | — | — | 0.116 | 0.008 3 | 0.007 0 | 0.005 9 | 0.004 2 | 0.002 5 | 0.002 2 |

续表

| 环境主题 | 环境目标 | 评价指标 | 单位 | 城市总体规划目标 | 生态工业园指标要求 | 2018年 | 2025年 基准情景 | 2025年 规划情景 | 2025年 优化情景 | 2035年 基准情景 | 2035年 规划情景 | 2035年 优化情景 |
|---|---|---|---|---|---|---|---|---|---|---|---|---|
| 资源环境效益 | 避免或减轻区域开发活动产生的各种污染影响 | 生活垃圾分类投放率 | % | ≥65 | — | 未统计 | <40 | 40 | 40 | 60 | 60 | 60 |
| | | 城市粪渣和城市污泥无害化处理率 | % | — | — | 100 | 100 | 100 | 100 | 100 | 100 | 100 |
| | | 建筑垃圾综合利用率 | % | — | — | 未统计 | 80 | 80 | 80 | 85 | 85 | 85 |
| | | 工业危险废物和医疗垃圾安全处理率 | % | — | — | 100 | 100 | 100 | 100 | 100 | 100 | 100 |
| | | 工业固体废物处置利用率 | % | ≥85 | ≥70 | 100 | 100 | 100 | 100 | 100 | 100 | 100 |
| | 为区域居住、办公提供宜居环境 | 生态用地比例 | % | — | — | 25.7 | 25.7 | 25.7 | 25.7 | 25.7 | 25.7 | 25.7 |
| | | 绿化覆盖率 | % | — | ≥15 | 18.5 | 25.7 | 25.7 | 25.7 | 33.2 | 33.2 | 33.2 |
| 环境质量 | 环境空气 | 环境空气质量良好率 | % | 85 | — | 71.9 | 85 | 85 | 85 | 85 | 85 | 85 |
| | 声环境 | 声环境功能区达标情况 | % | 97 | — | 满足声功能 | 满足声功能 | 满足声功能 | 满足声功能 | 满足声功能 | 满足声功能 | 满足声功能 |
| | 水环境 | 细河达到水环境功能区 | — | 达到Ⅴ类 | — | 劣Ⅴ类 | 达到Ⅴ类 | 达到Ⅴ类 | 达到Ⅴ类 | 达到Ⅴ类 | 达到Ⅴ类 | 达到Ⅴ类 |
| | | 集中式饮用水源水质达标率 | % | 100 | — | 100 | 100 | 100 | 100 | 100 | 100 | 100 |

续表

| 环境主题 | 环境目标 | | 评价指标 | 单位 | 城市总体规划目标 | 生态工业园指标要求 | 2018年 | 2025年 | | | 2035年 | | |
|---|---|---|---|---|---|---|---|---|---|---|---|---|---|
| | | | | | | | | 基准情景 | 规划情景 | 优化情景 | 基准情景 | 规划情景 | 优化情景 |
| 社会环境 | 促进区域经济、社会可持续发展 | 社会发展指标 | 低碳出行比例 | % | — | — | 未统计 | <45 | 45 | 70 | <45 | 45 | 70 |
| | | | 就业强度 | 人/hm² | — | — | 26.8 | 31 | 31 | 31 | 51.7 | 51.7 | 51.7 |
| | | | 新增建筑绿色建筑比例 | % | — | — | 未统计 | 70 | 70 | 70 | 80 | 80 | 80 |
| 经济效益 | 通过环境优化,促进区域土地增值 | 社会经济指标 | 高新技术企业增加值占工业总产值比重 | % | — | ≥30 | 未统计 | 30 | 30 | 30 | 35 | 35 | 35 |
| | | | 工业经济密度 | 万元/hm² | — | — | 465 | 1 740 | 1 901 | 1 819 | 4 397 | 5 268 | 4 597 |
| | | | 区域GDP产出 | 亿元 | — | — | 207.73 | 379 | 433 | 435 | 817 | 1 079 | 1 107 |

### 8.6.2 规划目标可达性分析

根据规划文本,本书对规划涉及的规划目标进行了梳理和摘录,并对其可达性进行了分析,见表8.6-2。

**表 8.6-2 各情景近远期可达到指标与规划目标对比**

| 环境主题 | 环境目标 | 评价指标 | 单位 | 城市总体规划目标 | 生态工业园指标要求 | 指标可达性 |
|---|---|---|---|---|---|---|
| 资源环境效益 | 资源能源利用 | 可再生能源利用率 | % | — | ≥9 | 园区所在地沈阳地区年太阳能年总辐射量为5200MJ/m²,属于太阳能资源丰富区,规划面积能产生4%太阳能电力,其他需通过外部可再生能源调入,并加强地热能利用 |
| | | 万元增加值能耗 | tce/万元 | ≤0.7 | — | |
| | | 万元工业增加值能耗 | tce/万元 | — | ≤0.5 | 现状为0.044tce/万元,已经达到 |
| | | 万元增加值新鲜水耗 | m³/万元 | ≤55 | — | 现状为2.18 m³/万元,已经达到 |
| | | 万元工业增加值新鲜水耗 | m³/万元 | — | ≤8 | 2025年规划情景0.52m³/万元,能实现 |
| | 回收与综合利用 | 再生水利用率 | % | 30 | ≥20 | 通过将再生水回用于热电厂、景观用水等,可以达到 |
| | | 工业用水重复利用率 | % | — | ≥75 | 通过加强工业用水的重复利用水平,可以达到 |
| | | 雨水收集利用 | % | — | — | |
| 污染控制与生态建设 | 避免或减轻区域开发活动产生的各种污染影响 | 废气达标排放率 | % | — | 100 | 通过大气污染管控,可以达到 |
| | | 集中供热率 | % | — | — | |
| | | 单位GDP氮氧化物排放量 | kg/万元 | — | — | |
| | | 单位GDP碳排放量 | kg/万元 | — | — | |

续表

| 环境主题 | 环境目标 | 评价指标 | 单位 | 城市总体规划目标 | 生态工业园指标要求 | 指标可达性 |
|---|---|---|---|---|---|---|
| 资源环境效益 | 污染控制与生态建设 | 水污染指标 | 工业废水达标排放率 | % | — | — | |
| | | | 城市污水处理率 | % | 95 | — | 通过集中式污水处理厂建设,以及污水管网的全覆盖,可以达到 |
| | | | 万元增加值废水排放量 | t/万元 | — | — | |
| | | | 单位GDP COD排放量 | kg/万元 | — | — | |
| | 避免或减轻区域开发活动产生的各种污染影响 | 固体废物处置指标 | 生活垃圾分类投放率 | % | ≥65 | — | 通过生活垃圾分类的宣传、硬件设施的配套,可以实现 |
| | | | 城市粪渣和城市污泥无害化处理率 | % | — | — | |
| | | | 建筑垃圾综合利用率 | % | — | — | |
| | | | 工业危险废物和医疗垃圾安全处理率 | % | — | — | |
| | | | 工业固体废物处置利用率 | % | ≥85 | ≥70 | 通过综合利用和集中处置,可以达到 |
| | | 环境管理 | 环境影响评价率 | % | — | — | |
| | | | 重点企业清洁生产审核实施率 | % | — | 100 | 通过加强环境管理,可以达到 |
| | 为区域居住、办公提供宜居环境 | 生态环境影响指标 | 生态用地比例 | % | — | — | |
| | | | 绿化覆盖率 | % | — | ≥15 | 通过控制非建设用地面积,将建设用地绿化面积控制在35%以上,可以达到 |

续表

| 环境主题 | 环境目标 | 评价指标 | 单位 | 城市总体规划目标 | 生态工业园指标要求 | 指标可达性 |
|---|---|---|---|---|---|---|
| 环境质量 | 环境空气 | 环境空气质量良好率 | % | 85 | — | 通过区域节能减排的实施、清洁能源的替代，可以实现污染物排放的大幅降低，但区域大气污染主要受外界影响，尚无法判断达标比例 |
| | 声环境 | 声环境功能区达标情况 | % | 97 | — | 通过交通噪声管制和工业噪声、生活噪声的治理，可以达到 |
| | 水环境 | 细河达到水环境功能区 | — | 达到V类 | — | 通过废水的大幅度再生、污水处理厂出水逐步提标到类V类和类Ⅳ类水质，并引入生态基流，规划年预计可以达到水环境功能区划要求 |
| | | 集中式饮用水源水质达标率 | % | 100 | — | 通过饮用水源地的保护，可以达到 |
| 社会环境 | 促进区域经济、社会可持续发展 | 社会发展指标 | 低碳出行比例 | % | — | — | 通过公共出行系统的建设，以及相关政策的引导，可以达到 |
| | | | 就业强度 | 人/hm² | — | — | |
| | | | 新增建筑绿色建筑比例 | % | — | — | 通过管理可以达到 |
| 经济效益 | 通过环境优化，促进区域土地增值 | 社会经济指标 | 高新技术企业增加值占工业总产值比重 | % | — | ≥30 | |
| | | | 工业经济密度 | 万元/hm² | — | — | 通过入区项目的筛选，可以达到 |
| | | | 区域GDP产出 | 亿元 | — | — | |

## 8.7 基于环境资源约束的区域可持续发展评价

### 8.7.1 评价方法

本次采用改进层次分析法的模糊综合评价模型 (AHP_FCE) 对规划区域现有规上工业各行业发展环境资源优势度进行综合评价。

#### 8.7.1.1 方案设定与相对隶属度判定

根据所研究评价系统的实际情况,从代表性、系统性和适用性等的角度,建立模糊综合评价的评价指标体系,由各评价指标的样本数据建立单评价指标的相对隶属度的模糊评价矩阵。模糊综合评价的最终目的就是在论域 $m$ 个方案之间做相对优劣的比较,从中选择相对最优的方案,这种优选与论域以外的方案无关,根据这一优化的相对性可以确定各评价指标值的相对隶属度和论域中相对优等方案与相对次等方案。不失一般性,设有 $n$ 个评价指标组成对全体 $m$ 个方案的评价指标样本集数据 $\{x(i,j) | i=1,\cdots,n, j=1,\cdots,m\}$,各指标值 $x(i,j)$ 均为非负值。为确定单个评价指标的相对隶属度的模糊评价矩阵,消除各评价指标的量纲效应,使建模具有通用性,需对样本数据集 $\{x(i,j)\}$ 进行标准化处理。为了尽可能保持各评价指标值的变化信息,对越大越优型指标的标准化处理公式可取为

$$r(i,j) = x(i,j) / [x_{\max}(i) - x_{\min}(i)]$$

对越小越优型指标的标准化处理公式可取为:

$$r(i,j) = [x_{\max}(i) - x_{\min}(i) - x(i,j)] / [x_{\max}(i) + x_{\min}(i)]$$

对越中越优型指标的标准化处理公式可取为:

$$r(i,j) = \begin{cases} x(i,j) / [x_{\mathrm{mid}}(i) - x_{\min}(i)], & x_{\min}(i) \leqslant x(i,j) < x_{\mathrm{mid}}(i) \\ [x_{\max}(i) - x_{\min}(i) - x(i,j)] / [x_{\max}(i) + x_{\min}(i)], & x_{\mathrm{mid}}(i) \leqslant x(i,j) < x_{\max}(i) \end{cases}$$

式中:$x_{\min}(i)$、$x_{\max}(i)$、$x_{\mathrm{mid}}(i)$ 分别为方案集中第 $i$ 个指标的最小值、最大值和中间最适值;$r(i,j)$ 为标准化后的评价指标值,也就是第 $j$ 个方案第 $i$ 个评

价指标从属于优的相对隶属度值，$i=1,\cdots,n$，$j=1,\cdots,m$。

以这些 $r(i,j)$ 值为元素可组成单评价指标的模糊评价矩阵 $R=(r(i,j))_{n\times m}$。

#### 8.7.1.2 构造模糊评价矩阵

根据模糊评价矩阵 $\boldsymbol{R}=(r(i,j))_{n\times m}$ 构造用于确定各评价指标权重的判断矩阵 $\boldsymbol{B}=(b_{ij})_{n\times n}$。模糊综合评价的实质是一种优选过程，从综合评价的角度看，若评价指标 $i_1$ 的样本系列 $\{r(i_1,j)|j=1,\cdots,m\}$ 的变化程度比评价指标 $i_2$ 的样本系列 $\{r(i_2,j)|j=1,\cdots,m\}$ 的变化程度大，则评价指标 $i_1$ 传递的综合评价信息比评价指标 $i_2$ 传递的综合评价信息多。基于此，可用各评价指标的样本标准差 $s(i)=\left[\sum_{i=1}^{3}(r(i,j)-\overline{r_2})/m\right]^{0.5}$ 反映各评价指标对综合评价的影响程度，并用于构造判断矩阵 $\boldsymbol{B}$。其中 $\overline{r_i}=\sum_{i=1}^{3}r(i,j)/m$ 为各评价指标下样本系列的均值，$i=1,\cdots,n$。于是，可得到判断尺度的判断矩阵：

$$\mu(x)=\begin{cases} \dfrac{s(i)-s(j)}{S_{\max}-S_{\min}}(b_{\mathrm{m}}-1)+1, & s(i)\geqslant s(j) \\ 1/\left[\dfrac{s(i)-s(j)}{S_{\max}-S_{\min}}(b_{\mathrm{m}}-1)+1\right], & s(i)<s(j) \end{cases}$$

式中：$S_{\min}$、$S_{\max}$ 分别为 $\{S(i)|i=1,\cdots,n\}$ 的最小值和最大值；相对重要性程度参数值 $b_{\mathrm{m}}=\min\{9,\text{int}\,[(S_{\max}/S_{\min}+0.5)]\}$，min 和 int 分别为取小函数和取整函数。

#### 8.7.1.3 判断模糊矩阵的一致性

判断矩阵 $\boldsymbol{B}$ 的一致性检验、修正及其权重 $W_i(i=1,\cdots,n)$ 的计算，要求满足：$w_i>0$ 和 $\sum_{i=1}^{3}=1$。经大量的实例计算，笔者初步认为，当判断矩阵的一致性指标系数 $CIC(n)<0.10$ 时，可认为该判断矩阵具有满意的一致性，据此计算的各评价指标的权重值 $w_i$ 是可以接受的。

#### 8.7.1.4 综合指标值计算

把各评价指标的权重值 $w_i$ 与各方案相应评价指标的相对隶属度值 $r(i,j)$ 相乘并累加，可得模糊评价的综合指标值 $z(j)$。

$$z(j)=\sum_{i=1}^{3}w_i r(i,j)\quad ,j=1,\cdots,m$$

综合指标值 $z(j)$ 越大说明第 $j$ 个方案越优，据此可进行科学决策。

### 8.7.2 评价结果与方案选择

根据模糊综合评价模型 (AHP_FCE)，对各情景 2030 年可达到指标进行了筛选，其基本原则为：

（1）各情景一致的指标，不进入 AHP_FCE 评价指标，仅筛选各情景中有差异的指标；

（2）同一类指标仅取关键指标进入 AHP_FCE 评价指标；

（3）描述性指标不进入 AHP_FCE 评价指标；

（4）评价指标不宜超过 10 个。

按照既定原则，筛选进入 AHP_FCE 的指标及其评价结果见表 8.7-1。

表 8.7-1 情景可行性评价结果

| 指标名称 | 单位 | 基准情景 | | 规划情景 | | 优化情景 | |
| --- | --- | --- | --- | --- | --- | --- | --- |
| | | 指标 | 相对隶属度值 | 指标 | 相对隶属度值 | 指标 | 相对隶属度值 |
| 区域GDP产出 | 亿元 | 817 | 0.425 | 1 079 | 0.561 | 1 107 | 0.575 |
| 就业强度 | 人/hm² | 25 | 0.500 | 25 | 0.500 | 25 | 0.500 |
| 绿化覆盖率 | % | 33.2 | 0.500 | 33.2 | 0.500 | 33.2 | 0.500 |
| 环境空气质量良好率 | % | 95 | 0.500 | 95 | 0.500 | 95 | 0.500 |
| 可再生能源利用率 | % | 0 | 0.000 | 15 | 0.750 | 20 | 1.000 |
| 万元增加值废水排放量 | t/万元 | 1.67 | 0.343 | 1 | 0.606 | 0.87 | 0.657 |
| 万元增加值新鲜水耗 | m³/万元 | 2.29 | 0.422 | 1.79 | 0.548 | 1.67 | 0.578 |
| 单位GDP氨氮排放量 | kg/万元 | 0.004 2 | 0.344 | 0.002 5 | 0.609 | 0.002 2 | 0.656 |

续表

| 指标名称 | 单位 | 基准情景 | | 规划情景 | | 优化情景 | |
|---|---|---|---|---|---|---|---|
| | | 指标 | 相对隶属度值 | 指标 | 相对隶属度值 | 指标 | 相对隶属度值 |
| 单位 GDP 碳排放量 | kg/万元 | 0.231 | 0.358 | 0.14 | 0.611 | 0.129 | 0.642 |
| 万元增加值能耗 | tce/万元 | 0.038 | 0.424 | 0.031 | 0.530 | 0.028 | 0.576 |
| AHP_FCE 评价结果 | | 0.391 | 0.569 | 0.609 | 70 | 6.184 | 6.184 |

从情景设定的模糊评价可知,评价设定的优化情景是三个情景中的最优方案,符合区域发展的要求,规划区域应按优化情景的总体目标进行。

根据如上计算分析,评价认为规划应在发展中着重注意权重值较大的几项指标,并在实际实施过程中不断提升和改进。

①进一步提高可再生能源使用比例,降低能源消耗,减少大气污染物排放总量,提高环境空气质量;

②进一步加大再生水回用力度,降低水资源消耗,辅以工程措施,有效减少排入环境的废水污染物总量。

## 8.8 现有产业退出与居住功能实施管控措施

### 8.8.1 不符合规划产业退出计划

在 2020 年前控制总量,不再准入,在 2035 年前,通过协议退出、兼并转让退出、强制退出等综合措施,完成全部污染企业的退出。

在 2025 年前,完成水泥、混凝土、建筑材料等共计 13 家严重污染企业的退出。

在 2030 年前,完成木器、家具制造类共计 76 家企业的退出。

在 2035 年前，完成农副产品加工、食品、日用品生产、化学制剂、化工橡胶生产等剩余 89 家污染企业的退出。

### 8.8.2 居住功能片区更新管控措施

四环路以东开发二十五号路和细河 U 谷以南地块在规划远期调整为居住用地，涉及部分工业企业的搬迁。根据中德园近期规划和中期规划，该区域用地更新规划在 2025—2035 年之间完成，为确保居住功能的顺利实施，区域应采取如下管控措施：

（1）位于该片区的不符合规划产业在 2025 年、2030 年和 2035 年分阶段退出；

（2）2025 年前首先开发四环路以东、开发二十五号路以东地块和浑河十五街两侧地块，并以两个地块为基础，在其周界设置 300m 产业发展控制区，原则上不再受理产业控制带范围内排放大气污染物的企业；

（3）2035 年前，依托 2025 年前建成的居住区，扩大临近区域产业搬迁范围，逐步扩大居住范围，坚持 300m 产业发展控制区，确保居住区的发展和现有工业企业相容，产业退出有序。

# 9 规划环境可持续发展对策

## 9.1 总体环境影响减缓措施

### 9.1.1 区域发展资源环境保护原则

中德园所处区域资源环境承载力低,大气、水环境容量现状均为赤字,在新一轮建设过程中,应按照以下原则进行规划建设:

(1) 贯彻落实绿色经济发展模式内涵,以科学发展为统领,以创新驱动为核心,以结构调整为主线,大力发展资源环境优势度较高的产业,积极培育战略性新兴产业,着力推进现代服务业建设,严格执行产业环境准入清单,提高产业发展的资源环境优势度,持续推进生态工业体系建设。

(2) 以"城区生态化"为主线,依据区域生态禀赋划定生态空间,进行生态营建和生态修复,为中德园可持续发展提供生态空间保障;依托区域水系和路网建设,建设生态廊道,逐步修复区域生态环境,提高区域生态价值,构建生态城区。

(3) 以"产业绿色化"为手段,努力提高中德园工业资源循环利用水平,设定区域资源开发利用上限,严格执行工业企业污染减排措施,严格落实挥发性有机污染物治理要求,有效控制大气污染物排放上限。

(4) 以"产业低碳化"为追求,加大可再生能源的利用,设定区域能源利用上限,积极发展能源高效利用新技术,推进天然气利用工程和存量能源清洁煤倍量替代工程,切实采取节能措施降低规划区域能源消耗,落实集中热源超低排放措施。

（5）以"用地集约化"为宗旨,科学编制用地规划,增强节约集约用地意识,加大闲置土地处置力度,按照产业集聚、布局集中、用地集约的要求,提高土地集约利用水平,并逐步化解用地存在的冲突与矛盾。

（6）以"美丽中德园"为最终目标,大力推进区域环境质量改善计划,从而确保到2035年所处区域生态环境质量实现根本好转。

### 9.1.2 区域用地管控优化建议

在《沈阳市城市总体规划（2011—2020年）》和《沈阳市土地利用总体规划（2006—2020年）》中确定的2020年规划期限内,超出其规定的用地部分按照留白空间进行预留,不进行建设活动,不占用基本农田。2020年后,结合《沈阳市国土空间总体规划（2020—2035年）》统筹调整基本农田,并重新划定城镇开发边界,将2.75 km² 工业用地纳入开发边界内,从而确保《中德（沈阳）高端装备制造产业园总体规划（2018—2035年）》与上位规划一致,规划用地需求可以得到满足。

### 9.1.3 区域总体布局优化建议

近期已有的大潘街道生活区不再扩张,维持现状,其他居住用地按照发展留白空间进行预留,不进行建设；远期考虑化学工业园范围缩减、改造及向循环产业转型升级,待解除环境影响隐患后再逐步利用发展留白空间。在汽车制造组团与生活组团之间,规划中结合细河生态绿带,形成两个组团有机隔离的布局形式。

### 9.1.4 产业优化及区域更新发展建议

规划应按照国际化、智能化、绿色化高端装备制造业要求优化园区主导产业,同时对按"三线一单"进行管控。实施"零地战略",对现有工业用地进行有效盘活,逐步有序退出不符合规划方向的产业,引进符合中德园规划的企业,持续优化提升产业结构。四环路以东开发二十五号路和细河U谷以南地块在规划远期调整为居住用地,涉及部分工业企业的搬迁,对于不符合规划的产业在2025年、2030年和2035年分阶段退出；在居住区的周界设置

300m 产业发展控制区,原则上不再受理产业控制带范围内排放大气污染物的企业,确保居住区的发展和现有工业企业相容,产业退出有序。

禁止在邻近基本农田区域新增排放重金属和多环芳烃、石油烃等有机污染物的开发建设活动。

### 9.1.5 环境基础设施调整优化建议

#### 9.1.5.1 排水系统建设与改造

区域加大中水回用力度,提高至 45%;2025 年,对西部污水处理厂一期、二期进行提标改造至类 V 类标准;2035 年,对西部污水处理厂一期、二期进行提标改造至类 IV 类标准。在沈阳西部污水处理厂一期设置 2 万 $m^3$ 的事故应急池。

#### 9.1.5.2 高效清洁能源系统建设

按沈阳市热电发展规划,待国电沈西热电厂扩建后三江热源厂停止运行,作为备用热源;中能热源厂考虑作为分布式热源。优化能源供给结构,清洁能源比例应大于 70%;提高能源利用效率,建设清洁低碳、安全高效的现代能源体系,大力推进煤炭清洁高效利用,积极构建智慧能源系统。同时要求区域燃煤机组全面实施超低排放和节能改造。

#### 9.1.5.3 水资源系统优化

2020 年 12 月底前关闭九水厂在中德园内违法建设的 7 眼水源井,园区用水改由大伙房输水工程供给。

### 9.1.6 低碳园区构建

#### 9.1.6.1 区域发展低碳经济的内在需求

根据区域的资源约束条件以及国家关于节能减排、低碳发展的约束性指标,规划区域必须按照规划设定的绿色经济发展模式发展,以实现区域的可持续发展。

#### 9.1.6.2 构建低碳园区的手段

(1) 城市生活低碳化

城市生活低碳化的策略首先在于建筑使用中及家庭生活、交通的上节能,应在生活模式和消费观念上进行积极引导。

区域内使用高效空调、照明及节能家电；

区内建设自行车专用道、公交专线，构建高效低能耗的公共交通服务；

区内企业不断改进技术，加强节能型汽车的推广；

提高个人的思想意识及节能观念，提倡可能情况下依靠自行车及步行交通。

（2）城市空间紧凑化

城市空间紧凑化按照城市结构尺度及规模体现在不同的空间层面上，分别为都市区域层面、城市空间层面、社区空间层面及组团空间层面等四个维度。

（3）物质生产循环化

优化产业结构：优先引入技术密集程度高、污染程度低的企业，大力推进文化创意产业的发展，加强企业间的技术联合；增加高技术及高附加值产品的比例，做到能耗低、节地、节能、节水及节材。

结合生态工业园的建设规划，转变企业传统生产方式，从"自然资源→产品和用品→ 废物排放"流程组成的开放式线性经济模式向以"自然资源→产品和用品→再生资源"的封闭式流程为特征的循环经济模式转变。

（4）可再生能源利用

瞄准未来世界能源技术革命的方向，把可再生能源发展作为重点领域，加速技术研发；

新能源利用方面，应着重考虑太阳能、地热能等新能源；在余热利用上，积极探索工业企业余热的利用、区域污水余热利用等。

实践上以建设低碳产业新城为目标，建设新型社区、大型公共建筑示范项目；

法规建设及政策保障方面，逐渐完善立法，推动可再生能源利用的市场化。

（5）碳汇碳捕捉

从目前规划来看，规划区域发展碳汇的能力受土地面积的限制，缺少森林、沼泽及大面积植被的覆盖。

针对未来目标及措施，在加强绿化措施增加自然碳汇能力上，规划应结合生态廊道建设，进一步增加街头绿化、公园、沿河、道路绿化建设，建设人工湿地。

此外,对于热源厂,可采用有关技术实行碳捕捉,减少温室气体排放。

(6)低碳城市发展的治理创新与政策保障

发展低碳城市应发挥政府、企业、社会公众三类主体的作用,各主体间通过建立合作伙伴关系,共同推动低碳城市发展目标的实现。

国内基于治理理论的低碳城市管理框架中,应发挥三套机制的作用,即现代政府——行政体制,企业——市场机制,非政府组织——社会机制。行政机制体现着政府自上而下的努力,社会机制可以促进非政府组织自下而上的努力,市场机制则可以发挥出营利性组织横向的努力。这三套机制和三种政策工具在激励政府、企业和社会三类主体的积极性、发展低碳城市中发挥的作用明显不同。应以政府为主导,营利性企业、公益性组织、社会公众等构成的社会多元主体共同参与,形成政府、市场、社会三种机制在土地资源保护和利用上的有机整合。

### 9.1.7 开展生态文明建设规划

结合规划区域发展进程,可将生态文明建设分为近远期规划,近期主要通过积极发展清洁能源和可再生能源,提高能源利用效率等低碳发展手段,确保主要污染物排放得到有效控制,进一步提升区域各环境要素环境质量,环境监控与应急能力进一步增强;生态系统进入正向演替阶段,生态环境逐步优化,生态安全格局建立健全。远期区域生态安全体系进一步完善,环境安全得到有效保障,区域环境质量进一步提升,生态环境持续优化,建设蓝天、碧水、安静、安全的生态环境。规划实现的主要途径为调整能源结构,促进节能减排;强化监督管理,有效控制扬尘污染及汽车尾气污染;打造水绿网络,促进海绵城市及中水回用系统建设,改善河流水质;有效控制交通、施工噪声,对区域布局进行合理规划;推进生活垃圾综合管理,促进垃圾资源化。

## 9.2 细河流域管控措施和区域大气减排计划

### 9.2.1 细河流域管控措施

根据《沈阳市细河经济开发区段达标方案》,提出的主要工作内容如下:

#### 9.2.1.1 完善污水收集处理系统及排水泵站管控

(1) 加强细河上游卫工明渠溢流管控。按照排水防涝补短板二期工程安排,实施铁西肇工街雨水系统(雨污分流工程)和奖工暗渠管网污染控制及管理措施,实现"上截、中清、下蓄、末降",减少溢流频次,削减溢流污染物总量。

(2) 落实揽军泵站排水管控。在完成揽军泵站溢流污水截流工程、全部溢流污水送污水处理厂集中处理的同时,持续强化泵站管理,非汛期溢流口要保证关闭,杜绝污水直排,消除因揽军泵站排水对细河于台断面水质影响。

(3) 实施化工园地区排水管网雨污分流改造。制定落实化学工业园地区排水管网建设改造规划方案,实现雨污分流,以解决化工园地区排水问题。

(4) 强化细河沿线泵站排水管控。结合西部污水处理厂二期及配套管网工程建设,细河沿线经济技术开发区段六号街、小于1号、南区1号、南区2号、翟家、余良、大潘等泵站全部完成改造,加强十四路闸管控,保持稳定运行,杜绝污水直排,污水全部引入西部污水处理厂处理,沿途雨水泵站只能保留汛期雨水排放功能,关闭于洪区甘官等污水排口。强化雨水泵站排水管理,杜绝雨污混接。

(5) 完善细河中下游污水收集处理系统。加快完成冶金园等地区管网建设,实现细河中下游乡镇污水及工业企业废水得到全部收集处理,消灭污水直排,改善细河中下游河段水质。

#### 9.2.1.2 强化工业排污治理

加强重点行业排污管控。以制药、化工、农药、电镀等行业为重点,加强化工园、冶金园等区域内排污单位排污管控,加强在线监控设施建设、运行管理。

### 9.2.1.3 污水处理厂新建及提标改造。

（1）针对2025年的治理目标，对西部一期、二期、彰驿等污水处理厂进行提标改造至地表水Ⅴ类标准，彰驿污水处理厂规模扩建至1万t/d。按照中水回用计划，完成14.378万t/d回用。

（2）针对2035年的治理目标，对西部一期、二期、彰驿等污水处理厂进行提标改造至地表水Ⅳ类标准，彰驿污水处理厂规模扩建至2万t/d。按照中水回用计划，完成27.936万t/d回用。

### 9.2.1.4 实施环境综合整治

（1）实施细河底泥清淤工程。河道全面开展细河底泥异位清淤，进行河道内导流，晾晒脱水、机械开挖运输至临时处理厂进行筛分、固化配比及搅拌，检测合格后进行路基回填，实现底泥资源化利用。

（2）继续排查入河排污口。对非法设置的排污口进行并网、取缔，对已审批的排污口，立牌公示，要求相关责任单位加强监管。

（3）落实环境综合整治。加快解决长滩、彰驿等沿河部分乡镇污水集中排放问题，对沿河村屯实施村屯环境整治，通过环境基础设施建设、沿河垃圾清理、小作坊及旱厕等整治等手段，整体提升沿河村屯环境质量，保证水质改善。

（4）实施水生态修复工程，修复滨岸生态。全线设置生态低堰设施，以实现物理性增氧，增加设置曝气增氧设施，促进氨氮释放，建设河口湿地，种植各种水生植物，净化水体，提升水体自净能力。结合河道行洪要求，整理岸线边坡，减少水土流失，实现岸线顺畅，增加岸坡绿化，美化生态效果。对河道险工采取生态护岸，对水体两侧一定范围内土地实施封育，有力保持河势稳定。

### 9.2.1.5 规范畜禽养殖

对细河堤外400m范围内养殖场实施规范化建设管理，依据《沈阳经济技术开发区浑河、细河沿河区域畜禽养殖禁养区划定方案》，细河流经开发区河段长63.9 km，划定两岸400m为禁养区，禁养区面积为51.12 km$^2$。严格落实全市畜禽养殖禁养区有关规定，新建、改建、扩建规模化畜禽养殖场（小区）实施雨污分流及粪便污水资源化利用。沿线实施畜禽集中连片规模化养殖，推进规模化养殖场畜禽粪便及污水综合治理利用设施建设，规模化已全部关闭或搬迁，现有散户75户。鼓励和支持采取粪肥还田、有机肥利用等方式对畜禽养殖废弃物进行综合利用。

#### 9.2.1.6 统筹调度补水,有效补给生态水

进行统筹调度,对细河补给生态水。将北部污水处理厂排入细河上游卫工河的尾水转输至蒲河,并在入河口处建设人工湿地进一步净化水质。同时,综合考虑仙女河污水处理厂尾水转输及深度处理措施,进一步改善细河水质。如果细河上游来水不能满足下游补水的水质要求,可考虑利用细河铁西段(三环—四环)黑臭水体治理工程在浑蒲干渠与细河并行段末端设置的一座引水闸实施生态补水。从浑河谟家堡大闸上游引浑河水 $5m^3/s$ 进入浑蒲干渠,并由引水闸进入细河下游。

#### 9.2.1.7 强化巡查管护和执法监察

在深入落实河长巡河工作基础上,沿河各区县应建立专职管护队伍,加强日常巡查管护。水利、环保、农业、国土等有关部门要加强监督管理,建立联合巡查执法机制,及时发现并查处各类涉河违法行为,确保封育管理效果。同时,进一步强化公安执法队伍建设,落实河段警长制,严厉打击环境违法行为。

《沈阳市细河经济开发区段达标方案》涉及的工程实施情况及计划见表9.2-1。

**表 9.2-1 沈阳市细河经济开发区段达标方案工程实施情况及计划**

| 管控措施 | 序号 | 工程名称 | 工程内容 | 投资金额/万元 | 工程进展 | 完成时限 | 责任单位 |
|---|---|---|---|---|---|---|---|
| 完善污水收集处理系统及排水泵站管控 | 1 | 细河(四环—入河口)综合整治工程 | 建设截污纳管工程5.8km、河道清淤38.81万 $m^3$、拆除废弃排污口、整治河道险工26.7km、生态治理及宝马段实施生态景观建设 | 40291.15 | 完成底泥上岸、运输39.17万 $m^3$,完成率100%。底泥固化处理9.6万 $m^3$,完成率68%。截污纳管工程,主线5.8km已完工;支线3.3km正在施工。累计拆除浆砌石、混凝土等构筑物3 471 $m^3$,拆除5个闸门与启闭机等。完成底泥危废鉴定采样1 220组,对底泥处理场、底泥路基回填聘专业环保检测公司采取全程跟踪检测,采样5次,经检测全部达到固废浸出标准。水下工程按照计划已全部完成,岸上景观绿化工程已按预期提前开始施工,已种植乔木、灌木,完成慢行步道路槽开挖,明年完成全部岸上工程 | 2020年12月 | 铁西区农业技术推广与行政执法中心 |

续表

| 管控措施 | 序号 | 工程名称 | 工程内容 | 投资金额/万元 | 工程进展 | 完成时限 | 责任单位 |
|---|---|---|---|---|---|---|---|
| 完善污水收集处理系统及排水泵站管控 | 2 | 北部污水厂尾水管道工程 | 新建污水管道将北部污水处理厂卫工明渠排口20万t/d污水输送至蒲河，湿地净化处理。主要实施北部污水厂区内污水管，厂区外与暗渠联通管道，现状D1.6m出水管道按原线位翻建为D2.2m，长1 300 m。 | 1 206.35 | 已经完成工程设计和环境影响评价。 | 2020年12月 | 国电东北环保产业集团有限公司 |
| | 3 | 仙女河污水厂尾水管道工程 | 沿细河路、云龙湖街铺设污水管网，管道设计污水输水规模30万m³/d，设计管径DN2400，管道总长度为4.6km。 | 9 960 | 已经完成工程设计和环境影响评价 | 2020年6月 | 沈阳水务集团有限公司 |
| | 4 | 排水管网雨污分流改造工程 | 对排水管网混接情况进行的排查，对发现的混点位制定相应的整改计划；逐条逐项落实责任人、完成时限。 | 44 800 | 已经完成现有管网覆盖区的排查；化工园地区排水管网雨污分流改造工程正在实施，已投入资金3 500万元 | 长期 | 沈阳经济技术开发区管理委员会 |
| | 5 | 细河下游污水处理厂建设 | 彰驿污水厂一期一阶段0.5万t/d。彰驿污水站1，处理规模250t/d；彰驿污水站2，处理规模150t/d；长滩污水站，处理规模250t/d；新民屯污水站，处理规模150t/d | — | 彰驿污水厂一期一阶段0.5万t/d已完成 彰驿污水站1、彰驿污水站2、长滩污水站、新民屯污水站均已经完成建设 | 2018年12月 | 沈阳经济技术开发区管理委员会 |

续表

| 管控措施 | 序号 | 工程名称 | 工程内容 | 投资金额/万元 | 工程进展 | 完成时限 | 责任单位 |
|---|---|---|---|---|---|---|---|
| 强化工业排污治理 | 6 | 加强排污单位管控、在线设施建设 | 排污单位长期管控,重点排污单位安装在线监测系统,加强运行管理 | — | 排污单位均纳入管控,现状重点单位已经安装在线监测 | 长期 | 沈阳市生态环境局经济技术开发区分局 |
| 污水处理厂提标改造及中水回用 | 7 | 西部污水处理厂一期和二期 | 西部污水处理厂一期和二期2025年提标至类V类标准;2035年提标至至类Ⅳ类标准;2035年扩建西部污水处理厂二期20万t/d; | — | — | 长期 | 沈阳经济技术开发区管理委员会 |
| | 8 | 彰驿污水厂 | 彰驿污水厂2025年完成一期第二阶段建设,新增处理量0.5万t/d,总处理量达到1万t/d;到2035年,完成二期建设,增加处理量1万t/d,总处理量达到2万t/d。并完成提标改造 | 15 000 | 完成一期一阶段建设,投资3 884.52万元 | 长期 | 沈阳经济技术开发区管理委员会 |
| | 9 | 中水回用工程 | 近期回用12.174万t/d | 15 000 | 完成一期一阶段建设,投资3 884.52万元 | 长期 | 沈阳经济技术开发区管理委员会 |

续表

| 管控措施 | 序号 | 工程名称 | 工程内容 | 投资金额/万元 | 工程进展 | 完成时限 | 责任单位 |
|---|---|---|---|---|---|---|---|
| 实施环境综合治理 | 10 | 细河铁西段（三环—四环）黑臭水体治理工程 | 治理全长约 8.9 km，通过采取"异位固化稳化＋资源利用"方案，通过河道清淤、底泥处置、生态护岸、河道水生态修复、引水闸建设等，对河道生态修复整治，改善河道水质，消除黑臭水体 | 17 286.13 | 已完成 | 2018年12月 | 沈阳经济技术开发区管理委员会 |
| | 11 | 河道管理范围勘界确权 | 对河道管理边界不清晰的河段进行勘界确权，必要的地方立碑划界 | 52 | 已完成 | 已完成 | 沈阳经济技术开发区管理委员会 |
| | 12 | 湿地建设工程 | 建设细河闸上湿地，规划面积 300 亩，水面 180 亩；细河河口湿地，规划面积 1 725 亩，水面 1 500 亩 | 748.13 | 两处湿地累计完成湿地修整 45.05 万 m²、栽植水生植物 6.78 万 m²、生态固滩 5 万 m²、修建自然景石 85 m³，3 处联通防护渠护坡及潜坝、灌木已全部完成，乔木已全部完成，两处湿地已完工 | 2019年12月 | 区农业技术推广与行政执法中心 |
| | 13 | 生态封育工程 | 一是细河干流新建 110 km 农村段铁丝网隔离。二是土地租赁，共计土地 4 947 亩 | 952 | 封育围栏除与浑河防洪工程及细河水系治理工程严重交叉外，已基本完成。完成耕地退耕 22 664.55 亩。因河道内现有大量基本农田，按照基本农田保护相关要求，铁西区制定并下发《河道封育范围内景观化利用实施办法》，将封育范围内基本农田公开面向社会竞价发包，种植了矮棵向日葵、红高粱等景观化农作物，合同中约定，禁止使用农药、化肥，全面提升地区生态环境景观 | 2019年11月 | 铁西区农业技术推广与行政执法中心 |

续表

| 管控措施 | 序号 | 工程名称 | 工程内容 | 投资金额/万元 | 工程进展 | 完成时限 | 责任单位 |
|---|---|---|---|---|---|---|---|
| 实施环境综合治理 | 14 | 禁养区划定及规模化养殖场搬迁 | 对细河堤外400m范围内养殖场实施规范化建设管理，严格落实全市畜禽养殖禁养区有关规定，新建、改建、扩建规模化畜禽养殖场（小区）实施雨污分流及粪便污水资源化利用。沿线实施畜禽集中连片规模化养殖，推进规模化养殖场畜禽粪便及污水综合治理利用设施建设 | — | 已完成 | 已完成 | 铁西区农业技术推广与行政执法中心 |
| 生态补水工程 | 15 | 生态补水工程（引浑济细工程） | 在浑蒲干渠与细河并行段末端设置的一座引水闸实施生态补水。从浑河谟家堡大闸上游引浑河水 5m³/s 进入浑蒲干渠，并由引水闸进入细河下游 | 1 700 | 项目总投资1700万元，市、区投资各50%。新建浑河取水泵站，引水规模为 5m³/s。泵站引水管线接续使用细河（四环—入河口）水系综合治理导流工程管线。过浑可大堤采用顶管施工。该项目已列入2020年市城建计划，计划于2020年实施 | 2020年12月 | 铁西区农业技术推广与行政执法中心 |

### 9.2.2 中水回用途径与实施

根据《沈阳经济技术开发区污水处理厂提标及中水回用方案》，污水处理厂中水可利用的途径主要有：

一是补给工业用水，城镇污水处理厂尾水再生后，可以作为电厂冷却用水，同时可以替换工业园区内及大型工业企业部分工艺用水和冷却、洗涤用水。

二是作为景观生态环境用水，处理后的尾水作为周边水系的景观补给水，对建成区内的河湖景观实施补水。

三是作为城市杂用水，用于冲洗厕所、洗车、喷洒路面、城市绿化等。

#### 9.2.2.1 近期回用方案

西部污水处理厂一期尾水 15 万 t/d 已全部回用（3 万 t/d 回用于沈西热电厂，3 万 t/d 回用于细河 U 谷景观补水），彰驿污水厂 0.3 万 t 回用于垃圾焚烧厂，绿化水量及道路清洗水量 6 万 t，合计中水利用量为 12.3 万 t，已经达预期目标。

#### 9.2.2.2 中期回用方案

在近期回用基础上，增加城市杂用水的回用，包括绿化及道路、护栏清洗。

按现状绿化面积及主次干道长度，估算绿化水量及道路清洗水量，在中期全部使用中水，则 2025 年新增中水回用量 4.16 万 t/d，达到 10.16 万 t/d，全部取用于西部污水处理厂二期。

彰驿污水厂中水回用量增加到 0.5 万 t/d。

2025 年开发区中水回用总量为 16.66 万 t，可达预期目标。

#### 9.2.2.3 远期回用方案

至 2035 年西部污水处理厂二期扩建至 45 万 t/d，彰驿污水站扩建至 2 万 t/d，至 2035 开发区内污水厂处理量达到 62.08 万 t/d。

在中期回用基础上，增加工业用水回用量，用于热电厂循环冷却水。

根据《沈阳市热电发展总体规划》，规划期内扩建沈西热电厂、亨通热电厂和其他热源厂。新增电厂中水利用量应为 9 万 t/d，取用于西部污水处理厂一期和二期，维持西部污水处理厂二期供城市杂用 10.16 万 t/d。

彰驿污水厂中水回用量增加到 1.0 万 t/d，用于西部生活垃圾焚烧发电厂和周边企业工业循环水。

2035 年中水回用总量为 29.16 万 t，可达预期目标。

表 9.2-2 所示为沈阳经济技术开发区污水处理厂中水回用计划。

表 9.2-2　沈阳经济技术开发区污水处理厂中水回用计划

| 序号 | 项目名称 | 建设规模及内容 | 中水回用量/(万 t·d) | 中水来源 | 项目投资（万元） | 实施年限 | 责任单位 |
|---|---|---|---|---|---|---|---|
| 近期（2020年） | | | | | | | |
| 1 | 国电热电中水回用 | 现有 | 3 | 西部一期 | 1 200 | 2010 | 国电东北电力有限公司 |
| 2 | 细河U谷景观补水 | 现有 | 4 | 西部一期 | 611 | 2014 | 国电东北环保产业集团有限公司 |
| 3 | 生态景观、城市绿化、廊道景观等景观提升项目用水 | 1. 沿景观带新建3km回用主管线供生态景观等项目用水；2. 新建取水点5处 | 5.144 | 西部一期 | 500 | 2020 | 沈阳经济技术开发区管理委员会 |
| 4 | 垃圾焚烧厂中水回用 | 现有 | 0.03 | 彰驿污水厂 | 630 | 2018 | 沈阳中德园开发建设有限公司 |
| 中期（2025年） | | | | | | | |
| 1 | 国电热电 | 现有 | 3 | 西部一期 | — | — | 国电东北电力有限公司 |
| 2 | 细河U谷景观补水 | 现有 | 4 | 西部一期 | — | — | 国电东北环保产业集团有限公司 |
| 3 | 生态景观、城市绿化、廊道景观等景观提升项目用水 | 1. 沿景观带新建3km回用主管线及供生态景观等项目用水；2. 新建取水点5处 | 5.144 | 西部一期 | — | — | 沈阳经济技术开发区管理委员会 |
| 4 | 垃圾焚烧厂 | 新增建设内容纳入彰驿污水厂建设内容中 | 0.04（其中0.01万t/d为中期建设内容） | 彰驿污水厂 | 840（其中210万元为中期投资） | 2025 | 沈阳中德园开发建设有限公司 |

续表

| 序号 | 项目名称 | 建设规模及内容 | 中水回用量/(万 t·d) | 中水来源 | 项目投资（万元） | 实施年限 | 责任单位 |
|---|---|---|---|---|---|---|---|
| 5 | 城市杂用水 | 1. 西部二期院内新建回用水池（3000 m³）及提升泵房<br>2. 沿细河十一北街、开发大路新建 DN1000 回用主管 5.9km；<br>3. 新建取水点 2 处：细河十一北街与沈西六东路交叉口东南角，细河七北街与开发大路交叉口西南角；<br>4. 沿开发大路新建 DN1000 回用主管 6.7km；<br>5. 新建取水点 2 处：开发十六号街与开发大路交叉口东南角，中央大街与开发大路交叉口东南角 | 2.194 | 西部二期 | 10 000 | 2025 | 沈阳经济技术开发区管理委员会 |
| 小计 | | | 14.378 | | | | |
| 远期（2035 年） | | | | | | | |
| 1 | 国电热电 | 现有 | 3 | 西部一期 | — | — | 国电东北电力有限公司 |
| 2 | 细河U谷景观补水 | 现有 | 4 | 西部一期 | — | — | 国电东北环保产业集团有限公司 |
| 3 | 生态景观、城市绿化、廊道景观等景观提升项目用水 | 1. 沿景观带新建 15km 回用主管线供生态景观等项目用水<br>2. 新建取水点 10 处 | 14.836（其中 8 万 t 来自西部一期，其余来自西部二期） | 西部一期<br>西部二期 | 6 000 | 2035 | 沈阳经济技术开发区管理委员会 |

续表

| 序号 | 项目名称 | 建设规模及内容 | 中水回用量/(万 t·d) | 中水来源 | 项目投资（万元） | 实施年限 | 责任单位 |
|---|---|---|---|---|---|---|---|
| 4 | 垃圾焚烧厂 | 新增建设内容纳入彰驿污水厂建设内容中 | 0.1（其中0.06 t/d为远期建设内容） | 彰驿污水厂 | 1 680（其中840万元为远期投资） | 2035 | 沈阳中德园开发建设有限公司 |
| 5 | 城市杂用水 | 西部二期预留提升泵房内新增回用水泵； | 6 | 西部二期 | — | 2035 | 沈阳经济技术开发区管理委员会 |
| 小计 |  |  | 27.936 |  |  |  |  |

### 9.2.3 区域大气环境质量中长期改善方案主要措施

区域中长期环境质量总体改善主要措施见表9.2-3。

**表 9.2-3 区域中长期环境质量总体改善主要措施**

| 主要措施 | 近期 | 中期 | 远期 |
|---|---|---|---|
| 热源治理 | 2020年底前，电力企业、非电燃煤锅炉均实现超低排放 | 减少热电企业非采暖季运行时间；大型燃煤电厂附近燃煤锅炉改为调峰锅炉 | 着力发展清洁能源，加大绿色能源使用力度 |
| 挥发性有机物综合治理 | 40t/a的工业企业应自行安装挥发性有机物（VOCs）自动监测设备；石化有机废气收集率和净化效率分别达90%和80%以上；化工行业有机废气收集率和净化效率分别达98%和88%以上；汽车、木质家具、工程机械及其他制造行业涂装工序水性漆替代比例达到50%以上，有机废气收集率和净化效率均达85%以上 | 20t/a的工业企业应自行安装挥发性有机物（VOCs）自动监测设备；石化有机废气收集率和净化效率应大于90%；化工行业原料中低（无）挥发性有机物（VOCs）含量所占比例应不低于30%，有机废气收集率和净化效率分别不低于99%和90%；汽车、木质家具和工程机 | 强化清洁生产，实现大气污染控制从末端治理到源头控制过渡，逐步步入工业绿色发展进程，打造一批排放控制水平在全国领先的标杆型企业 |

续表

| 主要措施 | 近期 | 中期 | 远期 |
|---|---|---|---|
| | 印刷企业低（无）挥发性有机物（VOCs）含量油墨和水性胶黏剂使用（替换）比例不低于50%,有机废气收集率和净化效率分别达80%和70%以上 | 械等涂装行业水性漆替代比例不低于80%,有机废气收集率和脱除率分别不低于95%和80%；<br>印刷企业低（无）挥发性有机物（VOCs）含量油墨和水性胶黏剂使用（替换）比例不低于80%,有机废气收集率和净化效率分别不低于85%和80% | |
| 扬尘污染管控 | 施工工地落实"七个100%"；<br>道路扬尘实施清扫和喷水管控措施；<br>基本实现区域裸露土地绿化全覆盖；<br>建设区域周边防沙带、防护林体系 | 施工工地在"七个100%"的基础上,制定细化管理方案；<br>进一步提高道路清扫效率；<br>裸露土地全覆盖绿化工程 | 精细化管理提高扬尘管理水平,大力减少开发区建设的开复工面积,进一步减少扬尘排放。 |
| 其他改善措施 | 2020年底前,完成区域内全部散煤替代工作；<br>2020年底前完成区域内所有"散乱污"企业整改提升、清理取缔以及搬迁工作；<br>实施加强区域内餐饮污染治理；<br>加强区域内秸秆禁烧管控 | 完成村庄清洁能源替代工作；<br>餐饮企业安装油烟在线监控设施；<br>秸秆露天焚烧实现精准化监管 | 进一步减少餐饮油烟污染,提高家用排油烟净化率；<br>以种植业和养殖业为重点开展气态氨排放控制 |

### 9.2.4 区域污染物减排途径

#### 9.2.4.1 大气污染物减排的具体途径

结合《沈阳经济技术开发区环境空气质量中长期改善计划（2019—2035年）》和中德园主要污染源情况,大气减排具体途径如下：

（1）燃煤治理

2019年底前,完成中德园中能热力、三江热源燃煤锅炉污染治理设施提标改造,污染物排放达到《锅炉大气污染物排放标准》(GB 13271—2014)中特别排放限值要求,并稳定运行。

2020年底前,区域内所有符合条件的65吨及以上的非电燃煤锅炉完成超低排放改造工程,实现超低排放,烟尘排放浓度达10mg/m³,二氧化硫浓度达35mg/m³,氮氧化物浓度达50mg/m³。2020年底前,中德园规划区域内所有农村消除散煤燃烧,采用清洁能源供暖;

2025年,沈西热电厂扩建完成后,三江热源厂作为备用热源,实现高效一体化供热。

(2) 工业企业挥发性有机物(VOCs)综合治理

2020年底前,中德园内汽车、木质家具、工程机械及其他制造行业涂装工序的挥发性有机物(VOCs)排放控制,实现达标排放。水性漆替代比例达到50%以上,有机废气收集率和净化效率均达85%以上。其中华晨宝马工厂水性漆比和高固份漆占约为50%,通过水性漆比的提高,可使VOCs排放量从225.6t/a减排到69.3t/a;延锋彼欧公司未采用水性漆,通过水性漆比的提高,可使VOCs排放量从91.54t/a减排到20.58t/a;道路源NMHC通过新能源汽车使用和排放标准提高实现减排。

2025年底前,木质家具退出中德园,中德园汽车和工程机械等涂装行业有机废气收集率和脱除率分别不低于95%和80%,水性漆替代比例不低于80%。

2035年,不符合区域规划的排放大气污染物企业共退出35家,削减VOCs 38.20t/a。

(3) 粉尘污染管控

2019年前,施工扬尘管控措施方面,建立施工工地管理清单,95%以上的工地,包括建筑、市政、地铁工地、混凝土(沥青)搅拌站等,落实"七个100%"。

2025年前,中德园内所有混凝土预制品企业全部退出。建成区的公共区域、临时闲置土地、城区道路两侧和城区河道两侧的裸露土地硬化和绿化率达100%,实现区域裸露土地绿化全覆盖。

2035年,不符合区域规划的排放大气污染物企业共退出35家,削减粉尘229.44t/a。

（4）道路车辆管控与引导

2025年，新能源汽车替代率达到20%，全面实施国五汽车排放标准；2035年，新能源汽车替代率达到40%，全面实施国六汽车排放标准。

不同类型污染源大气污染物减排途径及具体减排方式见表9.2-4。

**表9.2-4 不同类型污染源大气和水污染物减排途径及具体减排方式**

| 类别 | 指标 | 废气 | | | | 减排手段和方式 |
|---|---|---|---|---|---|---|
| | | 二氧化硫/t | 氮氧化物/t | 烟（粉）尘/t | VOCs/t | |
| 2018年 | 工业 | 13.7 | 29.0 | 532.3 | 363.0 | 水性漆比和高固份漆占比总体约为40%；有机废气收集率和净化效率约为80% |
| | 生活 | 68.7 | 22.4 | 286.1 | — | 农村采用型煤和散煤燃烧 |
| | 基础设施 | 20.3 | 41.1 | 26.1 | — | 锅炉房达到特别排放限值要求 |
| | 道路 | — | 132.7 | — | 198.0 | 汽车排放达到国四水平 |
| | 小计 | 102.7 | 225.2 | 844.5 | 561.0 | |
| 2025年 | 工业 | 7.6 | 35.5 | 70.0 | 138.3 | 水性漆比和高固份漆占比由50%提高到80%；有机废气收集率和净化效率均85%以上；木质家具行业退出中德园 |
| | 生活 | 0.1 | 7.8 | 0.0 | — | 农村全部替换为清洁能源取暖 |
| | 基础设施 | 83.6 | 117.1 | 16.5 | — | 三江热源和中能热力均实施扩建，锅炉房达到超低排放要求 |
| | 道路 | — | 28.3 | — | 40.5 | 汽车排放达到国五水平，新能源车替代率20% |
| | 小计 | 91.3 | 188.6 | 86.7 | 178.7 | |

续表

| 类别 | | 废气 | | | | 减排手段和方式 |
|---|---|---|---|---|---|---|
| | 指标 | 二氧化硫/t | 氮氧化物/t | 烟（粉）尘/t | VOCs/t | |
| 2035年 | 工业 | 16.4 | 76.6 | 69.0 | 111.9 | 水性漆比和高固份漆占比提高到85%；有机废气收集率和净化效率均达90%以上；不符合区域规划的排放大气污染物企业共退出35家 |
| | 生活 | 0.1 | 13.0 | 0.0 | — | |
| | 基础设施 | 73.4 | 102.7 | 14.7 | — | 三江热源作为备用热源，中能热力扩建至275MW，锅炉房达到超低排放要求 |
| | 道路 | — | 12.4 | — | 15.6 | 汽车排放达到国六水平，新能源车替代率40% |
| | 小计 | 89.9 | 204.7 | 83.7 | 127.5 | |

#### 9.2.4.3 水污染物减排的具体途径

水污染物减排主要通过污水处理厂出水水质的提高和中水回用来实现，具体可参见中水回用途径。

水质的提高是通过对污水处理厂从现有一级A标准提高到2025年的类Ⅴ类水和2035年的类Ⅳ类水。

中水回用途径主要有：一是补给工业用水，城镇污水处理厂尾水再生后，可以作为电厂冷却用水，同时可以替换工业园区内及大型工业企业部分工艺用水和冷却、洗涤用水；二是作为景观生态环境用水，处理后的尾水作为周边水系的景观补给水，对建成区内的河湖景观实施补水；三是作为城市杂用水，用于冲洗厕所、洗车、喷洒路面、城市绿化等。

不同类型污染源水污染物减排途径及具体减排方式见表9.2-5。

表 9.2-5  不同类型污染源大气和水污染物减排途径及具体减排方式

| 类别 指标 | | 废水排放量/万 t | 废气 | | 减排手段和方式 |
|---|---|---|---|---|---|
| | | | 化学需氧量/t | 氨氮/t | |
| 2018年 | 工业 | 109.6 | 87.7 | 22.1 | 通过西部污水处理厂一期和二期处理 |
| | 生活 | 344.0 | 1 518.4 | 219.7 | 大部分未进行收集,直接排入地表水体 |
| | 小计 | 453.6 | 1 606.1 | 241.8 | 中水回用率达到35%,污水处理厂出水指标为一级A标准 |
| 2025年 | 工业 | 77.0 | 38.5 | 3.9 | 通过西部污水处理厂一期和二期处理 |
| | 生活 | 440.2 | 220.1 | 22.0 | 全部收集进入污水处理厂 |
| | 小计 | 517.2 | 258.6 | 25.9 | 中水回用率达到35%,污水处理厂提标至类V类水排放 |
| 2035年 | 工业 | 92.0 | 23.0 | 2.3 | 通过西部污水处理厂一期和二期处理 |
| | 生活 | 867.3 | 216.8 | 21.7 | 全部收集进入污水处理厂 |
| | 小计 | 959.3 | 239.8 | 24.0 | 中水回用率达到45%,污水处理厂提标至类Ⅳ类水排放 |

## 9.3 大气环境保护措施

### 9.3.1 区域大气污染管控基本要求

#### 9.3.1.1 区域大气污染特征

规划区域位于辽宁中部,为复合型污染显现区,应重点控制可吸入颗粒物、二氧化硫、二氧化氮和挥发性有机物,同时注重细颗粒物、臭氧等复合污染的控制;此外,还应加强采暖季燃煤污染控制。

#### 9.3.1.2 污染物排放管控要求

规划区域所在沈阳市已被列入重点控制区,执行大气污染物特别排放限值。

#### 9.3.1.3 严格环境准入,强化源头管理

规划区域内禁止新、改、扩建除"上大压小"和热电联产以外的燃煤电厂,禁止新建燃煤、重油、渣油锅炉及直接燃用生物质锅炉。把污染物排放总量作为环评审批的前置条件,以总量定项目。在区域环境质量达标前,新建排放二氧化硫、氮氧化物、工业烟(粉)尘、挥发性有机物的项目,实行污染物排放减量替代,新建项目实行区域内现役源2倍削减量替代。

把挥发性有机物污染控制作为建设项目环境影响评价的重要内容,采取严格的污染控制措施。新、改、扩建项目排放挥发性有机物的车间有机废气的收集率应大于90%,安装废气回收/净化装置。新建储油库、加油站和新配置的油罐车,必须同步配备油气回收装置。新建机动车制造涂装项目,水性涂料等低挥发性有机物含量涂料占总涂料使用量比例不低于80%,小型乘用车单位涂装面积的挥发性有机物排放量不高于35g/m²;电子、家具等行业新建涂装项目,水性涂料等低挥发性有机物含量涂料占总涂料使用量比例不低于50%,建筑内外墙涂饰应全部使用水性涂料。新建包装印刷项目须使用具有环境标志的油墨。

## 9 规划环境可持续发展对策

#### 9.3.1.4 存量减排要求

到 2025 年,中德园管委会应按照规划用地布局更新规划,加快推进东部细河以南中小企业的退出,同时要求不符合产业规划的大气污染物排放量较大行业如混凝土制品业、水泥制品业和家具制造业退出规划区域,实现粉尘、挥发性有机物的大幅度减排,同时对其他暂时保留企业,要求其提高环保治理水平,进一步减少污染物排放,农村区域全部实现功能更新,可实现 $SO_2$、$NO_2$、烟(粉)尘和 VOCs 减排 77.t/a、25.3t/a、654.0t/a 和 33.1t/a;到 2035 年,不符合规划的产业全部退出,中德园实现预定战略目标,大气污染物排放量得到严格管控。

### 9.3.2 区域能源清洁化替代与引导

#### 9.3.2.1 优化能源结构,控制煤炭使用

(1) 大力发展清洁能源

优化能源结构,加快发展天然气与可再生能源,实现清洁能源供应和消费多元化。加强天然气基础设施建设,按照"优先发展城市燃气,积极调整工业燃料结构,适度发展天然气发电"的原则,优化配置使用天然气,积极发展天然气分布式能源。

(2) 实施煤炭消费总量控制

根据国家能源消费总量控制目标,结合沈阳市实际情况和规划区域发展规模研究制定煤炭消费总量中长期控制目标,严格控制区域煤炭消费总量。

(3) 推广可再生能源

加快推广太阳能光热利用,积极推进太阳能发电产业发展,规划区内厂房原则上应安装太阳能发电装置;规划区域内公共服务设施应重点推广使用地热能。通过如上措施的实施,可实现可再生能源利用目标。

(4) 扩大高污染燃料禁燃区

规划区域全部划为"高污染燃料禁燃区",禁燃区内禁止燃烧原(散)煤、洗选煤、蜂窝煤、焦炭、木炭、煤矸石、煤泥、煤焦油、重油、渣油等燃料,禁止燃烧各种可燃废物和直接燃用生物质燃料,以及污染物含量超过国家规定限值的柴油、煤油、人工煤气等高污染燃料;已建成的使用高污染燃料的各类设施限期拆除或改造成使用管道天然气、液化石油气、管道煤气、电或其他清

洁能源,对于超出规定期限继续燃用高污染燃料的设施,责令拆除或者没收。

#### 9.3.2.2 新能源目标实现途径

(1) 区域电网清洁能源比例

2017年,辽宁电网清洁能源电量(风电、光电、水电和核电)占全部发电量的25.16%,按此比例折算,2025年中德园供电中清洁能源为5.48万tce。

(2) 太阳能

园区所在地沈阳地区年太阳能年总辐射量为5 200MJ/m²,属于太阳能资源丰富区,规划中公共管理与公共服务设施用地、商业服务业设施用地、工业用地和公共设施用地共23.13km²,其中50%可以安装太阳能发电设施,预计年平均发电量可达到$3.2×10^8$kW·h,合计3.93万tce。

(3) 沈阳西部生活垃圾焚烧发电

沈阳西部生活垃圾焚烧发电项目由沈阳西部环境有限公司负责实施,位于中德园规划区西侧4km处,并入平安66kV变电所后经高花220kV变电所向中德园及附近区域供电。日处理垃圾量设计规模为1 500 t/d,年处理量54.75万t。拟采用2台日处理能力为750t/d的焚烧炉,配套2台15MW的N15-3.8/395型中压凝汽式汽轮机,年发电量约$1.896×10^8$ kW·h,年上网电量为$1.535×10^8$ kW·h,合计1.89万tce。

通过如上分析,2025年,中德园新能源可达到11.3万tce,占比达到17.1%可以满足规划目标;2035年,随着辽宁电网清洁能源电量的进一步提高,规划区域地热能的逐步使用,规划区域更大面积使用太阳能设施以及太阳能发电效率的提升,预计能实现20%的目标。

#### 9.3.2.3 改进用煤方式,推进煤炭清洁化利用

(1) 加大热电联供,全面淘汰分散燃煤小锅炉

建设和完善热网工程,积极发展"热-电-冷"三联供。对纯凝汽燃煤发电机组加大技术改造力度,最大限度地抽汽供应热网;按照统一规划、以热定电和适度规模的原则,发展热电联产和集中供热。逐步淘汰农村地区居民散烧供暖煤炉,鼓励使用清洁能源,有条件的应实行集中供热。

(2) 改善煤炭质量,推进煤炭洁净高效利用

区内禁止燃用含硫量超过0.6%、灰分超过15%的煤炭;2020年前居民生活燃煤设施优先使用低硫低灰分并添加固硫剂的型煤,2025年前规划区

未集中供热居民全部采用清洁能源。

保留的热电厂扩建考虑采用分布式燃气蒸汽联合循环技术。

### 9.3.3 深化大气污染治理，实施多污染物协同控制

#### 9.3.3.1 深化二氧化硫污染治理，全面开展氮氧化物控制

（1）全面推进二氧化硫减排

燃煤锅炉全部安装脱硫设施；对不能稳定达标的脱硫设施进行升级改造；强化对脱硫设施的监督管理，确保燃煤锅炉房综合脱硫效率达到95%以上，满足超低排放要求。

（2）全面开展氮氧化物污染防治

加快燃煤锅炉低氮燃烧技术改造及脱硝设施建设，脱硝效率达到85%以上，并进一步实施超低排放要求；加强对已建脱硝设施的监督管理，确保脱硝设施高效稳定运行。

#### 9.3.3.2 强化工业烟（粉）尘治理，大力削减颗粒物排放

燃煤锅炉必须配套高效除尘设施，执行超低排放标准。积极采用天然气等清洁能源替代燃煤。

积极推广工业炉窑使用清洁能源，采用天然气替代燃煤；加强工业炉窑除尘工作，安装高效除尘设备，确保达标排放。

#### 9.3.3.3 加强有毒废气污染控制

（1）加强有毒废气污染控制

依据国家有毒空气污染物优先控制名录，推进对排放有毒废气企业的环境监管，对重点排放企业实施强制性清洁生产审核；把有毒空气污染物排放控制作为环境影响评价审批的重要内容，明确控制措施和应急对策，开展有毒空气污染物调查性监测。

（2）积极推进大气汞污染控制工作

燃煤锅炉应重视大气汞排放控制工作，采取协同处置方法去除烟气中的汞排放，积极推进汞排放协同控制。

（3）积极开展消耗臭氧层物质淘汰工作

按照《蒙特利尔议定书》的要求，完成含氢氯氟烃、医用气雾剂全氯氟烃、甲基溴等约束性指标的淘汰任务。

#### 9.3.3.4 强化机动车污染防治,有效控制移动源排放

(1) 促进交通可持续发展

大力发展城市公交系统和城际轨道交通系统,城市交通发展实施公交优先战略,改善居民步行、自行车出行条件,鼓励选择绿色出行方式;加大和优化城区路网结构建设力度,通过错峰上下班、调整停车费等手段,提高机动车通行效率;推广城市智能交通管理和节能驾驶技术;鼓励选用节能环保车型,推广使用天然气汽车和新能源汽车,并逐步完善相关基础配套设施;积极推广电动公交车和出租车。

(2) 加强车辆环保管理

全面推进机动车环保标志核发工作,全面推进机动车环保检验委托工作。

#### 9.3.3.5 加强扬尘控制,深化面源污染管理

(1) 加强扬尘污染综合管理

规划区域全部划为扬尘污染控制区,控制施工扬尘和渣土遗撒,开展裸露地面治理,提高绿化覆盖率,加强道路清扫保洁,不断扩大扬尘污染控制区面积。

(2) 强化施工扬尘监管

加强施工扬尘环境监理和执法检查,推进建筑工地绿色施工。

(3) 控制道路扬尘污染

积极推行城市道路机械化清扫,提高机械化清扫率;增加城市道路冲洗保洁频次,切实降低道路积尘负荷;减少道路开挖面积,缩短裸露时间,开挖道路应分段封闭施工,及时修复破损道路路面。加强道路两侧绿化,减少裸露地面;加强渣土运输车辆监督管理,所有城市渣土运输车辆实施密闭运输,实施资质管理与备案制度,安装 GPS 定位系统,对重点地区、重点路段的渣土运输车辆实施全面监控。

(4) 推进堆场扬尘综合治理

强化煤堆、料堆的监督管理。大型煤堆、料堆场应建立密闭料仓与传送装置,露天堆放的应加以覆盖或建设自动喷淋装置。大型煤堆、料堆应安装视频监控设施,并与城市扬尘视频监控平台联网。对长期堆放的废弃物,应采取覆绿、铺装、硬化、定期喷洒抑尘剂或稳定剂等措施。积极推进粉煤灰、炉渣、矿渣的综合利用,减少堆放量。

(5) 加强城市绿化建设

加强规划区域绿化建设,增强环境自净能力。加强区域生态保护地建设,打造绿色生态保护屏障,构建防风固沙体系。

(6) 推进餐饮业油烟污染治理

严格新建饮食服务经营场所的环保审批;推广使用管道煤气、天然气、电等清洁能源;饮食服务经营场所要安装高效油烟净化设施,并强化运行监管;强化无油烟净化设施露天烧烤的环境监管。

### 9.3.4 重点行业挥发性有机物治理

#### 9.3.4.1 控制思路与要求

(1) 大力推进源头替代

通过使用水性、粉末、高固体分、无溶剂、辐射固化等低 VOCs 含量的涂料,水性、辐射固化、植物基等低 VOCs 含量的油墨,水基、热熔、无溶剂、辐射固化、改性、生物降解等低 VOCs 含量的胶黏剂,以及低 VOCs 含量、低反应活性的清洗剂等,替代溶剂型涂料、油墨、胶黏剂、清洗剂等,从源头减少 VOCs 产生。工业涂装、包装印刷等行业要加大源头替代力度;企业应大力推广使用低 VOCs 含量木器涂料、车辆涂料、机械设备涂料、集装箱涂料以及建筑物和构筑物防护涂料等。

(2) 全面加强无组织排放控制

重点对含 VOCs 物料(包括含 VOCs 原辅材料、含 VOCs 产品、含 VOCs 废料以及有机聚合物材料等)储存、转移和输送、设备与管线组件泄漏、敞开液面逸散以及工艺过程等五类排放源实施管控,通过采取设备与场所密闭、工艺改进、废气有效收集等措施,削减 VOCs 无组织排放。

含 VOCs 物料应储存于密闭容器、包装袋,高效密封储罐,封闭式储库、料仓等。含 VOCs 物料转移和输送,应采用密闭管道或密闭容器、罐车等。高 VOCs 含量废水(废水液面上方 100mm 处 VOCs 检测浓度超过 0.01%,以碳计)的集输、储存和处理过程,应加盖密闭。含 VOCs 物料的生产和使用过程,应采取有效收集措施或在密闭空间中操作。

通过采用全密闭、连续化、自动化等生产技术,以及高效工艺与设备等,减少工艺过程无组织排放。挥发性有机液体装载优先采用底部装载方式。工业涂装行业重点推进使用紧凑式涂装工艺,推广采用辊涂、静电喷涂、高压无气喷涂、空气辅助无气喷涂、热喷涂等涂装技术,鼓励企业采用自动化、智能化喷涂设备替代人工喷涂,减少使用空气喷涂技术。包装印刷行业大力推广使用无溶剂复合、挤出复合、共挤出复合技术,鼓励采用水性凹印、醇水凹印、辐射固化凹印、柔版印刷、无水胶印等印刷工艺。

遵循"应收尽收、分质收集"的原则,科学设计废气收集系统,将无组织排放转变为有组织排放进行控制。采用全密闭集气罩或密闭空间的,除行业有特殊要求外,应保持微负压状态,并根据相关规范合理设置通风量。采用局部集气罩的,距集气罩开口面最远处的VOCs无组织排放位置,控制风速应不低于0.3m/s,有行业要求的按相关规定执行。

加强设备与管线组件泄漏控制。企业中载有气态、液态VOCs物料的设备与管线组件,密封点数量大于等于2 000个的,应按要求开展LDAR工作。

(3) 推进建设适宜高效的治污设施

企业新建治污设施或对现有治污设施实施改造,应依据排放废气的浓度、组分、风量,温度、湿度、压力,以及生产工况等,合理选择治理技术。鼓励企业采用多种技术的组合工艺,提高VOCs治理效率。低浓度、大风量废气,宜采用沸石转轮吸附、活性炭吸附、减风增浓等浓缩技术,提高VOCs浓度后净化处理;高浓度废气,优先进行溶剂回收,难以回收的,宜采用高温焚烧、催化燃烧等技术。油气(溶剂)回收宜采用冷凝+吸附、吸附+吸收、膜分离+吸附等技术。

采用吸附处理工艺的,应满足《吸附法工业有机废气治理工程技术规范》要求。采用催化燃烧工艺的,应满足《催化燃烧法工业有机废气治理工程技术规范》要求。采用蓄热燃烧等其他处理工艺的,应按相关技术规范要求设计。

实行重点排放源排放浓度与去除效率双重控制。车间或生产设施收集排放的废气,VOCs初始排放速率大于等于2kg/h的,应加大控制力度,除确保排放浓度稳定达标外,还应实行去除效率控制,去除效率不低于85%;采用的原辅材料符合国家有关低VOCs含量产品规定的除外,有行业排放标准的按其相关规定执行。

（4）深入实施精细化管控

中德园应对涉及重点控制的 VOCs 物质项目进行严格论证,对重点行业和重点控制的 VOCs 物质提出有效管控方案,提高 VOCs 治理的精准性、针对性和有效性,推行"一厂一策"制度。企业应编制切实可行的污染治理方案,明确原辅材料替代、工艺改进、无组织排放管控、废气收集、治污设施建设等全过程减排要求。

企业应系统梳理 VOCs 排放主要环节和工序,包括启停机、检维修作业等;制定具体操作规程,落实到具体责任人;健全企业内部考核制度;加强人员能力培训和技术交流;建立管理台账,记录企业生产和治污设施运行的关键参数,在线监控参数要确保能够实时调取,相关台账记录至少保存三年。

#### 9.3.4.2 中德园涉及的重点行业治理要求

（1）工业涂装 VOCs 综合治理

强化源头控制,加快使用粉末、水性、高固体分、辐射固化等低 VOCs 含量的涂料替代溶剂型涂料。汽车制造底漆大力推广使用水性涂料,乘用车中涂、色漆大力推广使用高固体分或水性涂料。钢制集装箱制造在箱内、箱外、木地板涂装等工序大力推广使用水性涂料,在确保防腐蚀功能的前提下,加快推进特种集装箱采用水性涂料。在一定阶段存在的木质家具制造业应大力推广使用水性、辐射固化、粉末等涂料和水性胶黏剂;金属家具制造大力推广使用粉末涂料;软体家具制造大力推广使用水性胶黏剂。工程机械制造大力推广使用水性、粉末和高固体分涂料。电子产品制造推广使用粉末、水性、辐射固化等涂料。

加快推广紧凑式涂装工艺、先进涂装技术和设备。汽车制造整车生产应使用"三涂一烘""两涂一烘"或免中涂等紧凑型工艺、静电喷涂技术、自动化喷涂设备。汽车金属零配件企业鼓励采用粉末静电喷涂技术。集装箱制造一次打砂工序钢板处理采用辊涂工艺。木质家具推广使用高效的往复式喷涂箱、机械手和静电喷涂技术。板式家具采用喷涂工艺的,推广使用粉末静电喷涂技术;采用溶剂型、辐射固化涂料的,推广使用辊涂、淋涂等工艺。工程机械制造要提高室内涂装比例,鼓励采用自动喷涂、静电喷涂等技术。电子产品制造推广使用静电喷涂等技术。

有效控制无组织排放。涂料、稀释剂、清洗剂等原辅材料应密闭存储,调配、使用、回收等过程应采用密闭设备或在密闭空间内操作,采用密闭管道或密闭容器等输送。除大型工件外,禁止敞开式喷涂、晾(风)干作业。除工艺限制外,原则上实行集中调配。调配、喷涂和干燥等 VOCs 排放工序应配备有效的废气收集系统。

推进建设适宜高效的治污设施。喷涂废气应设置高效漆雾处理装置。喷涂、晾(风)干废气宜采用吸附浓缩+燃烧处理方式,小风量的可采用一次性活性炭吸附等工艺。调配、流平等废气可与喷涂、晾(风)干废气一并处理。使用溶剂型涂料的生产线,烘干废气宜采用燃烧方式单独处理,具备条件的可采用回收式热力燃烧装置。

(2) 涉及包装印刷的 VOCs 综合治理

重点推进塑料软包装印刷、印铁制罐等 VOCs 治理,积极推进使用低(无) VOCs 含量原辅材料和环境友好型技术替代,全面加强无组织排放控制,建设高效末端净化设施。涉及印刷的 VOCs 企业,应推广使用植物油基油墨、辐射固化油墨、低(无)醇润版液等低(无) VOCs 含量原辅材料和无水印刷、橡皮布自动清洗等技术,实现污染减排。

(3) 油品储运销 VOCs 综合治理

加大中德园加油站的 VOCs 排放控制,埋地油罐全面采用电子液位仪进行汽油密闭测量。规范油气回收设施运行,自行或聘请第三方加强加油枪气液比、系统密闭性及管线液阻等检查,提高检测频次,原则上每半年开展一次,确保油气回收系统正常运行。年销售汽油量大于 5 000t 的加油站安装油气回收自动监控设备,并与生态环境部门联网,2020 年年底前基本完成。

#### 9.3.4.3 提升工业园区和产业集群监测监控能力

中德园应开展环境空气质量 VOCs 监测工作,2020 年底前建设完成,主要开展走航监测、网格化监测以及溯源分析等工作。

### 9.3.5 特征污染物防护

#### 9.3.5.1 环境防护距离设置要求

中德园区排放常规污染物(TSP、PM10、$NO_2$、$SO_2$)和特征污染物(非甲烷总烃、VOCs、二甲苯、$NH_3$、$H_2S$ 等),在企业正常运行时,对周围环境影响较小。考虑规划园区内仅汽车制造簇群中部分企业卫生防护距离有相关标准要求,且园区其他发展产业均不属于重污染产业,故本书建议通过合理布置各汽车制造簇群中企业产污车间的位置,以保证产污车间与规划园区边界距离大于相应行业卫生防护距离要求,规划园区外不设置环境防护距离。

#### 9.3.5.2 重点区域环境防护隔离

汽车企业涂装车间卫生防护距离为400m,污水处理厂卫生防护距离为厂界外200m,在防护距离内不得有常住居民存在。

### 9.3.6 全面加强联防联控的能力建设

#### 9.3.6.1 进一步加强建立区域空气质量监测体系

区域站还应增加能见度、气象五参数等监测能力。同时设立例行监测点并开展移动源对路边环境影响的监测。

#### 9.3.6.2 加强重点污染源监控能力建设

全面加强主要污染源二氧化硫、氮氧化物、颗粒物在线监测能力建设,2019年底前重点污染源全部建成在线监控装置,并与环保部门联网,2020年底前完成挥发性有机物在线监测工作。

## 9.4 区域水污染防治

### 9.4.1 提高工业污染防治水平

#### 9.4.1.1 加大工业结构调整力度

加大规划区域内的"散乱污"企业的治理力度,对于不符合产业定位和产业环境准入条件的企业不再发展并逐步淘汰,推进拟保留企业技术升级改造,提高产业技术水平。潜在环境危害风险大、升级改造困难的企业,应提前予以淘汰。鼓励有新技术、新产品的企业开展技术改造和产业结构调整升级。

严格环境准入,综合考虑行政区和控制单元的水污染防治目标,禁止审批产生大量废水和水污染物排放的新建和扩建项目。鼓励发展低污染、无污染、节水和资源综合利用的项目,严格控制新建、改扩建项目资源利用率和污染物排放强度,大中型项目的资源环境效率达到同期国际先进水平和入区指标要求。

#### 9.4.1.2 提高工业污染深度治理水平

加大重点排水行业企业的治理力度,鼓励企业在稳定达标排放的基础上集中建设污水深度处理设施,鼓励开展企业再生水回用设施建设,提高企业再生水回用比例。电镀企业重金属废水应实现60%的回用。

#### 9.4.1.3 加强工业园区环境管理

中德园在建设过程中,应遵循环保基础设施先行原则,实行雨污分流,在滚动发展过程中,应严格按照规划即时埋设污水管网,使污水管网的覆盖率达到100%;各企业的生产、生活污水全部由污水管网收集送入相应污水处理厂集中处理,入区企业不得新设排污口。

为保证污水处理厂的正常运行,各企业接管废水须达污水处理厂接管标准。企业废水预处理应针对自身废水特点,遵循分质处理的原则,采用经济可行的处理方案,确保接管废水达到污水处理厂接管标准;对含有重金属、有毒有害污染物的废水,应分质处理实现不排或者少排;根据污水处理厂的工艺特点,从严控制,企业对特殊污染物预处理达接管标准后方可接入污水处理厂,避免产生二次污染。

### 9.4.2 重金属废水管控要求

中德园涉及重金属排放的行业仅为金属表面处理中的电镀企业,根据《排污单位自行监测技术指南 电镀工业》(HJ 985—2018),电镀工业排污单位须在废水总排放口,以及排放总铬、六价铬、总镍、总镉、总银、总铅、总汞相应的车间或生产设施排放口设置监测点位。中德园电镀工业排污单位的废水排放口监测指标及最低监测频次按照表9.4-1执行。

表9.4-1 中德园电镀工业排污单位的废水排放口监测指标及最低监测频次

| 监测点位 | 监测指标 | 监测频次 |
| --- | --- | --- |
| 车间或生产设施排放口 | 流量 | 自动监测 |
|  | 总铬、六价铬、总镍、总镉、总银、总铅、总汞 | 日 |

续表

| 监测点位 | 监测指标 | 监测频次 |
|---|---|---|
| 废水总排放口 | 流量 | 自动监测 |
| | pH值、化学需氧量、总氰化物、总铜、总锌 | 日 |
| | 总磷、总氮 | 月 |
| | 总铁、总铝、氨氮、氟化物、悬浮物、石油类 | 月 |
| 雨水排放口 | pH值、悬浮物 | 日 |

注1：根据原辅料使用等实际生产情况，确定具体的重金属监测指标；

注2：环保主管部门明确要求安装自动监测设备的污染物指标，须采取自动监测；

注3：雨水排放口有流动水排放时按日监测。若监测一年无异常情况，可放宽至每季度开展一次监测。

### 9.4.3 积极推进环境综合整治与细河水生态建设

#### 9.4.3.1 积极推进农村环境综合整治

规划范围内农村居民点在一段时间内仍将存在，应重点解决影响群众健康和农村人居环境的突出环境问题，推进生活垃圾的定点存放，统一收集，定时清理，集中处理，改善村庄环境卫生状况和村容村貌，实现"清洁水源、清洁家园、清洁田园"。结合新农村建设，因地制宜设置粪便、生活垃圾等有机废弃物处理设施。

#### 9.4.3.2 积极开展水生态保护和修复

细河要加大力度实施深度净化，因地制宜利用自然条件建设规模化湿地，结合必要的人工强化措施，削减细河污染负荷。加强生态修复，在不影响行洪的前提下，在河道内、河堤上周围有选择地种植水生、陆生植物，取消或改造硬质岸线，修复河道生态系统。

### 9.4.4 系统提升城镇污水处理水平

#### 9.4.4.1 优先建设污水处理厂配套管网

加强城镇污水处理厂配套管网建设,因地制宜推进雨污分流和现有合流管网系统改造,系统提高城镇污水收集能力和处理效率,促进城市水域环境质量的改善。

#### 9.4.4.2 继续推进污水处理设施建设

规划区域内污水处理设施要按照集中和分散相结合的原则,优化布局,继续提升污水处理能力。污水处理厂近期要达到一级 A 标准(GB 18918),鉴于细河污染较为严重,区域大型污水处理厂排水应满足细河流域水质目标,进一步提高污水处理厂排放要求,规划中期达到类 V 类水质,远期达到类 Ⅳ 类水质,推进污水再生利用。污水处理厂应强化消毒杀菌设备的管理,确保正常稳定运行。规划区域应因地制宜开展初期雨水处理。

#### 9.4.4.3 加强污泥安全处置和污水再生利用

按照"减量化、无害化、稳定化"的原则,选择适当的污泥处理处置方式,加大污泥资源化和综合利用力度,统筹污泥无害化处理处置设施建设。

统筹考虑规划区域内再生水水源、潜在用户分布情况、水质水量要求和输配水方式等因素,合理确定污水再生利用设施的规模,积极稳妥发展再生水用户,扩大再生水利用范围。到 2025 年,规划区域内污水再生利用率达到 45% 以上。

#### 9.4.4.4 强化污水处理设施运营监管

城镇污水处理厂应安装进出水在线监测装置,加强对排入城镇污水收集系统的重点工业排放口水量水质的监督监测,实现污水处理厂进出水的实时监督与管理。

#### 9.4.4.5 污水处理厂提标改造可行性

(1)西部污水处理厂一期提标方案

①水质目标对比

对比 2019 年(提标至一级 A 标准后)1—6 月平均出水水质和各期设计出水水质指标,结果见表 9.4-2。

### 表 9.4-2　西部污水处理厂一期水质对比表 / ( mg·L$^{-1}$ )

| 项目 | | COD | BOD | 氨氮 | TN | TP |
|---|---|---|---|---|---|---|
| 出水水质 | 近期（2020）一级 A 标准 | 50 | 10 | 5（8） | 15 | 0.5 |
| | 中期（2025）类Ⅴ类标准 | 40 | 10 | 2 | 15 | 0.4 |
| | 远期（2035）类Ⅳ类标准 | 30 | 6 | 1.5 | 15 | 0.3 |
| 2019 年平均出水水质 | | 25 | 2.1 | 2.9 | 11.4 | 0.2 |
| 2019 年出水水质范围 | | 10～48 | 1～8.2 | 0.05～16.5 | 5.1～14.8 | 0.1～0.49 |
| 最大超标倍数（类Ⅴ类） | | 0.2 | 0 | 7.25 | 0 | 0.225 |
| 超标天数比例（类Ⅴ类） | | 6.63% | 0 | 35.91% | 0 | 4.42% |
| 最大超标倍数（类Ⅳ类） | | 0.6 | 0.37 | 10 | 0 | 0.63 |
| 超标天数比例（类Ⅳ类） | | 22.65% | 0.55% | 41.99% | 0 | 14.92% |

由表 9.4-2 可见，现有处理工艺基本可满足现有一级 A 标准，但并不能稳定达到类Ⅴ类、甚至类Ⅳ类标准。超标指标无论从超标倍数，还是超标天数都是氨氮最为突出，因此提标工艺应优先考虑脱氮效果，同时兼具除碳功能。除磷可通过调整加药点位和加药量实现。为进一步提高 COD、氨氮的处理效果，首先应优化运行，充分发挥现有工艺的处理效能，在此基础上，在二沉池后增设具有脱氮除碳功能的曝气生物滤池，同时将除磷剂投加点改为生化池出水及生物滤池出水处，取消原二沉池出水投加点位。

②中期目标及提标方案

**目标**：至 2025 年，达到类Ⅴ类标准。

**提标方案**：

▲在二沉池后增设曝气生物滤池 4 组，采用后置反硝化形式，主要去除COD、BOD、氨氮、TN；

▲增设风机房及反洗泵房 1 座，为生物滤池提供曝气、反洗空气、反洗水；

▲增设清水池 1 座，为生物滤池反洗提供水源；

▲增设反洗废水池 1 座，存放生物滤池反洗废水，沉淀后排入二沉池；

▲生物滤池出水处设置除磷剂二次投加点，与除磷剂混合后的污水自流入高效澄清池进行后续处理。

③远期目标及提标方案

**目标**：至2035年，达到类Ⅳ类标准

**提标方案**：

▲远期通过进一步工艺优化后主要指标达到类Ⅳ类标准。

④用地指标

▲西部污水处理厂一期占地面积17.3hm²，其中在厂区南侧有约8 000m²左右可用空地，能够满足提标需要。

（2）西部污水处理厂二期提标方案

①水质目标对比

对比2018年11月至2019年6月平均出水水质和各期设计出水水质指标，结果见表9.4-3。

表9.4-3　西部污水处理厂二期水质对比表/（mg·L$^{-1}$）

| | 项目 | COD | BOD | 氨氮 | TN | TP |
|---|---|---|---|---|---|---|
| 出水水质 | 近期（2020）一级A标准 | 50 | 10 | 5（8） | 15 | 0.5 |
| | 中期（2025）类Ⅴ类标准 | 40 | 10 | 2 | 15 | 0.4 |
| | 远期（2035）类Ⅳ类标准 | 30 | 6 | 1.5 | 15 | 0.3 |
| | 2019年平均出水水质 | 28.27 | 5.77 | 1.54 | 9.48 | 0.16 |
| | 2019年出水水质范围 | 15～41 | 3.1～8.8 | 0.036～3.51 | 6.21～13.5 | 0.09～0.33 |
| | 最大超标倍数（类Ⅴ类） | 0.025 | 0 | 0.76 | 0 | 0 |
| | 超标天数比例（类Ⅴ类） | 3.28% | 0 | 22.95% | 0 | 0 |
| | 最大超标倍数（类Ⅳ类） | 0.37 | 0.47 | 1.34 | 0 | 0.1 |
| | 超标天数比例（类Ⅳ类） | 37.70% | 55.74% | 52.46% | 0 | 1.64% |

由表9.4-3可见，现有处理工艺可完全满足现有一级A标准，但并不能

稳定达到类Ⅴ类、甚至类Ⅳ类标准。超标指标无论从超标倍数,还是超标天数都是氨氮最为突出,COD、BOD 虽超标天数较多,但超标倍数较低,而 TP 仅有 1 天超Ⅳ类。因此提标工艺应在优化运行、提高现有处理设施效能的基础上,选择可提高脱氮效果的工艺。

为进一步提高处理效果,首先应优化运行,充分发挥现有工艺的处理效能。在此基础上,强化臭氧氧化单元,通过投加催化剂,引发具有强氧化能力的羟基自由基,强化分解水中高稳定性、难降解有机污染物,对高稳定性有机污染的分解效率比单纯臭氧氧化提高数倍,可显著提升出水达标稳定性。增设应急脱氮（氨氮）设施,通过在出水点投加次氯酸钠氧化氨氮,使出水稳定达标。

②中期目标及提标方案

**目标**：至 2025 年,达到类Ⅴ类标准。

**提标方案：**

▲优化运行,充分发挥现有工艺的处理效能；

▲启用应急脱氮设施,根据进水水质实时变化情况调整次氯酸钠投加量,确保出水氨氮稳定小于 2.0mg/L。

③远期目标及提标方案

**目标**：至 2035 年,达到类Ⅳ类标准。

**提标方案：**

▲优化运行,充分发挥现有工艺的处理效能；

▲两处臭氧氧化单元增加催化剂

④用地指标

▲西部污水处理厂二期占地面积为 24.74 hm$^2$（其中化工园污水厂占地 19.4 hm$^2$）,其中在厂区西北侧有约 9 000m$^2$ 左右可用空地,能够满足提标需要。

### 9.4.5 提升风险防范水平

（1）提高监察执法能力,加强重点污染源监督性监测和水环境质量监测。

（2）加强重点排污口及重点企业污水处理设施的监管,完善区域水环境风险防范制度。

（3）制定切实可行的环境应急预案。重点开展重点工业企业环境应急预案编制，定期组织应急预案演练，做好演练的先期筹备、组织开展和后期总结归档工作，提高应急预案的针对性和可操作性。实行环境应急分级、动态和全过程管理，依法科学妥善处置突发环境事件。

（4）在西部污水处理厂一期南侧建设事故应急池20 000m³，确保区域事故废水得到收集和控制，保证污水处理厂运行安全。

### 9.4.6 地下水防护要求

#### 9.4.6.1 防止污染物跑、冒、滴、漏措施

针对入区企业污染物可能的跑、冒、滴、漏，应按照"源头控制、末端防治、污染监控、应急响应"相结合的原则，从污染物的产生、入渗、扩散、应急响应全阶段进行控制。

（1）源头控制措施

主要包括在管道、设备、污水储存及处理构筑物采取相应措施，防止和降低污染物跑、冒、滴、漏，将污染物泄漏的环境风险事故降到最低程度。

（2）末端控制措施

主要包括建设区域污染区地面的防渗措施和泄漏、渗漏污染物收集措施，即在污染区地面进行防渗处理，防止洒落地面的污染物渗入地下，并把滞留在地面的污染物收集起来，集中送至污水处理设施；末端控制采取分区防渗，主要分为重点污染防治区、一般污染防治区和非污染防治区的防渗原则。

（3）污染监控体系

实施覆盖生产区的地下水污染监控系统，包括建立完善的监测制度，配备先进的检测仪器和设备，科学、合理地设置地下水污染监控井，及时发现污染，及时控制污染。

（4）应急响应措施

一旦发现地下水污染事故，立即启动应急预案、采取应急措施控制地下水污染，并使污染得到治理。

#### 9.4.6.2 污染防治区划分

根据规划区可能泄漏至地面区域污染物的性质和生产单元的构筑方式，将区内划分为重点污染防治区、一般污染防治区和非污染防治区。

(1) 重点污染防治区

重点污染区是指危害性大、毒性较大的污水处理场、汽车制造区、机械加工区等的储罐区、装置区等容易引起污染物跑、冒、滴、漏等现象的区域。根据规划区内各建设项目实际情况，其重点污染防治区主要包括：污水处理池、污水、废水存放区、地下排污管道等，该区域采取严格的防腐、防渗措施。

(2) 一般污染防治区

是指裸露于地面的生产功能单元，污染地下水环境的物料泄漏后，容易被及时发现和处理的区域。根据拟建项目实际情况，其一般污染防治区主要包括：行政办公、文化教育、生活等。

(3) 非污染防治区

指不会对地下水环境造成污染的区域。主要包括道路、绿化区、办公楼区域等。对于基本上不产生污染物的非污染防治区，不采取专门针对地下水污染的防治措施，但装置区外系统管廊区地基处理应分层压实。

### 9.4.6.3 分区防治污染措施

规划区属于地下水污染重点防护区，区内有大量工业企业，需要重点防护。规划区域包气带岩性以粉土和粉质黏土为主，浑河的近岸漫滩区，上部黏土层非连续分布，且降水入渗系数较高，防渗效果一般，因此本项目以主动防渗漏措施为主，被动防渗漏措施为辅，人工防渗措施和自然防渗条件保护相结合，防止地下水受到污染。规划区内重点污染企业主要是西部污水处理厂、宝马铁西工厂涂装污水处理站以及电镀企业等，这些重污染企业要严格按照重点污染防渗措施进行防渗，保证地面防渗措施不会出现问题，不会对浅层地下水造成影响。

根据防渗参照的标准和规范，结合目前施工过程中的可操作性和和技术水平，不同的防渗区域采用在满足防渗标准要求前提下的防渗措施。

(1) 重点污染防治区

该区要设防渗检漏系统，污水、废水存放区基础防渗采用双人工衬层。双人工衬层满足下列条件：基础天然材料衬层经机械压实后的渗透系数不大于 $1.0 \times 10^{-7}$ cm/s，厚度不小于 0.5m；人工衬层可以采用 HDPE 材料，其渗透系数不大于 $1.0 \times 10^{-12}$ cm/s，HDPE 材料必须是优质品，禁止使用再生产品；上人工合成衬层厚度不小于 2.0mm，下人工合成衬层厚度不小于 1.0mm；污水收集池、事故池防渗：混凝土池体采用防渗钢筋混凝土,池体内表面涂刷水泥基渗透结晶型防渗涂料（渗透系数不大于 $1.0 \times 10^{-10}$ cm/s）。

埋地管道防渗：输送污水压力管道采用地上敷设,重力收集管道宜采用埋地敷设,采用强度高、耐腐蚀度大的管道材料（如无缝钢管）和高等级防腐材料,埋地敷设的排水管道在穿越轨道干道时采用套管保护,禁止在重力排水的污水管线上使用倒虹吸管。所有穿过污水处理构筑物壁的管道预先设置防水套管,防水套管的环缝隙采用不透水的柔性材料填塞。废水收集管线、废水暂存池、事故池、危险废物储存均建设配筋防渗水泥池,池底部及四壁做好防渗处理。

（2）一般污染防治区

建立防渗层。在抗渗钢筋（钢纤维）混凝土面层中掺水泥基防水剂,其下垫砂石基层,原土夯实达到防渗的目的。对于混凝土中间的缩缝、胀缝和与实体基础的缝隙,通过填充柔性材料、防渗填塞料达到防渗的目的。

（3）非污染防治区

采取水泥固化地面等防渗措施。

#### 9.4.6.4 发生污染后治理措施

（1）一旦发生地下水污染事故,应立即启动应急预案。

（2）查明并切断污染源。

（3）探明地下水污染深度、范围和污染程度。

（4）依据探明的地下水污染情况和污染场地的岩性特征,合理布置抽水井的深度及间距,并进行试抽工作。

（5）依据抽水设计方案进行施工,抽取被污染的地下水,并依据各井孔出水情况进行调整。

（6）将抽取的地下水进行集中收集处理,并送实验室进行化验分析。

（7）当地下水中的特征污染物浓度满足治理要求后,逐步停止井点抽水,并进行土壤修复治理工作。

#### 9.4.6.5 地下水监测网点

为及时而准确地掌握规划园区及周边地下水环境质量状况,发现问题及时解决,切实加强环境保护与环境管理,在此建议：在规划园区建设过程中及投产运行期,建立地下水环境监控体系,包括建立地下水监控网点,建立完善监测制度。同时,配备相应的监测人员及配置先进的监测仪器设备。根据《地下水环境监测技术规范》(HJ/T 164—2004)要求,在规划园区及周边地区设置一定数量地下水质污染监控井,建立地下水质污染监控、预警体系。

#### 9.4.6.6 监测数据管理

上述监测结果应按项目有关规定及时建立档案,并定期向安全环保部门汇报,对于常规监测数据应该进行公开,特别是对项目所在区域的居民进行公开,满足法律中关于知情权的要求。如发现异常或发生事故,加密监测频次,改为每天监测一次,并分析污染原因,确定泄漏污染源,及时采取对应应急措施。

#### 9.4.6.7 地下水环境预警方案

为了防止风险事故状态下对地下水产生污染,本书采用水力控制措施应对,一旦事故状态下产生地下水污染,泄漏点下游监测井启动抽水,形成降落漏斗,形成水力调控屏障,以降低或消除对园区以外的下游地下水的影响。具体措施为:在西部污水处理厂下游布设 1 眼抽水井(正常状态下可以用作常规监测),在地下水污染事故状态下开启抽水,抽出的水进入水处理厂进行处理,达标后外排。

#### 9.4.6.8 园区防治污水突发事故的措施

由于评价区地下水开采程度高,加之人类活动影响,由此引起的地下水水质恶化迫切需要建立地下水水质浓度变化的警告信号,以此提醒人们注意,及时采取必要的防治措施,这就需要建立地下水环境预警系统。

地下水环境预警系统是建立在本评价区的地下水质浓度进行长期监测基础之上的。

依据国家地下水Ⅳ类水质标准,将上述地下水环境监测指标 pH、总溶解固体(TDS)、硫酸盐、氯化物、氨氮、高锰酸盐指数、石油类、挥发酚和氰化物等 9 项的浓度作为预警浓度。

#### 9.4.6.9 地下水污染应急预案

规划区域内企业一旦发生污染物泄漏,为防止受污染的地下水向周边地带扩散,可以采用厂区开采漏斗的方法,使地下水流线向厂区集中,可以有效地防止污染物扩散。

抽水要求:发生污染源泄漏时,紧急布设的抽水井应同时不间断开采,使地下水位降至 24m 以下并保持该水位不大于 24m。

在进行抽水阻断的同时,地表防渗应急手段应同时进行,地表防渗措施完成 24h 后,对抽出地下水水质进行检测,直至各组分浓度降至预警浓度以下,达到工业用水Ⅳ类水质标准后,可以 24h 内逐渐恢复正常开采状态。

## 9.5 缓解生态环境影响的建议

### 9.5.1 对景观规划的建议

针对规划区域具体情况,以细河、浑河、细河 U 谷和浑河西峡谷为依托,构建区域横向生态廊道,与纵向生态绿楔构建网络化的生态格局,促进当地动物的迁徙和物种传播以及生态信息流动。

### 9.5.2 对绿地规划的建议

#### 9.5.2.1 强化防污绿化功能

鉴于规划园区的特点,在构建绿化体系时,既要注意绿化、美化环境,更要注重防污净化功能。通过绿地规划的实施,建立一个结构完整的防污绿化体系,包括绿化带、区内绿化廊道、生态绿地、生态公园,行道绿化、不同功能区绿化和工厂厂区绿化,均应纳入防污绿化体系。

在绿化树种的选择上,应根据各功能区的排污特点,选择相应的抗污、净化种类。因绿化植物的抗污能力和净化能力不具备直接的相关性,所以,必须选择兼具抗污和净化两种能力的绿化植物。如在汽车制造区和装备制造区应选择对有机污染气体具有较强抗性和较强净化能力的树种,如加拿大杨、旱柳、垂柳、臭椿、刺槐、皂角、水曲柳、京桃、树锦鸡儿、卫矛、黄刺玫、玫瑰和丁香等。在排放烟(粉)尘较大地区选择抗尘和滞尘能力较强的树种,如榆、刺槐、臭椿、桑、紫穗槐、丁香、榆叶梅等。上述树种均适宜在沈阳地区生长,对其他工业小区的绿化树种也应按上述原则进行选择。

#### 9.5.2.2 编制绿化专项规划

为切实发挥绿地的生态功能,避免规划园区对外界造成污染以及园区内引起的交叉污染,建议编制绿化专项规划,将整个园区进行统筹考虑,强化能量流通、防污绿化和生态隔离功能。

### 9.5.3 对文物保护的建议

对于区内可能存在的文物遗存,建议在建设开发之前由文物部门进行勘探,确认可以开发建设以后再动工。若在建设过程中发现有特殊物品或遗址等,应做到一经发现便立即汇报文物保护部门,由其确定是否有保护价值并采取相应的措施,以确保对文物古迹的影响降到最低。

## 9.6 声环境保护措施

### 9.6.1 加大重点领域噪声污染防治力度

#### 9.6.1.1 加强工业企业噪声污染防治

首先,应合理布局工业用地和居住用地,工业区应尽量远离居住区,对于现有的工业与居住混杂的区块,除了控制居住区周边企业的废气排放外,还需严格控制企业生产噪声,保证居住区声环境功能达标。

其次,加强对企业生产噪声的管理,入区项目及现有项目的改扩建必须确保厂界噪声达标;对各种工业噪声源分别采用隔声、吸声和消声等措施,必要时应设置隔声设施,以降低其源强,减少对周围环境的影响;项目的总图布置上应充分考虑高噪声设备的影响,合理布局,保证厂界噪声及居住区声环境功能达标。加强厂区绿化,特别是在有高噪声设备处和厂界之间应设置绿化带,利用树木的吸声、消声作用减小厂界噪声影响。

#### 9.6.1.2 加强社会生活噪声污染防治

加强对区内市场、娱乐场所、商场、餐饮等第三产业的噪声控制,规范社会生活噪声排放行为,进一步改善规划区的声环境质量。加强引导,禁止群众自发性娱乐活动使用高音喇叭,及时制止商业企业使用高音喇叭招揽顾客行为。加强文化娱乐场所噪声控制,完善消声措施,对达不到环保要求的小歌舞厅、音乐茶座予以取缔;加大噪声管理的宣传,严格控制,杜绝超时经营活动。

#### 9.6.1.3 加强交通噪声污染防治

全面落实《地面交通噪声污染防治技术政策》,噪声敏感建筑物集中区域（以下简称"敏感区"）的高架路、快速路、高速公路、城市轨道等道路两边应配套建设隔声屏障,严格实施禁鸣、限行、限速等措施;加快城市市区铁路道口平交改立交建设,逐步取消市区平面交叉道口;控制车流量,做好交通规划,合理分配各主干道车流量;加强道路的维修保养,保持路面平整,尽可能减少路面下沉、裂缝、凹凸不平现象,减少汽车刹车、启动过程中产生的高噪声,减少交通噪声扰民事件的发生。

#### 9.6.1.4 强化施工噪声污染防治

严格执行《建筑施工场界环境噪声排放标准》,查处施工噪声超过排放标准的行为。加强施工噪声排放申报管理,实施城市建筑施工环保公告制度。当地委员会依法限定施工作业时间,严格限制在敏感区内夜间进行产生噪声污染的施工作业。实施城市夜间施工审批管理,推进噪声自动监测系统对建筑施工进行实时监督,鼓励使用低噪声施工设备和工艺。

### 9.6.2 强化监管支撑能力建设

#### 9.6.2.1 完善噪声监测网络

规划区域内重点噪声污染源应安装噪声自动监测仪器,将监测数据作为执法监管依据。设置环境噪声自动监测系统并开展道路噪声监测工作。加强噪声污染执法监测能力,环境监测和环境监察部门应配置相应的噪声现场监测设备和仪器。

#### 9.6.2.2 提高执法监管能力

各级城市环保部门应设专人从事环境噪声日常管理工作,重点城市应加强噪声污染防治机构建设。组织编写噪声污染防治培训教材,开展噪声污染防治相关法规、政策和标准的培训。促进国家级噪声控制工程中心建设,增强工业、交通、建筑施工、社会生活噪声污染防治技术研发能力。

#### 9.6.2.3 开展治理工程示范

开展低噪声路面建设。促进道路声屏障建设,实施高效隔声窗应用工程。

### 9.6.3 加强法律的宣传和教育

加强宣传力度,使《噪声污染防治法》深入人心,使广大企业和人民群众自觉创建宁静城市。

## 9.7 固废污染防治措施

固体废物污染控制目标是:生活垃圾清运率达100%,无害化处理率达100%;无害工业固体废物处置和处理处置率达100%,有害工业固废无害化处理率达100%。

### 9.7.1 固体废物收集系统

#### 9.7.1.1 一般工业固废

该固废应视其性质由业主进行分类收集,以便综合利用,参照同期同类垃圾的利用技术进行处理,收集方式可由获利方承担收集和转运,也可参考家庭垃圾的收集。

#### 9.7.1.2 危险废物

首先要尽可能减少其体积,并放置于特定容器内,密封保存。应建立专用贮存槽或仓库以避免外泄造成严重后果,严禁随意堆放和扩散,禁止将其与非有害固体废物混杂堆放。应由专业人员操作,单独收集和贮存,并由专业人员和专用交通工具进行运输。

#### 9.7.1.3 生活垃圾收集

全部实施垃圾分类袋装化,根据垃圾的可否再生利用、处理难易程度等特点,由工作人员事先进行分类装袋。在厂区、办公区设置分类垃圾收集点和特定集装箱,进行分类收集。

### 9.7.2 工业固废的管理与处置

根据区内的企业类型,工业固体废物中将有一般废物和危险废物,视其性质分类收集、分类处理及综合利用。

#### 9.7.2.1 无害工业固废

无害工业固废主要采用综合利用和安全处置的方式进行处理。对中德园可能出现的各种主要无害工业固废的处置途径做如下建议:一般工业边角料、溶剂、废弃包装材料等按循环经济原则和理念尽可能在厂内回收利用,或送原料生产厂家进行加工、提纯处理;废包装材料送回厂家综合处理。

#### 9.7.2.2 危险废物

对区内产生的危险固废,需根据实际情况,送有资质的单位集中处置,在具体项目审批时落实危险废物的安全处置协议。对转送往外地厂家处置的危险废物应进行跟踪监督,建立完善的跟踪手续和账目,确保转送的危险废物得到安全处置。

进行必要的宣传教育,提高企业对危险废物危害性的认识和对危险废物的识别能力;努力提高危险废物的回收利用率,最大可能地减少其发生量。

加强企业内部对危险废物的管理,强化危险废物的申报登记制度,建立记录危险废物产生、外运、处置及最终去向的详细台账。

危险废物厂内暂存期间严禁随意堆放,应按废物的形态、化学性质和危害等进行分类堆放、管理,堆放场地应做好防渗处理,必要时应放置在特制容器内,以免废物滤液渗出污染地下水源和周围土壤,并由专人收集、清运,外运过程要防治抛洒泄漏。

### 9.7.3 生活垃圾与建筑垃圾的管理与处置

#### 9.7.3.1 生活垃圾

区内的生活垃圾管理由环卫部门收集、转运,送至沈阳西部生活垃圾焚烧处理厂,生活垃圾的管理及处置应做到以下几点:

在城市的工业、市政用地中应设置垃圾转运站,小型转运站每 $0.7\sim1km^2$ 设置一座,用地面积不少于 $100m^2$,中型转运站 $(150\sim300t/d)$ 每 $10\sim15km^2$ 设置一座,用地面积 $1\,500\sim3\,000m^2$。

为确保垃圾清运率达100%，环卫部门应配置必要的设备和运输车辆。

进一步推广垃圾袋装化，以便后续垃圾分类处理和综合利用，对垃圾中有用的物质(如废纸、金属、玻璃等)应尽可能回收。

尽快考虑垃圾资源化处理问题。

#### 9.7.3.2 建筑垃圾

由于要进行基础设施建设和入区项目的厂房建设，中德园的建筑垃圾将较为突出。它包括开挖出的土石方和废弃的建筑材料，如金属轧头、废木料、砂石、混凝土、废砖等，这些均属无害垃圾，处置的原则是及时清运、尽可能利用、严禁乱堆乱放、防治产生扬尘等二次污染。具体可要求由业主或承接建设任务的单位负责清运和处置。

### 9.7.4 污水处理厂污泥

根据规划区域实际情况，污水处理厂污泥运至沈阳振兴污泥处置有限公司，该厂位于沈阳经济技术开发区开发大道，设计日处理能力为1 000t，处理工艺为好氧生物干化，现状年处理污泥28.63万t，可实现污泥日产日清。

## 9.8 土壤污染管控措施与要求

### 9.8.1 土壤污染管控措施

规划区域历史上为镉污染地，根据《中华人民共和国土壤污染防治法》、《污染地块土壤环境管理办法（试行）》（原环境保护部令第42号）、《农用地土壤环境管理办法（试行）》（原环境保护部令第46号）、《工矿用地土壤环境管理办法（试行）》（生态环境部令第3号）、《辽宁省建设用地土壤污染风险管控和修复管理办法（试行）》（辽环发〔2019〕21号）等法律法规，规划区域内土地短期内仍作为农用地的，应根据土壤状况进行农业生产管控；用途变更为住宅、公共管理与公共服务用地的工业用地地块在变更前、土壤污染重点监管单位的新/改/扩建项目在开展建设项目环境影响评价时、土壤污染重点监管单位生产经营用地的用途变更或者在其土地使用权收回和转让前,应当按照规定进行土壤污染状况调查；污染物含量超过土壤污染风险管控标准的,应当按照规定进行土壤污染风险评估；需要实施风险管控、修复的,应当按照规定实施风险管控、修复。

污染地块未经治理与修复,或者经治理与修复但未达到相关规划用地土壤环境质量要求的,有关环境保护主管部门不予批准选址涉及该污染地块的建设项目环境影响报告书或者报告表。污染地块经治理与修复,并符合相应规划用地土壤环境质量要求后,可以进入用地程序。

### 9.8.2 土壤污染管控要求

根据《工矿用地土壤环境管理办法（试行）》（生态环境部令第3号）的相关要求,上述企业在进行技术升级改造的新、改、扩建项目时,其用地应当符合国家或者地方有关建设用地土壤污染风险管控标准,经过项目土壤和地下水环境现状调查,发现项目用地污染物含量超过国家或者地方有关建设用地土壤污染风险管控标准的,土地使用权人或者污染责任人应当参照污染地块土壤环境管理有关规定开展详细调查、风险评估、风险管控、治理与修复等活动；上述企业涉及有毒有害物质的生产装置、储罐和管道,或者建设污水处理池、应急池等存在土壤污染风险的设施,应当按照国家有关标准和规范的要求,设计、建设和安装有关防腐蚀、防泄漏设施和泄漏监测装置,防止有毒有害物质污染土壤和地下水。

对拟退出的企业,在终止生产经营活动前,应当参照污染地块土壤环境管理有关规定,开展土壤和地下水环境初步调查,编制调查报告,及时上传全国污染地块土壤环境管理信息系统。土壤和地下水环境初步调查发现该企业用地污染物含量超过国家《土壤环境质量建设用地土壤风险管控标准》（GB 36600—2018）中二类用地筛选标准的,应当参照污染地块土壤环境管理有关规定开展详细调查、风险评估、风险管控、治理与修复等活动。

根据企业规划符合性筛选表,不符合产业定位的企业共计有178个,涉及56个行业,其中主要行业为木质家具制造,橡胶板、管、带制造以及建筑材料制造等。根据《工矿用地土壤环境管理办法（试行）》（生态环境部令第3号）,上述行业均不属于土壤环境污染重点监管单位,其生产经营活动也涉及有毒有害物质，可能对土壤和地下水造成一定程度的影响。根据建设用地环境准入的管理要求，不符合产业定位的企业仅允许实施环保改造和技术升级的项目，并限期搬迁。

### 9.8.3 园区邻近基本农田区域的开发管控要求

在中德园西部邻近基本农田区域，禁止建设排放重金属和多环芳烃、石油烃等有机污染物的企业，不布局涉及挥发性有机物排放的企业。

# 10  规划区域"空间管制、总量管控和环境准入"要求

依据《关于规划环境影响评价加强空间管制、总量管控和环境准入的指导意见（试行）》（环办环评〔2016〕14号）和《关于以改善环境质量为核心加强环境影响评价管理的通知》（环环评〔2016〕150号），结合区域现存的资源环境问题以及规划环境影响预测结果，提出"空间管制、总量管控和环境准入"要求。

## 10.1 生态空间管制清单

规划区域生态空间合计面积为 1 971.06 $hm^2$，占总体规划面积的 35.8%。生态空间红线清单见表 10.1-1。

表 10.1-1　生态空间管制清单表

| 类别 | 序号 | 空间单元 | 面积 /hm² | 四至范围 | 管控要求 |
|---|---|---|---|---|---|
| 生态空间 | 限制建设区 | | | | |
| | 1 | 细河水源涵养空间 | 635.15 | 细河沿岸30m范围内 | 进行生态保育,除市政基础设施外,其余禁止建设 |
| | 2 | 浑河水源涵养空间 | 610.20 | 东至中央大街,西至规划边界,北至大堤路,南至浑河北岸 | 封育现存的林地资源,逐步营建森林系统 |
| | 4 | 其他规划绿地生态空间 | 725.71 | 规划绿地 | 逐步营建生态系统,为生产生活提供生态服务空间,除市政基础设施外,其余禁止建设 |
| 面积合计 | | | 1 971.06 | | |

## 10.2　环境质量底线清单

根据《中共中央 国务院 关于全面加强生态环境保护 坚决打好污染防治攻坚战的意见》,结合中德园所属区域环境质量现状和资源承载力水平,以及《沈阳经济技术开发区环境空气质量中长期改善方案(2019—2035年)》《沈阳经济技术开发区水环境质量中长期改善计划(2019—2035年)》,本次规划环评提出的环境质量底线见表10.2-1,污染物排放总量管控限值见表10.2-2。

表 10.2-1　生态空间管制清单表

| 序号 | 所在流域水体 | 断面名称 | 水质现状 | 规划中期目标 | 规划远期目标 |
|---|---|---|---|---|---|
| 1 | 细河 | 土西桥 | 劣V类 | V类（园区贡献值不增加） | V类（园区贡献值不增加） |

| 大气环境质量 [2] | | | |
|---|---|---|---|
| 序号 | 污染因子 | 规划中期目标/($\mu g \cdot m^{-3}$) | 规划远期目标/($\mu g \cdot m^{-3}$) |
| 1 | 二氧化硫 | 24 | 22 |
| 2 | 二氧化氮 | 34 | 32 |
| 3 | PM10 | 70 | 67 |
| 4 | PM2.5 | 35 | 32 |
| 5 | 臭氧 | 160 | 158 |
| 6 | CO | 1 700 | 1 600 |

| 声环境质量 | | | |
|---|---|---|---|
| 序号 | 功能区 | 规划中期目标/dB（A） | 规划远期目标/dB（A） |
| 1 | 1类声环境功能区 | 昼间:55 夜间:45 | 昼间:55 夜间:45 |
| 2 | 2类声环境功能区 | 昼间:60 夜间:50 | 昼间:60 夜间:50 |
| 3 | 3类声环境功能区 | 昼间:65 夜间:55 | 昼间:65 夜间:55 |
| 4 | 4类声环境功能区 | 昼间:70 夜间:55 | 昼间:70 夜间:55 |

续表

| 土壤环境质量 | | | |
|---|---|---|---|
| 序号 | 用地类别 | 规划中期目标 | 规划远期目标 |
| 1 | GB 50137 中的 R、A33、A5、A6、G1 中的社区公园或儿童公园用地 | 第一类用地筛选值或管制值 | 第一类用地筛选值或管制值 |
| 1 | GB 50137 中的 M、W、B、S、U、A（A33、A5、A6 除外）、G（G1 中的社区公园或儿童公园用地除外） | 第二类用地筛选值或管制值 | 第二类用地筛选值或管制值 |

注：[1] 根据《沈阳市细河（经济技术开发区段）达标方案》；

[2] 根据《沈阳经济技术开发区环境空气质量中长期改善方案（2019—2035 年）》。

### 表 10.2-2 规划区域污染物排放总量管控限值

| 规划期 | | | 规划中期 | | 规划远期 | |
|---|---|---|---|---|---|---|
| | | | 总量 /(t·a$^{-1}$) | 能否达环境质量底线 | 总量 /(t·a$^{-1}$) | 能否达环境质量底线 |
| 水污染物总量管控限值 | 化学需氧量 | 现状排放量 | 1 606.1 | 排放量下降，随着细河"一河一策"方案实施，预计达标 | 1 606.1 | 排放量下降，随着细河"一河一策"方案实施，预计达标 |
| | | 总量管控限值 | 258.6 | | 239.8 | |
| | | 削减量 | 1 347.5 | | 1 366.3 | |
| | 其中：工业 | 现状排放量 | 87.7 | | 87.7 | |
| | | 总量管控限值 | 38.5 | | 23.0 | |
| | | 削减量 | 49.2 | | 64.7 | |

续表

| 规划期 | | | 规划中期 | | 规划远期 | |
|---|---|---|---|---|---|---|
| | | | 总量 /(t·a$^{-1}$) | 能否达环境质量底线 | 总量 /(t·a$^{-1}$) | 能否达环境质量底线 |
| 水污染物总量管控限值 | 氨氮 | 现状排放量 | 241.8 | 排放量下降，随着细河"一河一策"方案实施，预计达标 | 241.8 | 排放量下降，随着细河"一河一策"方案实施，预计达标 |
| | | 总量管控限值 | 25.9 | | 24.0 | |
| | | 削减量 | 216.0 | | 217.9 | |
| | 其中:工业 | 现状排放量 | 22.1 | | 22.1 | |
| | | 总量管控限值 | 3.9 | | 2.3 | |
| | | 削减量 | 18.3 | | 19.8 | |
| | 总铬 | 现状排放量 | 0.052 1 | 按环土壤〔2018〕22号要求，通过点源治理，可以实现下降10% | 0.046 9 | 参照环土壤〔2018〕22号要求，通过点源治理，可以实现下降10% |
| | | 总量管控限值 | 0.046 9 | | 0.042 2 | |
| | | 削减量 | 0.005 2 | | 0.004 7 | |
| | 总镍 | 现状排放量 | 0.060 4 | | 0.054 4 | |
| | | 总量管控限值 | 0.054 4 | | 0.048 9 | |
| | | 削减量 | 0.006 0 | | 0.005 4 | |
| | 总锌 | 现状排放量 | 0.573 0 | | 0.515 7 | |
| | | 总量管控限值 | 0.515 7 | | 0.464 1 | |
| | | 削减量 | 0.057 3 | | 0.051 6 | |
| | 总铜 | 现状排放量 | 0.342 1 | | 0.307 9 | |
| | | 总量管控限值 | 0.307 9 | | 0.277 1 | |
| | | 削减量 | 0.034 2 | | 0.030 8 | |

续表

| 规划期 | | | 规划中期 | | 规划远期 | |
|---|---|---|---|---|---|---|
| | | | 总量 /(t·a$^{-1}$) | 能否达环境质量底线 | 总量 /(t·a$^{-1}$) | 能否达环境质量底线 |
| 大气污染物总量管控限值 | 二氧化硫 | 现状排放量 | 102.7 | 改变污染源布局,随着区域减排计划实施,预计能满足环境质量底线 | 102.7 | 改变污染源布局,随着区域减排计划实施,预计能满足环境质量底线 |
| | | 总量管控限值 | 91.2 | | 89.9 | |
| | | 削减量 | 29.2 | | 12.8 | |
| | 其中:工业 | 现状排放量 | 34.1 | | 34.1 | |
| | | 总量管控限值 | 91.2 | | 89.8 | |
| | | 削减量 | -57.1 | | -55.7 | |
| | 氮氧化物 | 现状排放量 | 225.2 | 改变污染源布局,随着区域减排计划实施,预计能满足环境质量底线 | 225.2 | 改变污染源布局,随着区域减排计划实施,预计能满足环境质量底线 |
| | | 总量管控限值 | 188.6 | | 204.7 | |
| | | 削减量 | 36.6 | | 20.5 | |
| | 其中:工业 | 现状排放量 | 70.1 | | 70.1 | |
| | | 总量管控限值 | 152.5 | | 179.3 | |
| | | 削减量 | -82.4 | | -109.2 | |
| | 烟(粉)尘 | 现状排放量 | 844.5 | 改变污染源布局,随着区域减排计划实施,预计能满足环境质量底线 | 844.5 | 改变污染源布局,随着区域减排计划实施,预计能满足环境质量底线 |
| | | 总量管控限值 | 86.7 | | 83.7 | |
| | | 削减量 | 757.7 | | 760.7 | |
| | 其中:工业 | 现状排放量 | 558.3 | | 558.3 | |
| | | 总量管控限值 | 86.7 | | 83.7 | |
| | | 削减量 | 471.6 | | 474.6 | |

续表

| 规划期 | | 规划中期 | | 规划远期 | |
|---|---|---|---|---|---|
| | | 总量 /(t·a$^{-1}$) | 能否达环境质量底线 | 总量 /(t·a$^{-1}$) | 能否达环境质量底线 |
| 大气污染物总量管控限值 | VOCs 现状排放量 | 561.0 | 改变污染源布局，随着区域减排计划实施，预计能满足环境质量底线 | 561.0 | 改变污染源布局，随着区域减排计划实施，预计能满足环境质量底线 |
| | VOCs 总量管控限值 | 178.7 | | 127.5 | |
| | VOCs 削减量 | 382.3 | | 433.5 | |
| | 其中:工业 现状排放量 | 363.0 | | 363.0 | |
| | 其中:工业 总量管控限值 | 138.3 | | 111.9 | |
| | 其中:工业 削减量 | 224.7 | | 251.1 | |

## 10.3 资源利用上限清单

依据资源环境承载力分析结论提出资源利用上线清单，见表 10.3-1。

表 10.3-1 规划区域资源利用上线清单

| 项目 | | 规划近期 | 规划远期 |
|---|---|---|---|
| 水资源利用上线 /(万 t·a$^{-1}$) | 工业用水总量上线 | 1 811.8 | 2 682.0 |
| | 新鲜用水量上线 | 175.0 | 209.1 |
| | 中水回用量下线 | 不低于 429.9 | 不低于 834.9 |
| | 重复用水量下线 | 不低于 1 636.8 | 不低于 2 472.9 |

续表

| 项目 | | 规划近期 | 规划远期 |
|---|---|---|---|
| 土地资源利用上线 /hm² | 土地资源总量上线 | 4 513.1 | 4 513.1 |
| | 建设用地总量上线 | 4 513.1 | 4 513.1 |
| | 工业用地总量上线 | 1 776.2 | 1 776.2 |
| 能源利用上线 /(万 t·a⁻¹) | 可再生能源下线 | 不低于 10.6 | 不低于 18.2 |
| | 清洁能源下线 | 不低于 31.6 | 不低于 46.6 |
| | 煤炭及其他上线 | 23.9 | 26.2 |

## 10.4 产业准入负面清单

根据中德园规划目标，2025年建设国际竞争力装备制造基地取得重大进展，中德国际科技创新合作基地基本形成，汽车与智能制造产业簇群达到国内先进水平，中德合作交流迈入新台阶；2035年建成具有国际竞争力的装备制造基地，成为国际级高端制造业集聚区，在装备制造科技创新与产业化领域抢占全球制高点，构建起产业发展新格局，塑造成工业基地新形象。

根据《国务院关于加快培育和发展战略性新兴产业的决定》（国发〔2010〕32号）的要求和国家发展改革委发布的《战略性新兴产业重点产品和服务指导目录（2016）》，国家统计局发布了《战略性新兴产业分类（2018）》，分类规定的战略性新兴产业是以重大技术突破和重大发展需求为基础，对经济社会全局和长远发展具有重大引领带动作用，知识技术密集、物质资源消耗少、成长潜力大、综合效益好的产业。中德园产业定位基本与战略性新兴产业契合，即包括新一代信息技术产业、高端装备制造产业、新材料产业、生物产业、新能源汽车产业、新能源产业、节能环保产业、数字创意产业、相关服务业等9大领域。

为确保中德园产业发展与资源环境条件相适应，规划环评提出基于环境优化入区企业环境准入指标负面清单和规划产业环境准入负面清单。

### 10.4.1 基于环境优化入区企业环境准入指标负面清单

根据中德园资源环境承载力条件,本规划环评提出基于环境优化入区企业环境准入指标负面清单见表 10.4-1。

表 10.4-1 入区企业环境准入指标负面清单

| 项目 | | 单位 | 2025 年 | 2035 年 |
| --- | --- | --- | --- | --- |
| 资源利用 | 万元增加值能耗 | tce/万元 | 0.128 | 0.066 |
| | 万元工业增加值能耗 | tce/万元 | 0.035 | 0.028 |
| | 万元增加值新鲜水耗 | m³/万元 | 2.73 | 1.67 |
| | 万元工业增加值新鲜水耗 | m³/万元 | 0.51 | 0.28 |
| | 工业用水重复利用率 | % | 90.3 | 92.2 |
| 大气污染指标 | 废气达标排放率 | % | 100 | 100 |
| | 单位 GDP 氮氧化物排放量 | kg/万元 | 0.043 4 | 0.018 5 |
| | 单位 GDP 碳排放量 | kg/万元 | 0.277 | 0.129 |
| 水污染指标 | 工业废水达标排放率 | % | 100 | 100 |
| | 万元增加值废水排放量 | t/万元 | 1.19 | 0.87 |
| | 单位 GDP COD 排放量 | kg/万元 | 0.059 | 0.022 |
| | 单位 GDP 氨氮排放量 | kg/万元 | 0.005 9 | 0.002 2 |

### 10.4.2 规划产业环境准入负面清单

在判断限制或禁止入区项目时要参考国家、地方、国外等的产业政策以及国家、地方的法律、法规、政策。在满足入区企业环境准入指标负面清单的前提下,将与中德园所处区域主体功能定位和发展方向不相符的产业列入负面清单,与中德园资源环境约束条件和区域大气、水环境容量不相符的列入负面清单,中德园产业环境准入负面清单见表10.4-2。

**表10.4-2 中德园产业环境准入负面清单**

| 战略性新兴产业分类名称 | | | 区域产业发展选择 | 产业环境准入要求 |
|---|---|---|---|---|
| 1 | 新一代信息技术产业 | 1.1 下一代信息网络产业 | √ | 1. 禁止新建产业政策中列入淘汰和限制的项目<br>2. 新建和改扩建企业采取水性、高固份、粉末或者紫外光固化涂料等低挥发性有机物涂料,占比不低于80%<br>3. 禁止新建超过重大危险源临界量的重点环境管理危险化学品项目<br>4. 禁止在生态红线内建设项目<br>5. 禁止生产电路板等前段工序进入<br>6. 电镀工序实现废水回收率60%以上<br>7. 禁止采用非清洁燃料<br>8. 清洁生产达到国际先进水平 |
| | | 1.2 电子核心产业 | √ | |
| | | 1.3 新兴软件和新型信息技术服务 | √ | |
| | | 1.4 互联网与云计算、大数据服务 | √ | |
| | | 1.5 人工智能 | √ | |
| 2 | 高端装备制造产业 | 2.1 智能制造装备产业 | √ | 1. 禁止新建产业政策中列入淘汰和限制的项目<br>2. 新建和改扩建企业采取水性、高固份、粉末或者紫外光固化涂料等低挥发性有机物涂料,占比不低于80%<br>3. 禁止新建超过重大危险源临界量的重点环境管理危险化学品项目<br>4. 禁止在生态红线内建设项目<br>5. 禁止冶炼、再生金属熔炼等前段工序进入<br>6. 电镀工序实现废水回收率60%以上<br>7. 禁止采用非清洁燃料<br>8. 清洁生产达到国际先进水平 |
| | | 2.2 航空装备产业 | — | |
| | | 2.3 卫星及应用产业 | — | |
| | | 2.4 轨道交通装备产业 | √ | |
| | | 2.5 海洋工程装备产业 | — | |

续表

| | 战略性新兴产业分类名称 | | | 区域产业发展选择 | 产业环境准入要求 |
|---|---|---|---|---|---|
| 3 | 新材料产业 | 3.1 | 先进钢铁材料 | √ | 1. 禁止新建产业政策中列入淘汰和限制的项目<br>2. 新建和改扩建企业采取水性、高固份、粉末或者紫外光固化涂料等低挥发性有机物涂料，占比不低于80%<br>3. 禁止新建超过重大危险源临界量的重点环境管理危险化学品项目<br>4. 禁止在生态红线内建设项目<br>5. 禁止冶炼、再生金属熔炼等前段工序进入<br>6. 禁止石化化工新材料、无机非金属材料、高性能纤维及制品和复合材料的前端合成和制造工序进入<br>7. 电镀工序实现废水回收率60%以上<br>8. 禁止采用非清洁燃料<br>9. 禁止属于化工行业进入<br>10. 清洁生产达到国际先进水平 |
| | | 3.2 | 先进有色金属材料 | √ | |
| | | 3.3 | 先进石化化工新材料 | — | |
| | | 3.4 | 先进无机非金属材料 | √ | |
| | | 3.5 | 高性能纤维及制品和复合材料 | √ | |
| | | 3.6 | 前沿新材料 | √ | |
| | | 3.7 | 新材料相关服务 | √ | |
| 4 | 生物产业 | 4.1 | 生物医药产业 | √ | 1. 禁止新建产业政策中列入淘汰和限制的项目<br>2. 禁止新建超过重大危险源临界量的重点环境管理危险化学品项目<br>3. 禁止在生态红线内建设项目<br>4. 禁止生物医药产业中的化学药物和中药进入，仅允许生物技术药物进入<br>5. 禁止采用非清洁燃料<br>6. 禁止涉及化工合成工序进入<br>7. 禁止属于化工行业进入<br>8. 清洁生产达到国际先进水平 |
| | | 4.2 | 生物医学工程产业 | √ | |
| | | 4.3 | 生物农业及相关产业 | — | |
| | | 4.4 | 生物质能产业 | — | |
| | | 4.5 | 其他生物业 | — | |

续表

| | 战略性新兴产业分类名称 | | 区域产业发展选择 | 产业环境准入要求 |
|---|---|---|---|---|
| 5 | 新能源汽车产业 | 5.1 新能源汽车整车制造 | √ | 1. 禁止新建产业政策中列入淘汰和限制的项目<br>2. 限制扩建传统能源汽车<br>3. 新建和改扩建企业采取水性、高固份、粉末或者紫外光固化涂料等低挥发性有机物涂料，占比不低于80%<br>4. 禁止新建超过重大危险源临界量的重点环境管理危险化学品项目<br>5. 禁止在生态红线内建设项目<br>6. 禁止冶炼、再生金属熔炼等前段工序进入<br>7. 电镀工序实现废水回收率60%以上<br>8. 禁止采用非清洁燃料<br>9. 清洁生产达到国际先进水平 |
| | | 5.2 新能源汽车装置、配件制造 | √ | |
| | | 5.3 新能源汽车相关设施制造 | √ | |
| | | 5.4 新能源汽车相关服务 | √ | |
| 6 | 新能源产业 | 6.1 核电产业 | — | 1. 禁止新建产业政策中列入淘汰和限制的项目<br>2. 新建和改扩建企业采取水性、高固份、粉末或者紫外光固化涂料等低挥发性有机物涂料，占比不低于80%<br>3. 禁止新建超过重大危险源临界量的重点环境管理危险化学品项目<br>4. 禁止在生态红线内建设项目<br>5. 禁止冶炼、再生金属熔炼等前段工序进入<br>6. 电镀工序实现废水回收率60%以上<br>7. 禁止采用非清洁燃料<br>8. 清洁生产达到国际先进水平<br>9. 禁止从事新能源燃料生产工序进入 |
| | | 6.2 风能产业 | — | |
| | | 6.3 太阳能产业 | — | |
| | | 6.4 生物质能及其他新能源产业 | — | |
| | | 6.5 智能电网产业 | — | |

续表

| | 战略性新兴产业分类名称 | | 区域产业发展选择 | 产业环境准入要求 |
|---|---|---|---|---|
| 7 | 节能环保产业 | 7.1 高效节能产业 | √ | 1. 禁止新建产业政策中列入淘汰和限制的项目<br>2. 新建和改扩建企业采取水性、高固份、粉末或者紫外光固化涂料等低挥发性有机物涂料，占比不低于80%<br>3. 禁止新建超过重大危险源临界量的重点环境管理危险化学品项目<br>4. 禁止在生态红线内建设项目<br>5. 禁止冶炼、再生金属熔炼等前段工序进入<br>6. 电镀工序实现废水回收率60%以上<br>7. 禁止采用非清洁燃料<br>8. 禁止集中式固体废物处置企业进入 |
| | | 7.2 先进环保产业 | √ | |
| | | 7.3 资源循环利用产业 | √ | |
| 8 | 数字创意产业 | 8.1 数字创意技术设备制造 | √ | 1. 禁止采用非清洁燃料 |
| | | 8.2 数字文化创意活动 | √ | |
| | | 8.3 设计服务 | √ | |
| | | 8.4 数字创意与融合服务 | √ | |
| 9 | 相关服务业 | 9.1 新技术与创新创业服务 | √ | 1. 禁止采用非清洁燃料 |
| | | 9.2 其他相关服务 | √ | |

续表

| 战略性新兴产业分类名称 | 区域产业发展选择 | 产业环境准入要求 |
|---|---|---|
| 10 现有企业 | | 1. 不符合产业定位的企业仅允许实施环保改造和技术升级的项目,并限期搬迁<br>2. 符合产业定位的企业,改扩建项目应采取水性、高固份、粉末或者紫外光固化涂料等低挥发性有机物涂料,占比不低于80%<br>3. 禁止冶炼、再生金属熔炼等前段工序进入<br>4. 电镀工序实现废水回收率60%以上<br>5. 除基础设施外,其他企业禁止采用非清洁燃料 |

# 11 中德（沈阳）高端装备产业园环境可持续发展研究结论

中德园所处区域为沈阳市主要工业企业发展的集聚区，资源环境承载力低，大气、水环境容量现状均为赤字，区内目前工居混杂，规划实施将进一步加大区域大气和水环境质量达标、人居环境质量改善的压力。在未来规划发展过程中，应贯彻落实绿色经济发展模式内涵，严格执行"空间管制、总量管控和环境准入"要求，持续推进生态工业体系建设；以"城区生态化"为主线，为中德园可持续发展提供生态空间保障，构建生态城区；以"产业绿色化"为手段，设定区域资源开发利用上限，有效减少污染物排放量；以"产业低碳化"为追求，积极发展能源高效利用新技术，建设低碳产业园区；以"用地集约化"为宗旨，减少土地资源消耗，提高土地集约利用水平；以"美丽中德园"为最终目标，大力推进区域环境质量改善计划，从而确保到2035年所处区域生态环境质量实现根本好转。

区域在规划建设中应优化调整和实施的具体内容如下：

（1）加强规划引导，坚持绿色发展、协调发展，体现高端制造业的定位特点。落实国家、区域发展战略，做好与沈阳市城市、土地等相关规划以及区域生态环境保护规划的协调衔接，新增建设用地应符合国土空间规划要求，按照国际化、智能化、绿色化高端装备制造业要求优化园区主导产业，确保产业发展与生态环境保护、人居环境质量保障相协调。

（2）严格空间管控，优化规划布局。加快园区绿化带、公园绿地、浑河滩地等生态空间的建设，严格保护并逐步提升生态功能。做好规划控制，做好生活空间周边环境准入和产业布局管控要求,严禁不符合管控要求的各类开发建设活动。按照污染地块土壤环境管理的有关规定,做好污染工业企业退出地块的调查、修复与管控。

(3) 严守环境质量底线。根据大气、水、土壤污染防治攻坚战及相关要求,明确园区环境质量改善阶段目标和污染物允许排放总量管控要求,细化园区污染减排方案,采取有效措施减少各类污染物的排放总量,严格控制重金属等特征污染物排放,确保区域环境质量持续改善。

(4) 严格入区项目生态环境准入,推动高质量发展。落实区域生态环境准入要求,限制与主导产业不相关且污染物排放量大的项目入园,引进项目的生产工艺、设备,以及单位产品能耗、物耗、水耗和污染物排放等均需达到同行业国际先进水平。

(5) 强化园区污染减排和防治措施,建立健全园区环境风险防控体系。现有不符合规划企业应逐步退出转型,对不满足环境管理要求的企业进行全面整改。建立健全区域环境风险防范体系,完善环境应急响应联动机制,提升园区环境风险防控和应急响应能力,保障区域环境安全。

(6) 完善环境监测体系,明确实施时限、责任主体等。根据园区的功能分区、产业布局、重点企业分布、特征污染物的排放种类和状况、环境敏感目标分布等情况,建立包括环境空气、地表水、地下水、土壤、底泥等环境要素的监控体系,做好长期跟踪监测与管理,根据跟踪监测评价结果适时优化调整区域规划内容。

(7) 完善园区环境基础设施建设。加快污水处理厂提标改造及中水回用设施建设进度,完善区域污水、中水及供热管网,提高水资源利用效率。固体废物、危险废物应依法依规收集、处理处置。

总之,规划实施对"中国制造2025"和我国新型工业化战略有强力推进作用,规划通过一系列资源环境提升措施,将使中德(沈阳)高端装备制造产业园在现代智城和创新名城的基础上赋予生态绿城之义;规划调整后,区域生态环境与资源环境承载力显著提升,可确保环境可持续发展。

# 参考文献

[1] 李廉水，杜占元. 中国制造业发展研究报告 2009[M]. 科学出版社，2004.

[2] 冯德连. 中国制造业大企业外向国际化趋势，问题与应对策略 [J]. 国际贸易，2020(1).

[3] 刘刚，张晓兰. 我国汽车产业国际化路径探讨——基于制造业转型升级战略背景 [J]. 商业经济研究，2020.

[4] 杨丽华，张诗文，贾林琅. 中国制造业跨国企业环境责任水平测度及提升策略 [J]. 中南林业科技大学学报（社会科学版），2019(3)：38-40.

[5] 武永娜. 中国高端装备制造业发展研究 [D]. 沈阳：辽宁大学，2016.

[6] 何好俊. 中国制造业集聚、环境治理与绿色发展 [D]. 长沙：湖南大学，2018.

[7] 周凯歌，卢彦. 工业 4.0：转型升级路线图 [M]. 人民邮电出版社，2016.

[8] 尤文龙，王宫成. 东北地区传统产业与新兴产业融合发展效果研究 [J]. 财经问题研究，2019(8)：40-47.

[9] 陈英姿，荣婧，李晓巍. 东三省经济绿色增长水平评价及动力因素研究 [J]. 生态经济，2019(8).

[10] 曲修齐，刘淼，李春林，等. 环渤海地区综合承载力评估与预测 [J]. 土壤通报，2020(3).

[11] 林文棋，武廷海. 变化·规划·情景：变化背景中的空间规划思维与方法 [M]. 清华大学出版社，2013.

[12] 王睿, 周均清. 城市规划中的情景规划方法研究 [J]. 国际城市规划, 2007(02): 83-96.

[13] 黄晓峰. 城市规划中的情景规划方法研究 [J]. 工业C, 2016(4): 285-285.

[14] 吕一河, 傅微, 李婷, 等. 区域资源环境综合承载力研究进展与展望 [J]. 地理科学进展, 2018, 037(02): 130-138.

[15] 韩利, 梅强, 陆玉梅, 等. AHP-模糊综合评价方法的分析与研究 [J]. 中国安全科学学报, 2004(07): 89-93+3.

[16] 叶珍. 基于AHP的模糊综合评价方法研究及应用 [D]. 广州: 华南理工大学, 2010.

[17] 谢文, 赖聪, 郭熙, 等. 2004—2016永修县土地利用变化及驱动因素分析 [J]. 数码设计.CG WORLD, 2019, 008(013): 55-57.

[18] 张慧勤, 过孝民. 环境经济系统分析: 规划方法与模型 [M]// 环境经济系统分析: 规划方法与模型. 清华大学出版社, 1993.

[19] 塔娜. 区域创新环境评价指标体系构建及测评 [J]. 区域治理, 2020, No.279(01): 55-57.

[20] 廖建英, 王珂. 生态文明视域下经济—环境系统协调共生探索——以绍兴市为例 [J]. 经济研究导刊, 2020, 000(013): 137-141.

[21] 刘勇华, 洪文跃, 吴京, 等. 基于生态工业园区规划环境影响评价的研究 [J]. 低碳世界, 2020, v.10;No.203(05): 34-35.

[22] 赵若楠, 马中, 乔琦, 等. 中国工业园区绿色发展政策对比分析及对策研究 [J]. 环境科学研究, 2020, v.33;No.265(02): 275-282.

[23] 郝宗超, 段理杰, 郝大玮, 等. 工业园区绿色标准体系的建立与应用 [J]. 区域治理, 2020, 000(013): 74-77.

[24] 刘梦, 胡汉辉. 碳排放量、碳源结构与中国经济的"充分—平衡"发展 [J]. 山西财经大学学报, 2020, v.42;No.330(04): 5-19.

[25] 姜宛贝, 韩梦瑶, 唐志鹏, 等. 国际制造业区位变迁的碳排放效应研究 [J]. 地理科学, 2019, 39(10).

[26] 于淼, 饶潇潇. 沈阳市营商环境评价指标体系研究 [J]. 现代营销 (下旬刊), 2020(08): 72-73.

[27] 王燚,王新军. 以"多规合一"为契机完善规划环评 [J]. 环境经济, 2020, NO.275(11): 66-69.

[28] 王子瑞. 沈阳市空气质量指数 (AQI) 时间变化特征分析及预测模型比较研究 [D]. 沈阳: 沈阳农业大学 2020.

[29] 谢政廷, 顾峰, 尤维锋, 等. 基于水质模拟系统软件计算下的某河流水质状态分析研究 [J]. 水利科学与寒区工程, 2020.

[30] 李玉芳, 陈立. 基于 DRASTIC 方法的乌鲁木齐市平原区地下水脆弱性评价 [J]. 城市地质, 2018, 013(002): 88-92.

[31] 魏传云, 杨武成. 基于 Visual Modflow 的某化工园区地下水污染运移研究 [J]. 水电能源科学, 2019, v.37; No.232(12): 39-42+91.

[32] 任彦艳. 沈阳市地下水水质现状评价 [J]. 黑龙江水利科技, 2020, v.48(02): 110-111+206.

[33] 燕守广, 李辉, 李海东, 等. 基于土地利用与景观格局的生态保护红线生态系统健康评价方法——以南京市为例 [J]. 自然资源学报, 2020, v.35; (02): 95-104.

[34] 刘骏杰, 陈璟如, 来燕妮, 等. 基于景观格局和连接度评价的生态网络方法优化与应用 [J]. 应用生态学报, 2019, v.30(09): 822-238.

[35] 王静. 面向可持续城市生态系统管理的国土空间开发适宜性评价——以烟台市为例 [J]. 生态学报, 2019(1).

[36] 何宗菲, 於家, 陈芸, 等. 城市建设用地的潜在生态适宜性评价——以上海市宝山区为例 [J]. 资源科学, 2020, 042(003): 558-569.

[37] 李晓亮, 冯腾腾. 城市规划环境影响评价中土地生态适宜性分析的运用 [J]. 河北企业, 2020(9).

[38] 高吉喜. 可持续发展理论探索: 生态承载力理论、方法与应用 [M]. 中国建材工业出版社, 2001.

[39] 芦伟, 周寅康, 彭补拙. 广西柳城县农业生态环境的定量评价 [J]. 生态与农村环境学报, 2003, 019(004): 45-48.

[40] Bjohn T, Tscott M M, 王小明, 等. 地理生态学的干燥度指数及其应用评述 [J]. 植物生态学报, 2004, 28(2): 853-861.

[41] 程鸿. 中国自然资源手册 [J]. 1990.

[42] 牛潜, 周旭, 张继, 等. 喀斯特山地城市生态系统弹性变化分析——以贵阳市区为例 [J]. 长江流域资源与环境, 2019, 28(003): 722-730.

[43] 蔡青. 循环经济理论在区域规划环评中的应用研究 [J]. 科学与财富, 2020, 000(008): 105.

[44] 方莹馨. 实现绿色转型 欧盟通过新版《循环经济行动计划》[J]. 科学大观园, 2020, No.592(08): 42-43.

[45] 陆大道. 区域发展及其空间结构 [M]. 科学出版社, 1995.

[46] 郝明家. 沈阳西部污水工业污染源水污染物排放总量控制管理系统的研究 [J]. 环境保护科学, 1991, 000(002): 18-20.

[47] 辽宁省防汛抗旱指挥部办公室. 辽宁省防汛手册 [M]. 辽宁科学技术出版社, 2011.

[48] 武云甫, 任晓燕, 刘洋. 辽宁省大伙房水库输水沈阳市一期配套工程 [J]. 给水排水, 2009(1): 58-58.

[49] 中国资源信息编撰委员会. 中国资源信息 [M]. 中国环境科学出版社, 2000.

[50] 辽宁省地方志编纂委员会办公室. 辽宁省志 气象志 [M]// 辽宁省志, 气象志. 辽宁民族出版社, 2002.

[51] 李波, 孟庆楠. 中国气象灾害大典 辽宁卷 [M]// 中国气象灾害大典, 辽宁卷. 气象出版社, 2005.

[52] 刘蝉馨. 辽宁动物志 [M]. 辽宁科学技术出版社, 1987.

[53] 李书心. 辽宁植物志 [M]. 辽宁科学技术出版社, 1988.

[54] 辽宁省土壤肥料总站. 辽宁土种志 [M]. 辽宁大学出版社, 1991.

[55] 董厚德. 沈阳地区重要生态保护地划分的研究 [M]. 辽宁大学出版社, 2010.

[56] 刘天齐. 区域环境规划方法指南 [M]. 化学工业出版社, 2001.

[57] 鞠美庭, 张裕芬, 李洪远. 能源规划环境影响评价 [M]. 化学工业出版社, 2006.

[58] 杨爱民, 唐克旺, 王浩, 等. 生态用水的基本理论与计算方法 [J]. 水利学报, 2004(12): 41-47.

[59] 张婧, 朱国伟, 姚海燕. 基于可持续发展理论的绿色 GDP 核算——

以江苏省为例 [J]. 安徽农业科学，2007，35(33)：10896—10898.

[60] 鲁成秀. 生态工业园区规划建设理论与方法研究 [D]. 长春：东北师范大学，2003.

[61] 裴朔. 辽宁省碳排放影响因素分析及趋势预测 [D]. 大连：大连理工大学，2019.

[62] 杨楠. 新能源与可持续发展 [J]. 视界观，2019，000(011)：1-1.

[63] 卜祥宇，刘万康，朱鹏艳，等. 清洁能源开发利用对于实现可持续发展的研究 [J]. 能源与环保，2018，040(002)：38-42.

[64] 阚子翔，赵庚星. 山东半岛蓝色经济区城市可持续发展评价 [J]. 可持续发展，2019，009(003)：458-466.

[65] 李莹. 沈阳市土地利用战略研究 [J]. 科技经济导刊，2020，No.702(04)：108-108.